Anton Balthasar König

Biographisches Lexikon aller Helden und Militärpersonen

Anton Balthasar König
Biographisches Lexikon aller Helden und Militärpersonen
ISBN/EAN: 9783743641938
Hergestellt in Europa, USA, Kanada, Australien, Japan
Cover: Foto ©ninafisch / pixelio.de

Weitere Bücher finden Sie auf **www.hansebooks.com**

Biographisches Lexikon

aller

Helden und Militairpersonen,

welche sich

in Preußischen Diensten

berühmt gemacht haben.

Zweiter Theil.

G — L.

Berlin,
bei Arnold Wever.
1789.

Vorerinnerung.

Ich würde diesen Theil, dem ersteren haben folgen lassen, ohne dabei etwas zu erwähnen, weil ich einmal meinen Plan bekannt gemacht hatte, und glaubte, daß er verstanden werden würde; Allein da nicht immer alles das geschiehet, was man zu erwarten sich berechtiget hält; so ereignete sich ein Zufall, zu dem ich nicht das geringste beigetragen habe, der aber doch zu schiefen Urtheilen über den Verfasser Anlaß gegeben hat, und noch geben kann.

Der Titel meines Werks sollte also lauten: Historisch = militairisch = biographisches Lexikon für die preußische Armee und Liebhaber der Geschichte; enthaltend: kurze Lebensbeschreibungen aller Generalfeldmarschälle, Generale, Generallieutenants, Generalmajors, Brigadiers, Obristen und anderer kommandirenden Offiziere, von der Kavallerie, Infanterie, Artillerie und den leichten Truppen, welche dem königl. preußischen und churbrandenburgischen Hause, seit dem sechszehnden Jahrhunderte, rühmlich gedienet; nebst kurzen und ge-

drun-

drungenen Anzeigen, von ihrer Geburt, ihren Avancements, vorzüglichen Thaten, Erwerbung von Ehrenstellen, Aemtern, Orden, wie auch Verheirathungen; aus einer großen Menge von wichtigen gedruckten und ungedruckten Quellen gesammlet, und in alphabetischer Ordnung gebracht. ꝛc.

Nach demselben schmeichelte ich mir, würde ein Jeder verstehen, und dazu eingeleitet werden, was er eigentlich in dem Buche zu erwarten habe. Doch er wurde nicht angenommen.

Ich erhielt mit der Korrektur des lezten Bogens, einen Zettel aus der Druckerey, auf welchem stand: es wäre nicht üblich, den Inhalt des Buchs, auf dem Titel zu sezen. — Damals war ich mit Dienst- und noch mit verwirrteren häuslichen Geschäften gedrückt, und konnte mich nicht gleich entschliessen, dagegen etwas einzuwenden. Ich wuste nicht einmal, wer diesen Zettel geschrieben hatte, und da ich glaubte, daß er mit Genehmigung des Herrn Verlegers aufgesezt wäre, so dachte ich in dem Augenblick, doch etwas zu rasch, daß die Folgen davon, ihm anheim fallen würden, wenn er eine Abänderung des Titels vornähme.

Inzwischen waren diese Folgen nicht angenehm. Ein Heldenlexikon habe ich nicht liefern wollen, und daß dies gewiß ist, kann aus meiner Vorrede zum ersten Theile, hinlänglich ersehen werden.

Zu

Vorerinnerung.

Zu einem Helden gehöret viel, und ich glaube, daß in meinem ganzen Lexikon, nicht über ein Dutzend Feldherren dieser Titel gegeben werden kann.*)

Dies ist aber noch nicht alles Uebel, welches aus diesem Vorstoße, aus dieser übereilten Abänderung des Titels, zum Nachtheile des Autors und Verlegers herfloß. Bescheidene, noch lebende Generale in der preußischen Armee, deren Lebensbeschreibung, ich einrücken wollte, und an die ich mich um Mittheilung der dazu nöthigen Nachrichten schriftlich verwandte, antworteten mir, sie fänden zu viel Bedenklichkeit dabei, sich unter Helden aufführen zu lassen, zu deren Klasse sie nicht zu gehören glaubten." — Das habe ich nicht gewollt. Ich habe sie nicht zu Helden machen wollen, aber Nachrichten von ihnen, gehörten in mein Werk planmäßig hinein; und nun war ich im Bloßen, da sie mir nichts mittheilten.

Nun ist die Sache einmal geschehen; der Verfasser siehet sich aber genöthiget, das vorgesagte

---

*) Wer Friedrich des Zweiten hinterlassene Werke gelesen hat, und sich seiner Urtheile, über verschiedene der Generale, die unter ihm dienten, erinnert, von denen die Welt eine große Meinung hatte, der wird wissen, wie viel der Ruhm sich vermindert, den oft der gemeine Haufe, so freigebig an sie ausspendet, weil ihm die wahren Gesichtspunkte benommen sind, die zu einer rechtmäßigen Beurteilung nötig sind.

sagte anzuzeigen, damit jeder Leser und Käufer dieses Werks, von der Sache gehörig urtheilen könne.

Uebrigens beziehe ich mich auf die Vorrede zum ersten Theile, in der ich Alles angebracht zu haben, mich schmeichle, was die Absicht des Lexikons, erläutern kann, und weiß dazu nichts hinzuzufügen.

Das aber muß ich noch schließlich erwähnen, daß ich bei der Anfertigung dieses neuen Theils, wiederum verschiedene Gesinnungen der Menschen habe kennen lernen, und edle Männer, sowohl als fühllose angetroffen habe, welche leztere ihr Betragen gegen sich selbst verantworten mögen. Bewundern muste ich dabei, die weise Fügungen der Vorsehung, welche durch Einem Guten, das ersetzen und verbessern läßt, was oft Zehn andere verborgen und vernachlässiget haben.

Der Verfasser.

Berlin den 4. Februar 1789.

George Karl Gottlob von der Gablenz,
Königl. Preuß. Generallieutenant, Chef eines Füselierregiments, Ritter des schwarzen Adlerordens, und Kommandant der Festung Schweidnitz.

Gebohren zu Lemnitz im thüringschen 1708, aus der Ehe Christophs Friedrich von der Gablenz, auf Lemnitz und Schiebelau Erbherrn, und Johannen Magdalenen von der Gablenz aus dem Hause Poschwitz. Im 17ten Jahre seines Alters, trat er in sächsisch-eisenachsche Dienste bei dem vom Herzoge von S. Eisenach in kaiserlichen Diensten überlaßenen Regimente, mit dem er 1734 und 1735, den Feldzügen am Rhein und in Italien beiwohnte. Da gedachtes Regiment (jetzt von Erlach) folgends dem Könige von Preußen ganz überlaßen wurde; kam er mit demselben in preußische Dienste als Kapitain, wozu er 1735 den 20ten Februar ernannt worden war. 1746 den 31ten März ward er Major, 1757 im Februar Obristlieutenant, im May selbigen Jahres Obrister, 1758 im September Generalmajor, und erhielt das Alt-Krentzsche, oder das vorgedachte Regiment. 1764 im May ernannte ihn der König zum

Kommendanten von Schweidniz, und den 21ten May
s. J. zum Generallieutenant; ertheilte ihm auch 1772
im December den schwarzen Adler=Orden. Im sieben=
jährigen Feldzuge zeigte er sich besonders, 1757 durch
die entschlossene Vertheidigung der Sternschanze, und
bei dem Sturm auf die Festung Schweidniz; in der
Schlacht bei Kay, in der er verwundet ward, wie auch
in denen Treffen bei Prag, Kollin und Zorndorf, und
erwarb sich dabei viel Ruhm und die Gnade des Königs.
Starb 1777 den 25ten März zu Schweidniz, in einem
Alter von 68 Jahren, und im 49ten Jahre seiner treu=
geleisteten Dienste.

Friedrich, Wilhelm, Ernst von Gaudi,

Königl. Preuß. Generallieutenant, Chef eines Fü=
selierregiments, Inspecteur der westphälischen Trup=
pen, Kommendant von Wesel, und Ritter des
Ordens pour le Merite.

Sein Vater, Andreas Erhardt von Gaudi, der 1745
den 14ten Februar, als Obrister des Schlichtingschen
Regiments (jezt Graf von Henckel) bei Habelschwerdt
blieb, erzeugte ihn mit Maria Elisabeth von Gråvenitz,
die ihn 1725 den 23ten August, zu Spandau zur Welt
brachte. Er ward in allen nüzlichen und nöthigen Wis=
senschaften wohl unterwiesen, und trat 1744, nachdem
er zuvor seine Studien auf der Universität zu Königsberg
in Preußen vollendet hatte, als Kadet der Garde, in
Preußische Dienste; ward in eben diesem Jahre bei dem

Prinz

Prinz Heinrichschen Regiment vom Hause, Fähnrich, und wohnte dem Feldzuge in Böhmen, der Belagerung von Prag, so wie dem bekannten Rückzuge der preußischen in Prag gestandenen Besatzung, nach Schlesien, bei. Nach erfolgtem Frieden ward er häufig zu Werbungen gebraucht, und avancirte 1750 zum Sekonde= und 1755 zum Premierlieutenant. 1756, nahm ihn der König in sein Gefolge als Hauptmann und Flügeladjutant; worauf er den Schlachten bei Prag, Kollin, Roßbach und Leuthen, so wie den Belagerungen von Breslau, Prag, Olmütz und Dresden, mit vielem Antheile beiwohnte. Bey dem Hülsenschen Korps in Sachsen, welches sich wie bekannt, lange gegen die überlegene österreichische= und Reichstruppen mit Vortheile behauptete, befand er sich als Flügeladjutant des Königs gegenwärtig, und unterstüzte den Generallieutenant von Hülsen, bei allen Unternehmungen, deren glücklichen Ausgang er sehr oft beförderte, und sich dabei viel Ehre erwarb. Besonders that er sich bei der, im Jahre 1760 vorgefallenen Aktion bei Strehlen hervor; deshalb ihn der König zum Major erhob, und ihm den Orden pour le merite gab; worauf er auch der Schlacht bei Torgau beiwohnte. 1763, sezte ihn der König zum Füselierregiment von Eichmann, als Kommandeur: erhob ihn 1767 zum Obristlieutenant, 1770 zum Kommandeur des Regiments Hessenkassel (jezt von Eckartsberg) 1771 zum Obristen, und 1779 den 19ten Junius zum Generalmajor und Chef des erledigten von Brizkeschen Füselierregiments in Wesel. Als er 1778, bei entstandenen baierschen Erbfolgekriege, zur Armee des Prinzen Heinrichs gehen wollte, hatte er das Unglück, bei Hildesheim mit dem Pferde zu stürtzen und ein Bein zu brechen. 1785 den 5ten April, erhielt er die Inspection über die westphälischen Regimenter, unter dem Titel eines Generalats, nebst einer Zulage von 500 Thaler. 1787 den 20ten May, erhob ihn König Friedrich Wilhelm der Zweite zum Generallieutenant, und im Junius f. J. zum Kommendanten von Wesel. Auch erhielt er im Julius lezt gedachten Jahres den Befehl, ein Korps Preußen bei Wesel zusammenzuziehen, welches nachher der regierende Herzog von Braunschweig anführte, als es den 13ten September in die vereinigte Niederlaude aufbrach. Saudi kommandirte zunächst dem Herzoge, und half die lang gedauerte bekannte Unruhen, sehr geschwind dämpfen, und den Erbstatthalter in seine bestrittene Rechte wieder einsetzen, ohne daß dabei viel Blut vergossen wurde. Er hat sich von den Wissenschaften überhaupt, und besonders von denen welche zur Kriegeskunst gehören, solche Kenntnisse erworben, die ihn bei der Armee allgemein schäzbar machen, davon schon Proben öffentlich im Druck erschienen sind, und diese rühmliche Eigenschaften, hat er durch seinen edlen Character noch mehr erhöhet. 1763 verehlichte er sich, mit Wilhelminen Sophien Charlotten, gebohren von Hack, Wittwe des Königl. Preuß. Majors Wilhelm Ernst von Buddenbrock, die ihm 1764 eine Tochter gebohren hat.

Eberhard Freiherr von Gemmingen,

Königl. Preuß. Obristlieutenant und Kommandeur eines Grenadierbataillons.

Er war ein Sohn des ehemaligen kaiserlichen Generalfeldmarschallieutenants Eberhard Freiherrn von Gemmingen, und Annen Klaren von Züllnhard, aus dem Hause Mayenfels, die ihn, 1713 den 27ten Februar, zu Hornburg zur Welt brachte. Zuerst stand er in österreichische, dann in württembergische, und kam 1741 in preußische Dienste; in welchen er, 1748 den 1ten Julius Major ward, und ein Grenadierbataillon, das aus den Grenadierkompagnien der Regimenter von Jungken und Neuwied bestand, erhielt. Starb 1757 den 14ten Junius, und hat sich bei verschiedenen Gelegenheiten, besonders aber in der Schlacht bei Kesselsdorf, in der er auch verwundet ward, hervorgethan.

Walraff von Gent,

Chur-Brandenburgischer Obrister.

1611 den 30ten Julius, bestellte Churfürst Johann Sigismund von Brandenb. Walraffen von Gent, Herrn von der Dussen, Munsterkirchen und Halswerth, (dessen Vater bei den Generalstaaten in Diensten gestanden, und dem Churfürsten in der Jülichschen Erbschaftsangelegenheit großen Nutzen gestiftet hatte,) zum Obristen, mit 1000 rheinische Gulden Gehalt.

1656 führte ein Obrister von Gent, dem Churfürsten Friedrich Wilhelm, 4 Kompagnien zu Roß, aus dem

Cleveschen zu. Ich kann nicht bestimmt zusagen, ob dieser von Gent mit vorgedachtem Walraff eine und eben dieselbe Person sei.

David Gottlob von Gersdorf,

Königl. Preuß. Generallieutenant, Gouverneur der Festung Spandau, Obrister eines Regiments zu Fuß, des schwarzen Adlerordens Ritter, Amtshauptmann zu Zinna, und Erbherr zu Schulzendorf und Schmeckwitz.

Er ist zu Breitungen bei Magdeburg, 1658, gebohren worden; sein Vater war Heinrich von Gersdorf, ein Mann von geringen Vermögen, der sich im thüringschen ansäßig machte, und seinen Sohn dem Kriegesdienste überließ, da er ihm keine andere Bahn zum Glück bestimmen konnte. Dieser trat daher 1681 in Churbrandenburgische Dienste, und war 1683 Fähnrich bei der Garde zu Fuß. 1687 ward er Lieutenant; 1692 ward er Kapitain beim vierten Bataillon Churmärckische Garde, 1696 Major, 1705 Obristlieutenant bei der Grenadiergarde, welche aus der vorgedachten Garde errichtet worden war, und 1707 Obrister. 1709 den 20ten September, ward er Generalmajor, und 1719 den 23ten May, General-lieutenant. 1706 den 3ten May, gab ihm König Friedrich Wilhelm der erste, der ihm besonders gnädig war, die Anwartschaft auf die Amtshauptmannschaft zu Zinna, die ihm, 1711 den 11ten Januar, nach des von Kratz Absterben, wircklich zufiel. 1716 erhielt er das Tettausche

sche Regiment zu Fuß, (jezt Preußen) das er 1731 dem Obristen George Volrath von Kröcher abtrat. 1723, ward er zum Gouverneur von Spandau bestellt, und bekam 1728 den schwarzen Adlerorden. Er hat sich in den Feldzügen am Rhein, in Italien, und besonders, 1715, als Generalmajor bei der Belagerung von Stralsund vorzüglich hervorgethan. Starb 1732 den 21ten Julius, im 47sten Jahre seines Alters, und ist mit Margarethen Elisabeth, einer Tochter des preuß. Etatsministers von Rhetz verehlicht gewesen, die 1748 den 6ten October zu Berlin verstarb, und ihm einen Sohn der 1719, als Volontair bei der kaiserlichen Armee, in Sicilien erschossen ward, und eine Tochter, die Gemahlin des Etatsministers von Viereck, gebohren hat.

Otto Ernst von Gersdorf,
Königl. Preuß. Generalmajor und Chef eines Husarenregiments

Er war von Geburt ein Sachse, und stand anfänglich in chursächsische Dienste, als Lieutenant des Kuirassierregiments von Maffei. 1741 kam er bei der preußischen Armee, bei einem neuerrichteten Husarenregimente; avancirte die unteren Officierstellen durch, und ward 1751 im Februar, als Major des von Wechmarschen Husarenregiments (jezt von Gröling) Obristlieutenant; 1753 im November, mit gleichem Character zum Malachowskyschen Regiment versezt; 1758 im November Obrister, und erhielt, 1759 im April, das von Seidlitzsche Husarenregiment (jezt von der Golz). 1759 im November erhob ihn der König zum Generalmajor. In den Scharmützeln bei Reppen und Pretsch hat er sich besonders hervorgethan. 1759 ward er mit dem Finckschen Korps bei Maxen gefangen; worauf er 1763, durch Kriegesrecht verabschiedet wurde. Er ist mit Juliana Dorothea von Arnold verehlicht gewesen, die 1777 als Wittwe in Schlesien lebte.

Friedrich Leopold Graf von Gesler,

Königl. Preuß. Generalfeldmarschall, Chef eines Kuirassierregiments, Ritter des schwarzen Adlerordens und Amtshauptmann zu Sehesten.

Ward 1692 in Preußen aus einem uralten Geschlechte gebohren, welches sich daselbst aus der Schweitz niedergelassen hatte. Seine Eltern sind Konrad Ernst von Gesler, auf Schwagerau Erbherr, Königl. Preuß. Obrister von der Kavalerie, und Euphrosina von Rosenau gewesen. Er trat sehr jung in preußische Kriegesdienste und erhielt schon 1713 den 30ten Januar, als Rittmeister eine Kompagnie zu Pferde, beim Pannewizschen Regiment, die ihm der Major Moors abtreten muste. 1714 den 21ten Januar ward er Major bei dem Regiment du Portail zu Pferde (jezt von Dalwig), 1720 den 1ten May Obristlieutenant, und 1721 den 12ten August Obrister beim Schulenburgschen Regiment Grenadier zu Pferde. 1733 erhielt er das Blanckenseesche Kuirassierregiment (jezt von Mengden), wogegen der vorige Chef des-

deſſelben, der Generallieutenant Peter von Blanckenſee Gouverneur von Kolberg ward. 1735 den 26ten October, nahm ihn der S. Johanniterorden auf. 1739 den 14ten Julius, ward er Generalmajor. 1741 wohnte er dem ſchleſiſchen Feldzuge bei, und hielt ſich folgends in der Schlacht bei Chotuſitz ſo wohl, daß ihn der König, 1742 den 24ten May zum Generallieutenant und Ritter des ſchwarzen Adlerordens erhob. Im zweiten ſchleſiſchen Kriege, zeichnete er ſich in der Schlacht bei Hohenfriedeberg, den 4ten Junius 1745, außerordentlich durch ſeine Tapferkeit aus; indem er mit dem Regiment Bayreuth Dragoner, 20 feindliche Bataillons zu Grunde richtete, 67 Fahnen, nebſt einigen Kanonen erbeutete, und 2500 Gefangene machte. In Rückſicht dieſer berühmten Action, erhob ihn Friedrich der zweite, 1745 den 11ten Julius in den Grafenſtand, und gab ihm ein, auf dieſe Heldenthat ſich beziehendes Wappen; nemlich: auf dem Helme deſſelben zur Rechten und Lincken, eine rothe und grüne Eſtandarte, in denen die goldene Zahlen 20 und 67 befindlich ſind, zum Andencken, daß er mit dem einzigen Regiment Bayreuth, wie vorgedacht 20 feindliche Bataillons ruiniret und 67 Fahnen erbeutet hatte. Unten am Wappenſchilde, ward ein kleines römiſches Schild, an den umherliegenden Armaturen gelehnet, angebracht, worauf man den aus der römiſchen Geſchichte bekannten Markus Kurtius ſiehet, wie er mit ſeinem Pferde in den vor ihm befindlichen offenen Schlund zu ſtürzen begriffen iſt. So rühmlich und ehrenvoll auch dieſes für den G. L. von Gesler war; ſo hatte er doch nach der Schlacht den Verdruß, daß in den Hofbericht von der erwähnten glorreichen Schlacht, gemeldet ward;

der Generalmajor Graf von Schmettau, habe sich nebst ihm, an die Spitze des Regiments von Bareuth gesezt, und die Attake gemacht. Er bewies aber dem Könige, durch ein, von allen Officirs des Regiments Bayreuth, unterschriebenes Zeugniß, daß keiner von ihnen, den Generalmajor Grafen von Schmettau, während der Attake, weder vor oder bei einer Esquadron des Regiments gesehen. Da nachher die Sachsen sich in Böhmen von der österreichischen Armee mehrentheils absonderten, und nach ihrem Vaterlande zurückkehren wollten, muste ihnen Geßler mit 8000 Mann nachsetzen, und sie bis an die oberlausitzsche Grenze verfolgen; worauf er durch einen Umweg, sich bei der Armee des Fürsten von Dessau, in der Gegend von Halle einfand, mit der er zu Ausgang des Novembers in Sachsen einfiel. Bey dem Zuge über Leipzig nach Meissen, führte er die Avantgarde, und wohnte am 15ten December, der Schlacht bei Kesselsdorf bei, in der er den rechten Flügel der Kavallerie anführte, und nach erhaltenem Siege, die Flüchtlinge verfolgte. 1747 den 26ten May, ward er General von der Kavallerie, und 1751 den 21ten December Generalfeldmarschall, mit einer Zulage von 1000 Thaler. 1756 den 1ten October, befand er sich in der Schlacht bei Lowositz, kommandirte die preußische Kavallerie, und konnte solche, wegen des Gebirges und der feindlichen Redouten, nicht nach Wunsch brauchen, richtete aber doch, das österreichische Kuirassierregiment von Kordua zu Grunde, und machte 700 Mann zu Gefangene. 1757 erhielt er, hohen Alters wegen, ein Gnadengehalt, und trat sein Regiment dem Generalmajor Johann Ernst von Schmettau ab. Starb 1762 den 22ten August, im

67ten

67ten Jahre seines ruhmvollen Alters, nachdem er wie vorgedacht, sich in preußische Dienste, durch seine erwiesene Tapferkeit verewigt hatte. Mit seiner Gemahlin, Anna Eleonora Gräfin von Stanislawsky-Seegut, hat er 3 Söhne und 7 Töchter gezeugt.

Von Giese,
churbrandenburgischer Generalmajor von der Kavallerie.

Er war von Geburt ein Hesse. Nachdem er zuvor in königlich-schwedischen und landgräflich hessischen Diensten gestanden hatte, nahm ihn Churfürst Friedrich Wilhelm 1675 im November in seine Dienste. 1677 befand er sich als Generalmajor, bei der Belagerung der Stadt und Festung Stettin zugegen, und kommandirte die Trabantenleibgarde zu Pferde. Siehe den verbesserten anderen Kriegespostilion, gebr. Leipzig in 4. 1677. S. 58.

Ernst Heinrich von Gillern,
Königl. Preuß. Obrister und Kommandeur eines Grenadierbataillons.

Ist 1730 in Schlesien aus einer alt-adelichen Familie gebohren worden, und kam 1749, beim Tauenzienschen Infanterieregiment im Dienst. Ward 1752 im September Fähnrich, 1760 Premierlieutenant, 1764 Staabs-
und

und 1766 wirklicher Hauptmann, 1769 aber Major. 1773 den 8ten October, ward er versezt, und erhielt das erledigte von Zabeltißsche Grenadierbataillon, welches aus den 4 Grenadierkompagnien der Garnisonregimenter von Saß und von Oven zusammengesezt war. Im bayerschen Erbfolgekriege, ward sein Bataillon, in der Nacht vom 1ten zum 2ten September 1778, von den Oesterreichern, in der Gegend von Lewin überfallen, wobei er und seine Leute, so viel Geistesgegenwart und Tapferkeit bewies, daß ihn der König, wegen dieses Wohlverhaltens, den 7ten selbigen Monats und Jahres, außer seiner Tour, zum Obristlieutenant, und 1781 den 23ten May zum Obristen erhob. Auch im siebenjährigen Kriege, hat er sich bei vielen wichtigen Gelegenheiten gegenwärtig befunden, und ist 1759 in der Schlacht bei Kunersdorf verwundet worden.

George Ludwig von Gilsa,

Königl. Preuß. Generalmajor und Chef eines Dragonerregiments.

Er ist aus dem bayreuthschen gebürtig, und trat 1747 bei dem Regiment Prinz von Preussen Kuirassier (jezt von Backhof) in Dienste. Ward 1753 den 11ten September Kornet, und avancirte den übrigen Subalternofficierstellen durch. 1768 ward er Major, 1780 Obristlieutenant, 1782 zum Dalwigschen Kuirassierregiment versezt, den 3ten Junius d. J. Obrister, 1788 den 1ten Junius Generalmajor und Chef des Thunschen Dra-

Dragonerregiments. Er hat im siebenjährigen Kriege, den wichtigsten Begebenheiten, besonders den Schlachten bei Kollin, Breßlau, Kay, Zorndorf und Kunersdorf, rühmlichst beigewohnet.

Kaspar Otto von Glasenap,

Königl. Preuß. Generalfeldmarschall, Gouverneur der Residenzstadt Berlin, Ritter des schwarzen Adlerordens, Prälat des hohen Stifts zu Canim, Erb-Burg-und Schloßgesessener zu Gramenz, Wurchow, Flachenheide, Steinburg ꝛc.

Er ward 1664 in Pommern gebohren, und seine Eltern sind, Kaspar Otto von Glasenap, Churbrandenb. und hinterpommerscher Landrath, der 1664 den 5ten Januar zu Kolberg starb, und Ernestina von Zitzwitz, gewesen. Im 15ten Jahre seines Alters, 1679, trat er in seines Landesherren Dienste, und wohnte in selbigen, den berühmten Feldzügen in Ungarn, am Rhein, und in Braband, mit den brandenburgischen Hülfsvölkern, bei. 1692 war er Lieutenant, bei dem vierten Bataillon Curmärckische Leibgarde (jetzt Alt-Bornstedt) 1695 Hauptmann; ward 1705 den 10ten November Major, 1709 den 6ten December Obristlieutenant, und 1713 Obrister. 1715 befand er sich im pommerschen Feldzuge. 1721 den 8ten Junius, ernannte ihn der König zum Generalmajor, und gab ihm das Infanterieregiment des Grafen Alexander Herrmanns Grafen von Wartensleben, der solches Alters wegen selbst abgetreten hatte,

hatte. 1733 ward er Gouverneur von Berlin; 1735 Generallieutenant und Ritter des schwarzen Adlerordens, und 1740 im Junius, Generalfeldmarschall. 1742 den 30ten Julius, trat er, seiner zunehmenden Leibesschwäche halber das untergehabte Regiment ab, welches darauf der Graf von Hak erhielt. Er war bei dem Könige Friedrich Wilhelm dem ersten, in großen Gnaden, weil er ein sehr ehrlicher Mann war, welches dieser Herr sehr schätzte, und deshalb ehrte ihn auch dessen Nachfolger, König Friedrich der zweite; ob gleich Glasenap nicht mehr dienstfähig war. Er starb 1747 den 7ten August, in einem Alter von 83 Jahren, 1 Mon. und 13 T. nachdem er 68 Jahr gedienet hatte. 1701 verehlichte er sich mit Anna von Zastrow aus dem Hause Leerwalde, die 1741 den 3ten Junius zu Berlin die Welt verließ, ohne Kinder gebohren zu haben.

Erdmann von Glasenap,

Königl. Preuß. Generalmajor, Dekanus des Domkapituls zu Camin, auf Wurchow, Zuchen ꝛc. Burg- und Schloßgesessen.

Er war ein Bruder des vorerwähnten Feldmarschalls, und ist 1660 den 16ten Februar zu Wurchhow gebohren worden. Er hat 30 Jahre lang in französischen Diensten, bei dem Regiment von Fürstenberg, und zuletzt als Obrister gestanden. 1714 den 1ten October, ernannte ihn König Friedrich Wilhelm der erste zum Generalmajor, und er ward 1716 Dekanus des Domkapituls

pituls zu Camin. Starb zu Wurchow, 1721 den 5ten
November, unverehlicht. Sein Bildniß ist von A. B.
König in Kupfer gestochen.

Joachim Reinhold von Glasenap,
Königl. Preuß. Major und Chef eines leichten Dra»
gonerregiments.

Ward 1712 in Pommern gebohren, und ist ein Sohn
Joachim Melchiors von Glasenap auf groß und klein
Wardin gewesen. Er war anfänglich Leibpage König
Friedrichs des zweiten; diente nachher bei dem Tres»
kowschen Regiment 17 Jahr lang, und zulezt als Lieu»
tenant und Adjutant des Generals von Walrawe. 1757
entwich er, und hat nachgehends in sächsischen, franzö»
sischen und würtembergischen Diensten gestanden. 1760
kam er, da er zuvor gefangen worden, wieder zur preus»
sischen Armee, und erhielt die Erlaubniß, als Major,
ein leichtes Dragonerregiment von 5 Eskadrons zu er»
richten, welches 1763, nach geschlossenen Frieden wie»
der abgedanckt ward; worauf er sich auf seine Güther
begab und daselbst starb. Er ist mit Elisabeth Louisa
Baronessin von Hund verehlicht gewesen.

George Rudolph von Glaubitz,

Königl. Preuß. Generallieutenant, Chef eines Garnisonbataillons und Ritter des Ordens pour la Generosite.

Er war von Geburt ein Schlesier, und trat 1693 bei dem Jung-Holsteinischen Infanterieregimente (jezt von Voß) in Dienste, und befand sich 1694 als Fähnrich mit einem Bataillon desselben iu Ungarn, avancirte nachher weiter fort, und ward 1709 Major, 1715 den 13. November Obristlieutenant, 1718 den 4ten August Obrister beim Beschefrschen Regiment, welches er 1731 als Chef erhielt, und 1733 Generalmajor. 1740 im Julius, ernannte ihn König Friedrich der zweite zum Generallieutenant, gab ihm Alters wegen, den gesuchten Abschied, mit 1500 Thaler Pension, und dem Sackschen Garnisonbataillon zu Kolberg, (jezt von Vittingshofen). Starb 1740 den 1ten October, in einem hohen Alter, und ist, seit 1713, mit Maria Louisa von Kamecke verehlicht gewesen, davon verschiedene Kinder gebohren worden sind.

Friedrich Eberhard Siegmund Günther von Göcking,

Königl. Preuß. Obrister, Chef eines Husarenregiments, des Ordens pour la merite Ritter.

Er ist zu Gröningen im Halberstädtschen 1738 gebohren worden. Der Vater war Christian Friedrich Günther

ther Göcking, Erbherr auf Günthersdorf und Dalsdorf. Nachdem er 1756 die Universität Halle bezogen hatte, trat er 1757 als Junker bei dem Füselierregiment Hessen-Cassel in Dienste, ward 1758 Kornet beim Bellingschen Husarenregiment, 1760 Sekonde- 1761 Premierlieutenant, 1761 Stabs- 1762 wirklicher Rittmeister, 1771 Major, 1784 Obristlieutenant und 1786 den 2. May Obrister. 1788 im May, erhielt er das Hohenstocksche- oder schwarze Husarenregiment. 1768 den 2. December, erhob ihn König Friedrich der 2te in den Adelstand, und gab ihm, wegen der im bayerschen Erbfolgekriege im Scharmützel bei Gabel bewiesenen Bravour, den Orden pour le merite. Von 1758 an, hat er mit dem jetzigen von der Golzschen Husarenregimente, den Schlachten bei Kunersdorf und Freyberg, auch vielen anderen Scharmützeln, Attaken, dem bayerschen Erbfolgekriege, und dem Zuge nach Holland, rühmlichst beigewohnet. Friedrich Wilhelm der 2te, war mit seinem, bei letzterer Gelegenheit bewiesenen Betragen, dermaßen zufrieden, daß er ihm, beim Rückmarsch des Regiments von der Golz, nach seinen Standquartieren, zu Bezeugung seiner Zufriedenheit, mit einer überaus prächtigen, mit Brillianten besetzten goldenen Dose beschenkte.

Karl Gottfried von Görne,

Königl. Preuß. Obrister und General-Intendant von der Armee, vorheriger Kommandeur eines Grenadierbataillons.

War des 1722 verstorbenen Andreas Christoph von Görne, auf Nieder-Gören Erbherrn Sohn, und ist 1718 gebohren worden. Trat im 18ten Jahre seines Alters in preußische Kriegesdienste, und ward bei dem neuerrichteten Prinz von Braunschweigschen Füselierregiment (jezt von Kenitz) 1740 Sekonde- 1747 Premierlieutenant, 1756 Staabs- und 1757 wirklicher Hauptmann, 1760 Major und Kommandeur des gewesenen von Stechowschen Grenadierbataillons, welches aus den Grenadierkompagnien der jetzigen Regimenter von Wunsch und von Kenitz bestand. Da er sich in den Feldzügen König Friedrich des 2ten jederzeit sehr brav gehalten, und besonders in den Schlachten bei Kollin und Lignitz schwer verwundet worden war; so ernannte ihn derselbe zur Versorgung, 1769, zum Obristen und Generalintendanten von der Armee, wobei er auch zugleich das Invalidenversorgungswesen erhielt. 1778 hatte er das Unglück, bei des Königs Armee in Schlesien, in Ungnade zu fallen und seinen Abschied zu erhalten; worauf er sich nach seinem Guthe Niedergören begab, und daselbst 1783 den 1ten May verstarb. Er ist mit einer von Greiffenberg, aus der Ukermarck, verehlicht gewesen, die ihm verschiedene Kinder gebohren.

Karl Friedrich Adam Graf von Schlitz
genannt Görtz,

Königl. Preuß. Generallieutenant von der Kavallerie und Chef eines Kuirassierregiments.

Er ward 1733 den 21ten December, zu Schlitz in Francken, aus einer sehr alten und berühmten, zum fränkischen Kreise gehörigen reichsritterschaftlichen Familie gebohren, und waren seine Eltern: der 1747 verstorbene churbraunschweigsche Schloßhauptmann zu Hanover und des schwarzen Adlerordens Ritter Johann Graf von Schlitz genannt Görtz, und Maria Friederika Dorothea Sophia Freyin von Görtz. Auf dem Karolinum zu Braunschweig, wo damals auch der jetztregierende Herzog von Braunschweig studirte, legte er den Grund zu verschiedenen Wissenschaften, von denen ihn der frühe Tod seines Vaters entzog, und seiner Bestimmung eine andere Richtung gab. Sein älterer Bruder brachte ihn 1750, als Fähnrich, bei dem Grenadierregiment des damaligen Statthalters, Wilhelm von Hessenkassel, nachmaligen Könige von Schweden, der ihm 1752 auftrug, von denen dreien Kompagnien, mit welchen die in Hanau stehenden 7 Kampagnien vermehret werden sollten zu werben. Diesen Auftrag bewerckstelligte er in der Stadt Hanau, auf eigene Kosten, und ward darauf, da das gedachte Regiment einen Verbürgungseid über die Grafschaft Hanau, der bekannten Versicherungsakte gemäß, ablegen muste, zugleich mit verpflichtet. Als der siebenjährige Krieg ausbrach, und der Landgraf Wilhelm verschiedene Infanterieregimenter, wobei sich auch das

Handusche Regiment befand, unter Anführung des Grafen von Isenburg nach Engeland sandte, erhielt er auf sein Gesuch die Erlaubniß, den Grafen, auf seine Kosten als Adjutant begleiten zu dürfen. 1757 kam er mit diesen Truppen wieder nach Deutschland, wie sich die erwähnten Regimenter bei Bielefeld, mit der alliirten Armee vereinigten, und der Graf von Görz that in diesem Feldzuge mit seiner Kompagnie bei derselben Dienste. In der Nacht vor der Schlacht bei Hastenbeck, muste er vor dem Mittelpuncte der Armee, eine Batterie errichten, die er noch vor Anbruch des Tages zu Stande brachte, ohnerachtet ihn der Feind daran, durch einen fruchtlosen Versuch zu hindern suchte. Nach der Konvention bei Kloster Seven, glaubte der Graf, daß die bisherigen kriegerischen Beschäftigungen nun ein Ende haben würden, und beschloß deshalb, nach seinem Guthe Schliz in Franken zu gehen; hatte auch dazu bereits von dem Marschall von Richelieu den nachgesuchten Paß erhalten; da aber der Krieg im November erneuert wurde, begab er sich wieder zur alliirten Armee, welche bei Celle, unter dem Oberbefehle des Herzogs Ferdinand, die Winterquartiere genommen hatte, und bewog durch diesen Diensteifer den Prinzen von Isenburg, daß er sich den Grafen von Görz zum Adjutanten erbat, bei welchem Posten er dennoch beim Regimente, welches damals viel kranke Kapitains hatte, so lange Dienste verrichtete, bis der Prinz, zur Deckung der hessischen Länder, ein besonderes Korps erhielt. Mit diesem wohnte er der blutigen Action bei Sangerhausen bei, in der die aus 12000 Mann bestehende französische, und dem Isemburgschen Korps sehr überlegene Avantgarde, unter Anfühführung des Herzogs von Broglio, das letztere zum Weichen brachte. Obgleich der Graf dabei am lincken Knie verwundet ward, blieb er dennoch bis zum Ende der Action gegenwärtig, und bewies sich beim Rückzuge äuserst thätig. Seine Wunde war noch nicht geheilet, als er schon wieder gebraucht ward, die Vereinigung der herzoglichen und der prinzlichen Truppen bei Kassel zu befördern; welches aber der Generallieutenant von Chevert, dem der Prinz Soubise eine ansehnliche Verstärkung zugesandt hatte, verhinderte; worauf die Alliirten beschlossen über die Werre zu gehen, und das Churfürstenthum Hanover zu decken. Allein auch dies Vorhaben, machte der Prinz Soubise durch seine überlegene Macht unausführbar. Es folgte hierauf das Gefecht bei Lutterberg, in welchem die Alliirten genöthigt wurden, sich über Minden, nach Einbeck zurückzuziehen. Hier blieb der Prinz von Isemburg so lange stehen, bis der Herzog Ferdinand, welcher sich mit dem Obergschen Korps wieder vereinigt hatte, die Feinde zwang Kassel zu verlassen, und sich nach Marburg zurückzuziehen; worauf er sein Hauptquartier zu Frizlar nahm. Um diese Zeit beschloß der Landgraf Wilhelm von Hessenkassel, seine im engländischen Solde stehende Husaren zu vermehren. Der Graf von Görz ward ihm als Major zu Errichtung einer Schwadron vorgeschlagen, welches er annahm, und der Graf errichtete solche, in Winter von 1758 bis 1759, in Bettenhausen. Sie war noch nicht vollzählig, als er Befehl erhielt, statt des kranken Obristlieutenants und Kommandeurs dieser Husaren, mit den Dienstthuenden hessischen Husaren und Jägern, die lincke Flanke des Korps, welches der Erbprinz von Braunschweig befehligte zu decken, und zugleich die Vereinigung desselben mit einem preußischen Korps zu befördern, welches über Langensalza anrückte. Die kaiserlichen Truppen unter Anführung des General Vogbera, waren an der Ausführung dieses Auftrages hinderlich; der Graf nahm aber, mit denen bei sich habenden 150 Husaren, welche von 100 Jägern unterstüzt wurden, so kluge Maaßregeln, daß er den Feind bei Piber, an einem Sonntage, da man so eben mit dem Gottesdienst beschäftigt war, überfiel, und von den abgesessenen Reuterregimentern Trautmannsdorf und Bretlach und dem Dragonerregimente Prinz Eugen von Savoyen, viel Pferde tödtete und verwundete, zwei Estandarten eroberte, und mit einer großen Anzahl Gefangene wieder zurückkehrte. Hierauf muste er auf Befehl nach Kassel kommen, um die völlige Instandsetzung der Schwadronen zu besorgen, welches aber nicht geschehen konnte, da der Herzog Ferdinand mit einem Theile der alliirten Armee bis Bergen vorrückte; indeß die Franzosen Miene machten die Magazine bei Frizlar wegzunehmen, und wohl gar bis Kassel vorzubringen; weshalb der Graf mit allen nur zusammenzubringenden Truppen, dem französischen General Voyer entgegenzugehen, und den Transport des Magazins, welches nach der verlohrnen Schlacht bei Bergen von großen Nutzen war, besorgen muste. Zu Anfang des Feldzuges, im Jahr 1759, befehligte der Graf die Vorposten, ohnweit Wavern, und gerieth täglich mit dem Feinde in kleine Gefechte. Er rettete hierauf, die vom Feinde eingeschlossene Stadt Vechte, da der hannöverische Kommendant eben im Begrif stand zu kapituliren; und half Osnabrück wegnehmen, wo die Feinde ein großes

Ma-

Magazin hatten. In der Schlacht bei Minden, kommandirte der Graf von Görz die Avantgarde des Erbprinzen, ging nach erfochtenem Siege, mit seinen Husaren, zwischen Rinteln und Hameln, über die Weser, und verfolgte die feindliche Hauptarmee, unter beständigen Gefechten, bis nach Kassel. Sodann half er die Belagerung von Münster, welche der Herzog Ferdinand dem General Imhof übertragen hatte, decken, und deren Einnahme befördern. Als dies geschehen war, befahl ihm der Landgraf, nach Rinteln zu kommen, und noch zwei Schwadronen Husaren zu errichten, die ihm im Jahr 1760, mit den zwei ersten Schwadronen, als ein Regiment anvertrauet wurden. Da der Landgraf, zu Anfang lezgedachten Jahres starb, übertrug dessen Nachfolger, Landgraf Friedrich, dem Grafen von Görz, die Garde du Korps, mit Beibehaltung seiner Husaren, und der Erlaubniß dem Feldzuge ferner beiwohnen zu können, zu errichten; da ihm aber in der Folge unerwartete Schwierigkeiten gemacht wurden, bei der Armee gegenwärtig seyn zu können, verließ er die heßischen Dienste, die nun nicht mehr seiner Neigung angemessen zu seyn schienen, als Obrister. Die kriegerischen Bewegungen, welche sich nach dem Tode der russischen Kaiserin Elisabeth, zwischen Rußland und Dännemarck ausbreiteten, bewegten dem Grafen als Obristen von der Kavallerie, in dänische Dienste zu treten, und er wohnte 1762, dem Feldzuge unter dem Grafen von St. Germain bei. Außer der Wegnahme der, der Stadt Lübeck gehörigen Travemünde, fiel in demselben nichts Erhebliches vor, und Peter des dritten Tod, machte dem Kriege ein Ende. Hierauf ging er mit königlicher Erlaubniß zur alliirten Armee,

bei

bei der ihn deren Anführer, der Herzog Ferdinand, mit vieler Achtung aufnahm, und er verblieb bei derselben bis zum 1763 geschlossenen Frieden. Nach demselben, gab ihm der Graf von St. Germain das versprochene Regiment; welches das Führische, in Odensee garnisonirende Dragonerregiment war. Dies hatte er bis zum Tode, König Friedrich des fünften, nach welchem ihm die am dähnischen Hofe entstandenen Intriguen, welche auf dem Grafen von St. Garmain, seinem genauen Freunde einen nachtheiligen Einfluß hatten, nöthigten den Abschied zu fordern, und nachdem er solchen erhalten, sich auf seine Güther zu begeben. 1771 reißte er nach Potsdam, wo ihn König Friedrich der zweite, als Obristen von der Kavallerie, in seine Dienste nahm, und seines gnädigen Zutrauens würdigte. Er ward vom Könige zweimal, erstlich, bei der Vermählung des Großfürsten von Rußland mit der Prinzessin von Hessen-Darmstadt, und zweitens bei Gelegenheit der Vermählung eben dieses Fürsten, mit einer Prinzessin von Würtemberg, als Gesandter nach Petersburg gesandt. 1777 im August ward er Generalmajor. Bei Entstehung des baierschen Erbfolgekriege, ward er vom Könige verschiedenemale in wichtigen Angelegenheiten gebraucht, und während demselben befand er sich in dessen Gefolge. 1779 begleitete er den Kronprinzen (jetzigen König Friedrich Wilhelm den 2ten) auf seiner Reise nach Petersburg. 1785 ward er nach Kassel gesandt, um den Landgrafen Friedrich zum Beitritt, zum deutschen Fürstenbunde zu bewegen, welches er auch glücklich bewerkstelligte. Bei seiner Rückkunft nach Potsdam, fand er den großen Friedrich schon sehr schwach, und ward von demselben noch

1786

1786 den 3ten März zur Bestätigung, seiner für den Grafen hegenden Gnade, zum Generallieutenant von der Kavallerie ernannt. Als der Monarch verstorben war, bezeugte der Graf, Friedrich Wilhelm dem zweiten, zuerst als König seine Ehrfurcht, und ward von demselben an die verwittwete Königin, nach Schönhausen gesandt, um derselben, so wie nachher, der übrigen königlichen Familie zu Berlin, Nachricht von dem traurigen Vorfalle zu überbringen. Auf der Reise des neuen Königs, zur Huldigung nach Preussen und Schlesien, hatte er die Ehre dessen Begleiter zu seyn, und im königlichen Wagen zu sitzen. 1787, zu Anfang des Septembermonats, erhielt er das von Pannewitzsche Kuirassierregiment, welches zu Ohlau in Schlesien, seine Standquartiere hat. Das Leben des Grafen, und sein Bildniß von P. Haas in Kupfer gestochen, befinden sich im berlinischen geneologischmilitairischen Taschenkalender, für das Jahr 1788. Er vermählte sich 1764 den 15ten Junius zu Koppenhagen, mit Louisen Charlotten, einer Tochter des Grafen Eberhard Christoph von Knuth, königl. dänischen Konferenzraths, Stiftsamtmann von Seeland und Bornholm, und des Elephantenordensritter, davon ein Sohn und zwei Töchter, welche letzteren nur noch am Leben sind, gebohren worden.

Joachim Ernſt von Görzke,

Chur-Brandenb. Generallieutenant von der Kavallerie, Gouverneur der Feſtung Küſtrin, Obriſter eines Regiments zu Pferde, und eines zu Fuß, auf Friedersdorf, Böllersdorf und Künitz-Erbherr.

Seine Eltern waren Joachim von Görzke auf Bollersdorf in der Mittelmarck Erbherr, und Eliſabeth von Wichmannsdorf, die ihn 1611 den 11ten April zu Bollersdorf zur Welt brachte. Im 9ten Jahre ſeines Alters, ward er Edelknabe bei der Prinzeſſin Maria Eleonora, Tochter des Churfürſten Johann Sigismunds, welche ihn, da ſie 1620 mit dem Könige Guſtav Adolph von Schweden vermählet wurde, mit ſich nach Schweden nahm, wodurch Görzke in ihres Gemahls Dienſte kam, und in ſolchen den Grund zu ſeinem künftigen Glücke legte. Guſtav Adolph nahm ihn 1623 unter ſeine eigene Edelknaben, und er begleitete den Monarchen in denen Kriegen, welche derſelbe mit Polen führte. 1628 ward er zu Elbing vom Könige wehrhaft gemacht, und zugleich Reuter bei deſſen Leibgarde. Als Guſtav Adolph ſeine Staaten verließ, um Deutſchlands Freiheit zu retten, folgte Görzke demſelben ebenfals; befand ſich als Korporal in dem Treffen bei Leipzig, und ward nach demſelben, wegen ſeiner bewieſenen Tapferkeit Kornet. In der Schlacht bei Lützen ward er ſchwer verwundet, und zog nachher, bis zum Jahre 1633 mit der ſchwediſchen Armee umher. 1634 erhielt er eine Kompagnie Reuter, bei des ſchwediſchen Generalmajors Adam von Pfuel Regiment zu Pferde, half, 1636 den 24ten September, den Sieg bei Witstock wider die kaiserlichen erfechten, und befand sich unter Anführung der Generale Banners und Torstensohn, bei den vorzüglichsten Begebenheiten in diesem verderblichen Kriege. In der zweiten Leipziger Schlacht, 1642 den 23ten October, fochte er schon als Obristlieutenant, und 1645 erhielt er als Obrister ein Regiment zu Pferde. Nach dem Münsterschen Frieden, begab er sich auf seine Güther, und zog die Ruhe denen ihm von verschiedenen hohen Mächten angebotene Kriegesdienste vor. 1656 aber, da zwischen Polen und dem Churfürsten Friedrich Wilhelm Feindseligkeiten ausbrachen, trat er in des lezteren Dienste, und ward den 9ten December lezrgedachten Jahres Generalmajor von der Kavallerie. In diesem Kriege gab er viele Beweise seiner Tapferkeit. Er half den gefangenen Fürsten Radzivil aus den Händen der Polen befreien, und schlug sie 1657 in dem Gefechte bei Philippowa in die Flucht. 1660 erhielt er ein Regiment zu Pferde, und da er verschiedene Anerbietungen, fremde Dienste anzunehmen, von sich gewiesen hatte, und denen seines Landesherren den Vorzug gab; so wuchs dadurch des Churfürsten Vertrauen gegen ihn um so mehr, und er gab ihm deshalb noch ein Regiment zu Fuß, erklärte ihn auch zugleich zum Obristen des schweren Geschützes. 1660 den 14. November, ward sein Regiment bei Stendal, bis auf eine Kompagnie die in Litthauen blieb, abgedancket. 1663 den 10ten December, ward er Gouverneur von Memel; wobei er zugleich die Aufsicht über die in Preussen stehende Kriegesvölker erhielt. 1672 und 1674, begleitete er den Churfürsten nach Westphalen und den Elsaß. Nach Kannenbergs Tode, erhielt er dessen Regiment

ment zu Pferde, und ward, wegen der, bei vielen Gelegenheiten aufs neue bewiesenen Bravour, 1675 den 1. Januar, Generallieutenant. Den 15ten Junius leztgedachten Jahres, überrumpelte er die Schweden bei Rathenow, und half den 18ten selbigen Monats, den Sieg bei Fehrbellin erfechten. In Pommern verfolgte er darauf die Schweden, gerieth dabei in die Gefangenschaft, ward bald wieder ausgelöset, und wohnte den Belagerungen von Wolgast, Anklam, Demmin und Stettin, in den Jahren 1676 und 1677, bei. 1676 bekam er das, durch den Tod des Obristen Bodo von Schlieben erledigte Dragonerregiment, welches er, 1677 im December, wieder an den Obristen von Sydow abtrat, und dagegen Gouverneur von Küstrin, und Obrister des daselbst in Besatzung liegenden Infanterieregiments ward. 1678, schloß er, während daß der Churfürst die Insel Rügen eroberte, und Stralsund belagerte, Greifswalde ein; und da indessen der schwedische General Horn, aus Liefland in Preußen eingefallen war, so muste Görzke demselben mit 3000 Mann entgegengehen. Er vereinigte sich in Preußen, mit den dasigen Landtruppen, wodurch sein Korps bis auf 7000 Mann anwuchs, mit dem er sich, weil er gegen den überlegenen Feind zu schwach war, bei Welau vortheilhaft postirte, und hier die Ankunft des Churfürsten erwartete, welcher 1679 den 10ten Januar mit einem ansehnlichen Theile seines Heeres, aus Pommern, bei Marienwerder anlangte. Nun erhielt Görzke Befehl, mit den Reutern und Dragonern über das frische Haf zu gehen, und sich bei Holland, mit dem Churfürsten zu vereinigen. Indessen hatte sich aber der Feind zurückzuziehen angefangen, davor

Görz

Görzke dem Churfürsten benachrichtete, und da dieser aufbrach, demselben, mit 4000 Reuter und Dragoner und 1000 Infanteristen, die auf Pferde gesezt wurden folgte, den feindlichen Nachzug einholte, und da er denselben unaufhörlich attakirte, dadurch die Schweden so aufrieb, daß sie kaum 8000 Mann von ihrer ansehnlich gewesenen Macht übrig behielten. Nach hierauf erhaltenen Verstärkung von 4300 Reuter und 1000 Dragonern, fuhr er mit der Vertreibung der Feinde fort, und indem er denselben nach Liefland vor sich her trieb, richtete er denselben fast gänzlich zu Grunde. Als hierauf der Churfürst mit seinen Truppen nach Deutschland ging, blieb Görzke in Preußen, und übernahm den Oberbefehl über die daselbst stehende Regimenter. Nach dem zu St. Germain geschlossenen Frieden, bat er um die Erlaubniß, nach Cüstrin, zu seinem dasigen Gouvernement gehen zu können, wozu er 1680 vom Churfürsten die Bewilligung erhielt, und daselbst 1632 den 27ten März, im 71sten Jahre seines Alters verstarb. 1654, hatte er sich mit Lucien von Schlieben, die 1659 den 28ten April zu Saalfeld in Preußen starb, verehlicht, die ihm 3 Töchter gebohren. Professor Pauli hat in seinen oftermähnten Leben großer Helden, 9 Th. S. 29-48 eine ausführliche Lebensbeschreibung von Görzken geliefert.

Adolph

Adolph von Götze,

Chur-Brandenburgischer Generallieutenant von der Infanterie, und Gouverneur von Spandau.

War ein Sohn Friedrichs von Götzen Rittmeisters und Chur-Brandenburgischen Landraths, auf Zehlendorf Erbherr, und Annen von Wulffen aus dem Hause Madelitz. Es finden sich wenige Nachrichten von seinem ersten Dienste bei der brandenburgischen Armee. 1655 ward er Obrist zu Fuß; 1660 den 1ten Junius Generalmajor, 1672 Gouverneur der Festung Spandau, und den 12. Julius 1678 Generallieutenant. Er hat sämmtlichen Feldzügen des Churfürsten Friedrich Wilhelms beigewohnet, welcher ihm sehr gnädig war, und unter andern, 1676, wegen seiner treuen und vielfältigen Dienste, das Lehngut Nerungen in Pommern, das bisher der Obristlieutenant von Pfuel im Besitz gehabt, schenkte. Es scheint, daß er im Jahre 1678 verstorben ist, weil in solchem, sein bis dahin gehabtes Gouvernement von Spandau, vergeben ward. Mit Johanna Katharina von der Necke hat er verschiedene Kinder erzeugt.

(In den Nachrichten König Friedrich des zweiten, von der Kriegesverfassung der Preußen, wird er Goetz genannt, und diesen Fehler hat auch der Uebersetzer dieser Schrift, unter dem Titel: des Königs von Preußen Abhandlung von der preußischen Kriegesverfassung in den ältesten Zeiten, ꝛc. Frank. und Leipzig 1771 klein Octav S. 27 beibehalten, und noch dazu in der Note N. 34. daselbst folgendes angeführt: Adolph von Goetze ist als Generallieutenant und Commendant zu Berlin gestorben.

Kü=

Küster im Alt- und Neu-Berlin, 3. Th. S. 324 führet ihn als Gouverneur von Berlin auf, davon ich aber nichts zuverläßiges finde.)

Jochim Christoph von Götze,

Königl. Preuß. Generallieutenant und Gouverneur der Festung Küstrin, Driesen und Oderberg; auf Lohme, Weese, Börnigke, Wilmersdorf, Strado und Wolkenberg Erbherr.

Er war ein Sohn Jobst Friedrichs von Götzen, Churbrandenburgischen Obristen, auf Hermsdorf, Tegel und Rosenthal Erbherr. Diente unter Churfürst Friedrich Wilhelm, seit 1656. 1684 war er Hauptmann, und 1686 Obrister. 1692 den 18ten März ward er Generalmajor und Chef der Garnisonkompagnie zu Peiz, 1701 den 30ten December Gouverneur von Küstrin, Driesen und Oderberg, und 1703 Generallieutenant. Er wohnte sämmtlichen Feldzügen des gedachten Churfürsten in Preußen, Polen, Pommern, im Elsaß am Rhein u. s. w. rühmlich bei. Starb 1703, den 6ten August, und ist zweimal, 1. mit N . . . . . 2. mit Christina Agnes von der Heyden genannt Rynsch verehlicht gewesen. Aus beiden Ehen sind Kinder gebohren worden.

Ernst

Ernst Ludwig von Götze,

Königl. Preuß. Generalmajor, und Kommandeur des herzogl. Würtembergischen Füselierregiments, des Ordens pour le merite Ritter, und Erbherr auf Paris-Wendemarck.

Er ist 1697, zu Berlin, aus einer bürgerlichen Familie gebohren worden, und waren seine Eltern N . . . Götze, und Dorothee Katharine Gercken. Der Fürst Leopold von Anhalt-Dessau, nahm ihn sehr jung zu sich, brachte ihn durch seine Vermittelung frühzeitig in Preußische Dienste; so, daß er schon 1711 und 1712 in den brabandschen Feldzügen gegenwärtig war, und sich mit mancherley Gefahren bekannt machen konnte, denen ihn der Fürst auf verschiedene Art aussezte, um seinen Muth zu erproben. 1715, befand er sich als Fähnrich des alt-Anhaltschen Regiments (jezt von Thadden), bei der Belagerung von Stralsund. 1719, ward er als Premierlieutenant an das kürzlich errichtete Prinz-Leopold von Anhaltsche Regiment (jezt von Knobelsdorf), abgegeben. 1722 war er Hauptmann; ward den 30ten Junius d. J. vom Könige Friedrich Wilhelm den ersten in den Adelstand erhoben, und erhielt zu gleicher Zeit, das erledigte Rolofsche Lehnguth Paris-Wendemarck in der Altmark. 1734, ward er Major, und wohnte in dieser Würde, 1734 und 1735, den Feldzügen am Oberrhein bei. 1740 den 17ten December, erhielt er ein Grenadierbataillon, welches aus den Grenadierkompagnien, der damaligen Regimenter von der Marwiz und von Wedell zusammengesezt war. Mit demselben,

hielt

hielt er sich bei der Einnahme von Glogau so brav, daß ihm der König den Orden pour le merite, und eine Präbende in Westphalen gab. In der Schlacht bei Molwitz, ward er am Kopf verwundet; dafür erhielt er eine Pension von 300 Thaler, und ward Obristlieutenant; bekom auch bald darauf eine von den vier goldenen Medaillen, welche der König auf diesen seinen ersten Sieg hatte prägen lassen, als einen besonderen Beweis seiner Gnade zum Geschenk. Da in folgenden Jahre, der Prinz Leopold, die Oesterreicher aus Böhmen vertrieb, erhielt Götze das Kommando des wichtigen Postens Nimburg an der Elbe, dessen Behauptung viel Wachsamkeit erforderte. Wegen seines tapferen Wohlverhaltens in der Schlacht bei Chotusitz, wo das Leopoldsche Regiment viel zum erfochtenen Siege beitrug, erhob ihn der König, den 18ten May d. J. zum Obristen, und lies bei der am folgenden Tage ertheilten Parole bekannt machen, daß sich niemand über dies schnelle Avanzement aufhalten sollte, indem außerordentliche Verdienste auch außerordentliche Belohnungen verdienten. Götze hatte auch das Königliche Versprechen erhalten, bald ein Regiment zu bekommen; da er aber als ein tüchtiger Exerziermeister in der Armee bekannt war, sezte ihn der König als Kommandeur zu dem neuerrichteten herzoglich-würtembergschen Füselierregiment (jezt von Phul), womit Götze jedoch sehr unzufrieden war; bemohngeachtet aber, auf die erhaltene neue Versicherungen einer baldigen Verbesserung, die angewiesene Stelle übernahm, und zur besonderen Bewunderung des Königs, das Regiment in der grösten Geschwindigkeit in solchen guten Zustande sezte, das, als es nachher aus Brandenburg in Berlin einrükte,

Zweyt. Theil.   C

te, es an Fertigkeit die hier sich befindende Garnison beinahe übertraf. Durch seinen hiebei bewiesenen großen Diensteifer hatte aber seine Gesundheit nicht wenig gelitten, und war sehr geschwächt worden. Der König gab ihm, auf seine Vorstellungen, zwar kein besonderes Regiment, welches er zu haben wünschte, und das er, anfänglich erhalten sollte, allein er erhielt zu einiger Schadloshaltung die Chefs-Einkünfte von dem würtembergischen Füselierregiment, das nur des Herzogs Namen führte. 1745 führte er das Regiment, in das Lager bei Dieskau, welches unter dem Oberbefehle des Fürsten von Anhalt stand, und ward im November, Generalmajor, mit dem Range vom 2ten December 1743. Er wohnte der Schlacht bei Kesselsdorf bei, ohnerachtet seine Gesundheit schon sehr geschwächt war, und starb den 19ten December 1745, zu Bennerich ohnweit Dresden an einem Stikflusse. 1737 verehligte er sich mit Marien Dorotheen Schlütern aus Rathenow, welche 1755 starb, von welcher er einen Sohn und eine Tochter hinterlassen hat. Der Sohn Karl Ludwig Boguslav von Götze ist gegenwärtig bei der Preußischen Armee Obristlieutenant, General-Staabs- und Quartiermeister; die Tochter ist an den Obristen vom Korabinierregiment Karl Friedrich von Schmettau verehlicht. Da der Generalmajor von Götzen von Jugend auf, am Dessauschen Hofe gewesen; so äußerte nicht allein der Fürst Leopold, sondern auch dessen Herren Söhne, jederzeit besondere Gnade gegen ihn, und er muste sich sehr oft zu Dessau bei der Parforcejagd einfinden, auch nebst seiner Ehegattin, dem Prinzen Leopold und seiner Gemahlin während ihrem Aufenthalte auf dem Jagdschloße Salchow ohnweit Gar-

debelegen, gewöhnlich Gesellschaft leisten. Der 1757 den 1ten Januar, bei Ostriz gebliebene Major und Kommandeur des Prinz Heinrichschen Regiments, Samuel von Götze, war sein jüngerer Bruder.

Friedrich Wilhelm von Götzen,
Königl. Preuß. Generalmajor, Chef eines Füselierregiments, Gouverneur von Glatz, des Ordens pour le merite Ritter.

Ist 1734 den 20ten März, zu Gründel in der Mittelmark gebohren worden. Seine Eltern sind, Kurt Ludwig von Götzen, Königl. Preuß. Landrath, Erbherr auf Gründel, Cratz und Tempelfelde, und Juliana Charlotte von Sydow aus dem Hause Sydow, gewesen. Nachdem er dem Könige Friedrich den zweiten als Page gedienet hatte, ward er 1756 Fähnrich bei dessen Leibgarde; bald nachher aber, nahm ihn dieser Monarch, als Flügeladjutant in sein Gefolge. 1760, nach der Schlacht bei Lignitz, ward er Hauptmann von der Armee, und da er im October dieses Jahres, vor der Schlacht bei Torgau, in einem Scharmützel, bei Düben, sich dermaßen hervorzuthun Gelegenheit fand, daß er an der Spitze von 50 Husaren, mehr Gefangene machte, als sein Detachement stark war, so erhielt er wegen dieser Bravour, den Orden pour le merite. 1763 ward er Major, 1773 Obristlieutenant, 1777 Obrister, und erhielt als solcher 1784 das erledigte von Thaddenfsche Füselierregiment zu Glatz. 1784 den 28ten September,

ber, ward er Generalmajor, und 1787 im September, Gouverneur von Glaz. Als Adjutant König Friedrich des zweiten, hat er vielfältig Gelegenheit gehabt, den wichtigsten Begebenheiten des siebenjährigen Feldzuges beizuwohnen, und sich des Monarchen Gnade eigen zu machen, hatte auch bei der lezten Belagerung der Festung Schweidnitz die Aufsicht über die Mineurs. Als 1771 die gräflich von Götzensche männliche Linie in Schlesien ausstarb, und dadurch deren innegehabte Lehn-Güther in der Graffschaft Glaz, Scharffenek, Tunschendorf und Zubchör, dem Könige als erledigt anheim fiel, gab sie dieser dem Obristen von Götzen, nachdem solche zuvor, den 24ten October leztgedachten Jahres allodificiret worden, und er das schlesische Einjöglingsrecht erhalten hatte. Zweimal hat er sich verehlicht, 1) mit Louisen von Holwede, verwittwete Gräfin von Mellin, die verschiedene Kinder zur Welt brachte, und 1783 den 27ten December zu Potsdam verstarb. 2) seit 1785, mit Friederiken Charlotten, dritten Tochter, des schlesischen Generalerbpostmeisters, Heinrich Reichsgrafen von Reichenbach.

Karl Ludwig von Götzen,

Königl. Preuß. Generalmajor und Chef eines Dragonerregiments.

Des vorigen Bruder; ward 1731 in der Mittelmark gebohren. 1748 kam er zu dem Kuirassierregiment Prinz von Preussen (jezt von Bathof) in Dienste, in wel-

welchem er, nachdem er 1753 den 6ten März Kornet
geworden, von einer Officierstelle zur anderen fortavancirte, und 1767 Major, 1780 Obristlieutenant und
1782 den 31ten May Obrister ward. 1786 im Junius, erhielt er das erledigte von Knobelsdorffsche Dragonerregiment, und 1787 den 20ten May, erhob ihn König Friedrich Wilhelm der zweite, zum Generalmajor.
Er hat im siebenjährigen Feldzuge, den Schlachten bei
Kollin, Breßlau, Kay, Kunersdorf, Zorndorf, und
dem baierschen Feldzuge mit vieler Distinction beigewohnet, und ist mit Amalia Charlotte Wilhelmine von
Arnstedt verehlicht, von der er eine zahlreiche Familie
erhalten hat.

Christian Heinrich von Götz und Schwanenfließ, Königl. Preuß. Major und Kommandeur eines Grenadierbattaillons.

Ward 1722 in Schlesien, wo seine Eltern, Franz
Ludwig von Götz und Schwanenfließ auf Krickau Erbherr, und Johanna Kunigunde von Schreibersdorf,
gelebt haben, gebohren. 1740, trät er als Fahnjuncker
bei dem jetzigen von Wolframsdorfschen Füselierregiment in Dienste; ward 1745 Fähnrich, 1751 Sekonde- 1757 Premierlieutenant, 1761 Staabs-
und 1764 würklicher Hauptmann, 1773 aber
Major und Komandeur eines Grenadierbattaillons,
welches aus den Grenadierkompagnien der Füselierregimenter von Keller und von Falckenhayn zusammengesetzt war, mit dem er den baierschen Erbfolgekrieg mit-

C 3 machte,

machte. Er hat den Feldzügen von 1741 bis 1761, da er unter dem Generalmajor von Knobloch zu Treptow an der Rega, in rußische Gefangenschaft gerieth, beigewohnet. Starb 1781 dem 1ten Januar zu Großglogau.

Ludwig von Gohr,

Königl. Preuß. Obrister, und Chef eines Garnisonbattaillons.

Der königl. preußische ehemalige Hauptmann des marggräfl. Albrechtschen Kuirassierregiments (jezt Leibkarabiners), George von Gohr, der 1736 starb, erzeugte ihn mit einer gebohrnen von Hohendorf, die ihn, 1707 dem 30ten Junius, zur Welt brachte. 1723, kam er bei das Dönhoffsche Regiment (jezt von Braun) als Fahnjuncker; ward 1730 den 3ten May, Fähnrich, 1732 den 4ten Decembre, Seconde- 1737 den 13ten Junius Premierlieutenant, 1740 den 4ten August Staabskapitain, in welcher Charge er zu dem neuerrichteten von Mänchowschen Füselierregiment (jezt von Raumer), gesezt wurde, und 1742 den 20ten Julius, dabei eine Kompagnie erhielt. 1756 den 13ten August, ward er Major, 1760 den 17ten Februar, Obristlieutenant, 1761 den 8ten Februar Obrister, und 1763 nach geschloßenem Frieden, zum Kommandeur des Regiments ernannt. 1769 gab ihm der König das zu Acken garnisonirende Besatzungsbataillon (jezt von Hülsen) wo er 1771 verstarb. Von 1740 bis 1759, hat er allen Feldzügen der Preußen, und besonsonders, 1744 der Belagerung von Prag, 1745 der Belagerung von Kosel, 1757 der Schlacht bei Leuthen, in den er gefährlich verwundet worden, und 1759, den Gefechten bei Domitsch und bei Maxen, rühmlich beigewohnet. Vor der Schlacht bei Reichenberg, muste er auf königlichen Befehl, die Stadt Zittau, mit einer starcken Division besetzen, und vor der Schlacht bei Cöllin, schickte ihn der König nach Nienburg, welchen Ort er, nebst Brandies, mit der bei sich habenden Mannschaft deckte; so wie er ebenfalls, vor der Schlacht bei Breßlau, sich mit 1000 Mann, in Protsch bei Breßlau postiren muste. 1759 gerieth er bei Maxen in die Gefangenschaft, aus der er erst 1763, nach geschlossenen Frieden wieder befreiet wurde. Er ist mit Johanna Sophia Friderika von Quast, hinterlassenen Witwe, des beim Münchowschen Regiments gestandenen Obristen von der Asseburg, verehlicht gewesen, welche sich nach seinem Tode wieder mit dem jetzigen Generallieutenant Hans Ehrenreich von Bornstedt verheirathete, ohne Kinder erzeugt zu haben.

George Fabian von Gohr,
Königl. Preuß. Major und Kommandeur eines Grenadierbataillons.

Er ward 1703 den 3ten December gebohren, und war ein Sohn Daniel Christophs von Gohr und einer von Hohendorf. Trat 1718 den 1ten October, als Fahnjunker bei dem damaligen von Finkensteinschen (jetzt von

Wilbau) Regiment in Dienste; ward 1726 den 9ten August Fähnrich, 1731 den 2ten September Sekonde, und 1733 den 20ten November Premierlieutenant, 1742 den 1ten Januar Staabs- und 1743 im Julius wirklicher Grenadierhauptmann, und 1756 im Julius Major und Kommandeur eines Grenadierbataillons, welches aus den Grenadierkompagnien der damaligen Regimenter von Lehwald und von Below bestand. 1734 wohnte er dem Feldzuge am Oberrhein, 1741 dem Kampement bei Brandenburg, 1742 der Schlacht bei Chotusiß, 1745 den Schlachten bei Hohenfriedeberg und Soor, 1757 den 30ten August aber, dem Treffen bei Groß-Jägerdorf bei, in welchem lezteren er blieb. 1748 hatte er sich mit Katharina Barbara Schach von Wittenau, welche 1757 zu Königsberg in Preußen ohne Kinder starb, verehlicht.

Herrmann von Goldacker,

Churbrandenburgischer Obrister zu Fuß und Kommendant der Festung Peitz.

Ward 1638 in brandenburgischen Diensten Obrister, und befand sich im selbigen Jahre, bei der bekannten Musterung bei Neustadt-Eberswalde, mit einem Regiment zu Fuß von 200 Köpfen. Als Churfürst George Wilhelm, 1639, seine zusammengebrachte Truppen wieder abdankte, überließ er dem von Goldacken eine Kompagnie zu Fuß von 200 Köpfen. Nach dieses Churfürsten Tode, ließ ihn der Statthalter in der Mark

Mark Brandenburg, Marggraf Ernst, nebst dem Obristen, August Moritz von Rochow, und Dietrich von Kracht, in Verhaft nehmen, weil sie kaiserlich gesinnet waren, dem Landesherren den schuldigen Gehorsam versagten, und sich deshalb strafbar gemacht hatten; allein sie entkamen, und giengen sämtlich in kaiserliche Dienste, in welchen sie zu hohen Kriegschargen und Standeserhöhungen gelangten, und wodurch es sich deutlich zeigte, daß der wider sie geschöpfte Verdacht nicht ungegründet gewesen war.

Hartmann von Goldacker,

Churbrandenburgischer Obrister zu Roß, auf Weberstadt Erbherr.

War ein Sohn Kaspers von Goldacker auf Weberstadt und Alstadt Erbherr, und Annen Elisabeth von Goldacker aus dem Hause Uffhofen. 1636 den 1ten Mai bestellte ihn Churfürst George Wilhelm von Brandenburg zum Kapitainlieutenant bei der Leibgarde zu Roß und Kammerjuncker. 1639 war er Obristlieutenant, und da der Churfürst in diesem Jahre seine Truppen reducirte, blieb sein Regiment, mit 8 Kompagnien von 800 Köpfen, da es ein Jahr zuvor, bei der vorgedachten Musterung bei Neustadt-Eberswalde 900 Mann stark gewesen, stehen. 1640 schlug er einige Kompagnien Schweden im Meklenburgischen, und hat sich während dem dreißigjährigen Kriege, in der Mark Brandenburg, gegen die vielfältig durchziehende und viel

Feindseligkeiten ausübende fremde Völker, mit seinen Leuten umhergezogen, ohne viel Merkwürdiges verrichtet zu haben, dagegen aber das Land in schwere Kosten gesezt.

Joachim Rüdiger Freiherr von der Goltz,

Churbrandenburgischer General von der Infanterie, Obrister eines Regiments zu Fuß, Kammerherr und Amtshauptmann zu Zossen, nachmals Chursächsischer Generalfeldmarschall, würklicher Geheimer- und geheimer Kriegesrath, Obrister zu Roß und Fuß, auf Bartin, Barvin, Quackenburg, Klaußdorf und Neu-Goltz Erbherr.

Sein Vater war George von der Goltz, auf Klaußdorf, Hohenstein und Hofstedt, königlicher polnischer Landrichter in Groß-Polen, der 1670 im 80ten Jahre verstarb. Nach einer genoßenen wohlgeordneten häuslichen Erziehung, begab er sich zu seinem Vetter, dem kaiserlichen Generalfeldzeugmeister, Maximilian von der Goltz, unter deßen Aufsicht und Anführung er, während dem dreißigjährigen Kriege, den ersten Grund zur Erlernung der Kriegeskunst legte, und bis zum Kapitäin avancirte. Als der westphälische Frieden, 1648, zu Stande gekommen war, nahm er französische Dienste an, und fochte wider die Spanier mit so vieler Tapferkeit, daß ihn König Ludwig der vierzehende, nebst seinen Nachkommen, in den Freiherrenstand erhob, und

sez-

sein Wappen mit den dreien französischen Lilien vermehrte. Hierauf kam er in brandenburgische Dienste, in
welchen er 1654 zum Obristen bestellt wurde. 1656
den 28ten Januar, erhob ihn Churfürst Friedrich Wilhelm zum Kammerherrn und Amtshauptmann zu Zossen,
und bald darauf zum Generalmajor und Chef eines Regiments zu Fuß von 1200 Mann. Im Jahr 1657
im May, ward ihm die Stadt Salzwedel für sein Regiment zur Garnison angewiesen, weil er die Werbung
für dasselbe, größtentheils im Braunschweig-Lüneburg-
schen anzustellen gesonnen war. 1664 den 20ten August, ward er Generallieutenant, und 1674 General
von der Infanterie. Er hat in Schweden, Polen, Holstein und Pommern den Feldzügen des gedachten Churfürsten rühmlich beigewohnet; war, seit 1661, verschiedene Jahre hindurch, Gouverneur zu Berlin, und
arbeitete mit an der Befestigung dieser Stadt. 1675
trat er in dänische Dienste, ward in solchen zum Generalfeldmarschall ernannt, und diente wider die Schweden. 1680, rief ihn Churfürst Johann George der
dritte von Sachsen, bei Antritt seiner Regierung, nach
Dresden, und bestellte ihn zum Generalfeldmarschall,
würklichen Geheimen- und Geheimen Kriegesrath, wie
auch Obristen zu Roß und Fuß. Bei der türkischen
Belagerung der Stadt Wien, trug er vieles zum glücklichen Entsatz derselben, und dem berühmten am 2ten
September 1683 erfochtenen Siege bei. (Man findet
von diesen Begebenheiten im Theatr. Europ. P. XII.
Pag. 520. hinlängliche Nachrichten, zur Befriedigung
der ferneren Wißbegierde.) Den 21ten September
letztgedachten Jahres, kam er krank und schwach nach

Dres-

Dresden, wo er auch in einem Alter von etlichen und 60 Jahren starb, ohne Nachkommen hinterlaßen zu haben. Mit der Witwe des Churbrandenb. Kammergerichts Raths Ludwigs von Canitz, (der Vater des berühmten Dichters), Margaretha Katharina, Tochter des Churb. Oberkämmerers Konrad von Burgsdorf, war er verehlicht, ließ sich aber bald von ihr scheiden. Er hat im Dienst ein schönes Vermögen erworben, und mit solchem von der Familie von Maffow in Pommern, die Güther Bartin und Barvin, von denen von Zitzwitz und Wobfer, Quackenburg, von denen von Putkammer, Treblin und Neuendorf, von dem Geschlecht von Brünnow das Dorf Pöppel erkauft, und hinterließ eine solche Menge von Güthern, deren Anzahl in Verwunderung sezt.

Christoph Heinrich von der Goltz,

Königl. Preuß. Generallieutenant, Chef eines Regiments zu Fuß und Kommendant von Magdeburg.

Er war ein Sohn, des 1696 verstorbenen Johann von der Goltz, auf Hofstädt Erbherr, und diente schon bei der Armee des Churfürsten Friedrich Wilhelms. 1692 stand er als Kapitain bei dem Regimente Jung-Holstein, (jezt von Voß) bei dem er die Leibkompagnie kommandirte, und 1694 mit dem ersten Bataillon desselben, in Ungarn wider die Türken fochte. 1709 den 14ten März, ward er Obrister bei dem Regimente

Marg-

Marggraf Albrecht, (jezt Herzog Friedrich von Braunschweig) machte den pommerschen Feldzug mit, und erhielt den 11ten September 1720, das erledigte Infanterieregiment von Coenen zu Magdeburg, (jezt von Langefeld). 1721 den 1ten May ward er Generalmajor, und 1731 Generallieutenant und Kommendant zu Magdeburg; mußte im lezgedachten Jahre, sein Regiment den damaligen Kronprinz, nachherigen König Friedrich den 2ten, abtreten, und erhielt dagegen das Beschefsche, und ward den 13ten November zum Drosten zu Reineberg bestellt. 1734 und 1735 befand er sich nebst seinem Regimente am Rheinstrohm. Starb 1739 den 8ten April in einem hohen Alter, nachdem er in den Kriegen, zu Ende des vorigen und Anfang des jetzigen Jahrhunderts, bei vielen Gelegenheiten sich den Ruhm eines tapferen Officiers erworben hatte. Da er von seiner Gattin, Elisabeth Juliana von Bonin keine Kinder hinterließ, fielen seine Lehn-Güther dem Könige anheim. Seine Gottesfurcht und Freigebigkeit, sind zu ihrer Zeit sehr bekannt und berühmt gewesen.

Karl

Karl Christoph Freiherr von der Golz,

Königl. Preuß. Generallieutenant von der Infanterie, Chef eines Regiments zu Fuß, Ritter des schwarzen Adler- und pour le Meriteordens, Kommendant zu Frankfurt an der Oder, Erbherr auf Küssow, Ratzowsfelde rc.

Er war der zweite Sohn Hennings Bernhard Freiherrn von der Golz, und Marien Katharinen von Heidebreck, und ist zu Heinrichsdorf in Großpolen, 1707 den 2ten December, gebohren worden. Bis zum Jahre 1716 ward er im Hause seiner Eltern erzogen, in demselben aber sandte ihn sein Vater nach Thoren, wo er bis zum Jahre 1720 blieb, und sich sodann in der Kanzley zu Posen, und 1722 in der zu Krone, mit dem polnischen Staatsrechte bekannt machte. Diese Beschäftigung war aber seiner Hauptneigung nicht angemessen, er verwechselte sie mit dem Kriegesdienst, und ward zu Anfang des Jahres 1724, Junker bei dem Forkadeschen Regiment. (jetzt von Lichnowsky) 1726 schickte man ihn ins Reich auf Werbungen; da er sich nun dabei sehr gut nahm, und schöne Leute zur Armee brachte, ernannte ihn König Friedrich Wilhelm der erste, außer der Reihe, 1726 den 6ten September, zum Fähnrich, 1730 besuchte er in der Begleitung dieses Monarchen, das Lustlager bei Mühlberg; ward darauf Lieutenant und Regimentsadjutant; erhielt, 1733 den 15ten März, eine Kompagnie beim Kleistischen Regiment (jetzt Alt-Woldeck); stand 1733 und 1734 in Ostfriesland und in Ungarn auf Werbung, und erwarb

sich

sich dabei, wegen seines guten Benehmens, den Orden pour la Generosité. Im ersten schlesischen Kriege befand er sich, 1740 den 10ten April, im Treffen bei Molwitz, worinnen er eine Wunde am Arm empfing; den 1sten September dieses Jahres, ward er Major, drang unter Anführung des Generalfeldmarschals G. von Schwerin, in Mähren ein, und half im folgenden Jahre den Sieg bei Czaslau erfechten. 1744 war er bei der Belagerung und Eroberung von Prag und bei verschiedenen gefährlichen Vorfällen dieses Feldzuges zugegen. 1747 ward er Obristlieutenant, 1750 Kommandeur des Regiments und 1752 Obrister. 1755 bevollmächtigte ihn der König Friedrich der zweite, um den, wegen der Stapelgerechtigkeit, zwischen den Städten Magdeburg und Leipzig entstandenen Streit, beizulegen; welches zu Halle geschahe. 1756, war er bei der Einschließung des sächsischen Lagers bei Pirna. 1757 den 15ten Februar, ward er Generalmajor, Kommandant zu Frankfurt an der Oder, und erhielt das Regiment, des, den 6ten May dieses Jahres in der Schlacht bei Prag gebliebenen Generalfeldmarschals Grafen von Schwerin, (jetzt von Beville) den 22ten November eben dieses Jahres, befand er sich in der Schlacht bei Breßlau, und den 5ten December in der bei Leuthen, worin er, mit einigen Battallions, den ersten Angrif auf den linken feindlichen Flügel machen muste. Nach der gewonnenen Schlacht verfolgte er den fliehenden Feind, und machte noch eine große Menge Gefangene. 1758, war er bei der Hauptarmee des Königs in Sachsen; befehligte bei derselben eine Brigade von 5 Battaillons, half Olmütz belagern, und

führ-

führte eine Menge von wichtigen Unternehmungen, in Schlesien, Böhmen, Mähren, Sachsen und der Neumark, bei verschiedenen Unternehmungen, rühmlichst aus. 1760 den 5ten Februar ward er Generalmajor, und führte ein Korps von 24000 Mann nach Schlesien um dieses Herzogthum, während der Zeit da sich der König in Sachsen befand, gegen 30000 Oesterreicher zu decken. Die Klugheit und Vorsicht welche er dabei bewies, und welche alle feindliche Unternehmungen vereitelte, schäzte der König bei seiner nachherigen Ankunft in Schlesien sehr, und belohnte solche mit dem schwarzen Adlerorden. Hierauf ging er, 1761, den Russen in Polen entgegen, und errichtete daselbst ein Ulanenkorps von Polen. Im Junius dieses Jahres überfiel ihn ein hiziges Fieber, welches seinem Leben, den 30sten dieses Monats zu Zerbow in Polen, ohnweit Glogau, in 54sten Jahre seines Alters, ein Ende machte. 1737 den 17ten Julius, hatte er sich mit Friderika Margareta von Burgsdorf aus dem Hause Lieberose, verwitweten Hauptmann von Sack, verehlicht, und mit ihr 5 Söhne und 6 Töchter erzeugt. Das Leben dieses verdienstvollen Feldherrn, hat auch Pauli in seinen Leben großer Helden, 7. Theil S. 37 und f. sehr umständlich beschrieben, und sein Bildniß, von J. D. Schleuen, nach einem Gemälde von Jahr 1747 dem 9ten Theile gedachten Werks vorgesezt.

Wil-

Wilhelm Heinrich Freiherr von der Goltz,

Königl. Preuß. Generallieutenant, Chef eines Infanterieregiments, Ritter des Ordens pour le merite.

Ward 1721 den 6ten Januar in Preußen, aus der Ehe, Heinrich Ludwigs Frh. v. d. Goltz Churfächsischen Obristen bei der Leibgarde und auf Leißinen und Plutwinnen Erbherr, und Annen Eleonoren Freyin von Königsek, gebohren. 1735, kam er als gefreiter Korporal, bei seines Onkels, des Generallieutenant von der Goltz Regiment in Magdeburg, (jezt v. Lengefeld) ward 1738 Fähnrich und avancirte die übrigen Officierstellen seiner Anciennietät nach durch, bis er 1760 Major, 1771 Obristlieutenant und 1772 den 7ten Junius Obrister ward. 1773, versezte ihn der König zum Lengefeldschen Füselierregimente (jezt Gr. v. Schwerin) als Kommandeur, gab ihm 1780 das erledigte von Lükfsche Füselierregiment, erhob ihn 1781 den 4ten August zum Generalmajor, und ertheilte ihm 1784 das erledigte von Winterfeldsche Regiment in Stettin. 1788 den 1ten Junius, erhielt er die Würde eines Generallieutenants. Er hat sämtlichen Feldzügen König Friedrich des zweiten, ohne Ausnahme beigewohnet, und ward in den Schlachten bei Leuthen und Torgau stark verwundet. In dem Treffen bei Roßbach, erwarb er sich als Kapitain den Orden pour le merite. Er ist seit 1765, mit Sophie Auguste von Dachröden, jüngste Tochter des ehmaligen magdeb. Regierungspräsidenten von D., mit welcher er aber keine Kinder erzeuget hat verehlicht gewesen.

Zweyt. Theil.   D   Hein-

Heinrich Freiherr von der Goltz,
Churbrandenburgischer Generalmajor von der Infanterie.

Er war ein Vetter des vorgedachten Generalfeldmarschals, und ein Sohn, des 1631 verstorbenen Rittmeisters oder Reinars von der Goltz, Kapitains unter des kaiserlichen Generalfeldzeugmeisters von der Goltz Infanterieregiment und Elisabeth Dorotheen von Gaudecker. Ward 1648 den 10ten December zu Clausdorf gebohren, und bis 1663 zu Hause erzogen. Von hier kam er nach Posen, und studirte 5 Jahre lang bei den hiesigen Jesuiten. 1672 ward er Fähnrich in Brandenburgischen Diensten, bei seines vorgedachten Vetters Regiment, und machte sogleich den ersten Feldzug wider Franckreich, bis zum Nimwegischen Frieden, 1679 mit, während welcher Zeit er bis zum Kapitain bei der Leibgarde avancirte. 1685 ward er Major, 1688, als der Krieg mit Franckreich aufs neue ausbrach, bei denen, den Holländern zugeschikten Hülfstruppen Obristlieutenant, und 1690 Obrister. Diese Truppen führte er, 1697, nach dem Ryßwickischen Frieden, als ältester Obrister, nach dem Brandenburgischen zurück. 1702 bot ihm König August der 2te ein Infanterieregiment mit Generalmajorscharakter an, allein, König Friedrich der erste von Preußen, wollte ihn nicht aus seinen Dienste lassen, und erhob ihn deshalb zum Generalmajor, überließ ihn aber doch bald darauf, der Stadt Dantzig, auf ihr wiederholtes Gesuch, zum Kommandanten; welches er bis 1707 gewesen ist.

Wäh-

Während dieser Zeit, erklärte ihn König August der 2te zum Generallieutenant seiner Armee, bei der er aber nie wirkliche Dienste geleistet hat. 1709 rief ihn der Czaar Peter der erste, zu seinem Heere, als General-feldmarschalllieutenant, als welcher er wieder die Schweden fochte. In der Schlacht bei Mohilow, kommandirte er nebst dem General Repnin die Rußen, und schlug 1709, mit 6000 Rußen, den Staroßen Bobrinsky beim Städgen Podkainen aus dem Felde; wobei er eine starke Beute machte, und die Feinde bis in Ungarn verfolgte. 1710 fiel er in des Czaaren Ungnade, weil ihm beigemeßen wurde, er habe zu wenig Vorsicht angewandt, den Marsch des schwedischen Generals Kraßau, aus Polen in schwedisch Pommern, zu verhindern, weshalb er mit 30 Reutern gefangen genommen, und nach Moskau gebracht ward. Er fand aber Gelegenheit, sich bald in Freyheit zu setzen, und söhnte sich nach einiger Zeit, mit dem Czaar wieder aus, der ihn 1712 als Gesandter an die Ottomanische Pforte, nach Konstantinopel sandte, wo er, als der Krieg mit Rußland gleich darauf ausbrach, gefangen gesezt, bald aber wieder loßgelaßen wurde. Er starb zu Clausdorf, 1725 den 2ten Julius, außer Dienste, und ist mit Elisabeth Dorothea, Tochter Balthasars, Freyherrn von der Golz, die 1750 den 10ten Januar ebenfalls zu Clausdorf verstarb, und verschiedene Kinder gebohren hat verehlicht gewesen. Sein Bildniß findet sich vor dem 98sten Theile der europäischen Fama, wo sein Leben, S. 150 und f. beschrieben ist.

George Konrad, Freiherr von der Goltz,

Königl. Preuß. Generalmajor, Chef des Regiments Gens d'Armes, Generalkriegeskommissarius, Amtshauptmann zu Kotbus, Peitz und Aschersleben des St. Joh. Ordens-Ritter und designirter Komthur auf Lagow, des Ordens pour le Merite Ritter, Erbherr auf Kuttlau, Neukrantz, Mellentin ꝛc.

Seine Eltern waren Henning Bernd Freyherr von der Goltz, Königl. Polnischer Rittmeister und Maria Katharina von Heidebreck, die ihn 1704 zu Parsow in Pommern gebohren hat. Studirte bei den Jesuiten zu Thoren, und auf der hohen Schule zu Halle. 1725 zog ihn sein Onkel der polnische Etatsminister Graf von Mantenfel, in die Dienste König Augusts des 2ten, und 1727 wurde er mit dem Grafen von Höym, als Legationsrath, nach Franckreich geschikt, wo er zwei Jahre lang blieb, und nach seiner Rückkunft in Sachsen, zum wirklichen Legationsrath und Kammerherrn ernannt wurde. Bald darauf verließ er aber die sächsische Dienste, und verwechselte solche mit denen bei der preußischen Armee. 1730 erhielt er eine Kompagnie beim Bayreuthschen Dragonerregiment. 1733 sandte ihn König Friedrich Wilhelm der erste, in wichtigen Angelegenheiten an König August von Polen, nach Warschau. 1734 wohnte er dem Feldzuge am Rheinstrohm bei. 1735 ward er Obristlieutenant beim Koselschen Regiment. 1740 berief ihm König Friedrich der 2te, bei Antrit seiner Regierung, nach Berlin, und schikte ihn,

im

im August, nach Gotha und Eisenach, wo er es dahin brachte, daß das jetzige von Erlachsche Infanterieregiment, in preußischen Diensten überlassen ward. Im ersten schlesischen Feldzuge, faste er die Bedingungen bei der Uebergabe von Breßlau ab. 1741 den 7ten März, langte er vom Könige, von Schweidnitz aus, bei dem Prinzen Leopold von Dessau, vor Glogau an, mit dem Entwurf zur Bestürmung dieser Festung, und dem Vorsatze, solchen mit ausführen zu helfen. Als der Sturm den 8ten März, um Mitternacht erfolgte, waren er und der Marggraf Karl, die ersten Officiers, welche den Wall erstiegen. Mit einer Grenadierkompagnie, drang er auf dem Marckte, entwafnete die Hauptwache, besetzte das Haus des Gouverneurs und Generals Graf von Wallis, und nahm solchen gefangen. Der König war über den Rapport, dem ihm Goltz, von dieser wohlausgeführten Expedition brachte, so gnädig, daß er ihm zur Belohnung, den Orden pour le Merite und die Kutlauischen Güther schenkte. Hierauf muste er den Marsch, von 14 Eskadrons, die zur königlichen Armee stoßen sollten, beschleunigen; sie kamen aber erst nach der schon entschiedenen Schlacht, bei Molwitz, an, und Goltz muste damit den flüchtigen Feind nachsetzen. 1741 den 17ten May, ward er Obrister, und erhielt die primas preces, auf eine Domherrenstelle zu Magdeburg. Hierauf befand er sich bei der Belagerung von Brieg; folgte 1742 dem Könige nach Böhmen, und fochte in der Schlacht bei Czaslau. 1743 den 25ten May, ward er General und Kommandeur des Gens d'Armes Regiments. 1745 den 4ten Junius, befand er sich in der Schlacht bei Hohenfriedberg,

auf

auf dem rechten Flügel, führte eine Brigade Kavallerie an, und that sich sowohl während dem Treffen, als beim Verfolgen der Feinde hervor, nahm auch den sächsischen Generalmajor von Schlichting, mit eigener Hand gefangen. Den 29ten Junius d. J., brachte er mit den feindlichen General Harsch, die Auswechslung, beiderseitiger Gefangenen zu Stande. Hierauf machte ihn der König zum Generalkommissarius von der Armee, und, 1745 den 27ten Junius, zum Amtshauptmann von Kotbus und Peitz. In der Schlacht bei Soor, 1745 den 30sten September, führte er eine Brigade Kavallerie, welche aus den Regimentern Gens d'Armes und Buddenbrock bestand, zum ersten Angrif an. Er warf 50 kaiserliche Schwadronen von einer Anhöhe, wodurch die Hauptbatterie der Oesterreicher erobert wurde; hierauf ward er mit seiner Brigade nach dem linken Flügel geschikt, wo er das Treffen völlig für die Preußen entschied. Sodann bezog er die Kantonnirungsquartiere. Da die Oesterreicher durch Sachsen in die Chumark einbrechen wollten, erhielt er Befehl, ihre Absicht zu vereiteln, welches er auch glüklich bewirkte. 1745 im November, schlug er mit den Gens d'Armes und dem Buddenbrokschen Kuirassierregimentern 4 sächsische Kavallerieregimenter, bei katholisch-Hennersdorf. Im December d. J., ward er ferner dazu gebraucht, die preußischen Truppen, im Treffen bei Kesselsdorf zu unterstützen. Er stellte sich daher den kaiserlichen bei Stolpe, gegen über, und machte so geschikte Bewegungen, daß sich der Feind nicht trauete, denen Sachsen zur Hülfe zu kommen. Als nun der Friede erfolgte, fand er viele Gelegenheiten seine Thätigtigkeit, besonders bei Errichtung der nöthigen Magazine zur Abwendung des Getreidemangels, und der Einrichtung des neu-gestifteten Invalidenhauses bei Berlin, zu zeigen. Auch erfand er neue Brodwagen, Backöfen und Schiffe von grosser Bequemlichkeit, bei dem Kriegeskommissariate. Ueberhaupt kann die grosse Fähigkeit dieses Generals, und der grosse Eifer für den Dienst seines Königs, nicht genug und hinlänglich geschildert werden. Er hatte sich auch dadurch die Gnade des Monarchen so eigen gemacht, daß er ihn in seiner lezten Krankheit, nicht allein persönlich besuchte, sondern auch da er, 1747 den 4ten August, zu Berlin, zu früh für die auf ihn gesezte Hofnungen starb, seinen Tod sehr bedauerte, ihm zu Ehren eine besondere Lobschrift aufsezte, welche in der Versamlung der Akademie der Wissenschaften, deren Mitglied er gewesen war, abgelesen ward, (sie befindet sich in den gedrukten Werken, König Friedrich des 2ten) und allen Officiers seines Regiments befahl, einen Flor um den Arm zu tragen. Der Major von Seibel, der sich dieses zu thun weigerte, ward deshalb sogleich kassiret. 1735 den 4ten Februar, hatte er sich, mit Charlotte Wilhelmine von Grävenitz, eine Tochter des Würtembergschen Generalmajors Karl Ludwigs von Grävenitz verehlicht, mit der er drei Söhne und eben so viel Töchter erzeugt hat.

Sein umschriebeneres Leben, findet sich in Pauli Leben grosser Helden 4 Th. S. 207-226.

Johann Wilhelm Graf von der Golz,

Königl. Preuß. Generalmajor, Chef eines Husarenregiments, des Ordens pour le Merite Ritter

Er war ein Sohn Friedrich Wilhelm von der Golz, Königl. Preuß. Hauptmanns und Christine Philippine von der Gröben aus dem Hause Beeslacken, die ihn 1737 den 11ten Februar zu Plauen bei Allenburg in Preussen zur Welt brachte. 1752 trat er als Fahnjunker des Schorlemmerschen Dragonerregiments (jezt von Rohr) in Dienste; ward 1756 Fähnrich. Nach der Schlacht bei Groß-Jägerndorf, marschirte er als Lieutenant aus Preußen, und ward nicht lange darnach Adjutant des Husarenobristen von Kleist. 1761 als Rittmeister zum jetzigen Czettritschen Husarenregiment gesezt, und bekam eine Eskadron. 1773 ward er Major, 1780 Obristlieutenant und Kommandeur des Husarenregiments Prinz Eugen von Würtenberg, 1787 im Junius Obrister, bald darauf Chef des erledigten von Schulenburgischen Hus. Regts., und den 18ten September f. J. Generalmajor. Auſſer der Bloquade von Stralsund, und der Aktion bei Strehlen, wo er in die rechte Hand gehauen ward, hat er den Schlachten bei Groß-Jägerndorf, Zorndorf, Kay, Kunersdorf, Torgau und Freyberg, wie auch dem Bayerschen Erbfolgekriege, bei der Armee des Prinzen Heinrichs in Sachsen rühmlich beigewohnet. Als er 1762, bei dem Uebergange des Prinzen Heinrichs über die Mulde, die Avantgarde führte, erwarb er sich den Orden pour le Merite. 1787,
führ-

führte er ein Bataillon seines Regiments nach dem Holländischen, um die dort ausgebrochene Unruhen dämpfen zu helfen, welches er auch glüklich beförderte, und zu Anfang des folgenden Jahres, wieder zurückkam. 1786 den 19ten September, erhob ihn König Friedrich Wilhelm der 2te bei der Huldigung in Preußen, nebst mehreren Personen seines Geschlechts, in den Grafenstand. 1765 den 7ten Julius, verehlichte er sich mit Sophien, ältesten Tochter des Königl. Preuß. Oberamtsregierungspräsidenten zu Glogau Karl August von Böhmer, die einen Sohn und eine Tochter gebohren hat. Nach deren Absterben, ehlichte er 1780 zum zweiten, eine Gräfin von Burghaus.

Balthasar Freyherr von der Goltz,
Obrister über zwei Regimenter, in Preußische Dienste, Hofmarschall, Amtshauptmann zu Neidenburg und Soldau.

Ein Sohn, des 1570 verstorbenen Arnold Freyherr von der Goltz und Elisabeth Dorotheen von Elditt; gebohren 1610 den 25ten April, zu Crone, und starb zu Neidenburg, 1674 den 1ten May, in vorgedachten Würden. Seine Kriegsdienste, scheinen ihm von dem preußischen Landständen aufgetragen gewesen zu sein, indem solche eine ziemliche Anzahl Landtruppen errichteten, die Preußen während den schwedischen und polnischen Kriegsunruhen in der Mitte des vorigen Jahrhunderts, decken sollten, aber mehr Schaden als Vortheil

theil stifteten. Mehr ist mir von ihm nicht bekannt. Mit Anna Katharinen, Tochter des preußischen Hofgerichtspräsidenten, George von Rauschke, hat er 5 Söhne und einige Töchter erzeugt.

Balthasar Friedrich, Freyherr von der Goltz,

Königl. Preuß. Obrister und Kommandeur des Regiments Fouquee; ehemaliger Kommandeur eines Grenadierbataillons, Ritter des Ordens pour le Merite, auf Helnersdorf, Reppow, langenhof ꝛc Erbherr.

Er war der dritte Sohn Henning Bernhards Freyherr von der Goltz und Marien Katherinen von Heidebreck, die ihn, 1708 den 20ten December, auf dem väterlichen Guthe Heinrichsdorf zur Welt brachte. 1726 im November, trat er bei dem Stilleschen Regiment (jetzt Jung-Bornstedt) als Junker in Dienste; ward 1727 Fähnrich und 1730 Lieutenant. Im ersten schlesischen Kriege, half er, 1741, Brieg einschließen, und befand sich, als Adjutant des damaligen Generalmajors von Kalkstein, in der Schlacht bei Molwitz. Den 20ten April d. J. ward er Hauptmann, und half Brieg einschließen und erobern. 1741 den 15ten October. ernannte ihn der König zum Major, und setzte ihn zu dem Marggraf-Heinrichschen Füselierregiment. Im zweiten schlesischen Feldzuge, erhielt er das Kommando eines Grenadierbataillons, das aus den Grenadier-Kompagnien des Garnisonregiments

von

von Reck (jezt von Heyking) und des Füselierregiments Marggraf-Heinrich, bestand, und stieß damit zu den Truppen, welche der Generallieutenant von der Marwitz, in Oberschlesien, anführte. 1745 im März, nahm er das Bergschloß Grätz, mit seinem Bataillon, dem Feinde ab, und vertrieb daraus die Besatzung. Die Oesterreicher suchten diesen Verlust zu rächen, und griffen den Major von der Goltz, mit vielem Eifer, in einigen Stürmen an, wurden aber von ihm mit Verlust zurückgewiesen. Dafür ertheilte ihm der König den Orden pour le Merite, den vor ihm der General Fouque getragen hatte. (Eine besondere Anekdote davon, findet sich in den Denkwürdigkeiten aus dem Leben dieses General. 1Th. S. 37). 1747 den 9ten May ward er Obristlieutenant, und der König gab ihm ein Geschenk von 500 Thaler, sezte ihn auch als Kommandeur zu dem Regiment Fouquee in Glatz, (jezt von Sbten) von wo er ihn sehr oft, zur Winterszeit, nach Berlin und Potsdam kommen ließ, und 1753 den 17ten September, zum Obristen erhob. 1756 führte er das Regiment zur Armee des Generalfeldmarschals Grafen von Schwerin, und drang mit demselben in Böhmen ein, wo den 6ten May, die blutige Schlacht bei Prag vorfiel. Bei dieser Gelegenheit führte der Obriste von der Goltz, das Regiment gegen die Anhöhen von Böhmisch-Brodt, ohnerachtet eines heftigen Kartätschenfeuers an, ob er gleich einen Schuß durch den Hals und drei andere durch den Leib bekam; endlich nahmen ihn drei Kartätschenkugeln, die seine Brust zerrißen, sein Hofnungsvolles Leben. Er ist mit Johannen Henrietten Konstantien, einer Tochter des Chur-

säch-

sächsischen Kabinetsministers Grafen Ernst Christian von Manteufel, seit den 27ten September 1742, verehlicht gewesen.

Heinrich Ludwig von Gotter,
Königl. Preuß. Obristlieutenant und Chef eines Garnisonbattaillons

Er war in Thüringen gebohren. 1741 trat er in preußische Kriegesdienste, und ward den 30ten April f. J. Sekondelieutenant bei dem neuerrichteten Füselierregiment, welches den Marggraf Heinrich, zum Chef erhielt: ferner, 1747 den 25ten September Premierlieutenant, 1758 im März Staabs- und 1750 den 4ten April wirklicher Hauptmann, 1766 im September Major, 1775 den 23ten Junius Obristlieutenant, und erhielt im September letztgedachten Jahres, das, durch den Tod des Obristen von Putkammer erledigte Garnisonbattaillon, welches zu Acken im Magdeburgischen, seine Standquartiere hat (jetzt von Hüllessen). Er hat den Feldzügen König Friedrich des 2ten, mit vielem Eifer beigewohnet, und als er 1782 starb, eine Witwe hinterlassen, welche 1786 noch zu Frankenstein lebte, und eine königliche Pension genoß.

Jakob

Jakob Heinrich von Grape,
Königl. Preuß. Obrister und Chef eines Garnisonbataillons.

Sein Vaterland war Pommern, wo er 1696 gebohren worden. 1708, trat er in preußische Dienste, und war bei den Löbenschen Regiment (jezt Alt-Woldeck), 1718, Fähnrich; nachher ward er zu dem Goltzschen, nachmals kronprinzl. Regiment (jezt Pr. Ferdinand) versezt, bei dem er, 1732, als Kapitain stand, und 35 Jahr alt war. 1740 im März, war er zweiter Kapitain, im December dieses Jahres, sezte ihn der König Friedrich der 2te, zu dem neuerrichteten Füselierregiment Prinz Heinrich, ernannte ihn, 1743 den 22ten März zum Obristen, und gab ihm, 1744, das Garnisonbattaillon zu Acken. 1758, erhielt er die nachgesuchte Dienstentlaßung, worauf er bald verstarb. Er ist verehlicht gewesen, und hat Kinder hinterlaßen.

David Gürgen von Grävenitz,
Königl. Preuß. Generallieutenant, Gouverneur von Küstrin, Chef eines Regiments zu Fuß, Ritter des Ordens pour le Merite, auf Losenrade und Schönberg Erbherr.

War George Christophs von Grävenitz, auf Losenrade in der Altmark Erbherrn, und Sophien Katherinen von Krusemark Sohn, und ist, 1680 den 10ten November, auf dem Guthe Schöuberg gebohren worden. Nach vorhergegangener gut gewählter Erziehung durch

geschik-

geschikte Hauslehrer, ward er dem Kriegesstande gewidmet, und trat als Musquetir bei dem churprinzlichen Regiment, welches damals im Felde stand, in Dienste. Nach dem ryswikschen Frieden, 1697, ward er Officier, und stand bei dem Regiment von Lottum, als Lieutenant. Im spanischen Erbfolgekriege, wohnte er den Belagerungen von Kaiserswerth, Landau und Menin, und der Schlacht bei Höchstädt, 1704, mit vielem Muthe bei, und ward, 1707 den 11. Jan. Staabshauptmann beim vorgedachten Regiment. 1708 den 11ten May, erhielt er beim kronprinzlichen Regimente eine Kompagnie, mit der er in der Schlacht bei Oudenarde, bei der berühmten Ersteigung der französischen Linien, bei der Eroberung von Ryssel, und bei Winnendael, Gent, Dornik, Maplaquet und Mons, zugegen war, und bei allen diesen Gelegenheiten besondere Bravour erwieß. 1710 den 1ten Juni, ward er Major als welcher er bis zum Utrechter Frieden, 1713, vorzüglich bei den Belagerungen von Douay, Aire, Landrecy und anderen blutigen Vorfällen, sich den größen Gefahren entgegenstellte, und dabei verschiedenemale verwundet ward. Besonders traf ihn ein Schuß ans rechte Auge, so, daß die Kugel am linken Auge, mit Gefahr wieder ausgeschnitten werden muste. 1713 den 10ten Februar, ward er Obristlieutenant, und wohnte als solcher dem Feldzuge in Pommern bei. 1715 den 8ten Junius, ernannte ihn König Friedrich Wilhelm der erste, zum Obristen des von Borkschen Regiments zu Magdeburg, und gab ihm, 1731, das Laujardiersche Regiment daselbst (jezt von Jung-Bornstedt) 1736 den 20. Junius ward er Generalmajor,

und

und erhielt, nach Absterben des Generallieutenants von der Goltz, die Kommandantenstelle zu Magdeburg. 1740 den 10ten April, befand er sich in der Schlacht bei Molwitz, und erhielt 1741, als Generallieutenant, wozu er den 4ten Julius d. J. ernannt worden war, das in preußische Dienste genommene Regiment von Sachsen-Eisenach; (jezt von Erlach) welches er aber, wegen abnehmender Kräfte und hohen Alters, nur bis 1743 behielt. Von dieser Zeit an, begnügte er sich mit der magdeburgischen Kommendantenstelle, wozu er, 1747 den 23ten Julius, das erledigte Gouvernement zu Küstrin erhielt. Starb, 1757 den 30ten März, in einem Alter von 77 und einem halben Jahre zu Küstrin, wo er auch begraben liegt, und ist mit Maria Louisa von Rammin, verwitwete Landräthin von Holtzendorf, verehlicht gewesen, die ihm 7 Töchter und einen Sohn gebohren. Eine ausführliche Lebensbeschreibung dieses Generals, hat der Prof. Pauli, im 9ten Theile seiner Leben großer Helden angebracht.

Cristoph Heinrich von Grabow,

Königl. Preuß. Generalmajor, Chef eines Füselierregiments, auf Grabow Erbherr.

Er ist 1700, aus einem alten adelichen Geschlechte, in der Prignitz gebohren worden. Im 12. Jahre kam er bei den Kadets, und hernach zu dem Regiment von Stille, (jezt Jung-Bornstedt) bei dem er, 1719 den 29ten April, Fähnrich, bald darauf Sekonde, 1723

den

den 8ten November Premierlieutenant, und 1734 den 6ten December Staabskapitain ward. 1735 erhielt er eine Grenadierkompagnie, mit der er, im ersten schlesischen Feldzuge, 1741 den 10ten April, der Schlacht bei Mollwitz beiwohnte. 1744 gieng er mit seiner Kompagnie nach Dresden, und war darauf bei der Belagerung von Prag und 1745 in der Schlacht bei Hohenfriedeberg gegenwärtig. In der lezteren that er sich besonders hervor, und ward deshalb, mit dem Range vom 4ten December 1741, zum Major ernannt, den 9ten Junius 1746 aber, mit gleicher Würde, zu dem Regiment von Bredow, (jezt Herzog von Braunschweig) versezt. Bei diesem ward er, 1749 den 2ten Julius, Obristlieutenant, und im selbigen Jahre, Kommandeur 1753 den 26ten Septembre Obrister, und 1757 den 11ten May, Generalmajor. 1747 im Junius, erhielt er den Orden pour le Merite, und 1758 den 1ten Januar, das erledigte Füselierregiment von Rohr (jezt von Wangenheim). 1764 den 6ten Januar, bekam er mit einer Pension von 1000 Thaler, seine Dienstentlaßung. Außer den oberwähnten Feldzügen, that er sich auch in den Schlachten bei Kesselsdorf, 1756 bei Lowositz, 1757 bei der Belagerung von Prag und der Schlacht bei Roßbach, in welcher er, im zweiten Treffen, auf dem linken Flügel, 2 Bataillons von Anhalt, eines von Hülsen und eines von Fink kommandirte, hervor. 1759, bei dem Zuge nach Polen, fochte er in den Schlachten bei Kay und Kunersdorf, in welcher lezteren, er im zweiten Treffen, auf dem linken Flügel, die Grenadierbattaillons v. Lossow, v. Beyer und u. Tann anführte. 1760, stand er in Schlesien, unter

dem

dem Oberbefehl des Generallieutenants von der Golz, erst bei Glogau, hernach in der Gegend von Schweidnitz. Im Jahre 1761, befand er sich, anfänglich in dem Lager bei dem Zeißgenberge; sodann ward er gegen die Russen gebraucht, und kam endlich zur Armee des Königs. 1762 wohnte er dem Feldzuge in Sachsen bei. Starb 1770 den 6. Junius.

Johann von Grant,

Königl. Preuß. Generalmajor, Chef eines Füseliterregiments und Kommandant von Neisse.

Er war ein Schottländer von Geburt, und stand erst in russische Dienste, als Adjutant, bei dem Generalfeldmarschall Peter Grafen von Lascy, unter dessen Anführung er sich vortheilhaft bildete. Hierauf ward er dem Könige Friedrich den Zweiten empfohlen, der ihn, 1747 im September, als Flügeladjutanten, mit Hauptmannsrang, in seine Dienste nahm. 1754 den 8. Julius, ward er Major, und begleitete als solcher dem Könige, im dritten schlesischen Feldzuge, 1756 und 1757, bis zur Schlacht bei Prag, nach welcher ihn derselbe nach London sandte, um daselbst die Nachricht von diesem Siege zu überbringen. Hier war seine Botschaft so angenehm, daß er 1000 Pfund Sterling, eine goldene Dose, und einen Degen, dessen Gefäß von gleichem Metalle war, zum Geschenk erhielt. Den 28. May, reiste er wieder von London ab, und kam glücklich zur Armee des Königs, der ihn, 1758 im Januar, zum

Zweyt. Theil.   E   Obrist-

Obristlieutenant, im December selbigen Jahres zum Obristen, und 1759 den 14. März zum Generalmajor erhob, auch die Kommendantenstelle zu Neisse gab, und 1760 im Februar, das Hofmannsche Füselierregiment ertheilte. Dieses Regiment hat er aber nie befehlicht, sondern blieb beständig in Schlesien, 1761 im Frühjahr, war er mit Auswechßlung der Gefangenen, von preußischer und kaiserlicher Seite, beschäftigt, die aber nicht zu Stande kam. Folgends wandte er vielen Dienstetter an, um die Wiederherstellung der ihm anvertraueten Festung, und ihre Sicherheit zu besorgen. Starb, 1764 im December, zu Neisse, wo er auch begraben worden, unverehlicht.

Philipp Ludwig Siegmund des Granges,
Königl. Preuß. Generalmajor und Chef des Jägerkorps zu Fuß.

Er ist 1731, in Pais de Vaud, gebohren worden, und der reformirten Religion zugethan. Stand erst in holländischen Diensten, und kam 1757, unter das Freybataillon von Mäyer, in preußische. 1760 ward er Major des Jägerkorps zu Fuß, 1773 Obristlieutenant, 1774 Obrister und, 1786 den 1. December, Generalmajor. Im siebenjährigen Feldzuge, hat er viel herzhafte Unternehmungen ausgeführt; gerieth 1761 in Schlesien, in der kaiserlichen Gefangenschaft, aus welcher er erst 1763, nach geschloßenem Frieden, wieder befreiet wurde. Damals war sein Korps 800 Mann stark.

ſtark, und ward bis auf 300 Mann reduzirt; nachher wieder auf 600 Mann verſtärkt, und in fünf Kompagnien eingetheilt; 1778 wurde noch eine Kompagnie dazu errichtet, und 1786 wurde das Korps auf zehn Kompagnien geſezt. Er iſt mit einer gebohrnen von Schlichting verehlicht.

Georg Heinrich von der Gröben,

Chur-Brandenb. Generalmajor, Amtshauptmann zu Marienwerder und Rieſenburg.

War ein Sohn Friedrichs von der Gröben, Erbherrn auf Beßlak, Karſchau und Winkeldorf, churſächſiſchen Hauptmanns und Katharinen von Schöpliß aus dem Hauſe Trebſen, welche ihn, 1630 den 14. Februar, zu Beßlak zur Welt gebahr. Er ſtand anfänglich bei den preußiſchen Landtruppen, welche ſchon unter der Regierung Churfürſt George Wilhelms aufgebracht wurden, und hat während den ſchwediſch- und polniſchen Kriegen gedienet. 1659 den 26. März ward er zum Obriſten von der Infanterie beſtellt. Starb zu Marienwerder, 1697 den 6. Februar, als Generalmajor und Amtshauptmann zu Marienwerder und Rieſenburg. Seine Ehegattin, Barbara Dorothea von Gattenhofen aus dem Hauſe Norkitten, hat ihm verſchiedene Kinder gebohren, und ſtarb, 1694 den 16. October zu Marienwerder.

E 2 Otto

Otto Friedrich von der Gröben,

Königl. Preuß. Generalmajor, Amtshauptmann der Aemter Marienwerder und Riesenburg, nachher aber der von Osterrode und Hohenstein.

Er war des vorgedachten Generals Sohn, und hat sich in den Kriegen Churfürst Friedrich Wilhelms hervorgethan, und im Dienste fortgeholfen so daß er bei Absterben desselben Obrister war. Sein Nachfolger, Churfürst Friedrich der Dritte, erhob ihn 1688 zum Generalmajor, und gab ihm, 1697, die durch den Tod seines Vaters erledigte Amtshauptmannschaften von Marienwerder und Riesenburg welche er nachher, gegen die von Osterrode und Hohenstein, verwechselte. Starb 1728 den 30. Junius, und ist mit Maria Helena des H. R. R. Gräfin Erb-Truchseßin zu Waldburg verehlicht gewesen, welche viel Kinder zur Welt gebohren hat.

Konrad Heinrich von der Gröben,

Königl. Preuß. Generalmajor und Chef eines Regiments zu Fuß, auf Arnstein Erbherr.

Seine Eltern sind, Konrad von der Gröben, preußischer Obristlieutenant, Erbherr auf Quoßen, und Antoinette von der Gröben aus dem Hause Schmarsendorf gewesen, welche leztere ihn, 1683 den 4. März zu Quoßen gebohren hat. 1700 trat er in Kriegesdienste, wohnte den Feldzügen im spanischen Erbfolgekriege

rühm-

rühmlich bei, und ward, 1710 den 22. Julius, Kapitain, 1715, stand er als solcher, bei des Königs Friedrich Wilhelm des Ersten Regiment, und avancirte schon, 1722 den 15. August, zum Obristlieutenant, bei dem Regiment von Bardeleben, und 1728 den 19. August, zum Obristen. 1740, sezte ihn König Friedrich der Zweite als Kommandeur zum neuerrichteten Jung-Borkschen Füselierregiment, gab ihm, in selbigen Jahre, das Glaubitzsche Regiment, (jezt von Egloffstein) und 1744 den Abschied als Generalmajor, wozu er 1741 ernannt worden war. Er starb zu Arnstein in Preußen, wo er seine lezte Tage zugebracht hatte, 1746 den 15. Mai. Mit Johanne Charlotte Louise, Freyin von der Heyden, eine Tochter des preußischen Generals von der Infanterie, Johann Siegmund von der Heyden, hat er verschiedene Kinder erzeugt.

George Dietrich von der Gröben,

Königl. Preuß. Generalmajor und Chef eines Kürassierregiments, des Ordens pour le Merite Ritter; gegenwärtiger Chef des Militairdepartements, des General Ober-Finanz-Krieges und Domainen-Directorium.

Er ist in Preußen 1724 gebohren worden. Seine Eltern sind George Dietrich von der Gröben, Königl. Preuß. Hofgerichtsrath auf Nertken, Pudelkeim, Quoosfen ꝛc. Erbherr, und Katharine Barbare von der Gröben aus dem Hause Veeslak gewesen. 1744, trat er bei dem Buddenbrokſchen Kuiraſſierregiment in Dienſte, ward 1750 Lieutenant, 1753 Generaladjutant des Feldmarſchall von Buddenbrok, war 1763 Rittmeiſter, ward 1767 Major, 1780 Obriſtlieutenant, 1782 den 31. May Obriſter, 1787 den 26. May General= major, und erhielt im ſelbigen Jahre, nachdem der Generallieutenant von Bohlen ſeinen Abſchied erhalten, deſſen gehabtes Kuiraſſierregiment. Er hat ſich in den Feldzügen König Friedrich des Zweiten, ſeit 1744, ſehr brav verhalten, und ſich in den Kriegeswiſſenſchaf= ten, ſo wohl in deren Ausübung, als durch Schriften, beſondere Verdienſte erworben, 1775 bei der Revue, erhielt er den Orden pour le Merite. 1788 im Octo= ber ernannte ihn König Friedrich Wilhelm der Zweite zum Chef des Militairdepartements des Generaldirecto= riums; wodurch ſein Regiment erlediget wurde. Er iſt verehlicht mit N — von Koppy.

Friedrich Otto von der Gröben,

Chur=Brandenb. Obriſter. Chef eines Regiments
zu Fuß, der Churmark Brandenburg Erb=Jäger=
meiſter, Amtshauptmann der Aemter Witſtok,
Zechlin und Lindau, Erbherr auf Lichterfelde,
Schönermark, Baumgarten, Meſeberg ꝛc.

Otto von der Gröben, auf Lichterfelde, Prenden, Me= ſeberg und Dabergotz, Erbherrn, und Marien von Ro= chow aus dem Hauſe Pleſſow, Sohn; iſt 1619 den 10. März, zu Lichterfelde, gebohren worden. Wählte
den

den Degen, und begab sich 1639, samt zween montir-
ten Knechten, unter des Churfürsten Johann Georgen
des Ersten von Sachsen Leibregiment zu Pferde, bei des
Rittmeisters Dietrich von Brösigke Kompagnie. Fochte wider die Schweden, und wohnte der Belagerung
von Zwickau bei. Ward darauf Fahnjunker bei gedachter Kompagnie; welches er ein halb Jahr gewesen.
Da aber Zwickau an die Schweden überging, der Rittmeister von Brösigke in einem Treffen nebst vielen andern blieb, und dem von der Gröben ein viertägiges
Fieber hart befiel, nahm er bei dem Obristlieutenant
von Knochen seinen Abschied, und begab sich, 1640
nach Berlin, wo er die Pocken überstand. 1641, erhielt er bei der Leibkompagnie des Obristen und Kommendanten zu Spandau, Hans George von Ribbek,
eine Fahne, und ward 1643, bei der Churfürstlichen
Leibgarde, welche damals den de la Cave zum Chef
hatte, Fähnrich. Nachdem er solches drei Jahre lang
gewesen, und der damalige Kapitainlieutenant, George
Friedrich von Vollmar, eine Kompagnie in der Festung
Memel erhielt, ward er an dessen Stelle, 1646, Kapitainlieutenant, und 1650 Kammerjunker beim Churfürsten. Da diese Kompagnie hierauf nach Pillau verlegt, und er wegen der ungewohnten Seeluft krank wurde, nahm er seine Dimission. 1652 im April, begab
er sich zu Pillau zu Schiffe, und reiste von da nach
Amsterdam, besahe Holland, die spanische Niederlande,
Engelland, Frankreich, und kam 1653, mit vielen gesammleten Erfahrungen, wieder zu Hause an. Begab
sich sodann an den Hof Churfürst Friedrich Wilhelms,
wo er seine Kammerjunkercharge wieder antrat. Als

der Krieg mit Schweden und Polen ausbrach, ernannte ihn der Churfürst zum Major, bei dem in Lipstadt garnisonirenden Leibregiment des Feldmarschals Otto Christoph Freyherrn von Sparr, mit dem er 1656 aus Westphalen nach der Mark marschirte, im folgenden Jahre aber, nach Berlin kam, wo er mit seinem und anderen Regimentern, an die Befestigung Berlins, auf der cöllnische Seite, arbeiten muste, und während drei Monaten, das ganze Bollwerk, hinter dem Jägerhofe, samt der halben Kurtine, nach dem Leipziger Thore zu, aufführte. 1657 ward er Obristlieutenant, und 1658 Amtshauptmann der Aemter Wittstok, Zechlin und Lindau. Im leztgedachten Jahre, ging er mit der Churfürstlichen Armee nach Holstein und Jütland, wohnte der Attake auf Friedrichsöhr, auf der Insel Fühnen, und dem Sturm auf Greifswalde, bei. 1659 war er bei der Belagerung und Eroberung von Demmin. Als er hierauf mit dem Regimente, die Quartiere zu Treptow an der Rega bezogen, trat ihm der Generalfeldmarschall von Sparr, mit Vorwissen des Churfürsten, sein ofterwehntes Regiment ab, und er ward Obrister über dasselbe. Als 1679 die Franzosen in die Churfürstliche Westphälische Lande, feindlich eindrangen, und Minden in grosse Gefahr gerieth, ward er der daselbst befindlichen Garnison, mit drei Regimentern zum Succurs gesandt, welches er glüklich ausführte. Ohnerachtet der Feind schon auf dem Wege nach der Stadt war, so kam er ihm doch, durch weite Umwege über den Harz durch das Eisfeld, durch Hessen und dem paderbornschen zuvor, wodurch er sich den öffentlichen Dank des Churfürsten erwarb. 1682 erhielt er die

Haupt-

Hauptmannschaften zu Mühlenhof und Mühlenbek, nach Absterben des Oberhofmeisters von Götzen. Starb zu Meseberg, 1697 den 23. März, in einem Alter von 79 Jahren. 1654 den 3. May verehlichte er sich zu Cölln an der Spree, auf dem churfürstlichen Schloße, in Gegenwart des ganzen Hofes, mit Marien von und zu Loe, die ihm drei Söhne und vier Töchter gebohren hat.

Johann Benedikt von Gröling,

Königl. Preuß. Generalmajor, Chef eines Husarenregiments und Ritter des Ordens pour le Merite.

Sein Vater war aus dem Reiche gebührtig, und hatte bei dem Kuirassierregiment welches jezt den Herzog von Sachsen-Weimar zum Chef hat, 31 Jahr als Reuter gedienet; verheirathete sich mit eines Bürgers Tochter aus Halberstadt, mit welcher er den jetzigen Generalmajor von Gröling erzeugte, der, 1726 den 23. November, zu Aschersleben gebohren wurde. 1746 ging er nach Schlesien, und ward bei dem von Natzmerschen Husarenregiment (jezt Prinz Eugen von Würtenberg) Gemeiner. Als 1755 der verstorbene Generallieutenant von Seidlitz, von gedachtem Regimente, als Kommandeur zu dem von Rochowschen Kuirassierregiment versezt ward, nahm er den Gröling bei welchem er viel militairische Talente entdekte, mit sich zu demselben, und machte ihn zum Unterofficier. 1769 ward

ward er Kornet bei dem von Lossowschen Husarenregiment (jezt von Göcking) ward dabei im selbigen Jahre Sekondelieutenant. 1762 den 20. März ernannte ihn der König, bei dem Bosniackenkorps, welches damals auf zehn Eskadrons gesezt wurde, auf Empfehlung des von Seidlitz, vom Sekondelieutenant gleich zum Major desselben, und gab ihm eine Eskadron. Da 1763 dieses Korps größtentheils wieder rebuzirt wurde, kam er zu dem von Lossowschen Regiment, und 1764 bei dem Husarenregiment von Werner. 1768 erhob ihn der König, nebst seinen ehelichen Descendenten in den Adelstand, und ertheilte ihm das schlesische Inkolat. 1772 ward er Obristlieutenant; 1778 Kommandeur des Regiments, und im selbigen Jahre, wegen des im baietschen Erbfolgekriege den 22. May, glüklich ausführten Ueberfalls des feindlichen Generals von Knebel, bei Glannitz, Obrister, und erhielt zugleich den Orden pour le Merite. In dieser Action, zerstreuete er die beiden kaiserlichen Dragonerregimenter von Würtemberg und Modena völlig, erbeutete ihr ganzes Lager und machte an 400 Mann Gefangene. Der König war mit dieser bewiesenen Bravour, so zufrieden, daß er ihm seine Gnade auf vorgedachte Art erzeigte, die ihm viel Ehre macht. 1785, bekam er das erledigte von Wernerschen Husarenregiment, und ward, 1786 den 29. Junius Generalmajor. Er hat außer mehreren kleineren Gefechten, den Schlachten bei Lowositz, Roßbach, Leuthen, Hochkirch, Kollin, Zorndorf und Reichenbach, mit vorzüglicher Bravour, beigewohnet, und ist in den dreien lezt erwehnten Schlachten, leicht verwundet worden. Mit einer

Bür-

Bürgerstochter aus Festenberg in Schlesien, Johanna Juliana Habel, die er, 1749, als Husar ehlichte, hat er neun Kinder, von denen zwei Söhne, welche bei des Vaters Regiment dienen, und zwei Töchter am Leben, die übrigen aber verstorben sind, erzeuget.

George Arnold von Großmann,
Königl. Preuß. Obrist, Chef eines Garnisonbataillons, Ritter des Ordens pour le Merite und Kommendant zu Kolberg.

Er stammte aus einem alten Patriciergeschlecht in Westphalen, welches sich in den neueren Zeiten, durch seine Verdienste, größtentheils den Adelstand erworben hat, und ward, 1698, in der Grafschaft Mark gebohren. Anfänglich hatte er sich den Wissenschaften gewidmet, welche er aber, aus Neigung zum Soldatenstande, sehr früh verließ, nachdem er schon die hohen Schulen zu Gießen und Marpurg besucht hatte, und wohnte den brabandschen Kampagnen, unter dem großen Eugen, mit dem Kontingent der Brandenburgischen Hülfstruppen, bei, und that sich, in der Schlacht bei Malplaguet, durch seine Bravour so hervor, daß er, vom gemeinen Reuter, zum Wachtmeister, und bald darauf, 1719 den 14. December, zum Kornet bei dem Lottumschen Regiment zu Pferde (jetzt von Kalkreuth Kuirassier) avancirte. 1730 und 1740 war er Rittmeister. 1743 kam er als Obristlieutenant zu dem Bardelebenschen Infanterieregiment (jetzt Graf von Anhalt), und
war

war 1746 in gleicher Qualität beim Mitschephälschen Garnisonregiment (nachmals von Natalis). 1756 ward er Obrister und erhielt das Kolbergsche Garnisonbattaillon (jezt von Wittinghof). Starb zu Weißenhorn in Schwaben, 1762 den 17. April, in der Kriegsgefangenschaft, im 84. Jahre seines Alters. Besonders hat er sich im siebenjährigen Kriege äußerst brav gehalten, und sich dadurch außer der Gnade des Königs, auch den Orden pour le Merite erworben. 1741 den 27. December erhob ihn Friedrich der Zweite, nebst seiner Descendenz, in den Adelstand. Er ist mit einer Fräulein von Eckart, aus Salza, verehlicht gewesen, die ihm fünf Söhne und drei Töchter gebohren.

Friedrich George Ludwig von Grollmann,

Königl. Preuß. Obrister und Kommandeur des von Brünningschen Infanterieregiments, ehemaliger Kommandeur eines Grenadierbattaillons und des Ordens pour le Merite Ritter.

Er war des vorgedachten Obristen Sohn, und ist, 1726 den 1. Januar, in Magdeburg gebohren worden. Er diente vom Jahre 1740 an, bei dem jetzigen von Kenitzschen Füselierregiment, und hat sämtlichen Feldzügen des Königs Friedrich des Zweiten sehr rühmlich beigewohnet. 1772 den 5. Januar, ward er Major, erhielt, 1773, das Kommando über ein Grenadierbattaillon, welches aus zwei Grenadierkompagnien

gnien der Regimenter von Kenitz und von Beville, zusammengesezt war, welches er im baierschen Erbfolgekriege, bei der Armee des Prinzen Heinrichs, in Sachsen anführte. 1781, versezte ihn der König zum jetzigen von Brünningschen Regiment, und ernannte ihn, den 5. Junius selbigen Jahres zum Obristlieutenant, 1783 den 29. März, zum Obristen, und gab ihn zugleich den Orden pour le Merite. Er hat sich mit Sophien Maximilianen von Schikfuß, aus Schlesien, verehlicht, davon verschiedene Kinder, beiderlei Geschlechts vorhanden sind.

— von Gronde,
Obrister von der Infanterie, zu Churfürst Friedrich Wilhelms Zeiten.

Er hatte in brandenburgischen Diensten, fünf Kompagnien zu Fuß, zusammen 400 Mann stark, mit denen er, 1656 im März, aus dem halberstädtschen, wo er in Besatzung gelegen, nach der Mark Brandenburg rücken muste, um zu denen Truppen zu stoßen, die der Churfürst, nach Preußen, zu seiner dortigen Verstärkung ziehen wollte. Im September selbigen Jahres, gab der Churfürst Befehl, daß 1000 Mann, unter des Obristen von Gronde, nach Kolberg gehen, und von da, auf Schiffe, nach Pillau, gebracht werden sollten. 1659, war sein Regiment acht Kompagnien stark; mehr weiß ich von ihm nicht zu sagen.

Franz

Franz Thuro von Großkreutz,

Königl. Preuß. Obrister und Chef eines Garnisonbataillons

Er war ein Schwede von Geburt, und kam 1740 in preußische Kriegesdienste. Der König Friedrich der Zweite, sezte ihn, als Kapitain, zu dem neuerrichteten Regiment Marggraf Heinrich, bei welchem er, 1744 den 24. März, Major ward. 1753 im May, kam er bei das von Dossowsche Füselierregiment, bei dem er bis zum Obristen fortavancirte, und 1765, das Plothowsche Garnisonbataillon (jezt von Hüllessen) erhielt. Er starb, 1769 im August zu Acken, und hat sich in den Kriegen, Königs Friedrich des Zweiten, bei vielen Gelegenheiten, rühmlich hervorgethan.

Thomas August von Grote,

Königl. Preuß. Generallieutenant von der Kavallerie, Kammerherr, des S. Joh. Ordens Ritter, auf Priort Erbherr.

Er war des Königl. Preuß. Amtshauptmanns zu Ziesar, Johann Dietrichs von Grote, auf Neuhof und Karpzow Erbherrn, und N — von N — Sohn. Schon 1692 stand er bei der churbrandenburgischen Garde du Korps als Obristlieutenant; ward 1696 den 11. Julius, als Obrister von der Garde du Korps, zum Kammerherrn bestellt, ferner, 1703 den 13. Januar

nuar zum Generalmajor, und 1715 den 27. May zum Generallieutenant von der Kavallerie. Starb zu Berlin den 23. Februar 1721, im 68. Jahre seines Alters, und ward den 5. März, mit feierlichem Pomp, in der Parochialkirche beigesezt

Joachim Ernst von Grumbkow,

Chur Brandenburgischer Wirkl. Geheimer Etats- und Kriegesrath, Oberhofmarschall, Generalkriegeskommissarius, Schloßhauptmann zu Berlin, und Chef der churfürstlichen Leib Dragoner.

Ward 1637 den 29. September in Pommern gebohren, und war ein Sohn Christian Stephans von Grumbkow Chur-Brandenburgischen Obristen und Annen Margarethen von Krockow. Im väterlichen Hause ward er anfänglich, seinem Stande und seiner Bestimmung gemäß, erzogen, und besuchte darauf die Universität zu Rostock, begab sich von da auf Reisen, nach Frankreich und Italien, trat nach seiner Rükkunft, bei dem Dohnaschen Regiment in brandenburgische Kriegesdienste, als Fähnrich, und ward nicht lange darnach Lieutenant, und folgends Inhaber einer Kompagnie. Die vortheilhafte Schilderung, welche der Graf von Dohna dem Churfürsten von seiner Person machte, bewogen dem lezteren, den Herrn von Grumbkow, an seinen Hof zu ziehen, und ihn, da er besondere Kenntnisse von ökonomischen Dingen besaß, 1671 den 12. April, zum Amtskammerrath zu bestellen. Als hier-

hierauf der Krieg mit Frankreich ausbrach, schloß der Churfürst mit ihm eine Kapitulation, zur Errichtung zweier Kompagnien Dragoner, mit welchen er, als sie zusammengebracht worden waren, nach Franken marschirte. 1674 muste er wiederum eine Eskadron Dragoner, von 400 Köpfen, als eine Art von Leibgarde, errichten, mit welcher er als Obristlieutenant, stets bei dem Churfürsten aufwartete. 1675 den $\frac{13}{13}$ Februar, ward er Amtskammerrath, Obristlieutenant der Dragoner, und nach anderweiter Beförderung des von Börstel, Oberschenk. Inzwischen hatten sich, wegen des wider Frankreich entstandenen Krieges, die Staatsgeschäfte sehr vermehret; weshalb ihn der Churfürst zu deren Verwaltung mit zuzog, und zum Kriegesrath ernannte. Grumbkow, nahm sich dabei so wohl, daß er sich das Vertrauen seines Herrn immer mehr und mehr eigen machte, und die Verwaltung des Generalkriegeskommissariats erhielt. Zugleich kapitulirte der Churfürst mit ihm aufs neue, als Obristen über die Dragonerleibgarde, welche auf ein ganzes Regiment gesezt und verstärkt wurde. 1678 den 15. November, ward er Geheimerkriegesrath, und den 30. selbigen Monats, Schloßhauptmann. 1679 den 21. December, erhielt er die völlige Aufsicht über das Generalkriegeskommissariat, und ward, 1682 den 4. September, wirklicher Geheimerstaatsrath. Als die Gemahlin des Churprinzen Friedrichs verstarb, ward er nach Hannover gesandt, um daselbst die feierliche Anwerbung, wegen der Prinzeßin Sophia Charlotte zu Stande zu bringen; welches Geschäfte er auch mit vieler Klugheit ausführte, und sich dadurch den Beifall seines Herrn erwarb.

1685

1685 den 22. Januar, bestellte ihn die Churfürstin, nach Absterben des Herrn von Kanitz zum Oberhofmarschall, und überreichte ihm, in Gegenwart derer Minister und Kollegien, den Marschallsstab. Er besorgte hierauf das prächtige Leichenbegängniß des Churfürsten Friedrich Wilhelms, dessen Nachfolger, ihn gleich nach Antritt seiner Regierung, in seinen sämtlichen Würden bestättigte, und an den Stadthalter der vereinigten Niederlande, Wilhelm, nachmaligen König von Engelland, absandte; wobei er auch zugleich die Uebersetzung von sieben Regimentern zu Pferde, fünfe zu Fuß und ein Dragonerregiment, nach Engelland, besorgte. In dem darauf erfolgten Feldzuge, wider Frankreich, bekam er bei der churfürstlichen Armee, eine unsägliche Menge Geschäfte, welche er mit sonderbarer Geschiklichkeit und Klugheit ausführete. Ueberhaupt hat er den allgemeinen Ruhm hinterlaßen, daß er ein vortreflicher Staatsmann gewesen, daß er die churfürstlichen Staaten in Flor gebracht, bei Aufnahme der vertriebenen Franzosen und Piemonteser, vieles zu deren Besten beigetragen, Urbarmachungen des Landes, und Verbeßerung der Städte befördert, und das Kommerzium blühend gemacht hat. Dabei führte er einen gottseeligen und tugendhaften Lebenswandel, und errichtete vortrefliche Stiftungen, für studirende und hülfsbedürftige Personen. Starb, auf einer Reise nach das Herzogthum Cleve, zwischen Schermbek und Wesel, 1690 den 26. September, in einen Alter von 53 Jahren, und liegt auf seinem Guthe Blankenfelde begraben. 1678 den 8. Januar, verehlichte er sich, auf dem churfürstlichen Schloße zu Berlin, in Gegen-

Zweyt. Theil.   F   wart

wart des Hofes, mit Gertrud Sophie von Grote, mit der er, in einer 13 jährigen Ehe, vier Söhne erzeugte. Sein gehabtes Regiment, welches den Namen der Hof-Staabs- oder Küchen-Dragoner führte, weil er den Churfürsten und dessen Hof auf Reisen begleiten muste, verlohr solchen, 1713, und ward, 1718 auf fünf Escadrons gesezt und daraus ein Reuterregiment formiret. Es ist das jetzige von Mengdensche Kuirassierregiments

Friedrich Wilhelm von Grumbkow,

Königl. Preuß. Generalfeldmarschall, wirkl. Geheimer-Staats- und Kriegesrath, Vice-Präsident und dirigirender Minister beim General-Ober-Finanz-Krieges- und Domainen Directorium, Chef eines Regiments zu Fuß, Erbjägermeister der Churmark Brandenburg, Ritter des rußischen St. Andreas und polnischen weißen Adlersordens, Erbherr auf Möllen, Lübars, Loist ꝛc.

Er war des vorgedachten Joachim Ernst von Grumbkow und Gertrud Sophien von Groten, zweiter Sohn, und ist, 1678 den 4. October, zu Berlin gebohren worden. Unter seinen vornehmen Pathen, sind der Churfürst Friedrich Wilhelm, und dessen Schwester, die Landgräfin von Hessen-Cassel, zu merken. In der ersten Jugend, wurde er zum Studiren und zur Erlernung nützlicher Wissenschaften, fleißig angehalten. Schon im sechsten Jahre seines Alters, erhielt er das Prädikat
ei-

eines Kammerjunkers, bei dem damaligen Churprinzen Friedrich. Im 8. Jahre, ward er Fähnrich bei den Dragonern. Nachdem er 1688, beim Leichenbegängnisse, Churfürst Friedrich Wilhelms, als Fähnrich von den Grand-Mousquetairs, die damals der Obriste von Natzmer kommandirte, paradiret, sandte ihn sein Vater, nebst seinem, hernach bei Höchstädt gebliebenen Bruder, Otto Christian, nach Utrecht, und 1689, am Unterrhein, wo er den Belagerungen von Kaisersreerth und Bonn beiwohnte. 1690 ging er wieder nach Utrecht, wo er den berühmten Grävius hörte; wurde aber von seinem Vater, bald darauf, nach dem brandenburgischen Feldlager berufen, um ihn vor seinem Ende, welches im December dieses Jahres erfolgte, noch einmal zu sehen. Hierauf kehrte er wieder nach Utrecht zurük, wo er sich bis ins Jahr 1692 aufhielt, unterdessen aber eine Reise nach dem Haag that, wo sich damals König Wilhelm von Engelland aufhielt, dem er, unter anderen anwesenden Fürsten, sich vorstellte. 1693 und 1694, studirte er zu Leiden, unter dem berühmten Vitriarius; hielt sich auch in den letzteren Jahren, im Lager der alliirten Armee, vor St. Andre, auf. 1695, wohnte er, als Kornet von den Gens d'armes, die der General Natzmer damals befehlichte, welcher sich des von Grumbkow auch als ein Vater annahm, der Belagerung von Namur, bei. 1696 ward er Kammerjunker des Churfürsten, und begleitete den General von Heiden, als Adjutant, in dem Feldzuge in den Niederlanden. 1697 ward er Hauptmann, und erhielt eine Kompagnie, bei dem churprinzlichen Regimente. 1698 und 1699, hielt er sich in Frankreich auf. 1701 ward

ward er Oberschenke. 1702 befand er sich bei den Belagerungen von Kaiserswerth und Landau. 1703, ward er Obrister, und erhielt ein eigen Regiment, welches er bei den Belagerungen von Bonn und Huy anführte, und bei dieser Gelegenheit den Herzog von Marlborough, der ihn lieb gewann, und in der Folge hochschäzte, kennen lernte. Der damalige preußische Premier-Minister, Graf Kolbe von Wartenberg, und dessen Nachfolger, der Staatsminister von Kameke, waren dem von Grumbkow nicht gewogen, und scheuten dessen Talente; daher bemüheten sie sich sehr, ihn vom Hofe abzuhalten, und durch den Dienst bei der Armee zu entfernen; inzwischen entgieng er der Aufmerksamkeit den Kronprinzen Friedrich Wilhelms nicht, der ihn schäzte und schon im voraus daran dachte, ihn künftig näher an sich zu ziehen. 1704 stand er mit seinem Regimente unter dem Kommando des Feldmarschalls von Overkerck. 1705 befand er sich bei der Armee an der Mosel, und 1706 wohnte er dem Treffen bei Ramellies bei; worauf man ihn nach Gent detachirte, um die dasige Citadelle aufzufordern, die sich auch bald ergab, und hierauf half er, im Haag, die Konvention wegen der Winterquartiere berichtigen. 1707 war er zu Alt-Ranstadt in Sachsen, wo er beim Könige Karl dem Zwölften eine lange Audienz hatte, nach welcher er nach Berlin zurükkehrte, den 2. April d. J. Brigadier ward; und nicht lange darnach, mit dem Herzog von Marlborough, wiederum nach Alt-Ranstadt ging. 1708 sahe er zum erstenmale, zu Hannover, den Prinzen Eugen, der ihn sehr gnädig empfing und ihm seine Freundschaft zusicherte, davon er oft

wich-

wichtige Proben erhielt. In der Schlacht bei Oudenarde, fochte er als Brigadier du Jour, indes sein Regiment unter des Grafen von Stairs Detachement stand, und das Unglük hatte, von den Franzosen gefangen zu werden. Grumbkow fand bald Gelegenheit, als er das Regiment von Orckney, bei den Uebergang über die Schelde kommandirte, 200 Feinde damit gefangen zu machen, und dagegen wieder sein Regiment auszuwechseln. Hierauf ging er mit dem Herzoge von Marlborough nach dem Haag, wo er mit demselben einen Tractat, wegen eines Korps von 6000 Mann, welches den Namen Korps d'Augmentation empfing, schloß; wodurch der preußischen Generalkriegskasse 400000 Thaler zuflossen. 1709 war er bei der Attake des General Lottums, auf Tournay, und im fortwährenden Kriege, in der Schlacht bei Malplaquet, und bei der Belagerung von Mons, und ward bei dieser lezteren Gelegenheit, den 17. September, Generalmajor. 1711, brachte er bei den Generalstaaten die Oranigische Successionssache und die Angelegenheiten wegen der Festung Geldern, in vier Tage in Ordnung. 1712 den 17. Februar, erhielt er die Bestallung als Kondirektor beim General-Kommissariat. Bei dieser Gelegenheit führte Grumbkow, in einer Vorstellung an den König an, er habe 17 Jahr am Hof und eben so lange bei der Armee gedienet, nehmlich acht Jahr als Kammerjunker, drei Jahr als Oberschenk und sechs Jahr als Kammerherr, und drei Jahr sei er Kornet, vier Jahr Kapitain, vier Jahr Obrister, drei Jahr Brigadier und drei Jahr Generalmajor gewesen. Als König Friedrich Wilhelm der erste, den Thron bestieg,

nä=

näherte sich Grumbkow seinem Glüke. Die vorzüglichsten seiner Widersacher, wurden entfernt, und der König ließ ihm seine Gnade, dadurch deutlich spüren, daß er ihn nicht allein in allen seinen Chargen bestättigte, sondern auch zugleich, zum Chef des General-Kommissariats und zum Staatsminister, erklärte. 1715 folgte er dem Könige, im pommerschen Feldzuge, und war, den 16. November dieses Jahres, bei der wichtigen Expedition des Fürsten Leopold von Anhalt-Dessau, auf der Insel Rügen, zugegen. 1717 den $\frac{5}{16}$ October, ward er Generallieutenant. 1718, gab ihn der Czaar Peter der Erste, aus besonderer Zuneigung zu ihm, den St. Andreas-Orden, den ihm der rußische Obriste von Kampenhausen solenniter überbrachte. 1723, ward er ältester Vicepräsident, bei dem General-Ober-Finanz-Krieges- und Domainendirectorium; welches in diesem Jahre aus dem ehemaligen Generalkommissariat und Finanzdirectorium errichtet worden war. 1728 im Januar, reiste er mit dem Könige nach Dresden, und erhielt daselbst, von dem Könige August den Zweiten von Polen, den weißen Adlerorden. Dieser Monarch würdigte ihn, auch übrigens so viel Gnade, daß er ihm nie eine seiner Bitten abschlug. 1733 im April, ward er General von der Infanterie, und 1737 im Julius, bei der Revue zu Stettin, Generalfeldmarschall, auch in eben diesem Jahre, Erbjägermeister des Herzogthums Pommern. 1732 begleitete er den König, nach Kladrup und Prag, wo die bekannte Unterredung mit den Kaiser Karl den sechsten, geschahe. Grumbkow hatte bei dem lezteren, zweimal Audienz, und erhielt von ihm

des

dessen Portrait mit Diamanten reichlich besezt. Ueberhaupt hatte er bei dem Könige Friedrich Wilhelm den Ersten, großen Einfluß, und deßhalb konnte er nicht allein, mit demselben weit freier sprechen, als andere; sondern es giengen auch die geheimsten und wichtigsten Geschäfte, allein durch seine Hände. Sein Charakter war angenehm und heiter, dabei war er großmüthig und freigebig. In seinen Arbeiten brachte er eine Leichtigkeit und Präzision, welche mit einem durchdringenden Verstande begleitet wurde. Seine Revenuen waren sehr ansehnlich, und beliefen sich auf 36000 Thaler, die aber zu dem großen und prächtigen Aufwande, den er liebte und machte, kaum zureichten. Er starb, 1739, den 18. März, zu Berlin, in einem Alter von 61 Jahren. Der König ließ ihn zu Ehren, den 2. April d. J., ein prächtiges Leichenbegängniß halten. 1700 den 1. Januar, hatte er sich mit Sophia Charlotta de la Chavallerie, damaligen Hofdame bei der Churfürstin Charlotte, verehlicht, die ihm vier Söhne und eilf Töchter, welche leztere größtentheils ansehnliche Parthien durch Heirathen machten, gebohren.

Philipp Wilhelm von Grumbkow,

Königl. Preuß. Generalmajor von der Infanterie, Ritter des S. Joh. Ordens, Schloßgesessener zu Lupow, Runow, Wangerske ıc.

Er war, 1711 den 23. Juni, in Pommern gebohren worden. Seine Eltern, sind der 1752 verstorbene

geheime Etatsminister, Chef-Präsident aller pommerschen Kollegien und Ritter des schwarzen Adlerordens, Philipp Otto von Grumbkow und Henriette Scholastika von Schlabberndorf aus dem Hause Drosedow, gewesen. Er stand zuerst, sieben Jahr in sächsische, und zwei ein halb Jahr in sardinische Dienste. 1743, im sechsundzwanzigsten Jahre seines Alters, war er, bei dem Erbprinz Ludwig von Hessen-Darmstädtschen Regiment (jezt von Wunsch) Kapitain; im December desselben Jahres, ward er zu dem von Lehwaldschen Regiment nach Preußen versezt, und 1745 im August, nahm ihn König Friedrich der Zweite, als Flügeladjutant in sein Gefolge. In lezterer Qualität, avancirte er zum Major, 1747 im Mai, zum Obristlieutenant, 1753 im August, zum Obristen, und 1757 im Mai, zum Generalmajor von der Infanterie. Er genoß der besonderen Gnade, des großen Friedrichs, der ihn sehr oft in seine Gesellschaft nahm, und zu besonderen Geschäften brauchte. Da 1748 im August, dem Prinzen August Wilhelm von Preußen, eine schwere Krankheit befiel, ward er demselben, zur besonderen Aufwartung zugeordnet. Der Prinz, erkannte dessen Dienste, nach seiner Wiederherstellung, und beschenkte ihn, mit einem prächtigen Reitpferde. In den Feldzügen von 1744 1745, 1756 und 1757, kommandirte er verschiedene Grenadierbataillons, von denen eines aus den Grenadierkompagnien der Regimenter Anhalt-Zerbst und Kalkstein, ein anderes, aus den Gr. Komp. der R. R. Herzog von Bevern und Marwiz, bestanden, und that sich besonders, bei der 1744 unternommenen Belagerung der Stadt und Festung Prag, hervor. 1757
ward

ward er bei der Einnahme von Schweidniz gefangen, und ist seit dem in keinen Kriegesverrichtungen gebraucht worden. Nach Endigung des siebenjährigen Krieges, erhielt er die Erlaubniß, sich auf seine Güther zu begeben, nebst einem Gnadengehalte von 1000 Thaler. Zum öfteren hielt er sich in Berlin auf, starb aber, 1778 den 21. September, zu Lupow in Hinterpommern, im sieben-undsechzigsten Jahre seines Alters. Mit Albertinen, einer Tochter des Generalfeldmarschalls von Geßler, hat er nur eine Tochter erzeuget.

Johann Michael von Gschray,

Königl. Preuß. Generalmajor, Chef eines Freikorps, von 1600 Mann, zu Pferde und zu Fuß.

Gebohren 1692 zu Mannheim, in der Churpfalz, von geringen Eltern; indem sein Vater Eisenamtmann (ein Schließer bei der Justiz) gewesen ist. War erst, von 1709 bis 1715 Amtsknecht, bei einem Herrn von Kni-denfels, ohnweit Bayreuth, darnach wollte er Mousquetier, bei den churbaierschen Truppen werden; allein seine an-stößige Herkunft, war ihm daran verhinderlich, er ver-dingte sich daher bei einem Amtmann als Amtsknecht, dessen Wittwe er, 1722, ehlichte, dadurch selbst Amt-mann ward, sich als solcher aber nicht wohl betrug, und daher bald wieder in so schlechte Umstände gerieth, daß er, 1739, Eisenamtmann, zu Deggendorf an der Donau werden mußte. Als 1741, die französischen Truppen, unter Anführung des Grafen Moriz von Sachsen, in Bayern einbrachen, diente Gschray, bei demselben, als Spion. 1742, ward er Freischütze, bei der churbaierschen Landmiliz. Durch, bei verschiedenen kleinen Ausfällen bewiesener Herzhaftigkeit, und Gefangennehmung einiger Kroaten und Panduren, erhielt er von dem Kommendanten, zu Straubingen, ein Attestat seines Wohlverhaltens, an den Kaiser Karl den siebenden, der damals zu Frankfurt am Mayn residirte, und von diesem wieder, einen Befehl, an den Feldmarschall Grafen von Seckendorf, daß er ihn als Lieutenant, eine Freykompagnie zu Pferde, von 50 Mann, errichten, und solche als Chef, anführen laßen sollte; welcher leztere, ihm solches, als einen noch nicht erprüften Soldaten, mit dem Rathe, erst bei einem Regimente zu dienen, abschlug. Da Gschray aber, durch Unterstützung eines gewißen Kanzleydirectors Baur, der ihm gewogen war, ein Projekt einreichte, wodurch das besagte Korps, ohne kaiserlich Geld, woran ein großer Mangel vorhanden war, zu errichten; so ward sein Vorschlag genehmigt, und in 14 Tagen, war die Kompagnie von 50 Pferden da, welche die Oesterreicher, die Schergen- oder Büttelkompagnie, spottweise nannten. 1743, ward er zum Hauptmann ernannt, und seine Freykompagnie, auf 150 Mann vermehret. Mit solcher, trieb er sich während den Feindseligkeiten, zwischen Oesterreich und Bayern, herum, und führte einen kleinen Krieg, dessen Beschreibung, hier sehr weitläuftig werden dürfte, wobei sich Gschray aber, durch verschiedene glüklich ausgeführte Unternehmungen, in Rufe der Tapferkeit brachte. 1744, ward er bei einer Gelegenheit, von den Kroaten verwundet; wofür ihn der Kaiser, im September d. J. zum Major er-

erhob. Nach dem, zwischen Bayern und Oesterreich geschlossenen Frieden, behielt der Churfürst Maximilian Joseph, das Gschrayische Korps, bis auf hundert Mann bei, und ihten Chef mit Obristlieutenants Charakter, im Dienste, da er sich aber, gegen den churfürstlichen Befehl, auf eine unschikliche Art weigerte, in holländische Dienste zu treten, erhielt er den Abschied. 1747 zu Anfang des Julius, kam er, durch Vorspräche des Marschall Grafen von Sachsen, in französische Dienste, mit dem Auftrage, ein Korps von 400 berittenen Dragonern und 800 Fußgängern, zu errichten, und ward darüber zugleich Obrister. 1748, ward dies Korps, zu Brüssel, gemustert, und im März d. J., half er mit demselben Mastricht einschliessen. Nach bald darauf erfolgter Endigung dieses Krieges, ward sein Korps schwächer gemacht, und Gschray lebte zu Straßburg mit vielem Aufwande, bis er, 1754 im August, die französischen Dienste, mit einer jährlichen Pension und das Ludwigsordenskreuz, verließ und sich wieder nach München begab. 1756 bei Ausbruch des siebenjährigen Krieges, erhielt er Erlaubniß, in sächsische Dienste gehen zu können, fiel aber auf seiner Reise nach dem sächsischen Lager bei Pirna, den preußischen Husaren in die Hände, welche ihn nach dem Hauptquartiere des Königs zu Groß-Sedliz, brachten, der mit Gschray einig wurde, daß er 600 Mann leichte Kavallerie errichten sollte; wozu ihm Merseburg zum Sammelplatz angewiesen ward.. Er änderte aber sein Versprechen, ging wieder nach Böhmen, und sandte die Königliche Kapitulation, mit verschiedenen Entschuldigungen, an den General von Winterfeld zurük. Nachdem er seine

Dien-

Dienste hierauf überall angetragen, entschloß er sich wieder preußische Dienste zu suchen, und warb, 1761 den 9. April, in denselben Generalmajor, mit dem Auftrage, 1600 Mann zu Pferde und zu Fuße, zu werben; welches er auch mit Hülfe eines gewißen von Thürriegel, der Obristlieutenant und Kommandeur des Gschrayschen Korps, in französischen Diensten gewesen war, in der Reichsstadt Nordhausen ausführte. Dies Korps hatte zur Montur, blaue Röcke, schwarze Aufschläge, und schwefelgelbe Unterkleider. Bei der Infanterie, hatten die Grenadiers Bärenmützen, worauf der schwarze Adler geheftet war, und die Spielleute, waren weiß gekleidet. Die Offiziere hatten goldene Epauletten, und auf den schwarzen Aufschlägen, dergleichen Litzen. Die Dragoner, trugen Säbel. Selten war dies Korps komplet, und in dem siebenjährigen Feldzuge, hat es sich bloß, bei den Katzenhäusern, einigermaßen gezeiget. Den 23. August, letztgedachten Jahres, ward Gschray, zu Nordhausen, von einem französischen Detachement überfallen, und nach Kassel gebracht. 1762 den 8. September kam er aus dieser Gefangenschaft, wieder zu Leipzig an. Da nun bald hierauf der Friede erfolgte, ward er dimittiret (oder vielmehr, wegen verschiedener Beschuldigungen, nebst allen seinen, im preußischen Dienst gewesenen Verwandten, kassiret) und von seinem Korps, die Kavallerie, 1763 den 1. April, zu Stettin, die Infanterie aber, zu Großglogau, reduzirt. Als dies geschehen war, wandte er sich nach Rußland, um daselbst sein Glük zu suchen, da er aber solches nicht fand, kam er wieder nach Deutschland, und zwar in elenden Umstän-

den,

—, zurük, in welchen er auch gestorben ist. Unter dem Namen eines preußischen Staabsofficiers, hat jemand Gschray's Leben, unter folgendem Titel beschrieben: der glükliche Bayersche Eisenammann oder merkwürdige Lebensgeschichte, des, in beiden lezteren Kriegen sehr bekannt gewordenen Herrn von Gschray ꝛc. Berlin, 1765, auf Kosten einer ansehnlichen Gesellschaft, 8.; welches viele Schilderungen von niederträchtigen Handlungen dieses Mannes, und seiner Familie, von der man auch daselbst nicht wenige Nachrichten findet, enthält, und wobei es einem natürlich einfällt, daß die Rache, dem Verfasser, welches wahrscheinlich wohl, der vorerwähnte Thürriegel, der von Gschray, hart beschuldiget worden, und deshalb, zu Magdeburg eine geraume Zeit lang, in Arrest sitzen müßen, gewesen sein mag, die Feder geführet habe.

Heinrich Johann von Günther,

Königl. Preuß. Obrister und Chef des Bosniaken-regiments.

Er ward 1736 in der Mark Brandenburg gebohren, kam 1757 bei dem Vasoldschen Kuirassierregiment (jezt H. v. Sachsen Weimar) in preußische Kriegesdienste, und brachte es durch sein Wohlverhalten dahin, daß er 1761 Staabs- und 1764 den 1. August wirklicher Rittmeister, 1773 den 31. May Major, und 1783 den 28. May Obristlieutenant ward. 1784, versezte ihn Friedrich der Zweite zum Lossowschen Hu-

ſa-

sarenregiment; bei diesem ward er, 1785 den 22. September, Obrister und Kommandeur, und erhielt 1788 den 12. Februar das Bosniakenregiment als Chef. Im siebenjährigen und bayerschen Erbfolgekriege, hat er mit vieler Bravour gedienet.

Hans Christoph Friedrich Graf von Hack,

Königl. Preuß. Generallieutenant von der Infanterie, Ritter des schwarzen Adler- und würtembergischen St. Hubertus-Orden, Hof-Jägermeister, Drost zu Sparenberg und Erbherr auf Penkun, Radewitz, Sommersdorf, Luckow, Petershagen, Grunz, Neuhof, Steklin, Frauenhagen, Kuhwende ꝛc.

Er ist, 1699 den 21. October, zu Staßfurt gebohren worden. Seine Eltern waren, Hans Christoph von Hack, der einige unbeträchtliche Güther zu Staßfurt besaß, und Maria Dorothea von Heißin. Durch körperliche Bildung, und natürlich freimüthiges Betragen, erwarb er sich die Zuneigung König Friedrich Wilhelms des Ersten, der ihm, 1715, bei den großen Grenadiers zu Potsdam, als Junker nahm. 1718 den 22. December, ward er Fähnrich, 1720 den 1. August Sekonde- und 1726 den 16. August Premierlieutenant. 1728 den 4. März, erhielt er die Bestallung zum Drosten zu Sparenberg im Mindenschen. 1729 den 1. August, ward er Staabshauptmann, 1732 den 4.

Ja-

Januar Hofjägermeister, und erhielt, 1734 den 1. May, eine Kompagnie. Bald darauf machte ihn der König, dessen Favorit er durch seine große Aufmerksamkeit auf dessen Befehle, welche er in höchst=wichtigen und geheimen Angelegenheiten erhielt, und die er mit der gröſten Genauigkeit und Treue ausführte, geworden war, zu seinen Generaladjutanten. Vermöge dieser Charge, befand er sich fast beständig, um die Person des Monarchen, und besonders in seiner lezten Krankheit, in welcher er von demselben, 1740 den 25. Februar zum Obristen ernennet wurde. Der König gab ihm auf dem Sterbebette viel wichtige Aufträge für seinen Sohn und dessen künftige Regierung, schenkte ihm auch zwei Tage vor seinem Ableben, sein bestes Reitpferd, mit den Worten: dieses ist das lezte, was ich euch geben werde, behaltet es zu meinem Andenken. Er begleitete die Leiche des Königs, und erhielt von dessen Nachfolger, nicht allein die Bestättigung seiner Aemter, sondern dieser ernannte ihn auch noch zum Obrsten und Generaladjutanten, und erhob ihn, 1740 den 28. Julius, nebst seinen Nachkommen, in den Grafenstand. Als König Friedrich der Zweite, den Orden pour le Merite gestiftet hatte, war Hack einer der Ersten, welcher solchen empfing, dagegen er aber, die gehabten pour la Generosite, und den würtembergischen St. Hubertus=Orden ablegte. In eben dem lezgedachten Jahre im Septembermonat, sandte ihn der König nach Wesel, wo er den Zustand der daselbst in Garnison liegenden Regimenter untersuchen und davon Bericht abstatten muſte. Im ersten schlesischen Feldzuge wohnte er, 1741 den 10. April, der Schlacht bei Molwitz bei, in der er verwundet wur-

wurde. Hierauf errichtete er, auf königlichen Befehl, in Schlesien, verschiedene neue Regimenter, unter denen auch das braune Husarenregiment war. 1742 den 30. Julius, trat ihm der Generalfeldmarschall von Glasenapp, Alters wegen, sein gehabtes Infanterieregiment (jetzt Alt-Bornstedt) ab. 1743 den 1. May, ward er Generalmajor, und befand sich als solcher, im zweiten schlesischen Feldzuge; wurde 1744 den 6. September, in der Action bei Beraun, an der Hand verwundet. 1747 den 29. May, ward er Generallieutenant, und legte, den 31. Julius s. J., im Namen des Königes, den ersten Grundstein, zu der neuen katholischen St. Hedwigskirche zu Berlin, erhielt auch die Oberaufsicht, über das in diesem Jahre erbauete Invalidenhaus. 1748 den 27. May, gab ihm der König den schwarzen Adlerorden, und 1749 den 10. November die Kommendantenstelle zu Berlin. 1750 den 6. November, bekam er die Hälfte der Amtshauptmannschaft Zossen, für die Nutzung, so er von dem ehemaligen Kommendantenhause zu Berlin, gehabt. Zur Verschönerung der Residenz Berlin, trug er vieles bei, und dirigirte besonders, 1750, den Bau der Spandauervorstadt, wo er den schönen Hakschen Markt, der nach ihm seinen Namen empfing und noch hat, anlegte, und des Voigtlandes. Starb, 1754 den 17. August, im 56. Jahre seines Alters, und liegt zu Frauenhagen, ein ihm zugehöriges Guth, in seinem daselbst erbaueten Erbbegräbniße. Da König Friedrich Wilhelm der erste, seinem Lieblinge, dem von Hack, auch gern aus seinen sehr beschränkten Vermögensumständen ziehen und in eine beßere Lage bringen wollte, so brachte er es dahin, daß

daß ihm der damalige Etatsminister, Ehrentreich Boguslav von Creuz, seine einzige Tochter, Sophia Albertine, welche wegen ihres großen Vermögens schon ansehnliche Freyer hatte, gab. Diese Heyrath, ward in Gegenwart des Königs, des ganzen Hofes, und des anwesenden Herzogs von Lothringen, nachmaligen Kaiser Franz, vollzogen. Von ihr sind vier Söhne und fünf Töchter gebohren, davon nur noch ein Sohn und eine Tochter am Leben sind. Das Leben des Generallieut. Gr. von Hack, befindet sich auch in den Alten und Neuen Denkwürdigkeiten der K. Preuß. Armee. Berlin Octav 1787 S. 181. f.

Levin Friedrich von Hacke,

Königl. Preuß. Generallieutenant von der Infanterie, Chef eines Regiments zu Fuß, Gouverneur der Festung Stettin und des Forts Preußen, des schwarzen Adler- und pour le Merite-Ordens-Ritter, Droſt zu Sparenberg, auf Genshagen ꝛc. Erbherr.

Er war der vierte Sohn, Levin Friedrichs von Hacke, chursächsischen Hauptmanns und Erbherrn auf Genshagen im teltowschen Kreise der Mittelmark Brandenburg, und Dorotheen Sophien von Hacke, aus dem Hauſe Petkus, die ihn, 1713 den 13. Januar zu Genshagen zur Welt brachte. 1728 den 12. August. im 15. Jahre seines Alters, kam er als Junker, bei das Stafenapſche Regiment (jetzt Alt-Bornſtedt) von welchem

chen ihn der Kommandant desselben, der nachmalige
Feldmarschall von Kalkstein, als er 1729, das Lottum-
sche Regiment (jezt von Möllendorf,) erhielt, mit zu demselben nahm. Noch in eben diesem Jahre, versezte
ihn, König Friedrich Wilhelm der Erste, zu seinen
grossen Grenadiers, nach Potsdam, wobei er, den 1.
September: Fähnrich ward. Wie bekannt, nahm
König Friedrich der Zweite, bei Antritt seiner Regierung, mit diesen Grenadiers, eine grosse Veränderung
vor, und errichtete, aus einem Theile desselben, das
jetzige Rodichsche Grenadierbattaillon, bei dem der Herr
von Hacke kam. 1741 rükte er mit demselben ins
Lager bei Brandenburg; ward den 7. April d. J.
Sekonde- und 1743 im Julius Premierlieutenant.
Als solcher, wohnte er dem zweiten schlesischen Feldzuge,
und während demselben, 1744, der Belagerung und
Eroberung von Prag, und 1745, den siegreichen
Schlachten bei Hohenfriedeberg und Soor, in welcher
ersteren er ins Gesicht verwundet wurde, bei. Als
Lieutenant versah er den Posten eines Adjutanten beim
Battaillon, bis er, 1750 den 10. May, zum Staabskapitain ernannt wurde, und den 15. August f. J.,
eine Kompagnie erhielt. 1754, bekam er die Bausen-
sche Flügelgrenadierkompagnie. Beim Ausbruch des
siebenjährigen Feldzuges, rükte er, den 28. August 1756,
mit seiner Kompagnie nach Sachsen, wo er den 10.
September, im Lager bei Cotta, sich mit den drei
Grenadierkompagnien von Anhalt-Dessauschen Regiments vereinigte, und das Battaillon mit formirte, welches der Major und Flügeladjutant von Kleist anführte.
Den 1. October d. J. befand er sich, mit dem Battaillon

taillon, in der Schlacht bei Lowositz, auf den linken Flügel des ersten Treffens, erhielt eine Kontusion, und verlohr durch eine Kanonenkugel den linken Rockschoß; demohnerachtet verließ er seinen Posten nicht, und der König belohnte sein Wohlverhalten, mit dem Orden pour le Merite. 1757, half er Prag belagern; mußte darauf, auf königlichen Befehl, die Lazarethsdirection im Kloster Margarethen, und einige Zeit nachher in Leutmeritz, übernehmen, und ward, den 19. Julius, Major und Kommandeur des Bataillons, welches er folgends nach der Lausitz führte; ferner, den 7. September, der Action am Maysberge beiwohnte, und bei dieser Gelegenheit eine schwere Wunde am Fuß erhielt, die ihn zwang die Armee zu verlassen. Das Bataillon behielt indessen seinen Namen, und hatte nach und nach die Kapitains, von Wechmar, von Enckvort, und den Obristlieutenant von Plotho, zu Kommandeurs. 1759 im März, war der Major von Hacke wieder im Stande, Glogau, wo er sich aufgehalten hatte zu verlassen, und sein Bataillon bei Gottberg wieder zu übernehmen. Im Jahre 1760, befand er sich bei der Belagerung von Dresden, und in den Schlachten bei Lignitz und Torgau; in welcher lezteren er ein Pferd unterm Leibe verlohr, und sein Bataillon so geschwächt sahe, daß es mit dem Graf-Anhaltschen zusammenstossen, und die Winterquartiere in Chemnitz nehmen mußte. Im Jahr 1761, befand er sich mit seinem wieder ergänzten Bataillon, in Schlesien, wo er, den 24. April, Obristlieutenant ward. Den 16. August, war er in dem Gefechte bei Reichenbach, aber, ohne an solchem Antheil zu nehmen. 1762 den 28. November, bezog er das Winterlager zu Schönbrum in der Lausitz. Nach dem Hubertsburger Frieden, trennte er sich, den 25. Februar, zu Kölso, von den drei Anhaltbernburgschen Grenadier-Kompagnien, und rükte mit seiner Grenad. Komp., vom Batt. Lestwitz, den 4. März, in Potsdam ein. Im October desselbigen Jahres, ward er zum Regiment Anhalt-Bernburg (jezt von Leipziger) als Kommandeur versezt. 1765 den 26. May, ward er Obrist, und erhielt 1766 den 19. Julius, die Drostey Sparenberg, in der Graffschaft Ravensberg. 1769 den 13. December, gab ihm der König, das erledigte von Quaißsche Regiment, (jezt von Scholten) und erhob ihn, 1770 den 28. May, zum Generalmajor. Im baierschen Erbfolgekriege, rükte er mit seinem Regimente, 1778 den 9. April, aus Stettin, und kam damit erst nach Berlin, von wo er, den 1. Julius, zur Armee des Prinzen Heinrichs in Sachsen, stieß, und in Böhmen, unter dem Generallieutenant von Möllendorf, die glükliche Expedition bei Brixen ausführen half. Nach dem Teschener Frieden, rükte er den 9. Junius 1779, mit dem Regimente wieder in Stettin ein, von welcher Stadt und Festung er, nach des Herzogs von Bevern Absterben, den 4. August 1782, das Gouvernement erhielt. Bei der grossen Revue, im Junius 1784, empfieng er den schwarzen Adlerorden, und starb, 1785 den 25. März, im 72. Lebens- und 57. Jahre seiner treuen Dienste. Sein Leichenbegängniß wurde den 8. April, feierlich vollzogen. Ein Bildniß des Generallieutenants von Hacke, von Daniel Berger in Kupfer gestochen, findet sich nebst dessen ausgedehntere Lebensbeschreibung,

im

im Berlinischen militairischen Kalender, auf das Jahr 1786.

Ernst Ludwig von Hacke,

Königl. Preuß. Generalmajor von der Infanterie und Vice-Kommendant zu Berlin, auf Machenow Erbherr.

War 1651 den 17. October, zu Machenow in der Mittelmark, gebohren worden, und ein Sohn, des 1682 den 7. Januar verstorbenen Otto von Hacke, churbrandenburgischen Kriegeskommissarius und des teltowschen Kreises Landesverordneter und Annen Marien von Pfuel aus dem Hause Jhansfelde. 1670, trat er in churbrandenburgische Kriegesdienste bei der Leibgarde zu Fuß, bei der er 1680 schon Hauptmann war. 1687 findet er sich in Nachrichten, als Major. 1690 den 24. Julius, ward er Obrister beim ersten Bataillon churmärksche Garde, und 1705 Generalmajor. Im leztgedachten Jahre, befand er sich mit einen Theil der Füseliergarde, im Felde an der Maas. Er war auch folgends Vice-Kommendant von Berlin an des damaligen Generalmajors und Obristen bei der Füseliergarde, Abraham von Arnim Stelle, und starb 1714. Nach Walthers Nachrichten von der berlinischen Garnisonschule, S. 37, ist er Generallieutenant gewesen; davon ich aber bis jezt keine Gewisheit erlangt habe. Ist verehlicht gewesen, und hat Kinder hinterlassen.

Wigand von Hacke,

Churbrandenb. Obrister und Kommendant zu
Peitz, auf Briesen Erbherr.

Er war ein brandenburgischer Vasall, und Wichmanns von Hacke und Elisabeth von Trotte Sohn. 1620 den 1. May, bestellte ihn Churfürst George Wilhelm zum Obristen, über 300 deutsche Kriegsleute zu Roß, und gab ihm, den 9. October s. J., die Kommendantenstelle zu Peitz, die er aber nur kurze Zeit versahe; denn, 1622 den 28. October, erhielt er seine Dienstentlassung. Er hat mit Helenen von Kanitz, (die sich nach seinem Tode, wieder mit Erich von Mandelsloh auf Sallinichen verehlichte) drei Kinder erzeugt.

Adam von Hacke,

Churbrandenb. Obrister, Chef eines Regiments
zu Fuß, und Kommendant zu Hamm, auf Berge,
Curow und Möllendorf Erbherr.

Seine Eltern waren, Wolff Dietrich von Hacke, Chur-Brandenb. Hauptmann zu Saarmund und Anne von Lossow. 1645, errichtete Churfürst Friedrich Wilhelm, drei Regimenter zu Fuß, welche zur Besatzung einiger im Herzogthum Cleve belegenen Vestungen dienen sollten, und bestellte den von Hacke, den 23. August d. J., zu Königsberg in Preußen, zum Obristen und Chef eines derselben, 1649 beliehe ihn der Churfürst, mit einem Meyerthum, die Hovestadt genannt,

im

im Stifte Münster, seiner treu-geleisteten Dienste wegen. 1659 den 1. Januar, ward er als Obrister und Kommendant zu Hamm in der Grafschaft Mark, welches ehedem befestigt war, auf sein Gesuch, entlassen.

Friedrich Wilhelm von Hacke,

Königl. Preuß. Obrister und Chef eines Grenadierbattaillons.

Er war aus Strelitz im Mecklenburgischen gebürtig, wo er 1717 gebohren worden. Kam 1742, bei dem neuerrichteten herzgl. würtembergischen Füsilierregiment (jetzt von Pful) in preußische Dienste, und war bei demselben, schon 1743, Sekondelieutenant. Ward, 1757 den 11. December, Kapitain, 1767 im Junius Major, 1775 den 4. Julius Obristlieutenant, und 1779 Obrister. Den 24. Junius letztgedachten Jahres, erhielt er das Grenadierbattaillon von der Hardt (jetzt Herzog von Holstein-Beck). Nahm 1780 seinen Abschied, und begab sich nach dem Mecklenburgischen, wo er einige Jahre darauf, starb. Er hat den Schlachten bei Kesselsdorf, Prag, Breslau, Leuthen, Zorndorf, Kunersdorf, der Action bei Landshut, wo er verwundet und von den Oesterreichern gefangen genommen worden, und den Belagerungen von Prag, Breslau und Schweidnitz, rühmlich beigewohnet.

Karl Elias Adolph von Hachenberg,

Königl. Preuß. Obrister und Kommandeur eines Grenadierbattaillons, auf Deutsch-Breßle Erbherr.

Er ward 1718 in der Grafschaft Neuwied gebohren, und trat, 1733, in preußische Kriegesdienste, bei dem Dohnaschen Regiment, (jezt von Kalkstein) 1739 den 12. May, ward er Sekonder. 1749 den 4. May Premierlieutenant, 1756 den 11. Julius, Staabs- und im September selbigen Jahres, wirklicher Hauptmann, 1761 im Februar Major, und Kommandeur des Käschenbahrschen Grenadierbattaillons, welches aus den Grenadierkompagnien der Garnisonregimenter von Mitschepfal (jezt von Natalis) und von Blanckensee (jezt von Owen) zusammengesezt war. Mit demselben wohnte er vielen wichtigen Vorfällen im siebenjährigen Kriege, besonders 1761, in Pommern, gegen die Russen, bei, und befand sich in den Schlachten bei Hohenfriedeberg und Prag, und bei den Belagerungen von Prag und Kasel, und der Attake des Olmüzer Transports. 1769 im May, ward er Obristlieutenant, 1773 im May Obrister, und starb 1776 den 18. März, nachdem er 43. Jahre lang in preußische Dienste gestanden. Er ist mit Wilhelminen Freyin von Staff verehlicht gewesen.

Wolf

Wolf Christoph von Hackeborn,

Königl. Preuß. Generallieutenant von der Kavallerie, Kommandeur des Leibregiments.

Er stammte aus dem Magdeburgischen, und seine Eltern sind, Dietrich von Hackeborn, churfächsischer Rittmeister und Landrath des Herzogthums Magdeburg,
und Anna Rosina von Bünau aus dem Hause Thürnhof
gewesen. Zuerst diente er bei der Infanterie, war
1692 Obristlieutenant, und kommandierte die erste
Kompagnie bei der churmärkischen Leibgarde in Berlin,
die aus Kadets bestand. 1707 den 26. Julius, ward
er Brigadier, 1709 den 29. November, Generalmajor
von der Kavallerie, und Kommandeur des Leibregiments, nach des von Wangenheim Absterben, 1717
den 10. October aber, Generallieutenant. Er besaß
die Amtshauptmannschaft zu preußisch-Eylau und Bartenstein in Preußen, die er 1714, mit königlicher Erlaubniß, an Heinrich Albrecht von Kalnein, resignir-
te. Denen Feldzügen seiner Zeit, hat er rühmlich beigewohnet. Starb 1719 den 27. April. 1698 im
November, verehlichte er sich, mit Anna Dorothea von
dem Busche, Hans Rudolph von Kalitsch, fürstl. Anhalt-Zerbstschen Kammerraths, Wittwe. Sein Bildniß
ist von Wolfgang in Kupfer gestochen.

Johann Ludwig Graf von Hård,

Königl. Preuß. Generallieutenant, Chef eines Freyregiments, Gouverneur von Spandau, Komthur des schwedischen Schwerdtordens.

Er ward 1719 in Schweden gebohren. Sein Vater, Karl Gustav Graf von Hård, starb 1744 den 21. Februar, als schwedischer Reichsrath, und war ein ehrwürdiger Mann, der schon, unter König Karl den Zwölften von Schweden, Kriegesdienste gethan, und demselben bei Bender, da das schwedische Lager bestürmet wurde, das Leben gerettet hatte, indem er einen Türken, der seine Muskete auf den König gerichtet hatte, solche wegschlug, und den Schuß in den Arm bekam, der dadurch gelähmet wurde; weshalb er ihn, seine übrige Lebenszeit, in einem Bande tragen muste. Er brachte 1731 die gräfliche Würde auf sein Geschlecht, und ist mit Anne Louise von Fahlström verehlicht gewesen. Sein Sohn, Johann Ludwig, erhielt eine trefliche Erziehung, und nahm unter der schwedischen Infanterie Dienste. Im Kriege mit Rußland, war er Adjutant des unglüklichen schwedischen Generallieutenants von Buddenbrock und erwarb sich bei dieser Gelegenheit Kenntnisse in der Kriegeskunst. Nach geschlossenem Frieden, ging er nach Braband, wo er als Freywilliger, unter dem holländischen Feldmarschall Fürst von Waldeck, diente, sich dessen Aufmerksamkeit erwarb, und durch ihn bewegen ließ, als Hauptmann von der Infanterie in holländische Dienste zu treten. Beim Schlusse dieses Feldzuges, war er Obrister des wallonischen Regiments Cornabé. 1748, ging er mit Beibe-

hal-

haltung seiner Obristengage, nach Schweden, wo er
als Korporal des Leibtrabantenkorps, mit Obristencharakter, Dienste nahm, und den Schwerdorden erhielt.
Als 1755, sich in Schweden eine Faction verband,
dem König in seine ehemalige Authorität zu setzen, befand sich der Obriste Graf von Hård, bei derselben,
und hatte das Glük, bei der Entdekung dieses Unternehmens, der Einzige zu sein, der entrann und dadurch einen unvermeidlichen Tod entging. Er begab sich über
Lübeck nach Geneve, und als 1756 der siebenjährige
Krieg ausbrach, nach Berlin, wo er dem Könige Friedrich dem Zweiten seine Dienste anbot. Der König
nahm ihn als Obristen bei seiner Armee, und gab ihm
ein eigenes Freyregiment, welches durch ihn, zu Alten-
Damm bei Stettin, errichtet ward. Mit demselben
that er sich, von 1756 bis 1763, bei vielen Gelegenheiten, vorzüglich aber, bei der Vertheidigung von
Driesen, den Rükzug von Friedeberg, bei der Vernich-
tung der rußischen Magazine an der Weichsel, hervor,
und zeigte sehr oft, seine erhebliche Kenntnisse in der
Kriegeskunst, durch eine glükliche Anwendung derselben,
in diesem berühmten Kriege. 1759 den 15. September, ward er bei Trebatsch, da er mit dem Pferde in
einem Sumpfe stecken blieb, von den Kosacken gefangen
genommen, und nach Petersburg gebracht, wo er sich
das Zutrauen und die Gnade des damaligen Großfürsten und nachherigen Kaiser Peter des Dritten, erwarb,
der ihn, bei Antrit seiner Regierung 1762, die Freiheit wieder gab. Er verfügte sich darauf zur preußischen Armee, und ward bei Langenbila, 1762 den 16.
August, durch eine Flintenkugel in den linken Arm ver-

wun

wundet, die ihn die Röhre zerschmetterte, weshalb er sich nach Breßlau bringen lassen muste, um daselbst seine Wiederherstellung zu besorgen. 1763, ward sein Freiregiment, zu Berlin, reduzirt, ihn aber, erhob der König, mit einer jährlichen Pension von 3000 Thalern, zum Generalmajor, 1775 im May zum Generallieutenant, und 1776 im October, zum Gouverneur von Spandau. 1778 muste er, als der baiersche Erbfolgekrieg ausbrach, zu Oranienburg, wiederum ein Freyregiment errichten, welches bei der Armee des Prinzen Heinrichs zu stehen kam, sich sehr brav hielt, 1779 aber, nach erfolgtem Frieden, auch wieder aufgehoben wurde. Er lebt gegenwärtig auf seinen Gütern, und und hat sich, 1748 den 2. Januar, mit Ulrika Juliana Henriette, dritten Tochter zweiter Ehe, des schwedischen Admirals, Karl Hans Grafen von Wachtmeister und Sophien Dorotheen Henrietten Philippinen Freyin von Metsch verehlicht, und mit ihr einen Sohn und drei Töchter erzeuget. Nach ihrem Tode heirathete er, die Witwe des verstorbenen Obristlieutenants von Bredow, vom Gens d'Armes Regiment, eine Tochter des Kabinetsministers Grafen von Podewils. Sein Leben hat er selbst beschrieben, und ist solches 1788 zu Berlin in Oktav unter dem Titel, mémoires d'un gentilhomme suédois écrits par lui même dans sa retraite, l'année 1784, in Druck erschienen,

Philipp Siegmund von Hagen,

Königl. Preuß. Generallieutenant von der Infanterie und Gouverneur von Geldern.

Er stammte aus dem Geschlechte derer Herren von Hagen, welches noch gegenwärtig in Pommern und der Neumark blühet. Sein Vater Tido Christoph von Hagen, starb 1660. Er muß sehr frühzeitig in Brandenburgische Dienste gekommen sein, denn 1689, findet er sich bereits als Major, bei der churfürstlichen Leibgarde zu Fuß, (jezt v. Alt-Bornstedt). 1692 stand er als Obristlieutenant, mit dem ersten Battallion preußische Garde am Rhein und an der Maas. 1695 im October, ward er Obrister des Heidenschen Battallions, und 1706 Generalmajor. 1708 den 11 Januar, ward im Geheimen Kriegesrathe beschlossen, daß der Generalmajor von Hagen aus Italien kommen solle, weil er darum gebeten. 1709, wurde ihm die erledigte Kommendantenstelle zu Driesen gegeben. 1713, erhielt er aber das Gouvernement von Geldern, an des Generallieutenant von Horn Stelle. 1715 ward er Generallieutenant, starb 1717 im März zu Geldern.

Hans Joachim von Hagen,

Königl. Preuß. Generalmajor von der Kavallerie.

Er ist in Pommern gebohren worden. 1687 den 2. Januar, ward er Obrist bei dem churprinzlichen Regiment

ment zu Pferde, und 1707 Generalmajor, findet sich aber, seit dieser Zeit in keiner Liste, der damaligen preußischen Armee, aufgeführet. Er ist verehlicht gewesen, und hat einen Sohn hinterlassen.

Hans Siegmund von Hagen,

Königl. Preuß. Obrister, Kommandeur des Wietersheimschen Füselierregiments und eines Grenadierbattallions, auf Naulin und Dleckow Erbherr.

War zu Rheinitz in der Neumark, 1699, gebohren und trat im 14. Jahre seines Alters, bei dem Regiment von Truchseß (jezt von Braun) in preußische Kriegesdienste, bei dem er, 1718 den 29. December, Sekonde= 1724 Premierlieutenant, 1732 den 6. Junius Kapitain ward, und 1735 eine Grenadierkompagnie erhielt. Mit dieser, wohnte er dem ersten schlesischen Feldzuge, und in demselben, den Schlachten bei Molwitz und Chotusitz, bei; ward, 1741 den ❚❚ May Major, erhielt 1742 ein Grenadierbattallion, welches aus den Grenadierkompagnien der Regimenter von Hautcharmoy und von Truchseß, zusammengesezt war, und ward, 1743, als ältester Major zu dem Füselier=Regimente von Wietersheim (jezt von Wangenheim) versezt. 1745 im August, erhielt er ein anderes Grenadierbattallion, welches aus den Grenadierkompagnien der Regimenter Fürst Moritz und Fürst Dietrich, bestand. 1747 den 24. May, ward er mit dem Range, vom 30.

De=

December 1745, Obristlieutenant, den 19. May 1750 Obrister, und 1754 im April, Kommandeur des Regiments bei dem er stand. Starb 1755 den 7. August, und ist seit, den 23. Februar 1740, mit Charlotten Sophien von Klitznig aus dem Hause Schorbus verehlicht gewesen, die ihm zwei Söhne und vier Töchter gebohren hat.

Karl Ferdinand, Freyherr von Hagen sonst Geist genannt.

Königl. Preuß. Generalmajor und Chef eines Infanterieregiments.

Er war aus dem Mansfeldschen gebürtig, und sein Vater ist königlicher polnischer Kammerherr gewesen. Stand anfänglich bei dem Leibregimente König Friedrich Wilhelms des Ersten, dessen Nachfolger, ihn 1740 den 4. August, als Sekonde-Lieutenant, bei dem neuerrichteten ersten Bataillon Leibgarde, mit Kapitainsrang, sezte. 1741 den 14. May ward er Premierlieutenant, 1745 den 28. Julius, als Staabskapitain, Obristlieutenant von der Armee, und erhielt im selbigen Jahre, den 27. October, die Kompagnie des bei Soor gebliebenen Obristlieutenants von Wedell. 1753 im September, ward er Obrister von der Armee, 1755 im Julius, als Obrister von der Infanterie und Kapitain von der Garde, Major der lezteren, 1756 im August, Kommandeur des zweiten und dritten Bataillons Garde, 1757 den 3. Januar Generalmajor, und erhielt, nach der Schlacht bei Prag,

das

das von Amstelsche Infanterieregiment (jezt von Scholten). In den Feldzügen, von 1740 bis 1758 diente er mit vielem Eifer, und kommandirte auch in der Kampagne von 1740-42 ein eigenes Grenadierbattaillon, welches aus den Grenadierkompagnien der Regimenter von Wedell (jezt von Lengefeld) und von Voigt, (jezt von Jung-Bornstedt zusammengesezt war. In dem Feldzuge von 1744 bis 1745, hatte er ein anderes Grenadierbattaillon, welches aus den Gr. Komp. der Regimenter von Truchseß (jezt von Braun) und von du Moulin (jezt von Wolframsdorf) bestand. In dem Ueberfalle bei Hochkirchen, den 14. October 1758, ward er schwer verwundet, welches ihn den 19. Februar 1759, zu Bauzen, den Tod im 48. Jahre seines Alters zuzog. Er ist verehlicht gewesen, hat aber keine Kinder hinterlassen.

Eberhard von Hager,

Königl. Preuß Generalmajor, Chef eines Regiments zu Fuß, und Ritter des Ordens pour le Merite.

Aus Liefland gebürtig. Er hat bei dem jezigen Graf Schliebenschen Regiment, von 175 an, gedienet; ward, 1756 im November, als Premierlieutenant, Staabskapitain, erhielt, 1758 im März eine Kompagnie, 1762 den 17. August, als Major, nach der Bestürmung der Leutmansdorfer Höhen, den Orden pour le Merite; ward 1772 den 28. Junius, Obristlieutenant

nant, 1776 den 24. May Obrister, 1784 den 20. May Generalmajor, und hat 1783 das von Anhaltsche Füsilierregiment, welches jezt in Frankenstein garnisoniret, erhalten. Von 1756 bis 1763 hat er dem siebenjährigen Feldzuge, von 1778 bis 1779 dem Bayerschen Erbfolgekriege beigewohnet, und sich bei vielen Gelegenheiten rühmlich ausgezeichnet. Seine Gattin ist eine geborne von Blankenburg, davon aber keine Kinder vorhanden sind.

Wigand von Halle,
Churbrandenburgischer Obrister.

Er war ein gebohrner Preusse, und schon unter der Regierung Churfürst George Wilhelms 1620 Obrister, Kriegeskommissarius und Musterherr, und befand sich 1656, in der Schlacht bei Warschau.

Heinrich Ehrentreich von Halle,
Churbrandenburgischer Obrister zu Roß und Fuß, Gouverneur der Louisenschanze, Preußischer Jägermeister, Hauptmann des Amts Rhein und Erbherr der Kuckernesischen Güther.

Er war ein gebohrner Preusse, und Sohn Reinholds von Halle, Preußischen Jägermeisters und Hauptmann zu Rhein und Margaretten von Röbel. Hat bereits
Zweyt. Theil.   H   unter

unter Churfürst George Wilhelm gedienet, und ward 1651 den 26. Februar zum Jägermeister bestellet, 1655 Obrister zu Roß, und befand sich 1656 in der Schlacht bei Warschau.

Heinrich Hallard genannt Elliot,

Churbrandenburgischer Geheimer Kriegesrath, Generalmajor und Oberkommendant aller auf der Peene liegenden Festungen.

Er stammte aus einer Schottländischen Familie. Seine Eltern waren, Amaury Hallard, holländischer Hauptmann und Katharina Fournier Baronesse de Neuville. Aus holländische Dienste kam er in churbrandenburgische 1672 den 14. May, ward er in solchen Obrister, 1676 stand er als Kommendant in Wolgast, welches die Schweden wieder zu erobern suchten, und deren heftigen Sturm, er mit vieler Standhaftigkeit abschlug. 1678 den 11. Julius ward er Generalmajor, und kommandirte den 10. September s. J. den linken Flügel der Brandenburgischen Truppen, bei der Eroberung der Insel Rügen. Starb zu Plate 1681 den 22. September. Als Obristleutenannt heirathete er zu Plate, wo er in Garnison stand, eine verwittwete von der Osten, geborne von Dewitz, Erbin von Plate; nachdem diese starb, verehlichte er sich zu Anklam 1678, wieder mit Sophia Hedwig, einer Tochter des schwedischen Generalfeldmarschalls und Vicegouvernenrs in Vorpommern, Konrads von Mardefeld und Augusten Elisabeth

sabeth von der Lancken, mit der er zwei Töchter zeugte, und die sich nach seinem Tode wiederum mit den königlichen polnischen Obristen Moritz von Schwerin verehlichte. Verschiedene Nachrichten von Hallard und seiner Familie, finden sich in den Mémoires pour servir à l'histoire des Refugiés françois. V. II. p. 102·111.

Peter von Hallasch,
Königl. Preuß. Obrister und Chef eines Husaren regiments.

Ein geborner Ungar, reformirter Religion, war während dem ersten schlesischen Kriege, in kaiserlichen Diensten, Rittmeister und Partheigänger, der mit seinen Husaren der preußischen Armee, vielen Schaden zufügte, und hinter derselben, so oft er nur konnte, eine Menge Vieh wegtrieb, ohne daß man seiner Schlauheit, welche er dabei anwandte, etwas anhaben konnte. Der König von Preussen Friedrich der Zweite wünschte ihn in seine Dienste zu haben, und trug daher den Lieutenant (nachmaligen Major) von Hofen auf, ihn dazu zu überreden. Der leztere begab sich in dieser Absicht nebst noch zwei andern Offiziers, verkleidet in das kaiserliche Lager, und suchte Gelegenheit, Hallasch zu sprechen, welche sie auch fanden. Sie eröfneten ihm des Königs Willen, und boten ihm, im Namen desselben, ein neu zu errichtendes Husarenregiment an, wenn er nebst noch 29 andern Offiziers, Ungarn von Geburt, welche er auswählen konnte, preußische Dienste nehmen wollten.

H 2 Der

Der Friede folgte hierauf bald, und Hallasch gieng nach Wien, wo fünf Eskadrons Husaren, die Leibwache der Kaiserin mit ausmachten. Hier folgte auch der von Hofen verkleidet nach. Die vorgedachte Anzahl Offiziers, waren bald beisammen, und entschlossen sich, preußische Dienste zu nehmen. Der Legationsrath von Ammon, und besonders der preußische Gesandte Graf von Gotter, waren zu Allem behülflich, und der leztere erhielt, auf seinen am Könige abgestatteten Berichte, die ausgefertigten Patente von Berlin aus, welche denen Offiziers zu Wien, nach ausgestelltem Revers, übergeben wurden. Alles war richtig, als ein Baron von Martinchowicz, der bei den kaiserlichen Husaren Korporal gewesen war, und das Patent als preußischer Kornet bekommen hatte, bei der Kriegeskanzley, von der ganzen Sache Anzeige machte, und vorstellte, ob man ihm, seiner Treue und gethaner Anzeige wegen, eben diese Kornetscharge in kaiserliche Dienste geben wollte; wo nicht, so wollte er in Preußische gehen. Hierauf ward ein Lärmen, und die Engagirten standen in große Gefahr zur Verantwortung gezogen zu werden, als der Graf von Gotter ihnen davon schleunig einen Winck gab, sich zu entfernen, welches darauf von ihnen, nach zuvor genommener Abrede, sich in Neisse wieder zu finden, in großer Zerstreuung geschahe. Glücklich kamen sie hier sämtlich an, giengen nach Breslau, wo sie dem Könige bei der Revue vorgestellet wurden, bei ihm speisten, und sehr gnädig aufgenommen wurden. Der König beschied sie hierauf sämtlich nach Potsdam, von wo sie an den General von Ziethen nach Berlin geschickt wurden, um bei dessen Regiment den Dienst zu erlernen. Nach diesem

sem vertheilte sie der König selbst, auf dem Schlosse zu Berlin, unter die beiden neuen Regimenter von Hallasch und Dieury Husaren; welches erstere in Schwedt errichtet wurde, und bald vollzählig ward, (jetzt Graf von der Goltz.) Hallasch wohnte mit demselben, dem Feldzuge von 1744 und 1745 bei, und that sich besonders in der Aktion bei Kranowitz hervor. 1747 nahm er seinen Abschied wegen Geistesschwachheit, die er sich durch seine sonderbare Lebensart und übertriebenes Studiren zugezogen hatte. Er begab sich hierauf nach den Gütern des Grafen von Rutowsky ohnweit Frankfurt an der Oder, (nach anderen Nachrichten, nach Breslau bei den Barmherzigen Brüdern) wo er sein Leben zubrachte. Sein Todesjahr ist mir unbekannt geblieben.

Friedrich Sylvius von Hallmann,
Königl. Preuß. Obrister und Chef eines Garnisonregiments.

Er ward in Schlesien gebohren und war ein Sohn Gottfrieds Brandam von Hallmann aus Salmirschitz, und einer von Gladis. Kam 1750 den 28. Julius, vom Forkadeschen Regiment, (jetzt von Lichnowsky), bei dem er bis zum Sekondelieutenant gedienet hatte, Leibesschwachheit wegen, in das Invalidenhaus bei Berlin; da er aber bald hierauf, wieder hergestellet wurde, 1751 den 5. Oktober, wieder zu vorgedachtem Regimente; in des kassirten Lieutenants von Petersdorf Stelle; diente darauf weiter fort, ward 1761 im Februar, Major,

Major, 1766 den 21. May, als Obristlieutenant und Kommandeur, zum Alt-Putkammerschen Garnisoneregiment (zulezt von Bose) versezt, und erhielt, 1772 den 2. Januar das Regiment selbst, welches im selbigen Jahre noch mit zwei Battallions vermehrt ward, und bekam zugleich den Obristencharackter. Er starb 1786 zu Rastenburg in Ostpreussen, im 71. Jahre seines Alters, und 51. Jahre seiner Dienstzeit, und hat sich jederzeit, in den Feldzügen des Königs Friedrich des Zweiten, dessen Gnade er besonders genossen, mit besonderer Bravour hervorgethan; ist auch einigemal schwer verwundet worden. Mit N — Freyin von Bobenhausen, hat er einen Sohn und vier Töchter erzeuget.

Franziskus Graf du Hamel,
Churbrandenburgischer General von der Kavallerie, Chef eines Regiments zu Pferde, Kammerherr und Ritter des schwarzen Adlerordens.

Er stammte aus einem vornehmen französischen Geschlechte; hatte unter der Armee König Ludwig des Vierzehnten gedienet, verließ sein Vaterland, und begab sich in die brandenburgischen Staaten. Churfürst Friedrich Wilhelm bestellte ihn, 1674 den 21. Oktober, zum Obristen eines neuerrichteten Regiments zu Pferde, 1676 den 20. Januar, zum Cämmerer, 1679 den 10. Julius zum Generalmajor, und 1689 zum Generallieutenant. 1679 ward sein vorgedachtes Regiment abgedanckt, er erhielt aber 1688 ein neues, welches aus dem Brique-

Briquemaultschen, errichtet wurde. 1701 bekam er
den schwarzen Adlerorden. 1702 verließ er die preußische Dienste, und erhielt den 28. Februar, den Abschied
als General von der Kavallerie. Die Ursache davon;
scheint folgende gewesen zu sein. Du Hamel stand zu
dieser Zeit, mit den brandenburgischen Hülfstruppen im
Dienste der Holländer, im Bergischen, und bat um den
Charakter als General von der Kavallerie, und die davon abhängende Pension, welche ihm aber der König
unter dem Vorwande, daß er solches zum Nachtheil und
zur Unzufriedenheit des Prinzen von Hessen-Homburg,
nicht thun könne, abschlug. Hierauf foderte du Hamel
seinen Abschied, und trat in venetianische Dienste als
Generalissimus, starb aber bald darauf, wie man erzählet an beigebrachten Gifte. Er war ein braver und ge-
achteter General seiner Zeit, und mit Henrietten Freyin
von Pöllnitz, eine Tochter des churbrandenburgischen
Oberstallmeisters, und Wittwe des Kammerherrn N——
von der Schulenburg, die 1706 starb, verehlicht; davon aber keine Kinder vorhanden waren.

Joachim Friedrich von der Hardt,

Königl. Preuß. Obrister und Kommandeur eines stehenden Grenadierbattaillons.

Er war von der Insel Rügen gebürtig, und ist 1719
daselbst gebohren worden. 1733 kam er zu den preußischen Kadets, und 1738 als Fahnjunker bei das jetzige
Alt-Bornstedtsche Regiment; ward 1740 Fähnrich,

1742 Sekonde- und 1751 Premierlieutenant, 1756 Grenadierkapitain beim Wietersheimschen Regiment, welches aus den bei Pirna gefangenen Sachsen errichtet wurde; da solches aber wieder auseinander gieng, bekam er 1761 mit Majorscharakter die Kommendantenstelle von Damm bei Stettin. 1765 ward er Kommandeur eines Grenadierbataillons, welches aus den Grenadierkompagnien der aufgehobnen Garnisonregimenter von Pirch, und von Bose zusammengesetzt war, und zu Königsberg in Preussen seine Standtquartiere hatte, (jetzt Füselierbataillon des Herzogs von Hollstein Beck.) 1771 ward er Obristlieutenant und 1773 Obrister. Er hat den Feldzügen von 1740 an, bis 1779 rühmlich beigewohnet, und hat besonders in den Schlachten bei Molwitz, Chotusitz und Hohenfriedberg seinen Muth gezeigt. Starb 1779 im September, zu Königsberg in Preussen. Mit einer Tochter des pommerschen Landrentmeisters Wangerow, hat er einen Sohn erzeugt.

Johann Benjamin von Haßlocher,

Königl. Preuß. Obrister und Chef eines Garnisonregiments.

Er war 1704 gebohren, und aus Frankfurt am Mayn gebürtig. Trat 1722 in preußische Dienste, beim Dönhoffschen Regiment, (jetzt von Braun) und ward 1723 den 19. April Sekonde- und 1738 Premierlieutenant, 1740 den 8. März Staabskapitain, und ward als solcher

cher zu dem von Mitschephalschen Garnisonregiment (jetzt Natalis) versetzt, wobei er eine Kompagnie erhielt. Hier avancirte er weiter, 1748 zum Major, 1757 im März zum Obristlieutenant, und 1761 im May zum Obristen. 1770 erhielt er vorgedachtes Regiment als Chef. Starb zu Crossen, 1771 den 17. Julius, nachdem er 49 Jahre gedienet, und sämtliche Feldzüge König Friedrich des Zweiten mitgemacht hatte. Er war mit Johanna Eleonora von Löben verehlicht.

George Haß,

Churbrandenburgischer Obristwachtmeister von der Kavallerie und Chef einer Kompagnie zu Pferde.

War in Churfürst Friedrich Wilhelms Dienste, 1655 Obristwachtmeister, hatte eine Kompagnie zu Pferde unter sich, und erhielt den 4. August besagten Jahres ein Notifikatorium, daß der Graf George Friedrich zu Waldeck-Pyrmont, das General-Kommando über sämtliche brandenburgische Kavallerie erhalten habe. Er befand sich auch in der berühmten Schlacht bei Warschau.

Friedrich Christian von Hauß,

Königl. Preuß. Generalmajor und Chef eines sächsischen Regiments zu Fuß, in preußische Dienste.

Er war 1698 in der Grafschaft Marck gebohren, und trat 1715 bei dem Golzschen Regiment (jetzt Prinz Ferdinand

dinand vom Hause) in preußische Dienste; war 1721 Fähnrich, 1730 Lieutenant, 1732 Kapitain, ward 1740 bei dem aus vergedachtem für den Prinzen Ferdinand neuerichteten Regimente, Major, und kommandierte, im Lager bei Brandenburg 1741 ein Grenadierbataillon, welches aus den Grenadierkompagnien der Regimenter von Flanß und Prinz Ferdinand bestand. 1745 im März ward er Obristlieutenant, 1757 im May Obrist, und erhielt 1756 ein, aus den bei Pirna gefangenen Sachsen errichtetes Infanterieregiment, welches aber bald wieder auseinanderlief, und der Rest davon unter andere Regimenter gesteckt wurde, als Generalmajor. 1761 im Januar gab ihm König Friedrich der Zweite, wegen seiner kränklichen Gesundheitsumstände, den gebetenen Abschied. Er starb den 15. December 1764.

Heinrich Karl Ludwig von Herault,

Ritter und Herr von Hautcharmoy, Generallieutenant von der Infanterie, Ritter des schwarzen Adlerordens, Kommendant der Festung Brieg, Chef eines Regiments zu Fuß, Amtshauptmann zu Angerburg, Erbherr auf Allerheiligen und Grittenberg ꝛc.

Er stammte aus einem vornehmen französischen Geschlechte das in der Landschaft Boye in Champagne blühet. Sein Vater Samuel de Herault von Hautcharmoy,

moy, Obristlieutenant des engländischen Regiments Galloway, und Generaladjutant des Herzogs von Schomberg, mit dem er 1691, in der Schlacht an der Boine in Irland blieb, erzeugte ihn mit Charlotten Mariende Cormont le Fevre de la Cloche, die ihn 1689 zu Wesel, als sie ihr vierzehntes Kind zur Welt brachte, und nach des Vaters Tode mühsam erzog. Im dreizehnden Jahre seines Alters, kam der junge Hautcharmoy zu den preußischen Kadets, und ward 1703 als Gefreiter Korporal bei der Dortheschen Freykompagnie gesezt. Diente in den Jahren 1706 und 1707 beim Courneaudschen Battaillon, unter Anführung des Fürsten von Anhalt, mit den preußischen Hülfstruppen in Italien, befand sich bei dem Entsatze von Turin, bei der Eroberung des Schlosses zu Mailand, der Belagerung von Susa, in der Schlacht bei Calcinato, und bei den Angriffen bei Carpi und Reggio. 1708 und 1711, war er in den Niederlanden, und fochte unter den Truppen, welche der Prinz Eugen, der H. von Marlborough, und der Fürst von Dessau, gegen die berühmte französische Generale Villars und Boufleurs anführten, und machte daselbst große Erfahrungen in der Kriegeskunst. Nach den Belagerungen und Eroberungen von Ryssel und Gent 1708, ward er, 1709 den 15. Januar Fähnrich, bei dem Battaillon des Generallieutenants von Heyden, und den 20. September d. J., auf Empfehlung des Kronprinzen Friedrich Wilhelms, welcher ihn von einer, für Hautcharmoy vortheilhaften Seite, hatte kennen lernen, Kondukteur zu Wesel, als welcher er, im gedachten Jahre, der Eroberung von Tournay, der Schlacht bei Malplaquet, der Eroberungen von Mons, 1710,

1710, von Donay und Aire, 1711, und von Bouchain beiwohnte. 1711 den 20. April, ward er Sekondelieutenant beim Kronprinzlichen- und 1713 bei dem Wartenslebenschen Regimente (jetzt Alt-Bornstedt). Hierauf bat ihn sich der Fürst Leopold von Anhalt-Dessau, zu seinem Regimente aus, bei dem er 1715 den 26. November, Premierlieutenant ward, und im pommerschen Feldzuge, besonders bei der Belagerung von Stralsund und der Landung auf der Insel Rügen, Adjutantendienste that. 1717 den 17. November, ward er Staabskapitain, erhielt 1718 den 24ten December, bei dem neuerrichteten dritten Battaillon des Anhaltschen Regiments (jetzt von Thadden), eine Kompagnie; ward ferner, 1726 den 18. November Major, 1730 den 14. April, Generalquartiermeisterlieutenant, erhielt im selbigen Jahre, den 22. April, die Amtshauptmannschaft zu Angerburg, und 1738 den 9. August, erhob ihn der König zum Obristlieutenant. König Friedrich der Zweite ernannte ihn 1740 zum Kommandeur des Kleistischen Regiments, (jetzt von Alt-Woldeck) und er that sich mit demselben, im ersten schlesischen Feldzuge, 1741, bei Ottmachau, und in der Schlacht bei Molwitz, in der er verwundet wurde, rühmlich hervor. Den 5. Junius lezgedachten Jahres, ward er Obrister, und an des von Walrawe Stelle, Kommendant zu Brieg; erhielt 1742 den 30. Januar, das Alt-Dohnasche Infanterieregiment und ward 1743 den 27. May, Generalmajor. 1744, half er unter dem General von der Marwitz, die Insurgenten aus Oberschlesien vertreiben, und die Festung Kosel, welche sich den 5. September ergab, einnehmen. Wegen seiner, bei diesen angeführten Gelegenheiten, so ausnehmend bewiesenen Muthes, schenkte ihm der König, 1746, eine Präbende zu Calcar, 1748 im Februar ein Gnadengehalt von 600 Thaler, befahl 1752, ihm ein einträgliches Gut zu kaufen, welches das Gut Allerheiligen in Schlesien war; davon ihm der Monarch, bei seiner Anwesenheit zu Brieg, den Schenkungsbrief überreichte, erhob ihn, 1753 den 8. September zum Generallieutenant von der Infanterie, gab ihm zugleich den schwarzen Adlerorden, und 1754 im December, die Adelstädtsche Lehne im Fürstenthume Halberstadt. Im siebenjährigen Feldzuge befand er sich, 1757 den 6. May in der Schlacht bei Prag, in welcher ihm einige Pferde unter dem Leibe erschossen wurden, und er verschiedene Wunden, unter andern eine am Schenkel bekam, die ihm 11 Tage nach der Schlacht, den 17. May, im Kloster Margarethen, den Tod, in einem Alter von 67 Jahren, zuzog. Er liegt daselbst begraben. Hautcharmoy besaß, auffer einer guten körperlichen Bildung, eine Menge schäzbarer Kenntnisse, verstand die lateinische, deutsche, französische und italiänische Sprache, schrieb eine gute Hand, zeichnete schön, und hatte sich in der Mathematik und Genie sehr brauchbar gemacht. 1714 den 14. Julius, ehlichte er erstens, Maria Henriette von Schilling, mit der er zwei Töchter erzeugte, 1735 den 10. Julius, zweitens, Dorotheen Wilhelminen Freyin von Schmerzing, die, 1786 den 31. März zu Oels starb, und zwei Söhne und 4 Töchter zur Welt gebracht hat; von den ersteren ist der jetzige Major und Kommandeur des Kalksteinschen Regiments. Sein Leben hat auch der Professor Pauli, in seinen Leben großer Helden, im 1. Theil,

S.

S. 21. u. f. beschrieben, welches man daselbst nachsehen kann.

Nikolaus von Heer,

Königl. Preuß. Obristwachtmeister, und Chef eines Freibataillons.

Er war ein geborner Schweizer, aus dem Kanton Glarus, und stand in holländische Dienste, bei dem Schweizerregiment Bouquet. 1760 trat er in preußische Dienste, als Major und Chef, eines von ihm, 1761 zu Halle, errichteten Freibataillons, dessen Offiziers größtentheils aus gebornen Schweizern bestand. Er ward 1762 gefangen, und nach geschlossenem Frieden verabschiedet, sein Bataillon aber 1763 reduzirt.

George von Heilsberg,

Königl. Preuß. Obrister und Kommandeur des Thaddenschen Regiments; ehemaliger Kommandeur eines Grenadierbataillons.

Er war aus Preussen gebürtig, wo er 1712 geboren worden. 1732 trat er in französische Kriegsdienste, in welchen er sieben Jahre lang, und zulezt als Lieutenant gestanden. 1740 kam er zur preußischen Armee, und ward 1749 bei dem neuerrichteten Jung-Dohnaschen Regiment, (jezt von Hager) als Sekondelieutenant gesezt.

fest. Im lezrgegachlen Jahre, ward er Premierlieutenant, 1757 Staabs- und auch wirklicher Hauptmann,
1760 Major, 1767 Obristlieutenant, 1771 den 6.
Junius Obrister, 1773 aber Kommandeur des gedachten Regiments. Er hat allen Feldzügen von 1742 an,
da er unter dem Obristen Fouquee, zuerst in Mähren
gebraucht ward, bis 1778 rühmlichst beigewohnet, ist
in den Schlachten bei Prag und Torgau verwundet,
aber nie gefangen genommen worden. Von 1760 an,
war er Kommandeur eines Grenadierbattaillons, das
aus den Gr. Komp. der jeßigen Regimenter von Hager
und Graf von Anhalt, bestand. Blieb im baierschen
Erbfolgekriege, 1778 den 8. November, bei dem Ueberfalle in Dittersbach in Schlesien.

Philipp Ernst von Heine,

Churbrandenburgischer Obrister und Chef eines Regiments zu Pferde.

Er war aus einem adelichen, im Voigtlande blühenden
Geschlechte 1630 gebohren. Kam 1670 in churbrandenburgische Dienste, war 1692 Obrist beim Derflin-
gerschen Regiment zu Pferde, und hatte 1697 ein eigenes Kavallerieregiment. Mehreres habe von ihm nicht
auffinden können.

Volrath von Hellermann,

Königl. Preuß. Obrister und Chef eines Garnisonbattaillons, Kommandant zu Kolberg.

Er war 1686 den 14. September, zu Petershagen im Mindenschen, aus einer guten bürgerlichen Familie gebohren worden. Anfänglich hatte er sich dem geistlichen Stande gewidmet, den er aber mit dem Kriegesdienste verwechselte, und ward 1703 beim Golzschen Regiment (jezt Pr. Ferdinand vom Hause) Soldat. 1721 war er Lieutenant, und 1732 Kapitair bei Kronprinz zu Fuß. Sobald König Friedrich der Zweite die Regierung antrat, ernannte er Hellermann zum Obristen, und gab ihm zur Versorgung, das Glaubizsche Garnisonbattaillon zu Kolberg (jezt von Wittinghof). 1743 den 27. Julius, nach des Generalmajor von Borck Absterben, erhielt er die Kommendantenstelle dieser Festung. Er hat, von 1703 bis zum Utrechter Frieden, allen kriegerischen Vorfällen, und 1715 der Belagerung von Stralsund beigewohnet. 1743 den 27. Julius, erhob ihn Friedrich der Zweite in den Adelstand. Starb 1756 den 9. December zu Kolberg, im 71. Jahre seines Alters, ist verehlicht gewesen, und hat einen Sohn, der jezt Landrath in Pommern ist, hinterlassen.

Viktor Amadeus des H. R. R. Graf von Henkel,

Freiherr zu Donnersmark, freier Standesherr in Schlesien zu Beuthen und Tarnowitz, Königl. Preußl. Generalmajor, Chef eines Regiments zu Fuß, Generalinspekteur der Infanterie in Preußen, des pour le Merite und St. Johanniterordens Ritter und designirter Komthur auf Supplingenburg.

Er ward 1727 den 15. September zu Mertschütz in Schlesien gebohren, und ist ein Sohn des 1771 verstorbenen königl. preußl. Oberschenken, Leo Maximilians Grafen von Henkel, und Barbaren Eleonoren Freyin von Hock. Bei dem Regiment Preußen trat er im 19. Jahre seines Alters in Diensten, ward 1745 Fähnrich, 1750 Sekonde- und 1757 Premierlieutenant, im selbigen Jahre Staabs- und 1758 wirklicher Hauptmann, 1762 Major, 1772 Obristlieutenant und 1776 Obrister. Im leztgedachten Jahre versezte ihn der König als Kommandeur zum Steinwehrschen Regiment in Preußen, welches er 1782 als Chef erhielt, und den 27. May s. J. Generalmajor wurde. 1786 im Oktober, übertrug ihm der König Friedrich Wilhelm der Zweite, an des Generallieutenants von Anhalt Stelle, deßen gehabtes Regiment, und die Generalinspektion, über die gesammte Infanterie in Ostpreußen, wie auch 1787 im August, die Kommendantenschaft von Memel und Pillau. Er hat den Schlachten bei

Kesselsdorf, Prag, Roßbach, Zorndorf, Hochkirch und Torgau, den Ueberfällen bei Dedeleben und Hornburg mit vieler Tapferkeit, angewandter Einsicht und Entschlossenheit beigewohnet, und erwarb sich 1757 nach der Schlacht bei Prag, den Orden pour le Merite. Im siebenjährigen Kriege war er eine Zeitlang Adjutant des Prinzen Heinrichs, in Sachsen. Im vorlezten Feldzuge der Rußen wider die Türken, ging er mit königlicher Erlaubniß als Volontaire bei der rußischen Armee, wo er sich besonders hervorthat, und bei Chocsim, da die Türken bereits in ein rußisches Battaillon-Quarree eingedrungen waren, und alles darüber in Unordnung gerieth, durch seine Klugheit und festen Entschluß es dahin brachte, daß die Ordnung wieder hergestellet ward, und die Türken mit einem großen Verlust zurükgetrieben wurden. 1763 den 13. December, vermälte er sich mit Katharinen Friderifen Wilhelminen, Tochter des Königl. Preußl. Geheimen Kriegesraths George Christoph von Wackerhagen, die 1770 den 2. März, mit Hinterlassung zweier Töchter starb, und 1774 wiederum, mit Eleonora Ottilia Gräfin von Lepel, davon bereits drei Töchter und einen Sohn gebohren worden.

Joachim Henning von Treffenfeld,

Churbrandenburgischer Generalmajor von der Kavallerie.

War in der Mark Brandenburg, aus einer bürgerlichen Familie gebohren. Diente bei der Armee des
Chur-

Churfürsten Friedrich Wilhelms, von der Muskete an, und hatte sich durch seinen bewiesenen Muth, von einer Befehlshaberstelle zur andern fortgeholfen, bis er 1675 den 18. Junius, Obrister, und 1679 den 30. Januar, Generalmajor von der Kavallerie ward. 1675 befand er sich in der Schlacht bei Fehrbellin als Obristlieutenant, in der er vieles zum Siege und zur Vertreibung der Schweden beitrug, auch dabei verwundet wurde. Der Churfürst, der ein Augenzeuge seines Muths gewesen war, adelte ihn auf der Stelle, wo er blutete, in Beilegung des Namens von Treffenfeld, und ließ ihm das darüber ertheilte Diplom, datirt Amtshaus Fehrbellin, 1675 den 18. Junius, mit Beifügung eines schönen, sich auf seine edle That beziehenden Wappens, ausfertigen; schenkte ihm auch nicht lange nachher, die Kalbensche Güter in der Altmark. Treffenfeld starb 1689, und ist mit Margarethen Striepen, verehlicht gewesen, von der in dieser Ehe drei Söhne und eine Tochter gebohren worden.

Hans Kaspar von Herzberg,

Königl. Preuß. Generalmajor, Chef eines Regiments zu Fuß, Amtshauptmann zu Driesen, Domprobst zu Camin, Erbherr auf groß und klein Herzberg, Ipbuth und Steinberg.

Er ward ohngefähr 1685 in Hinterpommern, wo sein Vater Dionysius von Herzberg, einen Antheil der Güter groß und klein Herzberg und Steinburg besaß, gebohren; trat bei dem Regiment Marggraf Albrecht in Dienste, mit dem er, da solches in holländischen Sold überlassen wurde, dem spanischen Erbfolgekriege, und 1702 der Belagerung von Kaiserswerth, beiwohnte. Ward darauf Fähnrich, Lieutenant, und hatte das Unglück im brabandschen Feldzuge, durch eine Flintenkugel, an der linken Kinnbakke hart verwundet zu werden. 1713 erhielt er eine Kompagnie, mit der er vor Stralsund diente, und sich nach Endigung des pommerschen Feldzuges, bei dem Könige Friedrich Wilhelm dem ersten besonders, durch die von ihm eifrig betriebene Vollzähligmachung des Regiments beliebt machte, der ihn bald darauf zum Major ernannte, und zu dem damaligen von Heydenschen Infanterieregimente (jezt von Budberg) versezte, auch 1727 den 1. Februar zum Obristlieutenant, und 1738 zum Obristen erhob. 1741 rükte er mit dem Regimente ins Lager bei Brandenburg, erhielt 1742 das von Voigtsche Regiment (jezt von Jung-Bornstedt), und ward 1743 den 25. May Generalmajor. 1744 folgte er der königlichen Armee nach Böhmen, befand sich 1745 den 4. Junius, in der Schlacht bei Hohenfriedeberg, und den 15. December s. J. in der bei Kesselsdorf, in welcher er die drei Battaillons des jetzigen von Leipzigerschen Regiments anführte, und durch fünf Kartätschenkugeln, die seine Brust zerrissen, getödtet ward. Er hat sich mit einer verwittweten Landräthin von Witten, Erbfrau auf Parpat in Pommern, bereits als Major, verehlichet, mit ihr aber keine Kinder erzeuget. Sein Leben befindet sich auch in Pauli Leben großer Helden, 6. Theil S. 153 u. f.

Jo-

Joachim Wilhelm von Hertzberg,

Königl. Preuß. Obrister und Kommandeur des Finckschen Infanterieregiments, vorheriger Kommandeur
eines Grenadierbataillons.

Er war aus dem von Hertzbergschen Stammgute
Lottin gebürtig, und ein Sohn Ewald Lorenz's von
Hertzberg, und ein Vaterbruder des jetzigen Staats-
und Kabinetsministers Grafen von Hertzberg. Er war
mit des letztern Vater, Kaspar Detlof von Hertzberg,
einige Jahre in Diensten des Königs von Sardinien,
trat aber im Jahre 1725 in die preußische bei der
königlichen Garde, und ward bald Adjudant Königs
Friedrich Wilhelms des Ersten, der ihn besonders hoch-
schätzte. Nach dessen Tode, ward er von König Friedrich den zweiten, als Kapitain zu dem Regiment
Fouquee versezt, wobei er 1744 den 4. Julius Major
ward. Im zweiten schlesischen Feldzuge erhielt er ein
Grenadierbataillon als Kommandeur, welches aus den
Grenadierkompagnien der Regimenter Jung-Schwerin
(jezt Erbprinz von Hohenlohe) und von Bredow (jezt
von Götzen) bestand, mit welchem er sich aufs bravste
hervorthat. Noch mehr that er dieses in dem blutigen
siebenjährigen Kriege, besonders in den Schlachten von
Reichenberg und Prag, zu deren beiden Gewinn er vorzüglich durch seine kluge und tapfere Anführung des Regiments Fink am meisten beigetragen hat; wie er denn
auch nachhero bei dem Rückzug aus Böhmen, die Arriergarde kommandirte, und hiernächst mit seinem Regimente das schlesische Gebürge deckte, und ein starkes

Korps Panduren bei Gießhübel zurückschlug. Er that die folgende Kampagne mit dem grösten Ruhm, da er fast immer kleine Korps in Sachsen kommandirte. Er führte auch in der blutigen und unglücklichen Schlacht von Kunersdorf oder Frankfurt, im Jahr 1760, das Regiment von Finck, mit gröster Tapferkeit an, ward aber dabei durch eine Kugel im Kopfe so stark verwundet, daß er kurze Zeit nachher daran, im 59. Jahre seines Alters verstarb, und bei der ganzen Armee von Kennern, als einer der würdigsten und geschicktesten Officiers bedauert wurde. Er war mit einer von Sack verheyrathet, mit der er aber keine Kinder hatte.

Johann Karl Graf von Hertzberg,

Königl. Preuß. Obrister und Kommandeur des von Wildauschen Infanterieregiments, ehmaliger Kommandeur eines Grenadierbataillons.

Seine Eltern sind Otto Günther von Hertzberg, königl. preuß. Hauptmann bei dem jetzigen von Marwitzschen Regimente, und Maria Charlotte, eine Tochter des Generalfeldmarschalls von Lehwald, welche ihn 1731 den 19. September, zu Herford gebohren, gewesen. 1746, ward er bei dem Regimente seines Großvaters Fahnjunker, 1747 Fähnrich, 1752 Sekonde- und 1757 Premierlieutenant, 1759 Staabs- und 1762 wirklicher Hauptmann, 1773 Major und Kommandeur eines Grenadierbataillons, welches aus den Grenadierkompagnien der jetzigen Regimenter von Voß und von Wil-

bau,

den, zusammengesezt war, 1782 den 12. Junius Obristlieutenant, und 1785 den 1. May, Obrister und Kommandeur des jetzigen von Wildauschen Regiments. Er hat von 1756 bis 1779, den Schlachten bei Groß-Jägerndorf, Zorndorf, Kay, Kunersdorf und den Aktionen bei Meissen und Maren, in welcher letzteren er, 1759, gefangen genommen, und 1761 wieder ausgewechselt worden, rühmlich beigewohnt. Als 1786 den 19, September, König Friedrich Wilhelm der Zweite, dem Geheimen Staats und Kabinetsminister Ewald Fridrich von Hertzberg. Bei der Huldigung in Preußen, den Grafenstand selbst persöhnlich und öffentlich ertheilte, ward solcher auch in dem Diplom auf den Obristen Johann Karl von Hertzberg extendiret. Er ist mit einer gebohrnen von Hohendorf verehlicht, welche ihm verschiedene Kinder gebohren hat.

Friedrich der Zweite regierender Landgraf von Hessencassel, Königl. Preuß. Generalfeldmarschall, Chef eines Infanterieregiments, Gouverneur von Wesel, Ritter des schwarzen Adler- und blauen Hosenbandes-Orden.

Er war aus der fürstlichen Ehe, des 1760 den 31. Januar verstorbenen Landgrafen Wilhelms des achten von Hessenkassel, und Dorotheen Wilhelminen gebohrnen Prinzessin von Sachsen-Zeitz, 1720 den 14. August gebohren. Sein Großvater Landgraf Karl, machte ihn schon 1727 zum Obristen, und gab ihm ein Regiment, welches er 1730 bei der Revue, die damals König George der dritte von Engelland, über die in englischen Solde genommene hessische Truppen hielt, selbst mit so vieler Anmuth anführte, daß der König schon damals beschloß, ihm seine Tochter, die Prinzessin Maria zur Gemalin zu geben, mit der er auch nachher 1740 wirklich vermählet ward. 1732 schickte ihn sein Vater, Landgraf Wilhelm der Achte nach Genf, wo er bis 1737 blieb, und dort bei den Professoren Burlamaqui, Necker und Calendoni den Studien oblag; so wie er schon in seiner frühesten Jugend, den Unterricht des bekannten Gelehrten Crousaz genossen hatte. Im Jahre 1740 geschahe die obgemeldete Vermählung mit seiner ersten Gemalin, die 1772 als Mutter dreier Prinzen verstarb. 1741 ernannte ihn sein väterlicher Herr Oheim, König von Schweden und Landgraf zu Hessen, Friedrich der Erste, zum Generalmajor. Im selbigen Jahre den 24. Julius, erhielt er den blauen Hosenbandsorden, und that seinen ersten Feldzug, indem er mit den hessischen Truppen in das Lager bei Gronde marschirte, welches sie und die Hannoveraner im September bezogen, um den französischen Marschall von Maillebois den Durchmarsch durch Westphalen zu verhindern. 1742 zog er unter Anführung seines Herrn Oheims Prinz George von Hessen nach Braband, wo aber nichts vorfiel. 1743 marschirte er aus Braband nach dem Main zu, um die Armee des Königs von Engelland zu verstärken; die Hessen kampirten zu Döringsheim im hanauschen, als die berühmte Schlacht bei Dettingen vorfiel; welche eine Folge der Bewegungen war,

war, die der König machte, um sich mit dem hessischen Korps zu vereinigen. 1744 ward er Generallieutenant; und weil Prinz George das Kommando niederlegte, so führte er, als Oberbefehlshaber, die dem Kaiser Karl den Siebenten beigegebenen hessischen Truppen nach Baiern, woraus sie die Oesterreicher vertreiben halfen. 1745 traten alle Hessische Truppen in englischen Sold, und marschirten unter dem Prinzen, als ihren Befehlshaber, nach Brabant. 1746 führte er selbst die ganze hessische Infanterie nach Schottland hinüber, wo von dem ältesten Sohne des Prätendenten, Karl Eduard Stuart die bekannte Rebellion erregt ward, die er dadurch unterdrücken half, daß er dort den schweren Paß Killeranki forcirte, und das Schloß Blair von der Belagerung befreite. Doch kam er noch früh genug zu der in Flandern stehenden Armee der Alliirten zurück, um daselbst den 11. Oktober, bey der zwischen ihnen und den Franzosen gelieferten Schlacht bei Rocoux gegenwärtig zu sein, und bei der Arriergarde die Retrâte der Armee zu decken. 1747 befand er sich in der Bataille bei Laffeld, wo er einen Schuß in die Kleiderfalten bekam, und neben ihm sein Adjutant in den Kopf geschossen, und dem General von Donop ein Pferd unter dem Leibe getödtet ward. 1748 wollte er die hessischen Truppen in den ungesunden Lägern bei Breda und Loonopsand nicht eher verlassen, als bis er selbst von einem ansteckenden Fieber befallen ward. Nach hergestelltem Frieden, reißte er 1749 nach Paris, wo er ein halbes Jahr blieb. Beim Anfange des für Europa so merkwürdigen und für Preußen so glorreichen siebenjährigen Krieges, im Jahre 1756,

1756 begab er sich nach Berlin, und trat in königlich preußische Dinste, als General und Vicegouverneur von Wesel. Er erhielt das Salmuthsche (jezt von Eichmansche) Infanterieregiment, welches in demselben Jahre auf Feldetat gesezt ward; bekam aber im Januar 1757 das Dossowsche Infanterieregiment, (jezt von Eckartsberg). Zu gleicher Zeit ward er wirklicher Gouverneur von Wesel, und bekam den schwarzen Adlerorden. 1759 wohnte er unter dem Könige Friedrich den Zweiten, den Feldzügen in Schlesien, Mähren und Böhmen bei. 1759 ward ihm der Oberbefehl in Magdeburg aufgetragen, woselbst 18. bis 20,000 Mann Gefangene lagen, und um diese Gegend zu decken, eine Garnison von 4 bis 5,000 Mann stand. Im März lezgedachten Jahres, ward er General von der Infanterie. 1760 folgte er seinem Herrn Vater in der Regierung seiner Länder, die er aber, kurz nach seinem Regierungsantritt, des Krieges wegen, da sie von den Franzosen eingenommen waren, verlassen und bis zum Jahre 1763, meiden muste. 1760 den 14. May, ward er auch königlich-preußischer Generalfeldmarschal, welches er bis zu seinem, 1785 den 13. October erfolgten Lebensende gewesen ist. Außer der vorgedachten ersten Gemahlin, hat er 1773 den 10. Januar, sich mit Philippine Auguste Amalie, Marggraf Friedrich Wilhelms von Brandenburg-Schwedt Tochter, zu Berlin vermählt, die noch als Wittwe lebt.

Friedrich Erbprinz von Hessen-Cassel,

(nachmaliger König von Schweden) Königl. Preuß. Generallieutenant, Stadthalter des Herzogthums Cleve und der Grafschaft Mark, Kommandeur der preußischen Hülfstruppen.

Er war Karl's Landgrafen von Hessen-Cassel, und Marien Amalien Herzogin von Curland Sohn, und ward 1676 den 28. April, gebohren. (da sein vollständiger Lebenslauf für die Kürze dieses Raums viel zu weitläuftig ist, so wird nur das vorzüglichste und hiehergehörige, davon angeführet werden).

Nach einer fürstlichen Erziehung, unternahm er 1691 eine Reise nach Frankreich und Italien, wohnte 1695 der Belagerung von Namur bei, ward 1701 den 27. May, Ritter des Elephantenorden, trat hierauf in die Dienste der Generalstaaten, als Generallieutenant, eroberte 1702 Zulpich und Andernach, befand sich bei der Belagerung von Lüttich, und war daselbst der erste der über die Mauern eindrang, 1703 bei der Belagerung von Bonn; nahm Limburg weg, und war in der Schlacht bei Speyerbach. Im letztgedachten Jahre ernannte ihn der König Friedrich der Erste von Preußen, zum Generallieutenant und Souverneur des Herzogthums Cleve und der Grafschaft Mark. 1704 übergab ihm sein Herr Vater das Kommando, über seine sämtliche Hülfstruppen, welche er in der Schlacht am Schellenberge und bey Höchstädt kommandirte, in der erstern verwundet ward, auch noch zu Ausgange dieses Jahres die Festung Saarburg und Trarburg eroberte. 1705
den

den 19. Januar erhielt er den schwarzen Adlerorden, und kommandirte den Feldzug dieses Jahres über, in den Niederlanden, und besonders bei Einnahme der feindlichen Linien zu Tirlemont. 1706 ging er mit seines Herrn Vaters Hülfstruppen nach Italien, eroberte Goito und belagerte Castiglione. Nach dem Entsatze von Turin, vereinigte er sich mit dem Prinzen Eugen von Savoyen. In diesem Jahre ernannten ihn die Generalstaaten zum General von der Kavallerie, er legte aber erst, 1707 im December, nachdem er mit vor Toulon gewesen war, den Eid ab. 1708 besetzte er la Bassee, kommandirte die Belagerung von Ryssel, desgleichen 1709 in der Schlacht bei Malploquet, wohnte ferner der Eroberung der französischen Linien bei Mons, auch den folgenden Kampagnen in den Niederlanden bei; eroberte 1711 Arlay, und trennte sich 1712, mit denen in Großbrittannischen Solde gewesenen, aber unter seinem Kommando gestandenen Truppen, welche der Herzog von Ormond übernahm. 1714 begab er sich zum Könige Karl den Zwölften von Schweden, und 1715 nach Stockholm, wo er das Kommando über die im Königreiche Schweden liegenden Truppen erhielt. 1714 trat er seinem Herrn Bruder Georgen, das in preussische Dienste gehabte Regiment (jezt von der Romberg) ab, und verließ solche gänzlich. Wie bekannt, ward er 1720 den 4. April, von den Ständen des Königreichs Schweden, zum Könige erwählet, im May d. J. gekrönt, und starb 1751 den 5. April. Noch ist zu merken, daß er in seiner dreifachen Ehe, zur ersten Gemahlin, Louisen Dorotheen Sophien, Prinzessin Tochter, Königs Friedrich

drich des Ersten von Preußen, die 1705 den 23. December verstarb, gehabt, die aber keine Kinder gebohren hat.

George Prinz von Hessen-Cassel,

Königl. Preuß. Generallieutenant, Chef eines Regiments zu Fuß, Gouverneur von Minden und Riter des schwarzen Adlerordens.

Er war des Vorigen jüngerer Bruder, und ward 1691 den 8. Januar gebohren. Nach seiner ersten Ausbildung, gab ihn sein Herr Vater, als Obrister eines seiner Regimenter zu Fuß, welches er bis an sein Lebensende gehabt hat. 1708 begab er sich als Freiwilliger nach den Niederlanden, und befand sich sowohl in diesem als dem folgenden Jahre, bei den wichtigsten Unternehmungen des Prinzen Eugen und des Herzogs von Marlbourgh zugegen. 1714 den 11. Januar, trat er in preußische Dienste als Generalmajor, und erhielt seines Bruders gehabtes Regiment (jezt von Romberg). 1715 befand er sich bei der Belagerung von Stralsund; reiste im December von der Armee weg, und begab sich, 1716 über Cassel nach Straßburg, und von hier nach Paris, wo er sich eine Zeitlang aufhielte. 1717 wohnte er als Freiwilliger, dem Feldzuge wider die Türken in Ungarn bei, und war in der Schlacht und bei der Belagerung von Belgrad, zugegen. Nachdem dieser Feldzug geendiget war, erschien er wieder am preußischen Hofe, und erhielt 1717 im Oktober den

preußl.

preußischen schwarzen Adlerorden. 1720 begleitete er den König Friedrich Wilhelm den Ersten, nach Holland. 1723 den 15. Julius, ward er Generallieutenant, und bald darauf Gouverneur der Festung Minden. In der Folge that er verschiedene Reisen, in England, Frankreich und Schweden, und verließ 1730, da sein Herr Bruder den schwedischen Thron bestiegen hatte, die preußischen Dienste, und begab sich nach Cassel; kaufte sich das Amt Naumburg in der Grafschaft Hanau, wo er ein schönes Schloß baute und solches zu seiner Residenz wählte. 1734 und 35 kommandirte er die vier hessenkasselsche Regimenter, welche sich bei der Reichsarme am Rheinstrohm befanden, als Generallieutenant. Im österreichischen Successionskriege, befehlichte er zehn hessische Regimenter, vier zu Pferde und 6 zu Fuß, sämtlich in großbrittannischen Solde, in den österreichischen Niederlanden, am Rhein und Mayn, in den Jahren 1741 bis 1744. Starb zu Cassel, 1755 den 4. März, unvermählt.

Lud-

Ludwig Landgraf von Hessen-Darmstadt,

Königl. Preuß. Generallieutenant von der Infanterie, Chef eines Regiments zu Fuß, Ritter des schwarzen Adlerordens, nachmaliger rußisch-kaiserl. Generalfeldmarschall, Inhaber des königl. französischen Infanterieregiments Roial-Hessen-Darmstadt, und Ritter des schwarzen Adler- und St. Andreasorden.

War des 1768 den 17. Oktober verstorbenen Landgrafen von Hessen-Darmstadt, Ludwigs des Achten, und Charlotten Christianen Magdalenen Johannen gebohrnen Gräfin von Hanau, Sohn, und ist 1719 den 15. December, gebohren worden. Er genoß eine vorzügliche, dem fürstlichen Stande in dem er gebohren war, angemessene Erziehung; reiste 1740 nach Paris, nebst seinem folgenden Bruder, unter den angenommenen Namen der Grafen von Nidda, besuchte die vorzüglichsten deutschen Höfe, ward bei der französischen Armee, Obrister und Kommandeur des Regiments Royal-Allemand, wandte sich sodann nach Berlin, und stellte sich dem Könige Friedrich den Zweiten von Preußen vor, der seine Dienste annahm, und ihn, 1743 den 1. August, zum Obristen, und 1743 im November, zum Generalmajor von der Infanterie ernannte. In eben diesem Jahre erhielt er das Steelhowsche Regiment zu Fuß (jetzt von Kleist); 1750 im May, den schwarzen Adlerorden, und ward 1756 im May, Generallieutenant. 1757 nahm er seinen Abschied, folgte te seinem Herrn Vater, 1768 den 17. Oktober in der Regierung, und lebte seitdem fast beständig zu Pirmasens im Elsaß, eine zur Grafschaft Hanau-Lichtenberg gehörige Stadt, als rußisch-kaiserlicher Generalfeldmarschall, Ritter des schwarzen Adler- und St. Andreasordens und Chef des königlichen französischen Regiments Royal Hessen-Darmstadt. Besonders ist, daß er ehedem ein großer Freund vom Trommelschlagen gewesen ist, und es darinn zu einer großen Fertigkeit gebracht hat. 1741 den 12. August, vermählte er sich mit Henrietten Karolinen gebohrnen Pfalzgräfin von Zweybrücken, welche 1774 den 30. März starb, und ihm zwey Prinzen und vier Prinzessinnen, unter welchen lezteren, die jezt regierende Königin von Preußen, Friderike Louise, zu merken ist, gebohren hat.

George Wilhelm Prinz von Hessen-Darmstadt,

Königl. Preuß. Generalmajor und Chef eines Regiments zu Fuß, nachmaliger kaiserlicher General von der Kavallerie.

Er war des vorerwehnten Landgrafen Ludwigs Bruder, und ist, 1722 den 21. Julius, gebohren worden. Nachdem er eine vortrefliche Bildung in der Erziehung erhalten, begab er sich mit dem Erbprinzen, seinem Herrn Bruder, 1740 nach Paris, wo sie bis zu Ende des 1741sten Jahres, unter den Namen der
Gra-

Grafen von Ribba blieben. Hierauf unternahmen sie eine Reise durch Deutschland, besuchten verschiedene Höfe, und besonders die zu Dresden und Berlin. Am leztern hielten sie sich am längsten auf, und nahmen endlich preußische Kriegsdienste an. George Wilhelm ward, 1743 den 1. August Obrister, und erhielt ein neuerrichtetes Füselierregiment (jetzt von Wangenheim). 1743 im März, begleitete er den König Friedrich den zweiten auf seiner Reise nach Schlesien, und befand sich, den 28. besagten Monats, bei der Grundlegung des Forts Preußen bei Neisse, und bei den Musterungen der preußischen Truppen in diesem Jahre. Zu Ende desselben, begab er sich mit seinem Regimente nach Burg, und wohnte, 1745 den Feldzügen in Böhmen Schlesien und Sachsen, wie auch der Schlacht bei Kesselsdorf bei. 1747 den 13. Februar, erhielt er mit Generalmajorscharakter seine Entlassung. 1748 den 13. Januar, ward er zum Reichsgeneralfeldmarschall von der Kavallerie und 1769 im November zum Gouverneur der Festung Phillppsburg ernannt. 1757 wohnte er den Feldzügen des Reichsheeres in Sachsen, und der Schlacht bei Roßbach, bei. Zulezt war er Kaiserl. Königl. General von der Kavallerie, Chef eines Dragonerregiments, Gouverneur zu Philippsburg, des oberrheinschen Kreises kommandirender Generalfeldmarschall und des polnischen weissen Adlerordens Ritter. Vermählte sich 1748 den 16. März, mit Marien Louisen Albertinen Gräfin von Leiningen-Heydesheim, die verschiedene Prinzen und Prinzessinnen gebohren hat.

Friedrich Landgraf von Hessen-Homburg,

Churbrandenburgischer General von der Kavallerie.

War ein Sohn Friedrichs Landgrafen von Hessen, Stifters der Homburgschen Linie, und Margarethen Elisabeth Gräfin von Leiningen, welche ihn 1633 den 30. May zur Welt brachte. Erstlich stand er in königlich-schwedischen Diensten, und hatte bei der Belagerung von Koppenhagen, 1658 das Unglück, ein Bein zu verliehren. Kam darauf als Generallieutenant bei der churbrandenburgischen Armee, und ward vom Churfürsten Friedrich Wilhelm, 1670 den 9. December, zum General von der Kavallerie erhoben. Er befand sich in der Kampagne im Elsaß, und besonders in der Schlacht bei Fehrbellin, in welcher er die Avantgarde kommandirte, und sich wider Befehl, zu frühzeitig mit dem Feinde in eine Attake einließ, welche, wenn der Churfürst mit seinen Truppen, nicht schnell genug herbeigeeilet wäre, einen übelen Ausgang hätte nehmen können. 1675 überließ er sein Regiment zu Pferde, an den Prinzen Heinrich von Sachsen. 1676 den 20. August, schenkte ihm Churfürst Friedrich Wilhelm, nach der Einnahme von Pommern, die Wachtmeistersche und Rheinschildsche Lehne." Nach seines Bruders, Wilhelms Tode, erhielt er das Amt Bingenheim im hessischen, und wohnte eine Zeitlang zu Weferlingen im Magdeburgischen, welches er mit seiner ersten Gemahlin zum Brautschatz erhalten hatte, nachher aber zu Hamburg, wo er 1708 den 24. Januar, verstarb. Er

hatte

hatte sich dreimal vermählet, 1) 1661 mit Margarethen gebohrnen Gräfin von Brahe und zweier Grafen von Ochsenstiern Wittwe; starb 1669. 2) 1672 mit Louisen Elisabeth, Herzogs Jakob von Curland Tochter; starb 1690. 3) 1692 mit Sophien Sibillen, gebohrnen Gräfin von Leiningen-Westerburg, Grafen Johann Ludwigs zu Leiningen Heydesheim, Wittwe, die ihren Gemahl überlebte.

Friedrich Jakob Landgraf von Hessen-Homburg,
Königlicher Preußischer Generalmajor.

Er war des vorgedachten Landgrafen Sohn, aus der zweiten Ehe, und ist 1673 den 19. May gebohren worden. Nach verschiedenen glaubwürdig scheinenden Nachrichten, ist er in preußischen Diensten Generalmajor von der Kavallerie gewesen. Diente im spanischen Successionskriege, und befand sich in den Feldzügen in den Niederlanden, und in den Schlachten am Schellenberge und bei Höchstädt. 1709 den 20. April, ward er Generallieutenant von der Kavallerie in holländische Dienste. Folgte 1708 seinem Herrn Vater in der Regierung, und starb als holländischer General von der Kavallerie und Gouverneur von Herzogenbusch, 1746 den 8. Junius. Er ist zweimal vermählet gewesen, erstens, seit 1700 den 24. Februar, mit Elisabeth Dorotheen gebohrnen Landgräfin von Hessen-Darmstadt, und als diese, 1721 den 9. September starb,

starb, zweitens, seit 1728 den 17. Oktober, mit Christianen, gebohrnen Gräfin von Nassau-Ottweiler und Karl Ludwigs Grafen von Nassau-Saarbrück Wittwe, die 1761 den 6. November starb. Aus erſterer Ehe iſt ein Prinz gebohren worden.

Adolph Prinz von Heſſen-Philippsthal zu Barchfeld,

Königl. Preuß. Generalmajor, Chef eines Infanterieregiments und Ritter des heſſiſchen goldenen Löwenordens.

Er ward 1743 den 29. Junius gebohren, und iſt der jüngſte Sohn, Wilhelms Prinzen von Heſſen-Philippsthal, der 1761 als holländiſcher General von der Kavallerie ſtarb, und Charlotten Wilhelminen, gebohrnen Prinzeſſin von Anhalt-Bernburg-Hoym. Er trat zuerſt in heſſenkaſſelſche Dienſte, und ſodann in Dienſte der Generalſtaaten der vereinigten Niederlande, in welchen leztern er 1768 Obriſter des dritten Regiments von Oranien-Naſſau Infanterie ward. 1774 ging er als Obriſter in preußiſche Dienſte, mit dem Patente vom 29. März 1768, und ward Chef eines neuerrichteten Füſelierregiments (jezt von Koſchenbar) und 1777 den 16. Januar, Generalmajor. Im baierſchen Erbfolgekriege, 1779 erhielt er bei der Einnahme von Habelſchwerdt eine Wunde, und gerieth in öſterreichiſche Gefangenſchaft; ward aber bald da-

darauf ausgewechselt, und bekam 1780, auf sein An-
suchen die Erlassung seiner Dienste. 1781 den 18.
Oktober, vermählte er sich mit Wilhelminen Louisen
Christinen, gebohrnen Herzogin von Sachsen-Meiningen.

Ulrich von Heuking,
Königl. Preuß. Generalmajor und Chef eines Garnisonregiments.

Er ist aus der Starostey Pilten im Herzogthum Curland gebürtig, und trat zu Anfang der Regierung König Friedrich des Zweiten, in preussische Dienste. War bereits 1746 Kapitain, bei dem von Mitschephalschen Garnisonregiment (jezt von Natalis) Ward 1755 im September Major, 1761 im May Obristlieutenant, 1772 im September Obrister, erhielt 1782 das Berrenhauersche Garnisonregiment in Schlesien, und ward 1784 den 22. August, Generalmajor. Er hat in dem siebenjährigen Feldzuge verschiedenen Vorfällen von Wichtigkeit beigewohnet, und war mit einer, gebohrnen von Lindstedt verehlicht, die 1786 den 7. November im 69sten Jahre ihres Alters und 39sten ihrer Ehe starb. Noch ist von ihm zu merken, daß König Friedrich der Zweite ihm die Untersuchung der Beschwerden des bekannten Müller Arnold auftrug, und daß er deshalb, an der darauf erfolgten großen Justizreform, Antheil hat.

Friedrich Freiherr von der Heyden,

Kaiserl. Generalfeldmarschall, vorheriger königl. preuß. General von der Infanterie, Chef eines Regiments zu Fuß, Kommendant zu Wesel, Herr zum Bruch.

Er war ein Sohn des Cleve-Märkschen Regierungsraths Friedrich Freiherrn von der Heyde, und Katharinen Freyin von Wylich und Lottum. Er nahm bei der Armee Churfürst Friedrich Wilhelms Dienste, wohnte mit derselben den wichtigsten Kriegsbegebenheiten bei, und ward 1679 den 15. April Obrister, 1689 den 1. März Generalmajor, und 1692 Generallieutenant. 1690 erhielt er ein Regiment zu Fuß (jetzt von Jung-Romberg), welches damals erst errichtet worden war. 1694 kommandirte er die im Holländischen stehende preußische Hülfstruppen, und besetzte auf Verlangen des König Wilhelms von Engelland die Städte Mastricht und Lüttich, half Huy wegnehmen, und muste den zweiten Oktober zu vorgedachtem Könige nach Tongern kommen, wo dieser ihm seine besondere Zufriedenheit über die schnelle Eroberung erwähnter Festung, äußerte, und seine und seiner unterhabenden Truppen Tapferkeit sehr lobte. 1695 den $\frac{25. \text{Junius}}{5. \text{Julius}}$ ward er General von der Infanterie; den 30. Junius, ging Heyden mit den churfürstlichen Truppen über die Sambre, unterhalb Charleroy, berennete den 2. Julius mit 2000 Mann Namur, und zwang solches, sich den 3. September im Angesichte des ganzen französischen Heeres zu ergeben. Churfürst Friedrich der Dritte schenkte ihm wegen seiner dabei bewiesenen Bravour, zum Zeichen seiner Gnade zwei überaus schöne Pferde. 1701 erhielt er das Kommando der 10000 Mann Preußen, welches König Friedrich der Erste dem Kaiser am Oberrhein zu Hülfe sandte. 1702 ging er mit 16 Battaillons Infanterie und 4 Regimenter Reuter vor Venlo und eroberte es den 25. September. Um diese Zeit ward Heyden mißvergnügt, weil er nicht so avanzirte, als er es sich vielleicht seinen Verdiensten und Thaten nach versprochen hatte. Schon 1701 im August, zeigte er bei dem Könige an, daß der Prinz von Nassau Weilburg vom Kaiser, zu seinem Präjudiz avanzirt worden wäre. Er erhielt aber bloß darauf die Antwort; er könne nicht anders als churfürstlicher General angesehen werden. Außerdem mögen noch andere Dinge vorgegangen sein, welche ihn bewogen, 1702 im August, den Abschied zu fordern. Der König befahl ihm darauf zu antworten: er sei nicht gesonnen ihn zu halten, wundere sich aber, daß er den Abschied in seinen Landen fordere, er hätte ihn doch haben sollen. Hierauf erhielt der Marggraf Albrecht das Kommando der königlichen Truppen, und Heyden der damals als Kommendant sich in Wesel befand, den Befehl, seine habende Ordres und Instruktiones dem Marggrafen zu übergeben. Anstatt des Marggrafen erhielt aber Lottum das Kommando, und Heyden verließ erst gegen das Ende des Jahres die preußische Dienste; begab sich darauf zur kaiserlichen Armee; und berichtete 1704, aus dem Lager vor Landau, an dem Könige Friedrich den Ersten, der Kaiser habe ihn zum Generalfeldmarschall ernannt. Starb bald darauf, und ist mit Christinen Gräfin von Byland verehlicht gewesen, die aber auch ohne Kinder verstorben ist.

Johann Siegmund Freyherr von der Heyde,

Königl. Preuß. General von der Kavallerie, Gouverneur zu Lipstadt, Drost zu Wetter und Blankenstein, Herr zum Bruch, Ahade, Lichtenwörde, Oebendael, Cleff und Crudenburg.

Er war des vorgedachten Friedrichs Bruder, und hat ebenfalls bei der Armee Churfürst Friedrich Wilhelms gedienet. 1681 den 2. Julius, ward er Obrister von der Kavallerie, 1690 Generalmajor, 1694 Generallieutenant, und 1704 den 5. Januar General von der Kavallerie. Er hatte ein eigenes Regiment zu Pferde, mit welchem er 1694 in Holländischen Diensten stand, und welches 1715 untergesteckt wurde. 1688, ward er Hofmeister des Prinzen Albrechts von Brandenburg, erhielt in der Folge das Gouvernement zu Lipstadt und die Drosten zu Wetter. Seine Güter vermehrte er 1685, durch den Ankauf der Herrlichkeit Crudenburg. Sein Todesjahr ist mir unbekannt. Er hatte sich zweimal verehlicht, 1) 1676 mit Anna Louisen Quad von Landskron, die 1687 starb, nachdem sie drei Söhne und zwei Töchter gebohren. 2) mit Louisen Charlotten Gräfin von Schwerin, aus dem Hause Alt-Landsberg, die eine Tochter zur Welt ge-

gebracht, und ſich wieder mit dem Königl. Preuß. Obriſten Dyoniſius Georg Joachim von Blankenburg verehlicht hat.

Johann Siegismund Freyherr von der Heyden,

Königl. Preuß. General von der Infanterie, wirklicher Geheimer Kriegsrath, Chef-Präſident der Cleve-Märkſchen Regierungen, Gouverneur von Weſel und nachher von Lipſtadt, Ritter des ſchwarzen Adler- und St. Johanniterordens, Kurator der Univerſität zu Duisburg, Herr zu Gröen.

Er war aus der Ehe Gottfrieds Freyherrn von der Heyden, Herrn zu Schönrad und Böcke, und Ottilien von Kettler, entſproſſen. So anſehnliche Chargen er im Kriegesdienſte erworben, ſo wenig weiß man anzugeben, durch welche Thaten ſolches geſchehen ſei, indem die Nachrichten davon fehlen. Ebenfals, hat er wie die vorgedachte Generale von der Heyden, in den Kriegen Churfürſt Friedrich Wilhelms gedienet. 1689 den 8. Februar, ward er Obriſter bei dem Infanterieregiment Marggraf Philipp. 1692 hatte er ein eigenes Bataillon, mit dem er 1694 an der Maas, zu Aachen, Weſel und Minden garniſonirte. 1695 ward er Generalmajor. 1703 hatte er wieder eine Freykom-

kompagnie. 1704 ward er Generallieutenant, und
1715 den 23. May General von der Infanterie.
1714 hatte er das du Trousselsche Regiment zu Fuß
(jezt von Bubberg) erhalten, welches er 1719 dem
Obristen von Auer abtrat. König Friedrich Wilhelm
der Erste, hielt viel auf Heyden, und bediente sich
seiner auch in Civilgeschäften, so wohl bei der Regierung, als bei der Krieges- und Domainenkammer zu
Cleve, welche leztere er besonders 1723, bei ihrer Errichtung einführen, und die Mitglieder derselben verey-
den muste. Starb zu Wesel, wo er das Gouvernement verwaltet hatte, 1730 den 29. Januar, und ist
verehlicht gewesen, mit Marien Louisen von Diepen-
bruck zur Impel, die 1732 den 29. Januar starb,
nachdem sie zwei Söhne und zwei Töchter zur Welt
gebracht hatte.

Dietrich Johann von der Heyden genannt Rynsch,

Königl. Preuß. Generalmajor von der Infanterie,
Gouverneur von Küstrin, Drost zu Raben.

Seine Eltern waren, Elbert von der Heyden genannt
Rynsch zu Holthausen, und Drost zu Hamm, und Katharine von Spaen, die ihn 1666 zur Welt gebohren.
Er trat 1681 in churbrandenburgische Dienste, ward
1712 den 7. März Obrister, und war 1715 Kommandeur von König Friedrich Wilhelms des Ersten
Leib-

Leibregiment, welcher ihn bald darauf zum General-major ernannte, und als Gouverneur von Küstrin, ihm ein daselbst und in Peitz garnisonirendes Bataillon Invaliden von sechs Kompagnien, gab. Er starb 1729 den 23. März, im Mindenschen, als Generalmajor von der Infanterie, Gouverneur und Oberhauptmann zu Küstrin, und Drost zu Raben im Mindenschen.

Hans Wolf von der Heyden,

Churbrandenburgischer Obrister, Kammerherr, Amtshauptmann zu Tangermünde und Borgstall, des St. Johanniterordens Ritter und Komthur zu Supplinburg.

Aus Westphalen gebürtig. 1625 war er schon churbrandenburgischer Obristlieutenant, und ward als solcher, 1626 den 4. May, von Churfürst George Wilhelm, zu Küstrin, über ein Regiment von 500 harquebusier-Reuter bestellt, von denen man nicht findet, ob sie jemals da gewesen sind. Den 19. May vorgedachten Jahres, ward er zum Kommandeur über die Reuter und Soldaten, so in der Festung Spandau in Garnison lagen, bestellt; desgleichen ernannte ihn der Churfürst 1625 den 24/14. Oktober, zum Hauptmann der Aemter Tangermünde und Borgstall. 1632 befand er sich als Obrister in königl. schwedischen Diensten, und hatte ein Regiment. Starb 1645.

Heinrich Siegmund von der Heyde,

Königl. Preuß. Obrister von der Infanterie, Chef eines Garnisonbattaillons und Ritter des Ordens, pour le Merite.

Er ward 1703 zu Schacksdorf in der Niderlaußnitz, aus der Ehe Heinr. Siegmunds von der Heyde auf Schacksdorf Erbherrn, und Magdalenen Sophien von Stutterheim aus den Hause Sellendorf gebohren, und trat 1718 bei dem altanhaltschen Regimente (jetzt von Thadden) in Kriegsdienste. 1726 ward er Fähnrich, 1731 Sekonde- 1736 Premierlieutenant, und 1740 Staabskapitain. 1741 erhielt er die erste Grenadierkompagnie, mit welcher er dem ersten schlesischen Feldzuge beiwohnte, und 1744 und 1745 in Böhmen und Schlesien stand. In der Schlacht bei Hohenfriedberg erhielt er viel Wunden, demohnerachtet unterließ er nicht, seine Grenadier anzufeuern, bis er ganz entkräftet war. 1747, versezte ihn der König zum Röderschen Garnisonregimente, und gab ihm bei demselben eine Grenadierkompagnie, die zu dem Grenadierbattaillon gehörte, welches in Königsberg garnisonirte (jezt leichtes Füselierbattaillon. H. von Holstein-Beck) und das er 1753 den 5. Juny, als Major und Kommandeur erhielt. 1755 den 13. December, ward er Kommendant der Festung Friedrichsburg, bei Königsberg, welche er 1757, bei der russischen Invasion, muthig vertheidigte. Als nach der Schlacht bei Groß-Jägerndorf, die Russen 1758 mit ihrer ganzen Macht wieder in Preußen einrückten, muste er sich mit seiner Besatzung nach Pommern hen ziehen, wo ihn der König zum Unterkommendanten von Kolberg ernannte. Er hatte hier kaum die nöthigsten Anstalten zur Vertheidigung dieser Festung gemacht, als ihn der russische General Palmbach, den 3. Oktober, angrif und belagerte. Allein dieser General fand hier eine so gute Gegenwehr, daß er in der Nacht vom 29. auf den 30. Oktober diese Belagerung aufheben muste. Eben so vereitelte Heyden, einen neuen Versuch, den der Feind den 31. Oktober auf die Festung, um solche zu überrumpeln, wagte. Der König war mit Heydens Betragen überaus zufrieden, ernannte ihn zum Obristen, und gab ihm den Orden pour le Merite. Den 26. August 1760, rückte die vereinigte russische und schwedische Flotte vor Kolberg, worauf eine neue und harte Belagerung erfolgte. Diese Flotte beschoß die Festung aus allen Kräften, und sezte sie dadurch in eine sehr gefährliche Lage, in welcher aber Heyden, mit der größten Klugheit und bewundernswürdigsten Kaltblütigkeit, nur bloß mit den Vertheidigungsanstalten beschäftigt war, und den Feind so lang muthig abhielt, bis der General Johann Paul von Werner, die Festung glücklich entsezte, und sowohl den Feind nöthigte die Belagerung aufzuheben, als die Flotte sich wieder in die See zu begeben. Heydens tapfere und des unvergeßlichsten Andenkens werthe Tapferkeit, forderte einige Patrioten auf, dem Könige um Erlaubniß zu bitten, eine Gedächtnißmünze auf dieselbe ausprägen zu dürfen, welche sie auch erhielten. Sie war von feinem Golde sieben bis acht Loth schwer. Auf der einen Seite, stellet sie Heydens Bildniß, mit der Umschrift: Heinr. Sigismund von der Heyde Colbergae de-

defensor, auf der andern, die Stadt Kolberg, unter dem Sinnbilde einer am Strande der Ostsee sitzenden Frauenperson vor, die eine Mauerkrone auf dem Kopfe trägt, und sich an das Wappenschild der Stadt gelehnet hat. Nahe bei ihr, steiget aus dem Meere ein Seeungeheuer hervor, welches gegen die Stadt Feuer und Dampf ausspeyet, und die Gefahr in welcher solche gestanden anzeiget. Zwischen der Stadt und dem Ungeheuer, tritt ein Held hervor, welcher das leztere durch Entgegenhaltung des, mit dem preußischen Adler gezierten Schildes und gezogenen Schwerdtes, vom Strande sich zu entfernen nöthigt. Die Umschrift ist: Res similis fictae. In dem Abschnitte lieset man die Worte: Pomerania liberata. (Das Brustbild ist von dem Stempelschneider Georgi, und die Rückseite vom Stempelschneider Abraham, geschnitten worden. Eine Abbildung dieser Denkmünze, nebst vielen zur Erklärung derselben gehörigen Nachrichten, befinden sich, in Köhlers Münzbelustigungen. 4 Th. S. 267 u. f.)

Der König ließ dem Obristen von der Heyden, eine von diesen goldenen Medaillen, mit folgendem sehr gnädigen Handschreiben einhändigen: Mein lieber Obrister von Heyden! die ruhmwürdige Defension, so ihr zu wiederholtenmalen von der euch anvertrauten Vestung Kolberg gethan habt, und welche euch sowohl bei der jetzigen Welt eine wohl meritirte Reputation zu wege gebracht, als auch alle meine gnädige Erkenntlichkeit, verdienet, hat mich bewogen, das Andenken davon durch gegenwärtige Medaille auch auf die späteste Nachwelt bringen zu lassen: welche ihr hierbey von mir zu empfangen habt. Ihr könnet dabei versichert seyn, daß

bei

bei dem fernern getreuesten Betragen in meinen Diensten, dessen ich mich versichert halte, ich euch noch weitere Marquen meiner Erkenntlichkeit geben und darthun werde, wie ich bin euer wohl affectionirter Königl. Friedrich. Meissen den 22. Merz 1761.

Dieses gnädige Bezeigen seines Monarchen, munterte Heyden zu neuer Thätigkeit auf. Die Russen sezten sich fest vor Kolberg wegzunehmen, weil es für ihre Operationen der bequemste Ort zum Waffenplatze war. Der General Romanzow rückte mit einer grossen Armee heran, gegen welche der Prinz von Würtenberg mit seinen wenigen Truppen nichts ausrichten konnte, und fing die Belagerung zu Lande an, indessen die russische und schwedische Flotten solche von der See her unterstüzten, und die Stadt auf eine fürchterliche Art beschossen. Heydens Muth stieg mit den Gefahren, *), und nur der Mangel an Lebensmitteln, der den Prinzen von Würtenberg zwang ihn zu verlassen, und der die brave Garnison aufrieb, konnte es möglich machen, daß er die Festung, den 17. December, mit Bedingungen an die Russen übergab. Er gerieth dabei in die feindliche Gefangenschaft, aus der er, durch den mit Rußland 1762 geschlossenen Frieden befreiet wurde. Er begab sich wieder nach Kolberg, wo er 1765 den 4. May, in einem Alter von etlichen und sechzig Jahren, unverehlicht, starb. Sein Nachruhm wird sich bis in die späteste Zeiten erhalten. Er war lang, hager,

und

---

*) Ein merkwürdiges Beispiel davon, findet sich in berlinischen militairischen Kalender für d. Jahr 1787 aufgezeichnet und abgebildet.

und etwas gebückt. Sein graues Haar zeigte sein Alter, und viele Narben seine Tapferkeit an. Durch beide, sahe er ehrwürdig aus. In Gefahren blieb er gelassen, bei Arbeiten unermüdet. Seine Anschläge waren klug, und seine Thaten reizten zur Nachahmung. Streng in der Kriegeszucht, gesprächig mit Jedermann, ehrlich in seinen Handlungen, treu seinem Herrn, genau in Befolgung seiner Schuldigkeit, gelassen in Widerwärtigkeiten, ein Feind aller Pralerey und alles äusseren Schimmers, verdiente er das Lob der Nachwelt und den Dank der Zeitgenossen.

Philipp Bogislaus von der Heyden,
Königl. Preuß. Major und Kommandeur eines Grenadierbataillons.

Aus Pommern gebürtig. Bei dem Prinz Leopold von Anhaltschen Regiment, (jezt von Knobelsdorf) hatte er bis zum Kapitain heraufgedienet, und ward 1747, gegen des Feldmarschall von Kalkstein ältesten Sohn, zum Kalksteinschen Regiment versezt. Er starb 1759 den 22. August, zu Berlin, an seinen in der Schlacht bei Kunersdorf empfangenen Wunden, im 51. Jahre seines Alters, und 35. seiner Dienste. Das Grenadierbataillon, welches er 1757 im December, als Kommandeur erhielt, bestand aus den Grenadierkompagnien der Regimenter M. Karl (jezt H. Friedrich von Braunschweig) und von Kalkstein, (jezt von Möllendorf). König Friedrich Wilhelm der Erste, hat ihn

1732

1732 den 15. Julius als Feldwebel des Prinz Leo=
poldschen Regiments, nebst seinen sieben Brüdern in
den Adelstand erhoben; und bediente sich seiner auf Wer=
bungen mit vielem Nutzen.

Nikolaus Friedrich von Heiderstädt.

Aus der Grafschaft Lippe gebürtig. Starb 1772 im
März als Königl. Preuß. Obristlieutenant und Kom=
mendant zu Küstrin. Im siebenjährigen Kriege kom=
mandirte er die neumärksche Landmiliz.

Johann von Hille.

1656 hatte er in churbrandenburgischen Diensten
als Obristlieutenant, eine besondere Eskadron zu Pfer=
de, und 1657 war er Obrister und Chef eines Regi=
ments zu Pferde, welches in Pommern in Quartier lag.

Isidor Graf von Hoditz,

Königl. Preuß. Obrister und Chef eines Husaren=
regiments.

Er stammte aus einer alten böhmisch-gräflichen Fami=
lie, und wird mit Vornamen bald Isidor, bald Johann
George Graf von Hoditz genannt. 1741 kam er als
Rittmeister aus österreichischen in preußische Dienste;

Zweyt. Theil. L es=

errichtete im selbigen Jahre das jetzige von Goeßling=
sche Husarenregiment aus neugeworbenen Leuten, und
ward schon 1743 wieder entlassen.

Johann Bernhard von Höfer,

Königl. Preuß. Obrister, Chef des zweiten Artil= lerieregiments, Ritter des Ordens pour le Merite.

Er war aus einer guten Familie zu Halberstadt ge=
bohren; kam 1730 den 18. Oktober als Bombardier
zur Artillerie, ward 1741 den 24. May Sekonde,
1753 den 23. August Premierlieutenant, 1757 Staabs=
und 1759 den 11. May wirklicher Hauptmann, 1761
den 27. December Major, 1772 den 20. May Obrist=
lieutenant und 1773 den 11. Junius Obrister. 1778
im Februar erhielt er das 2. Artillerieregiment. 1769
den 11. November erhob ihn König Friedrich der Zweite
in den Adelstand, und gab ihm 1774 im September,
den Orden pour le Merite. Starb 1784 den 31.
Oktober, im 72. Jahre seines Alters und 55. seiner
Dienste. Seit 1740 an, hat er allen Feldzügen Kö=
nig Friedrich des Zweiten beigewohnet, und ist bei ver=
schiedenen Gelegenheiten verwundet worden. Als et=
was besonderes ist von ihm zu bemerken, daß da er
einen Schuß durch die linke Seite der Brust erhalten,
seitdem, sich der Pulsschlag des Herzens auf die linke
Seite äußerte. Mit einer gebohrnen Eversmann aus
Berlin, hat er einen Sohn und eine Tochter erzeugt.

Au=

Rudolph August von Hofmann,

Königl. Preuß. Obrister und Chef eines Füselierregiments.

Er ward 1700, zu Walbeck im halberstädtschen gebohren, und ging im 15. Jahre seines Alters als Kadet in die preußische Dienste, König Friedrich Wilhelm
der Erste, sezte ihn zum Jung-Dönhofschen Regiment
(jezt Herzog von Braunschweig), wobei er es, 1725
den 27. November, bis zum Premierlieutenant brachte.
1735, gerieth er mit dem Hauptmann von Grumbkow, gedachten Regiments in Händel, worüber es zu
einen Zweikampf kam. Der König erfuhr es, und entließ beide ihrer Dienste. Hofmann nahm darauf österreichische Kriegsdienste an, in welchen er bis zum Jahre 1740 blieb. Als König Friedrich der Zweite die
Regierung antrat, rief ihn solcher zurück, und gab ihm
eine Kompagnie bei dem neuerrichteten Prinz Franz von
Braunschweigschen Regiment (jezt von Kenitz) mit dem
er 1744 zu Felde ging, und den 14. November d. J.
Major ward. 1745 im April, gerieth er in die Oester-
reichische Gefangenschaft, ward aber bald wieder ausgewechselt. 1753 den 12. September, ward er Obristlieutenant, 1757 im Februar Obrister, und erhielt
1759, das Regiment von Jungken (jezt von Saudi).
Er vertheidigte mit diesem seinen Regimente Sachsen,
und besonders Dresden. Als sich diese Stadt an die
Reichsarmee ergeben muste, fiel zwischen dem von Hofmann und dem Hauptmann von Sydow, am Tage der
Uebergabe, ein harter Wortwechsel vor. Sydow der

auf der Wacht war, befahl seinen Leuten auf Hofmann Feuer zu geben, und dieser ward unter dem Schloß-thore durch einen Flintenschuß, so schwer in den Leib und am Arme verwundet, daß er den 5. September 1759, im 60. Lebensjahre, seinen Geist aufgeben muste.

Wolfgang Albrecht von Hohendorf,
Königl. Preuß. Obrister und Chef des Stettin-schen Landregiments.

Er war in Preußen 1709 gebohren; hat bei dem jetzigen von Bevilleschen Regiment bis zum Obristen gedient und erhielt 1764 das stettinsche Landregiment. Starb 1770 zu Königsberg in Preußen, wo er sich aufhielte, im 61. Jahre seines Alters. Den Feldzü-gen König Friedrich des Zweiten, hat er sämtlich bei-gewohnet, und ward schon als Hauptmann, 1742 in der Schlacht bei Czaslau, ferner, 1745 in dem Treffen bei Striegau, und in der Schlacht bei Kay, verwundet.

George Abraham von Hohendorf,

Königl. Preuß. Major, und im siebenjährigen Kriege, Kommandeur der pommerschen Provinzialhusaren.

Er ward in der Mark Brandenburg 1711 gebohren, und war ein Sohn George Abrahams von Hohendorf, auf Wohrin und Falckenberg Erbherrn, und Annen Marien von Pannewitz. Diente als Lieutenant, bei dem jetzigen Graf von der Golzschen Husarenregiment, und ward 1757, da die Provinzialhusaren von den Ständen in Pommern errichtet wurden, wieder als deren Kommandeur angestellt, und hat sich mit seinen Leuten gegen die Russen und Schweden besonders hervorgethan. 1763 ward er, nach erfolgtem Frieden, nebst den Provinzialhusaren wieder reduziret. Starb 1772, und hat eine gebohrne von Wedell aus dem Hause Falkenhagen zur Ehe gehabt, und mit ihr einige Töchter erzeuget.

Karl August von Hohenstock,

Königl. Preuß. Generalmajor, Chef eines Husaren- und auch ehemals des Bosniakenregiments.

Er ward 1723 aus einem bürgerlichen Geschlechte zu Brandenburg gebohren. 1741 trat er als gemeiner Husar, beim Natzmerschen Husarenregiment (jetzt Prinz Eugen von Würtenberg) in Dienste; ward Wachtmeister,

ſter, 1747 den 31. December Kornet, 1754 Lieutenant, 1759 Staabsrittmeiſter, erhielt 1760 im December eine Eskadron, ward ferner 1761 Major und Kommandeur bei dem neuen Freyhuſarenkorps von Kleiſt, und als dieſes 1763 reduzirt wurde, zu dem Dragonerregiment von Krockow verſezt. 1767 ward er Kommandeur des Uſedomſchen Huſarenregiments, 1772 Obriſtlieutenant, und im ſelbigen Jahre, den 29. Auguſt Obriſter, als welcher ihm das erledigte von Bellingſche Regiment Huſaren ertheilt wurde. 1784 im Januar, erhielt er das ſchwarze- oder von Loſſowſche Huſarenregiment, und das Bosniakenkorps; welches leztere er zu Anfang des Jahres 1788 verlohr, da es dem Obriſten Günther ertheilt wurde. Von 1741 an, hat er in allen Feldzügen König Friedrich des Zweiten gedienet, und ſich beſonders in der ſiebenjährigen Kampagne mit den Freyhuſaren hervorgethan. 1762 den 1. Junius, ward er bei dem Angriffe von Grunbach gefangen. Starb 1788 im April; und hinterließ eine Wittwe, Anna Marie gebohrne von Ehrenburg.

Friedrich Ludwig Erbprinz von von Hohenlohe-Ingelfingen,

Königl. Preuß. Generalmajor, Brigabier von der leichten Infanterie, und Chef eines Infanterieregiments.

Er iſt ein Sohn Heinrich Auguſts des H. R. R. Fürſt von Hohenlohe-Ingelfingen, des H. R. R. Generalfeldfeldmarschall, und Wilhelminen Eleonoren Prinzessin von Hohenlohe-Oeringen; die ihn, 1746 den 31. Januar, zur Welt brachte, 1768 trat er in preußische Dienste, erhielt beim Tauenzienschen Regiment eine Kompagnie, ward 17. — Major, 1775 den 24. Junius Obristlieutenant, 1778 den 10. September Obrister, 1786 den 1. März Generalmajor, und erhielt zugleich das Regiment von Rothkirch in Neisse, welches König Friedrich Wilhelm der Zweite, gleich nach Antritt seiner Regierung nach Breßlau verlegte, um dem Prinzen eine angenehmere Garnison zu geben. Als der Generalmajor und Brigadier von der leichten Infanterie, von Chaumontet, 1788 im März starb, ward der Prinz an dessen Stelle Brigadier von der leichten Infanterie, in Schlesien. Dieser Herr, besizt vortrefliche und liebenswürdige Eigenschaften, die ihn, als Soldat und Menschenfreund, äußerst schäzbar machen, und er hat besonders im bayerschen Erbfolgekriege, gezeigt, daß man dereinst einen großen General an ihn zu erwarten hat. 1781 im Oktober, vermählte er sich, mit Marien Annen, Grafen Julius Gebhard von Hoym zu Dreyßig hinterlassenen einzigen Tochter und Erbin seines ansehnlichen Vermögens.

Friedrich Ludwig Herzog von Holstein-Beck,

Königl. Preuß. Generalfeldmarschall, Chef eines Regiments zu Fuß, Stadthalter von Preußen, Gouverneur zu Königsberg in Preußen, und Ritter des schwarzen Adlerordens.

Ward 1654 gebohren, 1676 den 22. August churbrandenburgischer Obrist, 1686 den 14. Oktober Generalmajor, 1692 General von der Infanterie, 1697 General von der Kavallerie, 1713 den 26. März Generalfeldmarschall. 1690 erhielt er ein neuerrichtetes Infanterieregiment in Preußen (jezt von Voß) welches er 1721 seinem Sohne, dem Prinzen Friedrich Wilhelm, abtrat. 1701 den 17. Januar, erhielt er den schwarzen Adlerorden, und bald darauf, die Stadthalterschaft von Preußen, und das Gouvernement von Königsberg in Preußen. Starb 1728 den 27. Februar. Schon zu Churfürst Friedrich Wilhelms Zeiten, hat er sich in den damaligen Kriegen gezeigt, und sein Regiment wohnte, während er dessen Chef war, den Schlachten bei Oudenarde und Malplaquet, den Belagerungen von Ryßel, Dornick, Mons und anderer Oerter, bei. Er ist mit Louisen Charlotten, gebohrnen Prinzessin von Holstein-Augustenburg vermählt gewesen, die vier Prinzen und vier Prinzessinnen zur Welt gebracht hat.

Frie-

Friedrich Wilhelm Herzog von Holstein-Beck,

Königl. Preuß. Generalfeldmarschall, Chef eines Regiments zu Fuß, Gouverneur von Berlin, Ritter des schwarzen Adlerordens.

War ein Sohn des vorgedachten Generalfeldmarschalls Friedrich Ludwig Herzogen von Holstein-Beck, und ist 1687 den 18. Junius gebohren worden. Er ward sehr gut erzogen, und studirte auf der Universität zu Halle; bald darauf trat er in königl. preußische Kriegesdienste, ward 1704 den 18. März, Obristlieutenant bei Marggr. Albrecht zu Fuß, 1713 den 3. May Obrister; befand sich 1715 vor Stralsund, und erhielt 1721 das Infanterieregiment, welches sein Herr Vater gehabt, und ihm abgetreten hatte, (jetzt von Voß) als Generalmajor. Mit demselben wohnte er einigen Feldzügen in den Niederlanden bei. 1717 den 18. Oktober, erhielt er die Amtshauptmannschaft zu Riesenburg, und um eben diese Zeit, das Palais Friedrichshof am Pregelfluß in Preußen, von König Friedrich Wilhelm den Ersten geschenkt. 1732 im Julius, ward er Gouverneur zu Spandau, welches er bis 1749 geblieben ist. 1733 den 3. May, ward er Generallieutenant, und König Friedrich der Zweite ernannte ihn gleich nach Antrit seiner Regierung, 1740 im Julius, zum General von der Infanterie, als welcher er im December, 10000 Mann Preußen, aus der Mark, nach Schlesien führte. Nach der Schlacht bei Molwitz, stieß er mit seinem Korps zu Armee, des Königes,

blieb

blieb aber nicht bei derselben, sondern kehrte nach Berlin zurück. 1741 den 5 Junius, ward er Generalfeldmarschall. 1744, vertrat er in Abwesenheit des General von der Marwitz, das Gouvernement zu Breßlau, und ward 1747 im August, Gouverneur von der Residenz Berlin. Starb zu Königsberg in Preußen 1749 den 11. November, in einem Alter von 62 Jahren. Vermählte sich zu zweimalen, 1) mit einer gebohrnen Gräfin von Czartoriska, von der keine Kinder erfolgten, 2) 1721 den 2. December, mit Ursulen Annen Gräfin von Dohna, davon ein Sohn, Wilhelm, der 1757 den 6. May, in der Schlacht bei Prag, als Obrister und Kommandeur des jetzigen von Pfulschen Füselierregiments, blieb, und eine Tochter, gebohren worden.

1688 den 24. December, wird auch, ein Herzog **August von Holstein-Beck**, zum Generalmajor in churbrandenburgische Dienste bestellt; ich vermuthe aber, daß solches, der 1689 verstorbene Herzog August ein Sohn, Herzog August Philipps, und Marien Sybillen gebohrnen Prinzessin von Nassau-Saarbrück gewesen ist. Mehreres ist mir von ihm nicht bekannt geworden.

Frie-

Friedrich Karl Ludwig Herzog von Holstein-Beck,

Königl. Preuß. Obrister und Kommandeur eines Füselierbataillons, Ritter des pfälzischen St. Hubertsordens.

Er ward, 1757 den 30. August, in Preußen gebohren. Seine Eltern sind, Karl Anton August Herzog von Holstein-Beck, Königl. Preuß. Major und Kommandeur des von Bredowschen Füselierregiments, der 1759 den 12. September, in der Schlacht bei Kunersdorf geblieben ist, und Friederike, Charlotte Antonie Amalie gebohrne. Gräfin von Dohna-Leistenau, gewesen. Nachdem er seinen Verstand durch nützliche Reisen erweitert, und sich dadurch eine Menge Kenntnisse zugeeignet hatte, nahm er russische Dienste an, welche er aber bald wieder verließ, und 1777 in preußische, als Major des von Knobelsdorfschen Regiments, und Kommandeur eines Grenadierbataillons, welches aus den Grenadierkompagnien der Regimenter von Knobelsdorf und Herzog von Braunschweig, zusammengesezt war, mit dem er sich, während dem bayerschen Erbfolgekriege, bei der Armee des Prinzen Heinrichs von Preussen befand, trat. 1775, folgte er seinem verstorbenen Großvater, Peter August Friedrich, rußischen Feldmarschall, als Herzog in der Regierung. 1776 den 2. Februar, erhielt er den pfälzischen Hubertsorden. 1781 nahm er als Obristlieutenant seinen Abschied. Sobald König Friedrich Wilhelm der Zweite, den Trohn bestiegen hatte, fand er sich wieder

in

in Berlin ein, nahm aufs neue preußische Dienste an, und ward den 30. December d. J. als Obrister, Kommandeur des ehemaligen von Klingspornschen Grenadierbataillons zu Königsberg in Preußen, welches gegenwärtig ein Füselierbataillon ist, angestellt. 1780 den 9. May, vermählte er sich, mit Friederiken Amalien eine Tochter des Königl. Preuß. Etatsministers Leopold Grafen von Schlieben zu Gerdauen.

George Ludewig Herzog von Holstein-Gottorp,

Königl. Preuß. Generallieutenant, Chef eines Dragonerregiments, des schwarzen Adlerordens Ritter, nachmaliger Russisch-Kaiserl. Generalfeldmarschall, auch Statthalter und Administrator der großfürstlichen Holsteinschen Lande in Deutschland, und Ritter des St. Annenordens.

Er war der jüngste Sohn Christian Augusts Herzogs von Holstein-Gottorp, Bischofs von Lübeck, und Albertinen Friedriken gebohrnen Prinzessin von Baaden-Durlach, die ihn 1719 den 16. März zur Welt brachte. Er war erst 7 Jahr alt, als sein Herr Vater starb, und ward daher von der Frau Mutter erzogen. Da er große Neigung zum Kriegesdienst hatte, nahm er solche bei der sächsischen Armee an, und ward Rittmeister bei der Garde du Korps; hat aber nie wirkliche Dien-

Dienste gethan. 1737 erhielt er den neugestifteten holsteinschen St. Annenorden. 1741 trat er in preußische Dienste als Volontair, und ward, 1742 den 20. May, Obristlieutenant beim Rochowschen Kuirassierregiment. 1743 im Oktober, erhielt er das Platensche Dragonerregiment, und im folgenden Jahre, den Charakter eines Generalmajors, mit dem Range vom 5. December 1743. 1745 beehrte ihn die Kayserin von Rußland mit dem St. Andreasorden, den ihm König Friedrich der Zweite, zu Berlin den 6. Januar, selbst umhing. Zu Anfange des lezgedachten Jahres, kam er mit seinem Regimente unter des Fürsten Leopold von Anhalt-Dessau Oberbefehl, im Magdeburgischen zu stehen, und wohnte, am 15. December, der blutigen Schlacht bei Kesselsdorf bei. Hierauf begleitete er den König, bei seinem, den 18. erwähnten Monats, zu Dresden gehaltenen Einzuge, und bezog, als der Friede erfolgt war, sein Standquartier, zu Riesenburg in Preußen, wieder. Als 1756 der dritte schlesische Krieg ausbrach, blieb er unter dem Generalfeldmarschall von Lehwald, in Preußen stehen; ward 1757 im Februar Generallieutenant, und befand sich den 30. August in der Schlacht bei Großjägerndorf, in welcher er sich besonders hervorthat, und die Russen auf ihrem Rückzuge verfolgte. Hierauf kam er mit dem Regimente nach Pommern, wo er gegen die Schweden fochte, die Avantgarde des Generalfeldmarschall von Lehwald, welche aus 12000 Mann bestand, anführte, und die Feinde bis Stralsund zurücktrieb. Da sich der Herzog von Meklenburg-Schwerin den Schweden sehr zugethan bezeigte, erhielt der Prinz Befehl, indessen

Lande

Lande einzufallnn; dies geschahe, und er besezte den Grenzplatz Malchin, und zog Kontributionen und Verpflegungsmittel für die Armee, vom Lande ein. Die Schweden glaubten, daß sie nunmehr sicher wären, als der Prinz ihnen unvermuthet, den 28. und 29. December, einen Einfall in schwedisch Pommern that, sie allenthalben vertrieb, sich darauf wieder mit dem Feldmarschall von Lehwald vereinigte, und dessen fernere Unternehmungen, mit vieler Wirksamkeit unterstützte. 1758 den 2. Februar, nachdem er kurz vorher, zur Belohnung seiner Thätigkeit, vom Könige den schwarzen Adlerorden erhalten, rückte er wiederum mit einigen Regimentern, als zwei Dragoner- und den schwarzen und gelben Husarenregimentern, ins Meklenburgische, worinn er Rostock besezte, erhielt aber gleich darauf Befehl, zur alliirten Armee, welche der Herzog Ferdinand von Braunschweig kommandirte, zu stoßen. Hier hatte er oft Gelegenheiten, gegen die Franzosen zu fechten, deren Hererzählung, hier sehr weitläuftig werden möchte; weshalb ich auf die von diesem Kriege gründlich handelnde und bekannte Bücher, verweise. Allein führe ich nur an, daß er den 23. Julius, sich in der siegreichen Schlacht bei Krefeld befand, worinn er die Vortruppen des linken Flügels kommandirte, und vieles zum erhaltenen Siege beitrug. Nach der unglücklichen Aktion bei Kassel, führte er die Arriergarde. 1759 den 13. April, war er in dem Treffen bei Bergen, und deckte den Rückzug der Armee, mit seinem unterhabenden Korps, welches aus zwei preußischen Dragonerregimentern, sechs Infanteriebattaillons, Husaren und Jägern bestand. Desgleichen beförderte er den 1.

Au-

August d. J., den Sieg bei Minden, wo er mit der Kavallerie wacker einhieb, und dem Feinde großen Schaden zufügte. 1760 im May, muste er zur Armee des Königs in Sachsen stoßen. Befand sich mit derselben, bei der Belagerung von Dresden, formirte den linken Flügel des ersten Treffens, und besezte die Posten jenseit der Elbe. Als der feindliche Entsatz anlangte, griffen ihn 15000 Oesterreicher an, welche ihn in Gefahr sezten von der Armee des Königs abgeschnitten zu werden; deshalb muste er sich auf Befehl wieder zurückziehen, welches ohne Verlust geschahe. In der Schlacht bei Torgau, den 3. November, befand sich der Prinz im ersten Treffen, und half solche glücklich gewinnen. 1761 verließ er, aus unbekannten Ursachen, die preußische Armee, und trat, sobald Peter der Dritte Kaiser von Rußland geworden, 1762 in dessen Dienste, als General en Chef aller seiner deutschen Truppen, und General-Gouverneur und Statthalter der holsteinschen Lande, mit dem Prädikat Ihrer Hoheit. Den 23. Januar gedachten Jahres, reiste er von Königsberg in Preußen nach St. Petersburg ab, wo ihn der Kaiser mit vieler Ehre und ausgezeichnetem Vorzuge empfing. Den 21. Februar, ward er Generalfeldmarschall sämtlicher russischen Truppen, Obrist über das Leibgarderegiment zu Pferde, mit einem überaus großen Gehalt, von 48000 Rubel. Besonders erhielt er noch 12000 Rubel, als Statthalter der holsteinschen Lande, und ein anderes ansehnliches Gehalt, als Obrister der kaiserlichen Leibgarde. Nach des Kaisers Willen, sollte er die rußische Armee und den Kriegesstaat, auf einen anderen Fuß setzen, und bei allen Regimentern die preußi-

sche

sche Exercitien und Manöuvres einführen; ward auch bei der neugeordenten Kriegeskommission, unter dem Vorsitze des Kaysers, das erste Mitglied. Da auch dieser Monarch dem holsteinschen Leibregiment zu Pferde, die Vorzüge eines kaiserlichen Leibgarderegiments ertheilte, erhielt der Prinz auch hierüber das Kommando. Den Kriegesstaat im Herzogthum Holstein, muste er auf sieben Regimenter setzen; ward ein Mitglied des neuerrichteten Konferenzministeriums, und erhielt so mancherlei vorzügliche Ehrenbezeugungen und Erhebungen, die hier sämtlich anzuführen, der Raum nicht verstattet. Dadurch erwarb er sich aber ein sehr grosses Lob und viel Schätzung, daß er, als der ehrwürdige Greiß, der alte Generalfeldmarschall Graf von Münnich, wieder an den Hof kam, er demselben, sogleich die Stelle eines Generalissimus abtrat. Da der Kaiser seine Ansprüche auf Holstein gültig machen wollte, sollte der Prinz unter ihm das Kommando, bei der deshalb zu unternehmenden Expedition führen; es ward aber dieses Unternehmen, durch Vermittelung des Königs von Preußen eingestellt. Nach der großen Revolution, welche sich den 24. Junius 1762, zu Petersburg ereignet, verlohr der Prinz mit einemmale, sein großes Ansehen. Er ward gefangen genommen, bald aber in Freiheit gesezt, und ihm sein Pallast wieder eingeräumt; allein, man haßte nun alles was holsteinisch war, und der Prinz erhielt den 21. Julius seinen Abschied. Seine Besoldung ward sehr heruntergesezt, und er muste sich nach Kiel begeben, wo er, 1763 den siebenten September, im 45. Lebensjahre sehr frühzeitig, und vermuthlich aus Chagrin über sein Unglück,

ver-

verſtarb. 1750 den 1. Jannuar, vermählte er ſich, zu Preckelwitz in Preußen, mit Sophien Charlotten gebohrnen Prinzeſſin von Holſtein-Beck, und Witwe des als preußiſchen Obriſten gebliebenen Grafen Alexander Æmilius von Dohna, mit der er zwei Söhne erzeugt hat.

Auguſt Herzog von Holſtein-Plön,

Chur-Brandenb. Generalfeldzeugmeiſter und Gouverneur zu Magdeburg.

Er ward 1635 den 9. May, aus der fürſtlichen Ehe, des 1671 verſtorbenen Herzogs Joachim Ernſt von Holſtein-Plön, und Doratheen Auguſten gebohrnen Prinzeſſin von Holſtein-Gottorp, gebohren. Ward 1664 den 20. Auguſt, Chur-Brandenb. General von der Infanterie und Gouverneur von Magdeburg. 1665 den 18. September, erhielt er von Churfürſt Friedrich Wilhelm, wegen ſeiner, wider die Türken in der Expedition in Ungern bewieſenen Tapferkeit, die Anwartſchaft auf die Statthalterſchaft des Fürſtenthums Minden. 1674 den 21. December, ward er Generalfeldzeugmeiſter. 1676 den 7. Julius, ſchenkte ihm der Churfürſt, wie es in der deßhalb ausgeſtellten Urkunde lautet, wegen ſeiner treuen, tapferen Konduite und aufrichtigen Eifer, zur Beförderung des churfürſtlichen Dienſtes, und Intereſſe, ſo er bei allen vorfallenden Gelegenheiten, inſonderheit aber, bei den damaligen ſchweren Kriegesläuften ſpüren laſſen, die Inſel Uſedom

Zweyt. Theil.   M   erb-

erblich, und gab ihm, den 4. August s. J., die Versicherung, daß wenn künftig diese Insel, etwan zu den Domainen mögte gelegt werden, ihm 12000 Thaler, nebst denen beweißlichen Meliorations-Kosten, bezahlt werden sollten. Er starb 1699, und hat mit Charlotten Elisabeth gebohrnen Prinzessin von Anhalt-Köthen, zwei Prinzen und drei Prinzessinnen erzeuget.

George Ernst von Holzendorf,

Königl. Preuß. Generalmajor, Chef und General-Inspekteur der gesammten Artillerie und deren Magazine, wie auch von der Ekole-d'Artillerie und ihrer Oekonomie, Ritter des Ordens pour le Merite.

Er ward 1714 den 14. Februar zu Calbe an der Saale gebohren, und war ein Sohn, Ernst Konrads Holzendorfs, der 1751 auf seinem Rittergute Colbitz, als Königl. Generalchirurgus der Armee, Doctor und Leibchirurgus des Königs, und Dechant zu Lübbecke gestorben, und ihn mit Barbara Cecilia von Senneville, die aus einer brabandschen adelichen Familie entsprossen war, erzeuget hat. Nachdem er von 1723 biß 1730, auf dem Joachimsthalschen Gymnasium nützlichen Unterricht genossen hatte, trat er im lezteren Jahre als Bombardier bei dem Artilleriekorps in Dienste, und würde weit früher avancirt sein, wenn nicht König Friedrich Wilhelm der Zweite, ihn wegen einer auf seinen

nem Vater geworfenen Ungnade, ein Jahr vor seinem Tode begradirt hätte. Er ward daher erst 1741 Sekonde- und 1746 Premierlieutenant. 1747 sandte ihn König Friedrich der Zweite, als Volontaire zur französischen Armee, unterm Kommando des Marschalls von Sachsen, nach den Niederlanden, und muste er nach seiner Rükkunft den Monarchen einen besonderen Bericht von dem was er gesehen und erfahren hatte abstatten, womit derselbe sehr zufrieden war. 1755 ward er Stabskapitain, 1758 Oberfeuerwerksmeister und erhielt eine Kompagnie, 1761 Obristwachtmeister, 1770 Obristlieutenant, 1771 den 18. Junius Obrister und 1779 den 19. Junius Generalmajor. Während seinen vieljährigen Kriegesdiensten, hat er den Schlachten bei Molwitz, 1741, Hohenfriedsberg und Soor, 1745, Laffeld in Braband 1747, Lowositz, 1756, Prag, Breßlau und Leuthen 1757, in welcher lezteren er durch eine Stückkugel an der linken Lende starck verwundet ward; Zorndorf und Hochkirch 1758, Lignitz 1760, der Attake auf den Burckersdorfer Anhöhen 1762, dem Bombardement von Reisse, den Belagerungen von Brieg und Reisse 1741, der von Prag zweimal, nemlich 1744 und 1757, Bergen op Zoom 1747, Olmütz 1757, Dresden 1760, und Schweidnitz 1762, rühmlichst beigewohnet. 1756 nach der Schlacht bei Lowositz, erhielt er den Orden pour le Merite, und ward vom Könige, in Betracht der von ihm geleisteten rühmlichen Kriegesdienste, und ins besondere bei gedachten Schlachten und Belagerungen, bezeigten tapferen Muths und Standhaftigkeit, auch seiner vorzüglichen Eigenschaften, 1767 den 21. Januar, mit

mit seinen Nachkommen beiderlei Geschlechts, in den Adelstand erhoben. Friedrich der Zweite schäzte ihn wegen seiner großen Kenntnisse und Erfahrungen in Artilleriewesen sehr, und übertrug ihm noch bei Dieskau's Lebzeiten, den sein hohes Alter zum Dienst unfähig gemacht hatte, die Verwaltung der weitläuftigen Geschäfte bei der Artillerie, und als er, 1785 den 10. December starb, bezeigte er sein Bedauern darüber, auf eine rührende und für ihn sehr ehrenvolle Art. Sein wichtiger Posten ward hierauf getrennt, das Kommando des sämtlichen Artilleriekorps, erhielt der damalige Obriste und jetzige Generalmajor von Ditmar, und die Besorgung der ökonomischen Geschäfte und der Magazine der Obriste von Moller. Mit Louisen Dorotheen gebohrnen Roebern, die 1779 den 30. April zu Breßlau starb, erzeugte er in einer achtundzwanzigjährigen Ehe, zwei Söhne und zwei Töchter, welche leztere, vor dem Vater starb. Sein Bildniß hat Krüger, sehr wohlgetroffen, in Kupfer radirt, davon sich eine Kopie, vor einem Theile der Krünizschen Encyclopedie befindet.

Johann Heinrich von Holtzmann,

Königl. Preuß. Obrister und Kommardeur des Schlesischen Artillerie-Garnisonbataillons.

Er ist zu Berlin aus einer guten bürgerlichen Familie gebohren worden. 1720 den 1. September, kam er als Kanonier zum Artilleriekorps; ward 1728 den 1. Okto-

Oktober Sekonde, 1732 den 1. September Premier-lieutenant, (Staabskapitain ist er nicht gewesen) 1741 den 19. November Kapitain, 1753 den 26. Oktober Major, 1755 den 20. April Obristlieutenant, 1759 den 25. Februar Obrister, 1763 den 18. April Kommandeur der schlesischen Artilleriegarnisonkompagnien. Starb zu Neisse, 1776 den 28. September, im 70. Jahre seines Alters. Während seiner vieljährigen Dienste, hat er den sämtlichen Feldzügen König Friedrich des Zweiten beigewohnt. 1741 den 11. April, erhob ihn dieser Monarch, nebst seinen Brüdern Ernst Friedrich, der 1759 den 15. Oktober, als Königl. Preuß. Obrister und Kommandeur des zweiten Battaillons vom Artillerieregiment verstorben ist, und George Ludwig, der 1754 den 26. Januar zu Berlin starb, in den Adelstand. Er ist mit einer verwittweten Hauptmannin Damerow verehlicht gewesen, davon aber keine Kinder vorhanden gewesen.

Eustachius von Honßbergk,

Chur-Brandenb. Rittmeister zu Pferde.

1577 Montags in den heiligen Ostern, bestellte Marggraf Joachim Friedrich von Brandenburg, zu Halle, Eustachium von Honßbergk, für einen Rittmeister, mit 400 Thaler jährliche Besoldung und Kleidung. Es wird im Patente gesagt: er werde laut Kaiser Carols und des Heil. Röm. Reichs alten und hergebrachten Bestallungen in Dienst genommen.

Man muß sich nicht hier einen heutigen Rittmeister denken; denn Houßbergk war in dieser Qualität als Obrister über die kleine, oder vielleicht noch gar nicht existirende, sondern erst bei entstehendem Kriege anzuwerbende Kavallerie des Marggrafen, anzusehen.

Karl Reinhold von Horcker,

Königl. Preuß. Generalmajor von der Kavallerie.

Er war aus der Neumark gebürtig. Sein 1696 verstorbener Vater, Hans Siegismund von Horcker, besaß das Guth Glasow. Bei dem du Hamelschen Kavallerieregiment, stand er 1692 als Lieutenant, und 1694 als Rittmeister. 1705 den 3. Januar, wird er als Obrister zum Generalmajor ernannt; muß aber außer Dienst gewesen sein, da ich ihn weiter in keiner Liste von der damaligen preußischen Armee aufgeführet finden kann. Starb 1727 den 19. April.

Magnus Friedrich von Horn,

Königl. Preuß. Generallieutenant und Gouverneur von Geldern.

Er war ein Pommer von Geburt, und hatte die Feldzüge Churfürst Friedrich Wilhelms mitgemacht, als er 1682, als Obrister eines Battaillons, welches aus dem Regimente, das der im letztgedachten Jahre verstorstorbenen Generalmajor Johann von Ziethen, gehabt, zuzogen wurde; das andere Bataillon erhielt der Fürst Anton Günther von Anhalt-Zerbst. Mit demselben wohnte er den Feldzügen in den Niederlanden bei, und befand sich 1695. bei der Belagerung von Namur, 1698 ward er Generalmajor, und 1701 an des nach Minden versetzten Obristen von Bornstedt, Stelle, Kommendant zu Wesell. 1702 im März, diente er mit den preußischen, den Holländern zugesandten Hülfstruppen, unter Anführung des Generallieutenants von Heyden, und hatte eine besondere Freykompagnie. 1705 den 18. April, ward er Gouverneur von Geldern, und 1706 Generallieutenant. Starb zu Geldern 1713 den 14. März, und war mit einer gebohrnen van Stosch verehlicht, welche ihm verschiedene Kinder gebohren hat.

Friedrich Magnus von Horn,

Königl. Preuß. Generalmajor und Chef eines aus gefangenen Sachsen errichteten Infanterieregiments.

Er war ein Sohn des vorgedachten Generallieutenants und ist 1704 zu Geldern gebohren worden. 1724 kam er in preußische Kriegesdienste; ward 1730 Sekondelieutenant bei dem jetzigen von Schönfeldschen Regiment, 1740 Kopitain, 1748 Major, ward 1751 im Junius Obristlieutenant und 1754 im September Obrister. 1756 gab ihm der König das sächsische, bei Pirna gefangene Regiment Prinz Friedrich, welches aber bald auseinander ging. 1763 nahm er mit Generalmajorscharakter seinen Abschied. Von seinem 21. Jahre an hat er gedienet, und außer denen schlesischen Feldzügen, auch 1734 und 35 denen am Rheinstrohm beigewohnet. Er ist mit einer von Thiele, Tochter des 1732 verstorbenen Obristen Martin von Thiele, bei dessen Regiment, er gestanden, verheyrathet gewesen.

Christian Siegmund von Horn,

Königl. Preuß. Generalmajor und Chef eines Kuirassierregiments.

Er war aus der Prignitz gebürtig, und ist 1714 gebohren worden. Trat 1726 in preußische Dienste, und ward 1733 den 8. August, bei den Beneckendorfischen Husaren (jetzt von Eben) Kornet. War 1739 Sekondelieutenant bei dem Brunikofskyschen Husarenregiment (jetzt von Czettritz). 1749 im December, ward er als Major, Kommandeur des von Ziethenschen Husaren, und bald darauf bei dem Driesenschen Kuirassierregiment (jetzt von Ilow) versetzt, und 1758 im Februar, als Obristlieutenant, Obrister; erhielt 1759 im Januar, das letztgedachte Regiment selbst, und ward zugleich Generalmajor, als welcher er, 1762 entlassen wurde. Er hat von 1740 bis 1761, mit vieler Distinktion gedienet, und sich den Orden pour le Merite erworben. Nach erhaltenem Abschiede begab

er

er sich nach dem Mecklenburgischen, wo er sich häuß-
lich niederließ, und mit einer gebohrnen von Schack
verehlicht gewesen ist.

Ludwig von L'Hospital,
Königl. Preuß. Generallieutenant, Kommendant
von Memel und Chef eines Garnisonbattaillons.

Er war aus einem reformirten französischen adelichen
Geschlechte, welches viele, in der französischen Geschichte berühmte Männer, hervorgebracht hat, gebohren.
Sein Oheim der Markis de Beaupeau, hatte ihn in
Champagne erzogen, und zur Sicherheit, wegen der
Religion, nach Teutschland geschikt, da er am brandenburgischen Hofe, als Page des Churfürsten Friedrich Wilhelms, kam. 1689 den 30. März, machte
ihn Churfürst Friedrich der Dritte Wehrhaft, schenkte ihm
100 Thaler, und ernannte ihn zum Offizier bei seiner
Armee. In seinen ersten Feldzügen, wohnte er unter
andern der Belagerung von Bonn bei, und avancirte
sehr schnell bis zum Major, so daß er schon, 1719
den 14. Junius Obristlieutenant bei dem Regiment
Prinz Friedrich Wilhelm zu Pferde ward. 1718 den
29. August, erhob ihn König Friedrich Wilhelm der
Erste zum Obristen, bald darauf zum Kommendanten
von Königsberg in Preußen, und 1731 im Julius,
zum Generalmajor. 1742 erhielt er die Kommendantenschaft zu Memel, und zugleich das schon zuvor gehabte Garnisonbattaillon (zulezt Garnisonregiment von
Bose).

Bose). Starb 1755 den 25. März zu Memel, in einem Alter von 86 Jahren. Er hat den Feldzügen, der durch den Ryswick- und Utrechter-Friedensschlüssen geendigten Kriege, mit vieler Distinktion beigewohnet, und ist mit einer gebohrnen von Jaucourt verehlicht gewesen.

Christoph von Houwald,

Königlicher Schwedischer, auch Chur-Sächsischer und Chur-Brandenburgischer General, Geheimer Kriegsrath und Kammerherr, Herr der Herrschaft Straupitz, Waldeiten, Triecken und Posorten.

Seine Eltern sind der 1610 verstorbene Christoph von Houwald, und Ursula Löbenstein genannt Völckel gewesen, welche leztere ihn, 1602 den $\frac{1}{11}$ten December, zu Grimme in Meissen, zur Welt gebracht hat. Studirte auf dem Gymnasium zu Halle; begab sich darauf 1613 zu dem Hauptmann Wilhelm von Bobendick, mit dem er verschiedene Reisen durch Deutschland machte. 1616 ward er, als der Kaiser zu Augspurg wider die Venetianer werben ließ, Schütze, unter des Hauptmanns von Strasoldo Kompagnie, beim Buquoyschen Regiment, und machte den Feldzug in Italien, bis 1618 mit, nach dessen Endigung er sich nach Böhmen begab, und unter des Grafen von Thurn Regiment Musketier, bald darauf Landspassate, und end-

endlich Gefreyter ward. Hierauf nahm er als Gefreyter, bei des sächsischen Obristen Krahen Regiment,
Dienste. 1621 ward dies Regiment zu Merseburg abgedankt, und er kam wieder als Gefreyter Korporal bei des Obristen Kakzows Regiment, unter dem Grafen von Mansfeld, der damals
in der Unterpfalz stand. Als Fourier ward er in der
Schlacht bei Fleury, am linken Arme verwundet; jedoch ohne dadurch gelähmt zu werden. Als auch des
Grafen von Mannsfeld Armee größtentheils zerstreuet
und abgedankt wurde, und Herzog Christian von Braunschweig eine andere errichtete, ward Houwald Sergeant
bei dessen Leibgarde, und erhielt ein Werbepatent auf
50 Mann. Er war der erste, der auf dem Musterplatze zu Gröningen im Fürstenthum Halberstadt, mit
tüchtiger Mannschaft versehen, erschien, worüber der
Herzog so zufrieden war, daß er ihn zum ältesten Ser-
geanten bei seiner Leibkompagnie machte. Hierauf
wohnte er verschiedenen scharfen Gefechten, und besonders dem bei der Stadt Loo, gegen den Grafen
Tylli, worinn er am linken Schenkel durch einen Schuß,
und am Kopfe durch einen Hieb tödtlich verwundet wurde, und auf dem Wahlplatze unter den Todten entblößt
liegen blieb, bei. Nachdem er sich kümmerlich sein Leben gerettet, und seine Gesundheit wieder hergestellet
hatte, begab er sich auf's neue zum Herzoge von Braunschweig, der ihn nicht allein gern und gnädig aufnahm,
sondern ihn auch, unter des Herzog Bernhards von
Weimar Leibkompagnie, in Besoldung der Generalstaaten, als Sergeant beförderte. Als diese Truppen aber
auch wieder zerstreuet wurden, ging er 1623 im Januar,

nuar, zu Hamburg, unter des damaligen königlich/ schwedischen Obristen Hans George von Arnim Leib/ kompagnie als Sergeant. 1624 befand er sich in Lief/ land, wohin sich die Kriegesunruhen gezogen hatten. Hier ward das Arnimsche Regiment entlassen, Hout/ wald aber, wegen seiner stets bewiesenen Bravour, dem König Gustav Adolph von Schweden empfohlen, der ihm mit Uebergebung seiner Leibkompagnie zum Hauptmann, und bald darauf 1627 in preußischen Kriege, bei dem blauen Regimente zum Major bestellte. Er wohnte hierauf den Feldzügen in Preußen und Lief/ land, mit vieler Distinktion bei, und erhielt bei ver/ schiedenen Gelegenheiten Wunden. Als Gustav Adolph nach Teutschland ging, und mit seiner Armee bei Wol/ gast angelangt war, ernannte er Houwald, bei dem gedachten blauen Regiment, zum Obristlieutenant. Nach den Aktionen bei Frankfurt an der Oder und bei Rib/ nitz, ward er Obrister. Besonders bewieß er seine Tapferkeit, bei der mit Sturm eingenommenen Stadt Frankfurt an der Oder, in welcher die ganze kaiserliche Besatzung aufgerieben ward, und wodurch die schwedi/ schen Angelegenheiten sich sehr erhoben. Der König schrieb ihm dieses glücklich ausgeführte Unternehmen größtentheils zu, bestättigte auch seinen verdunkelten Adel, mit Beilegung eines neuen und schönen Wap/ pens. 1631, befand er sich im Treffen bei Leipzig, nach welchem ihn der König auftrug, ein Regiment von 3000 Mann zu werben, und zum Musterplatze ihm den ganzen Egerschen Kreiß anwieß. Er eroberte hierauf Hanau, und nahm nun auch, die vorher aus/ geschlagene Obristencharge und den Auftrag an, drei

Re-

Regimenter, eines zu Pferde und zwei zu Fuß zu errichten. In drei Monaten stellte er dem Könige, zu dessen großen Zufriedenheit, zu Frankfurt am Mayn, 1000 Mann zu Pferde und 3500 Mann zu Fuß, in völliger Montur dar. Er erhielt folgends, das Oberkommando über verschiedene Garnisonen, als über die Stadt und Festung Hanau, Friedburg, die Reichsstädte Worms, Speyer, Gochhausen, Höchst und Festung Rieselsheim, und ward 1632, der neuerrichteten Armee, bei der Infanterie, welche damals 11000 Mann stark war, als Generalmajor vorgestellt. In dieser Charge hat er verschiedenen Schlachten und Aktionen beigewohnet. Ein Jahr nach des Königs Tode, nahm er seinen Abschied, trat in sächsische Dienste, als Generalmajor mit dem Kommando, über die damals in Schlesien stehende sächsische Regimenter zu Roß und Fuß, desgleichen über alle Besatzung. Er blieb aber nur in solchen, bis zum Prager-Frieden, nach welchem er, aus unbekannten Ursachen, seine Erlassung forderte und erhielt. Hierauf nahm ihn König Uladislaus der Vierte in seine Dienste, und übertrug ihm das Oberkommando der Stadt Danzig, wozu ihn, nach königlicher Verordnung, der Magistrat dieser Stadt feierlich berief. Während dem, suchten Kaiser Ferdinand der Dritte, König Ludwig der Dreizehnte von Frankreich, und König Christian der Vierte von Dännemark, mit Anbietung hoher Chargen, ihn bei ihren Armeen zu ziehen, welche Anerbietungen er aber sämtlich ausschlug. Nach Absterben seiner ersten Frauen, 1647, verließ er Danzig, und nahm wieder des Königs Uladislaus des Vierten von Polen Dienste an. Als aber dieser, ein

Jahr

Jahr darnach verstarb, ernannte ihn Churfürst Friedrich Wilhelm von Brandenburg, 1648, bei seiner Armee zum Generalmajor, auch Geheimenkriegesrath, und trug ihm auf, im Herzogthum Preußen, der Krone Polen zum Besten, einige Kavallerie und Infanterie zu werben. Im December d. J. erhielt er das Kommando in Kriegessachen, und 1651 Datum Lehnin den 4. May, ward er zum Kriegesrath bestellt. In Preußen kaufte er sich mit verschiedenen Güthern an, und erhielt 1655, von den preußischen Ständen auf dem Landtage, das Jus-Indigenatus. Die Rebellion der Kosacken in der Ukraine, nöthigte den König Johann Kasimir von Polen, bei dem Churfürsten um einige Hülfstruppen Ansuchung zu thun; dieser sandte Houwald mit einigen Völkern, und der Erlaubniß, wenn ihn der König in seine Dienste brauchen wolle, er solche mit der Verbindlichkeit, dem Churfürsten zu beständigen Diensten treu zu bleiben, annehmen könne, dahin. Er erhielt auch wirklich, in dreien Feldzügen wider die Kosacken, das Oberkommando der polnischen Armee, führte während denselben wichtige Thaten aus, und besonders 1657 in der Schlacht bei Beresteczko, in welcher die verbundene Kosacken und Tataren, 300000 Mann stark waren, erfochte er den herrlichsten Sieg. Zur Dankbarkeit erhielt er auch in Polen das Jus-Indigenatus, und der König vermehrte sein Wappen mit dem gekrönten polnischen Adler. 1654 verließ er die polnische Dienste, und begab sich auf seine Herrschaft Straupitz zur Ruhe. Starb 1663 den $\frac{25}{15}$ November, im 60. Lebensjahre. Er verehlichte sich zweimal, erstens mit Florentinen von der Beecke, die 1647

den

den 20. May, starb, und ihm vier Söhne und eine Tochter gebohren hat; zweitens 1651 mit Gottlieb von Bredow, Christophs von Polenz Wittwe, die 1652 im Oktober, ohne Kinder starb.

Reinhold Friedrich Freyherr von Hoverbeck,

Königl. Preuß. Generalmajor und Kommandeur des Leibkarabinierregiments.

War aus Preußen gebürtig, und 1719 gebohren. 1735 trat er bei dem Geßlerschen Regiment zu Pferde (jetzt von Mengden) in Dienste, war 1740 Kornet, 1750 Lieutenant, ward 1752 im März Rittmeister, 1760 im Januar Major, 1764 im April als Obristlieutenant, Kommandeur des Leibkarabinierregiments, im September s. J. Obrister, als welcher er, 1768 im Oktober, das letztgedachte Regiment selbst erhielt, und 1769 im September Generalmajor. Starb 1770 im December, und hat sämtlichen Kriegen, die König Friedrich der Zweite geführet, beigewohnt. Seine Ehegattin war, Juliane Magdalene Freyin von Zedlitz, davon auch Kinder vorhanden sind.

Chri=

Christoph Ernst Freyherr von Hoverbeck,

Königl. Preuß. Generalmajor, Chef eines Kuraßierregiments, des Ordens pour le Merite Ritter.

Er ward 1725 in Preußen gebohren, und war der sechste Sohn, Adam Bogislaus Freyherrn von Hoverbeck, und Sophien von Polenz. 1738 trat er bei dem jetzigen von Dolffschen Kuiraßierregiment als Standartenjunker in Dienste; ward 1741 Kornet, 1745 Lieutenant, 1747 Staabs- und 1758 wirklicher Rittmeister, 1760 Major, 1772 Obristlieutenant, 1773 Obrister, 1775 Kommandeur des Regiments, 1779 im Januar Generalmajor und Chef des erledigten von Seelhorstschen Kuiraßierregiments (jetzt H. von Sachsen-Weimar). In den Schlachten bei Molwitz, Chotusitz, Hohenfriedeberg, Sorr, Keßelsdorf, Breslau, Hochkirch, Kay, Kunersdorf, Torgau und Freyberg, und bei den Belagerungen von Brieg, Prag und Schweidnitz ist er gegenwärtig gewesen, und in den Schlachten von Hohenfriedeberg und Breslau, wie auch in der Aktion bei Schmirsitz, ist er verwundet worden. Nach der Schlacht bei Torgau, erhielt er, wegen seiner darinnen bewiesenen Tapferkeit, den Orden pour le Merite. Starb zu Anfang des Jahres 1781, und ist mit einer gebohrnen Freyin von Hoverbeck verehlicht gewesen, davon dreizehn Kinder, von denen aber nur noch vier Söhne am Leben sind, gebohren worden.

Otto

Otto Kasimir von Hülleſſen,

Königl. Preuß. Generalmajor, Kommendant zu Magdeburg, und Chef eines Garniſonbattaillons; ehemaliger Kommandeur eines Freybataillons.

Er iſt 1722 aus einem alten churländiſchen Geſchlechte gebohren worden, und trat im 18. Jahre in preußiſche Dienſte. 1759 errichtete er zu Stettin zwei Freykompagnien, die zulezt auf ein Bataillon geſezt wurden, mit denen er in Pommern und in Schleſien, bei Charlotterbrunn, ſich rühmlichſt hervorgethan hat. Nach geſchloſſenem Frieden, 1763 ward dies Bataillon reduzirt, und der König nahm ihn in ſein Gefolge; ſezte ihn, 1773 als Kommandeur zum Krockowſchen Füſelierregiment, und ernannte ihn 1782 den 20. May, zum Generalmajor und Kommendanten zu Magdeburg. 1784 erhielt er das von Rüchelſche Bataillon in Aken.

Johann Dietrich von Hülſen,

Königl. Preuß. Generallieutenant von der Infanterie, Ritter des ſchwarzen Adlerordens, Chef eines Regiments zu Fuß, Domdechant zu Minden und Gouverneur zu Berlin.

Er ward 1693 in Preußen gebohren, und trat 1710, ſehr jung, in preußiſche Dienſte, bei dem Röberſchen

Regiment (jezt Graf von Henckel). 1715 den 8. Junius ward er Fähnrich, 1722 den 1. August Seconde, und 1728 den 13. Julius Premierlieutenant, 1735 im November Staabs- und 1738 wirklicher Hauptmann. 1740 sezte ihn König Friedrich der Zweite, als Major, zu dem neuerrichteten von Münchowschen Regiment (jezt von Raumer). Ward 1743 den 11. Junius Obristlieutenant, 1745 den 9. November Obrister, 1754 den 11. September Generalmajor, und erhielt den Orden pour le Merite. 1756 bekam er das Regiment des verstorbenen Generallieutenants von Bredow zu Halberstadt. 1758 im März, ward er Generallieutenant; erhielt im November d. J. den schwarzen Adlerorden, 1759 die Würde eines Domdechanten zu Minden, und 1763 das Gouvernement zu Berlin. Er wohnte dem österreichischen Successionskriege, den Feldzügen in Sachsen, von 1740 bis 1745 bei, und war bei den wichtigsten Vorfällen gegenwärtig. 1756 rückte er mit seinem Regimente in Sachsen ein; befand sich, den 1. October, in der Schlacht bei Lowositz, kam 1758 mit einem besonderen Korps in Sachsen zu stehen, ging aber zu Ende des Feldzuges nach Schlesien. 1759 wohnte er der Schlacht bei Kunersdorf gegen die Russen bei, ward durch die Lende geschossen, aber bald und glücklich wiederhergestellt. Er bekam hierauf wieder ein besonderes Korps in Sachsen zu kommandiren, welches er gegen die Reichsarmee anführte, und ihr auch bei Strehlen ein Treffen lieferte. Ob ihm gleich die Feinde jederzeit überlegen waren, so wuste er sich doch, durch Beihülfe seines damaligen Adjutanten, den nachmaligen Generallieutenant von

Saudi

Gaudi, stets so vorsichtig zu postiren und zurückzuziehen, daß sie ihm nichts anhaben konnten, im Gegentheil von ihm öfters starken Verlust erlitten, welches er sonderlich bei der großen Kanonade, ohnweit Wittenberg, 1760 den 2. Oktober bewieß. 1761 im November, half er dem Könige, den Sieg bei Torgau erfechten. Starb zu Berlin, 1767 den 29. May, im 74. Jahre seines Alters, unverehlicht.

Johann Salomon von Hülsen,
Königl. Preuß. Generalmajor von der Kavallerie.

War ein gebohrner Preuße, und stand 1692, als Obristlieutenant bei dem Flemmingschen Reuterregiment, und 1703 als Obrister bei Wartensleben zu Pferde; ward 1705 den 9. Junius, Generalmajor, und erhielt 1710 den 21. Januar, den Orden pour la Generosite, worauf er bald verstorben ist.

Bernhard Friedrich von Hülsen,
Königl. Preuß. Obrister und Chef des Königsbergschen Landregiments.

Aus Preußen gebürtig. Er erhielt 1756 als Obrister, das Landregiment zu Königsberg in Preußen, und starb 1763.

Bernhard von Hüet, (nicht Hutten, wie er in vielen Nachrichten von der preußischen Armee, gar fälschlich genannt wird) Churbrandenburgischer Generalmajor von der Infanterie und Chef eines Regiments zu Fuß.

Er war ein gebohrner Schweizer, und ward in churbrandenburgischen Diensten, 1688 den 5. August, Obrister, und im Oktober d. J. Kommendant zu Magdeburg, wo er eine Freykompagnie hatte, aus welcher nachmals, das jetzige von Jung-Bornstedtsche Infanterieregiment gestiftet wurde. 1692, hatte er ein eigenes Regiment von zwei Bataillons. Im leztgedachten Jahre, stiftete der Churfürst da er die Huldigung zu Halberstadt annahm, zwischen ihn und einer von Wartenberg, (Schwester oder Anverwandte des berühmten Oberkämmerers Joh. Kasimir Kolbe Grafen von Wartenberg) die Ehe, die in des Churfürsten und seines Gefolges Gegenwart, den 17ten Oktober, feierlich vollzogen ward.

. . . . **von Hundebeck,** Churbrandenburgischer Obrister und Chef eines Regiments zu Fuß.

Er war aus Westphalen gebürtig; stand bereits 1655 in churbrandenburgische Dienste als Obrister, und errichtete im selbigen Jahre, im Mindenschen, ein Regiment

ment zu Fuß. 1656 als der Churfürst Friedrich Wilhelm mit seiner Armee nach Preußen ging, mußte Hundebeck nebst dem Obristen von Bärwinckel, Meseritz und Schwedt besetzen, und 1659 lag sein Regiment zu Stendal, und Salzwedel in der Altenmark, in Garnison.

Karl Wilhelm von Jäger,
Königl. Preuß. Obristlieutenant und Kommandeur eines Grenadierbataillons.

Er war aus der Neumark gebürtig; stand 1730 als Premierlieutenant, und 1740 als Grenadierkapitain bei dem Regimente Prinz Heinrich (jetzt von Kleist), 1744 ward er Obristlieutenant und Kommandeur eines Grenadierbataillons, welches aus den Grenadierkompagnien der Regimenter von Varenne und von Kreytzen zusammengesetzt war. Starb 1744 im December, an seinen beim Ausmarsche aus Böhmen empfangenen Wunden, im 58. Jahre seines Alters.

George Christoph von Jaschinesky,
Königl. Preuß. Obrister und Kommandeur der Garde du Korps.

Er war ein Litthauer von Geburt, und diente zuerst bei dem von Marwitzschen Regimente, (jetzt Herzog von Braun-

Braunschweig) von dem ihn König Friedrich der Zweite 1741 wegnahm, und als Rittmeister zu der neuerrichteten Garde du Korps versezte, und ihn folgends, zum Obristen und Kommandeur derselben ernannte. 1747 den 20. September, ward er zu dem von Bornstedtschen Kuirassierregiment (jezt von Manstein) als Kommandeur versezt, und 1750 im September seiner Dienste entlassen. Im November leztgedachten Jahres, erhielt er ein Gnadengehalt und die Drostey Orsoy im Herzogthum Clevé. Er begab sich darauf nach Königsberg in Preußen, wo er noch im Jahre 1787 in schwacher Gemüthsverfassung lebte. Er ist mit einer Tochter des kaiserlichen Generalfeldmarschalls Freyherrn von Roth verehlicht gewesen, die vor ihm starb. Trenck hat in seiner eigenen Lebensbeschreibung, 1. Th. S. 49. 67 und 174, vieles von Jaschinsky angeführet, welches aber nur zum Theil Glauben verdient.

Joachim Christoph von Jeetz,

Königl. Preuß. Generalfeldmarschall, Gouverneur von Peitz, Ritter des schwarzen Adlerordens, Chef eines Regiments zu Fuß, Amtshauptmann zu Wolmirstedt und Wansleben, Senior des Jeetzschen Geschlechts, auf Hohenwulsch, Büst, Poritz, Dölnitz 2c. Erbherr.

Er ward zu Hohenwulsch 1673 den 16. September gebohren, und sind seine Eltern, Joachim Parum von

Jeetze

Jeetze und Dorothee Elisabeth von Binzelberg gewesen. Nach einer guten häußlichen Erziehung, ward er 1686 Page bei Churfürst Friedrich Wilhelm, deßen feierliches Leichenbegängniß er 1688 beiwohnte. Sodann trat er als Freywilliger, bei dem Regiment Markgraf Philipp, in Kriegesdienste. 1689 wohnte er den Belagerungen von Rheinbergen, Kaiserswerth und Bonn bei, und ward wegen des bei diesen Gelegenheiten bewiesenen Muths, Fähnrich. Bei den kriegerischen Begebenheiten welche hierauf folgten, befand er sich größtentheils gegenwärtig; avanzirte 1693 zum Sekonder und 1697 zum Premierlieutenant. Im spanischen Erbfolgekriege, war er 1702, bei den Eroberungen von Kaiserswerth, Venlo und Ruremonde, 1703 bei den Einnahmen von Rheinbergen und Geldern, und 1704 in dem Treffen bei Höchstädt, wo er im Unterleibe verwundet ward, und die empfangenen Kugel, bis in sein Grab mit sich trug. 1705 befand er sich bei den preußischen Hülfstruppen, die in Italien fochten, 1706 bei dem Entsatze von Turin, 1707 bei dem Einbruch in die Provence, der Eroberung von Toulon, 1708 beim Einfalle ins Delphinat, den Eroberungen von Exilles und Fenestrelles, 1709 beim Einbruche in Savoyen, und bei vielen andern Gelegenheiten, bis zu dem 1713 geschlossenen Utrechter Frieden. 1702 war er indeßen Staabskapitain geworden, 1706 erhielt er eine Kompagnie, und 1712 die Majorscharge. 1715 war er bei der Belagerung von Stralsund gegenwärtig, und ward bei dieser Gelegenheit Obristlieutenant. 1719 den 15. Junius, erhob ihn König Friedrich Wilhelm der Erste zum Obristen, und versezte ihn bald darauf

zum

zum Finkensteinschen Regimente. 1733 erhielt er das erledigte Regiment von Thiele (jetzt von Schönfeld). 1734 und 1735 wohnte er dem Feldzuge am Rheinstrohm bei, der aber, wie bekannt ohne besondere Vorfälle blieb. 1737 den 15. Januar, ward er Generalmajor. 1740 im December, brauchte ihn König Friedrich der Zweite bei der Blokade von Großglogau, und 1741 im Junius, bei der Einnahme von Namslau. In der Schlacht bei Molwitz, befehlichte er den lincken Flügel, und muste nach derselben auf königlichen Befehl, zur Belagerung von Brieg abgehen, und da solches den 5. Junius überging, ward er gleich darauf Generallieutenant von der Infanterie. Als der Monarch, im Lager bei Grotkau, das erste Treffen der Armee ausrücken ließ, um solches zu besichtigen, ließ er vor demselben, durch seinen ersten Generaladjutanten, Jeetzen den schwarzen Adlerorden umhängen, und bestellte ihn bald darauf zum Gouverneur von Peitz, und den 21. August, zum Amtshauptmann von Wolmirstedt und Wansleben. In der Schlacht bei Czaslau, 1742 den 17. May, führte Jeetz den lincken Flügel des ersten Treffens an, verlohr dabei das Pferd unterm Leibe, und blieb unter den Todten liegen, ward aber glücklich gerettet, und konnte noch, da ihm der König, auf erhaltene Nachricht von seiner Lage, ein Pferd zugesandt hatte, den Feind verfolgen. 1744 half er Prag erobern; erhielt 1745 den 19. Januar, das Patent als General von der Infanterie, und befehlichte in der Schlacht bei Hohenfriedeberg, den 4. Junius letztgedachten Jahres, den rechten Flügel des ersten Treffens, den er auch, den 30. September, im

Ge-

Gefechte bei Trautenan anführte. 1747 den 26. May, ward er Generalfeldmarschall. Starb 1752 den 11. September zu Potsdam, wohin ihn der König damals berufen hatte, im 78. Jahre seines Alters, und liegt auf sein Guth Hohenwulsch begraben. Sein Leben hat Prof. Pauli, im 9. Theile seiner Leben großer Helden. S. 129 u. f. ausgedehnter beschrieben. 1708 den 13. May, hat er sich mit Dorotheen Sophien von Börstell, aus dem Hause groß und klein Schwarzlosen verehlicht, und mit ihr vier Söhne und eine Tochter erzeugt.

Adam Friedrich von Jeetze,

Königl. Preuß. Generallieutenant von der Infanterie, Chef eines Regiments zu Fuß, Amtshauptmann zu Mühlenhof und Mühlenbeck, Ritter des Ordens pour le Merite, Erbherr auf Poritz, Büst und Jeetze.

Seine Eltern waren Adam Friedrich von Jeetze, der 1717 den 2. März, als churbrandenburgischer Kornet, verstarb, und Hedwig Elisabeth von Eichstedt aus dem Hause Eichstedt, die 1739 den 10. März, die Welt verließ, und ihn, 1689 den 26. August, zu Flessow, zur Welt gebohren hat. Mit Anfang des Jahres 1708, trat er, bei dem Regiment M. Philipp Wilhelm als Fahnjunker in Dienste, und befand sich bis 1712, in den Feldzügen, welche durch den Utrechter Frieden beendet wurden. 1713 ward er Fähnrich bei das Kameckensche Regiment; (jezt von Lichnowsky) befand sich 1715, in dem pommerschen Feldzuge, und besonders den 21. August d. J., bei Bestürmung der Peenamünder Schanze. Gleich darnach ward er Sekondelieutenant; landete den 15. November auf der Insel Rügen, und befand sich bei der Belagerung von Stralsund. 1721 ward er Premierlieutenant, hierauf Regimentsadjutant, und ließ sich, auf eine sehr nützliche Art zu Werbegeschäften brauchen. 1723 den 10. Julius, ernannte ihn der König zum Staabshauptmann, und gab ihm 1723 eine Kompagnie. 1734 den 29. May, ward er Major, und erhielt den Orden pour la Generositee. Um diese Zeit bediente sich der König seiner, zu wichtigen Geschäften, und würdigte ihn dagegen eines vorzüglichen Vertrauens und ausgezeichneter Gnade. König Friedrich der Zweite, gab ihm, gleich nach Antritt seiner Regierung, statt des vorerwähnten Ordens, den neugestifteten Orden pour le Merite, und erhob ihn, 1741 den 2. Februar, zum Obristlieutenant. Den 10. April lezgedachten Jahres, befand er sich in der Schlacht bei Molwitz, im Oktober, bei der Belagerung von Neisse, und 1742 in der Schlacht bei Czaslau. Im zweiten schlesischen Kriege, ward er, 1745 den 16. Januar, Obrister, und fochte in der Schlacht bei Hohenfriedeberg; nach welcher er Kommandeur des Regiments Prinz von Hessen-Darmstadt, (jezt von Kleist) ward. Während dem Treffen bei Soor, deckte er das Lager und die Bäckerey, und beim Rückzuge der Preußen aus Böhmen nach Schlesien, den Nachzug. Hierauf ward er zu der Armeé ge-

gesandt, welche der Fürst Leopold von Dessau an der Elbe zusammenzog, und bewieß in der folgenden Schlacht bei Kesselsdorf vorzügliche Bravour. 1747, schenkte ihm der König zum Beweise der Zufriedenheit mit seinem Diensteifer, die hohe Jagd auf seinem Gute Poritz, und gab ihm, 1748 im November, das la Mottesche Regiment (jezt von Brünning) mit Generalmajorscharakter, und den Amtshauptmannschaften von Mühlenhof und Mühlenbeck. Als 1756 der dritte schlesische Krieg ausbrach, fand sich Jeetz nicht mehr bei Kräfte, solchen mit machen zu können, und bat daher um seine Entlassung; diese erhielt er als Generallieutenant, mit einer Pension von 1500 Thalern. Starb auf seinem Guthe Poritz in der Altenmark, wo er den Rest seines Lebens außer Dienste zugebracht hatte, den 10. August 1762. Seinen Lebenslauf hat auch der Professor Pauli, in seinen Denkmählern berühmter Helden, 1 Th. S. 89 u. f. beschrieben. Er hat sich zweimal verehlicht 1) seit den 1. Julius 1739, mit Sophien Wilhelminen von Viereck, eine Tochter des preußischen Etatsministers Adam Otto von Viereck, die 1742 den 30. Oktober starb, und einen Sohn und zwei Töchter, welche sämmtlich vor den Vater starben, gebohren hat. 2) 1756 den 2. November, mit Sophien Marien Charlotten von Lattorf.

Hans

Hans Christoph von Jeetze,

Königl. Preuß. Generalmajor und Chef eines Garnisonregiments.

Ward 1694 den 12. Junius zu Flessow in der Altmark gebohren. Seine Eltern sind Adam Friedrich von Jeetz auf Poritz Erbherr, und Hedwig Elisabeth von Eichstedt aus dem Hause Eichstedt gewesen. 1711 trat er bei dem Regiment Kronprinz von Preußen in Dienste, und ward 1713 zu dem Kameckenschen Regiment (jezt von Lichnowsky) versezt, bei dem er, 1715 den 18. Februar, Fähnrich ward, und im pommerschen Feldzuge, der Einnahme der Peenamünder-Schanze, und der Eroberung von Stralsund, beiwohnte. 1718 den 30. Oktober, ward er Sekonde- 1723 den 10. Julius Premierlieutenant, 1730 Staabs- und 1734 den 28. März, wirklicher Hauptmann. Hierauf ward er zu Werbegeschäften mit vielem Nutzen gebraucht. König Friedrich der Zweite ernannte ihn, 1740 den 1. Oktober, zum Major, als welcher er sich, im ersten schlesischen Kriege, in der Schlacht bei Molwitz, im zweiten aber, in den Schlachten bei Hohenfriedeberg und Soor, in welcher lezteren er am Kopfe gefährlich verwundet ward, und bei dem berühmten Rückzug über die Elbe, rühmlichst hervorgethan hat. 1746 den 19. März, ward er Obrister, und erhielt das von Bredowsche Garnisonregiment (nachmals von Kowalsky). Achtzehn Tage vor seinem Absterben, bat er dem Könige um seine Dienstentlassung, die er, den 14. April 1754 mit Generalmajorscharakter erhielt. Starb zu Neustadt-Eberswalde, 1754 den 28. April, und liegt zu

lie-

Liebenwalde begraben. Sein ausgeführteres Leben, hat Prof. Pauli, in seinen Leben großer Helden, 9 Th. S. 167. u. f. beschrieben. 1746 den 10. August, hatte er sich mit Sophien Friderifen von Heßig verehlicht, davon aber keine Kinder gebohren worden.

Karl Wilhelm von Jeeß,
Königl. Preuß. Obristlieutenant, Hauptmann des ersten Battaillons Garde und Kommandeur eines Grenadierbattaillons.

Er war ein Sohn des vorerwehnten Generalfeldmarschalls, Joachim Christoph von Jeeße, und ist, 1710 den 1. Julius, zu Mantua in Italien gebohren worden. Er trat bei des Königs Friedrich Wilhelm des Ersten Leibregiment in Dienste, und da dessen Nachfolger, König Friedrich der Zweite, 1740 den Thron bestieg, ernannte ihn solcher, bei seiner neuerrichteten Leibgarde, zum Lieutenant mit Majorsrang. Als solcher ward er in der Schlacht bei Molwitz verwundet. 1741. den 15. Julius, ward er Staabshauptmann, und 1745 den 28. Julius Obristlieutenant von der Armee. 1744 im Oktober, erhielt er ein Grenadierbattaillon, welches aus den Grenadierkompagnien der Regimenter von Bonin und von Münchow zusammengesezt war, und 1757 ein anderes, welches aus den Grenadierkompagnien der Regimenter Marggr. Heinrich und von la Motte bestand. Mit dem ersteren zeigte er seine Tapferkeit in der Schlacht bei Hohenfriedeberg,
und

und in der Aktion bei Tein. Starb 1753 den 7. May zu Berlin. 1744 verehlichte er sich mit der Tochter des Generallieutenants von Einsiedel, Dorotheen Sophien, und erzeugte mit ihr zwei Söhne.

Ludwig von Jennay,

Königl. Preuß. Major und Chef eines Freibataillons.

Er war 1719 in Siebenbürgen gebohren, hatte 25 Jahre, in türkische, besterreichische und französische Dienste gestanden, und war zulezt Ingenieur, Geograph, Hauptmann und Adjutant des französischen Generallieutenants Grafen von Maillebois. 1759 kam er in preußische Dienste, errichtete 1760, in Ostfriesland, ein Freibataillon, unter dem Namen Volontaires d'Ostfrise, welches in den Jahren 1761 und 1762, verschiedene gute Unternehmungen ausführte, aber 1763 wieder redujirt ward. Jennay erhielt zugleich den Abschied, und verließ die preußische Staaten. Als Schriftsteller hat er sich durch eine Abhandlung über den kleinen Krieg bekannt gemacht.

Otto Friedrich von Jlow,

Königl. Preuß. Generalmajor und Chef eines
Kuirassierregiments, auf Schmogrey
Erbherr.

Er stammt aus der Neumark, und ist der einzige Sohn Detlof Otto von Jlow auf Schmogrey Erbherrn und Magdalenen Tugendreich gebornen von Jlow. 1740 trat er bei dem Leibkarbinierregiment in Dienste, ward 1746 den 28. May, im 23. Jahre seines Alters, Kornet, war 1756 Lieutenant, 1764 Rittmeister, ward 1768 den 3. Januar Major, 1780 Obristlieutenant, 1782 den 4. Junius Obrister, 1788 aber Generalmajor und Chef des gewesenen Graf Kalkreuthschen Kuirassierregiments. Er hat sämtlichen Feldzügen König Friedrich des Zweiten, und besonders den Schlachten bei Kesselsdorf, Lowositz, Prag, Collin, Roßbach, Kay und Kunersdorf, rühmlichst beigewohnet.

Johann Ludewig von Ingersleben,

Königl. Preuß. Generalmajor, Kommandeur der
Leibgarde zu Fuß, Hofjägermeister, Ritter des Ordens pour le Merite, Amtshauptmann zu Kolberg,
Erbherr auf Königsrode, Friedrichsrode
Wilkerode 2c.

Ward 1703 den 16. Oktober, zu Lippehne in der Prignitz gebohren. Seine Eltern waren, Kaspar Heinrich

rich von Ingersleben, Oberforstmeister im Mansfeldschen, Herr auf Königs- Friedrichs- und Willerode und
Wilhelmine von Lautensack aus dem Braunschweigischen.
Er ward von geschickten Hauslehrern erzogen; ging
1718 im 15. Jahre seines Alters, auf das Pädago-
ginin zu Halle, hielt 1721 eine öffentliche Rede, de
incrementis pontificatus romani, und erwarb sich hier
viel schäzbare Kenntnisse, die in der Folge seinen Werth
sehr erhöheten. Wegen seiner ausgezeichneten Leibes-
gestalt, nahm ihn der Fürst Leopold von Anhalt-Dessau als Junker zu seinem Regimente. Nach einem
halben Jahre, ward er Freikorporal, und bei der näch-
sten Revue, nahm ihn König Friedrich Wilhelm der
Erste zu seinem Leibregimente, und ernannte ihn nach
und nach zum Fähnrich, Lieutenant und Staabskapitain.
König Friedrich der Zweite, sezte ihn, den 6. Julius
1740 als Hauptmann bei seiner neuerrichteter Leibgarde, mit dem Prädikat eines Obristlieutenants von der
Armee, und ernannte ihn noch im selbigen Jahre zum
Amtshauptmann zu Kolberg. Im ersten schlesischen
Kriege, befand er sich in der Schlacht bei Molwitz,
und im Zweiten, that er sich bei verschiedenen Gelegenheiten rühmlich hervor, weshalb ihn der König,
1747 den 16. May, zum Obristen von der Armee,
1754 im Oktober zum Hofjägermeister, 1755 im Junius zum Obristlieutenant und Kommandeur der Garde, und 1756 den 22. May, zum Generalmajor ernannte. Im August lezgedachten Jahres, gab ihm
der Monarch eine besondere Zulage von 1200 Thaler.
Im Oktober d. J. half er die sächsische Armee bei
Pirna einschließen, befand sich in der Schlacht bei
Lowo-

Lorwoſitz, war drei Monath lang Kommendant von Dresden, wohnte 1757 den 6. May, dem blutigen Treffen bei Prag bei, worinnen er mit einer Kugel durch und durch geſchoſſen wurde, und auſſerdem von krepirten Bomben zwei Prellſchüße empfing. Eben ſo traf in der Schlacht bei Kollin, eine feindliche Kugel auf ſeine Geldbörſe, und am rechten Fuße erhielt er einen Prellſchuß. In der Schlacht bei Breßlau, 1757 den 22. November, in welcher die Oeſterreicher den Herzog von Bevern mit überlegener Macht angriffen, ward er tödtlich verwundet, und ſtarb wenig Tage darauf, den 27. November. Sein Leben hat auch Prof. Pauli, in ſeinen Leben großer Helden, 2. Th. S. 91 u. f., ſo wie auch andere, beſchrieben. 1742 den 11. Julius, hatte er ſich mit Charlotten Dorotheen Even, einer Tochter des Geheimenfinanzraths Chriſtian von Herold verehlicht, mit der er vier Töchter und zwei Söhne erzeuget hat.

Karl Ludwig von Ingersleben,

Königl. Preuß. Generalmajor, Chef eines Garniſonregiments, und Ritter des Ordens pour le Merite.

Er ward im Magdeburgiſchen gebohren; diente anfänglich, ſeit dem Jahre 1726 bei dem nunmehrigen Jung-Bornſtedtſchen Regiment; ward 1738 den 24. März, Premierlieutenant, avancirte nachmals, bei dem jetzigen von Lehwaldſchen Füſellerregiment, bis zum

Grenadierhauptmann; ward den 28. Oktober 1756, als Major, bei dem von Manstein'schen Infanterieregiment, welches aus denen bei Pirna gefangenen Sachsen errichtet wurde, gesezt. Als solches wieder einging, und der Rest davon untergesteckt worden war, kam er nach Stettin, wo er Kommandeur eines Grenadierbataillons ward, welches aus zwei Kompagnien vom Stettinschen Garnisonregiment, einer Kompagnie vom Landbataillon von Tettau und einer Komp. vom Landbataillon von Stosch bestand. Der Herzog von Bevern errichtete dieses Bataillon, indem er aus dem Landregimente und aus den Landbataillons, die sonst keine Grenadier hatten, die besten Leute aussuchte, wobei die Offiziere der reduzirten sächsischen Regimenter angestellt wurden. Es blieb dies erwehnte Bataillon 1763, nach geschlossenem Frieden stehen, und ersezte das damalige von Unruhische Grenadierbataillon. 1764 ward er Obristlieutenant und Kommandeur des Braunschen Füselierregiments, (jezt von Wolframsdorf), 1766 Obrister, erhielt 1769 im May das Mellinsche Garnisonregiment, und ward 1777 im Junius, Generalmajor. Er hat von 1740 an, allen Feldzügen, und in selbigen den Schlachten bei Mohwitz, Chotusitz, Habenfriedeberg, Kesselsdorf, Prag und Reichenbach, den Aktionen und Scharmützeln, bei Habelschwerdt, Wansen, Köslin, Neuensund, Pasewalk, Löcknitz, und dem Entsatze von Kolberg, wobei er den Orden pour le Merite erwarb, rühmlichst beigewohnet, ohne jemals gefangen, verwundet oder krank gewesen zu sein. Starb 1781 zu Heiligenbeil in Preußen, und hat mit einer gebohrnen von Mussow, verschiedene Kinder erzeugt.

Al

Rudolph August von Ingersleben,
Königl. Preuß. Obrister und Kommandeur eines Grenadierbataillons.

Er war ein Bruder des vorerwähnten Generalmajors Johann Ludwigs von Ingersleben, und ist 1704 den 19. December im Mansfeldschen gebohren worden. Zuerst stand er bei dem von Kalksteinschen Regiment (jetzt von Möllendorf); ward 1728 den 18. Februar Sekonde, 1730 den 30. März Premierlieutenant, erhielt 1740 eine Kompagnie, und ward 1741 als Major, zu dem neuerrichteten Jung-Dohnaschen Füselierregiment (jetzt von Hager) versetzt. 1744 erhielt er das Kommando eines Grenadierbataillons, welches aus den Grenadierkompagnien der Regimenter von Dossow (jetzt von Borch) und vom Garnisonbataillon von Kröcher (jetzt von Salenmon), bestand. 1748 ward er Obristlieutenant und 1752 Obrister. 1756 erhielt er wiederum das Kommando über ein Grenadierbataillon, welches aus den Grenadierkompagnien des jetzigen von Eckartsbergschen Füselierregiments und Salenmonschen Garnisonbataillons zusammengesetzt war. 1757 bekam er, kränklicher Gesundheitsumstände wegen, den gesuchten Abschied, nachdem er bis dahin, den wichtigsten Vorfällen in denen dreien schlesischen Kriegen, rühmlichst beigewohnt hatte. Starb vor einigen Jahren zu Eisleben, und ist mit Johanna Elisabeth von Pfuhl aus dem Hause Wimmelburg verehlicht gewesen, die ihm eine Tochter gebohren hat.

August Friedrich Freyherr von Isselstein.

Aus einer niederländischen Familie gebohren; diente unter Churfürst Friedrich Wilhelm bei dessen Armee, und hatte eine Freykompagnie zu Pferde errichtet, aus welcher nachmals das jetzige Prinz Louis von Würtembergische Kürassierregiment, 1683 errichtet wurde. 1686 den 9. Januar, ward er Obrister. Mehr ist mir von ihm nicht bekannt geworden.

August Friedrich von Itzenplitz,

Königl. Preuß. Generallieutenant, Chef eines Infanterieregiments, Ritter des schwarzen Adlerordens, Erbherr auf Hönnöpel, Ober- und Nieder-Mörmter, im Clevschen und Jerchel ꝛc.
in der Altenmark.

Seine Eltern waren Balthasar Friedrich von Itzenplitz auf Griben und Jerchel in der Altenmark Erbherr, und Katharine Sophie von Itzenplitz, die ihn 1693 im April, zur Welt brachte. 1709 trat er beim Varenesche Regiment (jetzt von Braun) als Gemeiner in Kriegsdienste, und wohnte im spanischen Erbfolgekriege, 1709 im Julius, der Eroberung von Dornick, den 11. September, der Schlacht bei Malplaquet bei, und that sich, bis zum Utrechter Frieden 1713, bei vielen Gelegenheiten hervor. 1715 ward er Fähnrich, und befand sich im Feldzuge in Pommern, 1717

1717 ward er Sekonde- 1720 Premierlieutenant, 1719 den 2. Oktober Staabshauptmann, erhielt 1724 eine Kompagnie, und ward 1737 den 21. Februar Major. Eine geraume Zeitlang, ward er zu Werbungen im Reiche, in der Schweiz und in Italien sehr nützlich gebraucht. 1739 kam er als Major zum Borckschen Regiment (jezt von Wendessen). König Friedrich Wilhelm der Erste, erwies ihm bei der ersten Musterung dieses Regiments die Gnade ihn zu fragen: wie viel Kompagnien er nun bereits schön gemacht habe? — schenckte ihm 3000 Thaler, und gab ihm nach und nach, eine Prälatur zu Camin, welche er nachmals wieder verkaufte, nebst der Antwartschaft auf die im Cleveschen belegene Lehngüther Hönnöpel, Ober- und Nieder-Mörmter, und folgends zwei Gnadengehälter, jedes von 500 Thaler. 1740 den 10. April, wohnte er der Schlacht bei Molwitz bei, und ward den 1. May Obristlieutenant. 1742 den 17. May, traf ihn in der Schlach bei Czaslau, eine Flintenkugel auf die Roktasche, zerschmetterte aber nur die darinn befindliche Tobaksdose. 1745 den 24. Januar, ward er Obrister, und befand sich den 4. Junius d. J. in der Schlacht bei Hohenfriedeberg, nach welcher er Kommandeur des Hackschen Regiments, (jezt von Alt-Bornstedt) ward, und im Julius den Orden pour le Merite, 1748 im Julius aber, das Mitdirektorium des berlinischen Serviswesens, erhielt. 1750 den 5. December, ernannte ihn der König zum Generalmajor, und gab ihm, 1751 den 3. November, das erledigte Schwerinsche Regiment (jezt von Braun). 1756 den 1. Oktober, befand er sich in dem Treffen bei Lowo-

siz,

fiß, und hatte in seiner Brigade die Regimenter von
Manteufel und das seinige, mit welchem er im zweiten
Treffen stand, während der Schlacht aber, mit dem letzteren vorrücken muſte. Nach der Schlacht, gab ihm
der König, ein besonderes Gnadengehalt von 500
Thaler. 1757 den 6. May, führte er in der Schlacht
bei Prag, eine Brigade an, befand sich darauf bei der
Belagerung von Prag, unter dem Oberbefehle des
Generalfeldmarschalls von Keith, und deckte den Rückzug der Preußen aus Böhmen nach Schlesien. Bei
Roßbach, führte er eine Brigade auf dem rechten Flügel an, und eroberte damit eine Batterie von fünf Kanonen. Als hierauf der König nach Schlesien ging,
blieb Itzenplitz unter dem Oberbefehle des Generalfeldmarschal Keiths, in Sachsen zurück, ward hier zu verschiedenen wichtigen Expeditionen, unter andern auch
zur Abbrennung der Brücke bei Leutmeritz gebraucht.
1758 den 23. Januar, ward er Generallieutenant,
und diente hierauf bei der Armee des Prinzen Heinrichs. Da sich dieser hierauf mit dem Könige vereinigte, ließ er ein Korps von 12000 Mann, bei Dresden, unter Itzenplitz's Kommando stehen, mit welchem
er Sachsen, gegen die Oesterreicher und die Reichsarmee deckte, und wegen der dabei bewiesenen Vorsicht
und Klugheit, den schwarzen Adlerorden erhielt. 1759
drang er mit den preußischen Truppen bis Bamberg
vor, und kehrte mit ansehnlicher Beute und vielen Gefangenen von der Reichsarmee, wieder zurück. Den
12. August letztgedachten Jahres, befand er sich in der
Schlacht bei Kunersdorf, kommandirte den rechten Flügel des zweiten Treffens, erhielt zu Anfang einen leichten

ten Streiffschuß über den Kopf, verlohr darnach das Pferd unter dem Leibe, ein Fuß ward gequetscht, ein matter Schuß fiel auf die linke Schulter, eine kleine Kugel fuhr ihm durch das unterste Gelencke des Mittelfingers der rechten Hand, und blieb ihm, wegen des Degengefässes in der holen Hand, in der Haut hängen. Diesem allen ohnerachtet, nahm er den Degen in der linken Hand, und kommandirte fort, bis ihn der häufige Verlust von Blut nöthigte, abzusteigen und sich verbinden zu lassen. Kaum war dies geschehen, so forderte er ein Pferd wieder, um weiter zu fechten, allein er war so matt, daß er solches nicht möglich machen konnte; sezte sich daher auf die Erde platt nieder, und verließ das Schlachtfeld nicht eher, bis die preußische Armee, sich völlig zurückzuziehen genöthiget ward. Er ließ sich darauf nach Küstrin, und von da nach Stettin bringen, wo er 1759 den 25. September, im 73. Jahre seines Lebens starb, und daselbst begraben liget. Seinen Lebenslauf, hat der oftermähnte Prof. Pauli, in seinen Leben grosser Helden 5. Th. S. 215 u. f. beschrieben. 1739 den 4. September, hatte er sich mit Charlotten Sophien, einer Tochter des Etatsministers Adam Otto von Viereck verehlicht, und mit derselben einen Sohn und eine Tochter erzeugt.

Joachim Christian Friedrich von Itzenplitz,

Königl. Preuß. Generalmajor, Chef eines Garnisonregiments, auf Jerchel Erbherr.

Gebohren 1706 den 6. März, aus der Ehe Balthasar Friedrichs von Itzenplitz auf Grieben und Jerchel in der Altenmark Erbherrn, und dessen zweiten Gattin Sophia von Ziethen. 1721 trat er bei dem Laujardierschen Regiment (jezt von Lengefeld) in Dienste, ward 1723 Fähnrich, 1729 den 11. November Premierlieutenant, und erhielt 1741, beim Jung-Dohnaschen Regiment (jezt von Hager) eine Kompagnie; ward darauf ferner Major, 1751 im Junius Obristlieutenant, 1757 im Februar Obrister, und 1759 im August Generalmajor. 1760 im März, erhielt er das Langensche Garnisonregiment (nachmals von Kowalsky). Er hat sämmtlichen schlesischen Kriegen beigewohnt, ward in der Schlacht bei Kunersdorf am Fuß verwundet, und starb, zu Neustadt-Eberswalde, 1765 den 18. April, im 60. Jahre seines Alters. Zweimal verehlichte sich, 1) mit Viktoria Sophie von Reder, die 1764 den 20. August starb, 2) mit Charlotten Wilhelminen Ursinus von Bähr, die noch zu Berlin lebt.

Heinrich Friedrich von Itzenplitz,
Königl. Preuß. Obristlieutenant und Kommandeur eines Grenadierbattaillons.

Er war des vorigen Bruder, stand bei dem Regiment Anhalt-Zerbst (jetzt von Scholten), da er, 1742 den 7. April, als Hauptmann, das Kommando eines Grenadierbattaillons, welches aus den Grenadierkompagnien der Regimenter Marggraf Heinrich und von Beville bestand, und avanzirte bis zum Obristlieutenant. Starb 1751 den 28. November.

Martin Eberhard, Freyherr von Jungken genannt Münzer von Mohrenstamm,
Königl. Preuß. Generalmajor, Chef eines Füselierregiments.

Er ward aus einem alten und berühmten reichsritterschaftlichen Geschlecht, im Kanton Kocher gebohren, trat sobald es sein Alter erlaubte, in herzoglich-würtembergische Dienste, bei dem Altwürtembergschen Regiment, und that sich mit demselben in Ungarn, 1716 bei Peterwaradein, und 1717 bei Belgrad hervor. Hierauf ging er nach Italien; ward 1719 nach Sicilien übergesezt; half Melazzo entsetzen, bei Villa-Franca fechten, und Messina erobern. 1740 kam er nach Deutschland zurück, befand sich von 1733 bis 1735, im Feldzuge des teutschen Reichs gegen die Franzosen, und da das vorerwähnte Regiment 1741, in preußische Dienste überlassen ward, stand er bei demselben als Obristlieutenant. 1742 den 17. September, ward er Obrister, 1745 Kommandeur des Niedeselschen Regiments, (jetzt von Jung-Jolbeck) erhielt 1749 das erledigte von Dohnasche Regiment (jetzt von Gaudi) und ward 1751 den 24. Junius Generalmajor. 1757 führte er sein Regiment ins Feld, stieß zur alliirten Armee, rückte darauf zur Besatzung in Magdeburg ein, kam im September zur Armee des Herzogs Ferdinand von Braunschweig, kehrte aber, da solcher nach Sachsen ging, wieder nach Magdeburg zurück. Im December zog er sich nach dem halberstädtschen, um solches gegen die Streifereien der Franzosen zu decken. Außer seinem Regimente, hatte er noch das Leibregiment zu Pferde bei sich; da nun der Feind 1758, 10000 Mann stark gegen ihn anrückte, zog er sich zwar bis in die Gegend von Aschersleben und Bernburg zurück, ging aber noch in selbigen Monate, unter dem Prinzen Heinrich von Preußen, wieder vor, unterstützte den 1. Februar, den Angrif auf die Stadt Hornburg, und half den Feind bis an die Weser verdrängen; worauf sein Regiment nach Sachsen ging. Er selbst bat, wegen schwächlicher Gesundheitsumstände, um seine Dienstentlassung, nachdem ihm der König vorher, das Grapesche Garnisonbattaillon (zuletzt von Hülleßen) gegeben, und erhielt solche 1759. Begab sich auf sein Guth Adelmannsfelden in Schwaben, wo er bald darnach, in einem Alter von beinahe 80 Jahre, verstarb. 1753 den 15. März, verehlichte er sich mit

Cleo-

Eleonoren Magdalenen von Bohenstein, von der fünf Söhne und eine Tochter gebohren worden.

Kaspar Friedrich von Kahlbuß,

Königl. Preuß. Obrister des Prinzferdinandschen Regiments, und Kommandeur eines Grenadierbattaillons.

Er ward auf dem Guthe Kampehl in der Prignitz, zu Ende des vorigen Jahrhunderts gebohren; trat 1706 in preußische Kriegesdienste, beim Golzschen Regiment (jetzt Prinz Ferdinand) und war schon 1732, bis zum Hauptmann avanzirt. 1735 den 28. Junius ward er Major, 1741 Obristlieutenant, und 1744 im März Obrister. Er hat 1715 dem Feldzuge in Pommern beigewohnet. Im ersten schlesischen Kriege, war er ebenfalls gegenwärtig, und bekam 1742, das Kommando eines Grenadierbattaillons, welches aus den Grenadierkompagnien der Regimenter Prinz Ferdinand und von Glanß (jetzt von Romberg) zusammengesetzt war; befand sich mit demselben 1744, bei der Armee des Königs, als solche in Böhmen einrückte, eroberte das Schloß Tetschen, dessen Besatzung er zu Kriegesgefangene machte, und that den 11. September d. J., bei Bestürmung das Ziskaberges vor Prag den Angrif, wobei er durch die dabei erwiesene Bravour, viel Ehre einlegte. Blieb 1745 den 5. Junius, in der Schlacht bei Hohenfriedeberg.

Balzer Julius von Kahlbutz,

Königl. Preuß. Obrister und Chef des Stettinschen Landregiments.

Er war aus der Prignitz gebürtig, und des vorigen Bruder. Stand schon 1713 als Gefreiter Korporal bei dem Borckschen Regiment (jezt Gr. von Schlieben) und avanzirte dabei bis zum Major; 1746 im Februar, ward er Obrister und Kommandeur des von Putkammerschen Infanterieregiments, und erhielt 1750, zur Versorgung das Stettinsche Landregiment. Er hat 1715, den Feldzug in Pommern, und von 1740 bis 1745, die ersten und zweiten schlesischen Kriege mitgemacht. Starb 1752 im September, zu Stettin.

Henning Alexander von Kahlden,

Königl. Preuß. Generalmajor, Chef eines Infanterieregiments, auf Gottberg Erbherr.

Er ward 1713 auf der Insel Rügen, aus einem daselbst angesessenen altadelichen Geschlechte gebohren. Im 15. Jahre seines Alters, trat er bei dem Schwerinschen Regiment, (jezt von Beville) als Freikorporal in Dienste. 1735 den 15. May, ward er Fähnrich, und 1738 nahm ihn König Friedrich Wilhelm der Erste, wegen seiner ansehnlichen Leibesgröße, bei seinem Leibregiment, in gleicher Qualität. 1740 sezte ihn König Friedrich der Zweite als Premierlieutenant, bei dem neu neuerrichteten zweiten und dritten Bataillon Leibgarde, und machte ihn zugleich zu seinem Flügeladjutanten. 1741 den 25. May, ward er als Lieutenant zum ersten Bataillon Garde versezt, begleitete den Monarchen im ersten schlesischen Kriege, und zeigte bei vielen vorgekommenen Gelegenheiten Diensteifer und Muth. 1742 den 15. Februar, ward er Major von der Armee. Im zweiten schlesischen Kriege, that er sich besonders in der Schlacht bei Soor, in der er auch verwundet wurde, hervor. 1745 den 28. Julius, ward er Premierlieutenant von der Garde. Bis zum Jahre 1749, blieb er im Gefolge des Königs, im Februar aber, erhielt er das erledigte von Bylasche Grenadierbataillon (jezt von Borck). Bei demselben ward er, 1750 den 20. May, Obristlieutenant und erhielt 1752 eine Kompagnie, die er vorher nicht gehabt hatte. 1754 den 12. September, erhob ihn der König zum Obristen. 1756, ging er mit seinem Bataillon nach Sachsen. 1757 that er sich in den Schlachten bei Reichenberg, Prag und Kollin den 18. Junius, wo er verwundet wurde, hervor. Eine Zeitlang muste er sich der Wiederherstellung wegen, von der Armee entfernen; kaum aber hatte er solche wieder erlangt, so fand er sich bei den königlichen Truppen in Schlesien ein. 1757 den 3. December, ward er Generalmajor. Den 5. December d. J. kommandirte er in der Schlacht bei Leuthen, eine Brigade auf dem rechten Flügel, welche aus den Bataillons von Retzow, und den Regimentern von Pannewitz und von Kalkreuth bestand, und trug vieles zu dem erhaltenen Siege bei. Zu Ende des Jahres 1757, und zu Anfang des folgenden,

half

half er die Oesterreicher aus Schlesien vertreiben. 1758 im Januar, erhielt er das Anhalt-Dessauische Regiment (jetzt von Thadden), und beförderte den Eingang und Rückzug der Preußen, in und aus Böhmen. In der darauf folgenden Schlacht bei Zorndorf, führte er die Avantgarde des rechten Flügels, welche aus den Grenadierbataillons von Kremzow, Petersdorf, Kleist und Billerbeck, bestanden. Er bekam am Fuße einen Prellschuß; da aber der Stiefel ganz geblieben, achtete er solchen nicht, ob er gleich einen großen Schmerz fühlte, und entfernte sich nicht aus der Schlacht. Nach erfolgten Siege, wollte er für seine Wunde sorgen; man fand sie gefährlicher, als er es geglaubt hatte. Der Stiefel muste abgeschnitten werden, und nun zeigte es sich daß sich vom Knochen viel Splitter abgelößt hatten. Er ließ sich nach Berlin bringen, und entschloß sich daselbst, nach der Meinung der Wundärzte, welchen er sich anvertrauet hatte, den Fuß abnehmen zu lassen; allein er starb während der Operation, 1758 den 22. Oktober, im 43. Jahre seines Alters, und liegt zu Berlin in der Parochialkirche begraben. 1749 den 12. August, hatte er sich, zu Berlin, mit Sophien Friedericken Wilhelminen, eine Tochter des 1762 den 22. May verstorbenen Oberhofmeisters der Königin Elisabeth Christine von Preußen, Ritter des schwarzen Adlerordens und Erbmarschall des Fürstenthums Minden, Friedrich Wilhelm Freyherrn von Kannenberg verehlicht, und mit ihr zwei Söhne erzeugt.

Christian Friedrich von Kalenberg,

Königl. Preuß. Major von der Armee und Kommandeur eines Grenadierbataillons.

Ich weiß nicht zu bestimmen, ob er zur sächsisch- oder brandenburgischen Familie, des Namens von Kalenberg gehöret. 1757 bekam er ein Grenadierbataillon, welches aus denen Grenadierkompagnien, der aus denen bei Pirna gefangenen Sachsen, errichteten Regimenter von Hauß und von Blankensee, bestand. Er ward 1757 entlassen, und das Bataillon untergestecket.

Friedrich Adolph, Graf von Kalkreuth,

Königl. Preuß. Generallieutenant, Chef eines Dragonerregiments, und Inspekteur der in Ostpreußen stehenden Kavallerie.

Hans Ernst von Kalkreuth, Königl. Polnischer- und Chur-Sächsischer Major, auf Ober- und Nieder-Siegersdorf Erbherr, zeugte ihn in seiner zweiten Ehe, mit Sophien Elisabeth von Bülow, die ihn 1737 den 21. Februar, in Schlesien zur Welt brachte. Kurz vor dem siebenjährigen Feldzuge, trat er bei der Garde du Korps, bei der sein ältester Bruder, der jetzige Besitzer der Siegersdorfer Güther in Schlesien, als Lieutenant stand, in Dienste, und avancirte bis zum Lieutenant. Hierauf nahm ihn der Prinz Heinrich, als Generaladjutanten zu sich, und er trug als solcher, in den

Feld-

Feldzügen von 1757 bis 1762, durch seine große Erfahrung in der Kriegeskunst, seine Einsichten und angewandte Klugheit, vieles zu dem glücklichen Ausgange, so manchen wichtigen Unternehmens des Prinzen, sehr vieles bei. Kurz vor dem Friedensschluße, 1762 im Oktober, sezte ihn der König, als aggreirten Major, zu dem Platenschen Dragonerregimente, avanzirte ihn, 1775 den 20. May zum Obristlieutenant; 1782 den 20. May zum Obristen, und gab ihm 1784 das Marwitzsche Kuirassierregiment. 1785 den 20. May, ward er Generalmajor. 1786 den 2. Oktober, bei der Huldigung zu Breßlau, erhob ihn König Friedrich Wilhelm der Zweite nebst seinem Bruder in den Grafenstand. 1787 im Julius, rückte er mit seinem Regimente, nach dem Herzogthum Clevé, und stieß damit zu denen, sich daselbst, der holländischen Unruhen wegen, versammleten Preußischen Truppen. Den 13. September, rückte er in Geldern ein, und bemächtigte sich bald darauf Nieder-Sluys, drei Stunden von Amsterdam, jenseit der Schleuse von Munden, und machte daselbst 700 Gefangene; trug auch vieles bei, daß dies Unternehmen, die Ruhe in den vereinigten Niederlanden, wieder herzustellen, und den Erbstatthalter in seine entzogene Rechte wieder einzusetzen glücklich befördert und der Zweck erreicht wurde. Nach dem Rückmarsche der Preußen, blieb er noch im holländischen stehen, um den Oberbefehl, über die daselbst zurückgelassene wenige Truppen zu führen, und alle ausbrechende Unruhen zu verhüten. 1788 den 1. Junius, ward er Generallieutenant, und erhielt zu Anfang des Julius, das erledigte bayreuthsche Dragonerregiment, die Inspektion über die in Ostpreußen stehende Kavallerie und

tau-

tausend Thaler Gehaltszulage. Er hat sich zweimal verehlicht 1) mit R.... von Morian, gewesene Hofdame bei der Prinzessin Heinrich von Preussen, die 1768 mit Hinterlassung einer Tochter starb, 2) mit R.... des Staatsministers und Oberburggrafen des Königreichs Preußen von Rohd einzigen Tochter.

Samuel Adolph von Kalkreuth,
Königl. Preuß. Generalmajor und Chef eines Infanterieregiments.

Er war ein Sohn zweiter Ehe, Hans Otto von Kalkreuth, Erbherrn auf Guhren bei Krossen, und einer von Kleist, die ihn 1693 zur Welt brachte. 1710 trat er in preußische Kriegesdienste, bei dem jetzigen von Scholtenschen Regiment, zu Stettin. 1746 den 20. Julius ward er als Major, Obristlieutenant, 1747 den 24. May Obrister, und 1757, erhielt er als Generalmajor, das jetzige Graf Anhaltsche Regiment, 1758 aber ein, aus denen bei Pirna gefangenen Sachsen, errichtetes Regiment, welches vorher den Namen Prinz Friedrich August von Sachsen, nachmals von Loen führte. Er nahm bald darauf seinen Abschied, und begab sich nach Stettin, wo er 1778 den 15. Oktober, in einem Alter von einigen und siebenzig Jahren starb. Den Schlachten bei Hohenfriedeberg, Prag und Leuthen, in welcher lezteren er mit den Grenadiers den ersten Angrif that, wie auch den Belagerungen von Prag und Kosel, hat er rühmlich beigewohnet.

Zweyt. Theil.   P   Lud-

Ludwig Gottlob von Kalkreuth,

Königl. Preuß. Generalmajor, Chef eines Regiments zu Fuß, Amtshauptmann zu Spandau.

Von Geburt war er ein Schlesier, und kam bei dem Kalksteinschen Regiment (jezt von Möllendorf) in Dienste; ward bei demselben, 1750 Stabskapitain, 1759 im May Major, 1767 im May Obristlieutenant und Kommandeur des Regiments, und 1770 Obrister bei dem Regiment Prinz Ferdinand von Preußen. 1774 den 19. December, erhielt er die Amtshauptmannschaft zu Spandau, und 1778 im April, das von Bandemersche erledigte Infanterieregiment; nahm aber den 28. April s. J. seinen Abschied, als der bayersche Erbfolgekrieg ausbrach, wozu ihm seine kränkliche Gesundheitsumstände, besonders aber, die bei vielen Gelegenheiten, vorzüglich in der Schlacht bei Zorndorf 1758, erhaltenen Wunde nöthigten. Da er seine Erlassung erhalten hatte, kaufte er sich ein kleines Guth, in dem zwei Meilen von Berlin gelegenen Dorfe Lankewitz, welches ihm 1781 abbrannte, eben da er es vortheilhaft verkaufen, und sich im Cötbußchen seßhaft machen wollte. Starb zu Lankwitz, 1783 den 20. März, im 67. Jahre seines Alters, und 43. seiner treugeleisteten Dienste. 1780 verehlichte er sich mit Karolinen Beaten Dorotheen von Kalkreuth, eine Tochter, des bei dem Regiment Herzog Friedrich gestandenen Hauptmanns Friedrich Wilhelm von Kalkreuth, die noch am Leben ist, und von dem wohlthätigen Könige Friedrich

drich Wilhelm den Zweiten, ein Gnadengehalt erhalten hat.

Hans Nikolaus von Kalckreuth,
Königl. Preuß. Generalmajor, Chef eines Dragonerregiments, und Ritter des Ordens pour le Merite.

Er ward in Westpreußen 1720 gebohren. Seine Eltern sind Hans Otto von Kalkreuth Major von der polnischen Kronarmee, und Maria Elisabeth von Essen gewesen. 1736 kam er durch Vermittelung seines Vaters Bruder, damalligen Rittmeister beim Marggraf Friedrichschen Kuirassierregimente und nachmaligen Obristen und Chef eines Garnisonbattaillons, Ernst George von Kalkreuth, der seit 1736 für seine Erziehung gesorgt hatte, bei gedachtem Regimente in Kriegsdienste; wohnte 1741 dem Kampement bei Brandenburg bei, erhielt nach Aufhebung desselben, das Patent als Kornet, und bezog mit dem Regimente die Winterquartiere in Sagan. Zu Anfange des Jahres 1742, marschirt er mit nach Oberschlesien, wo das Regiment, unter Anführung des Prinzen Eugen von Anhalt, das Unglück hatte, viel Leute zu verlieren. 1744, wohnte er der Belagerung von Prag, 1745 den Schlachten bei Hohenfriedeberg, Sorr und Kesselsdorf bei. Zu Anfang des Jahres 1750, ward er Lieutenant; 1756 Stabs- 1757 wirklicher Rittmeister, 1760 Major, 1772 im May Obristlieutenant, 1775

P 2 den

den 21. May Obrister, 1778 Kommandeur des Reitzensteinschen Dragonerregiments, welches er 1780 als Chef, mit dem Patente eines Generalmajors, vom 10. Junius d. J. erhielt. Er hat den siebenjährigen und baierschen Erbfolgekriegen und in ersterm besonders, den Schlachten bei Lowositz, Prag, Breslau, Leuthen, Zorndorf, Kay, Kunersdorf, Lignitz und Freiberg, beigewohnet. Bei Hohenfriedeberg und Kunersdorf ward er blessirt, und nach der Schlacht bei Lignitz erhielt er, wegen der 7 Kanonen, und einer Fahne, welche er mit seiner Eskadron erobert hatte, den Orden pour le Merite und ein Gnadengeschenk von 500 Thaler. Er ist unverehlicht.

Ernst George von Kalkreuth,

Königl. Preuß. Obrister, und Chef eines Garnisonbataillons.

Er war ein Halbbruder, des vorerwähnten Generalmajors Samuel Adolph von Kalkreuth, und hat seit seiner Jugend an, in der preußischen Armee bei dem Marggraf Friedrichschen Kuirassierregimente, bis zum Rittmeister, gedienet. 1744 stand er bei den beiden, in Emden und Gretsiel stehenden Garnisonkompagnien, als Major, war damals 56 Jahr alt, und hatte 26 Jahre gedienet. Da im Oktober leztgedachten Jahres, aus diesen Kompagnien, ein vollständiges Bataillon errichtet wurde, ernannte ihn König Friedrich der Zweite zum Obristen und Chef desselben. Starb 1762, ist

ist verehlicht gewesen, und hat drei Söhne hinterlassen, welche gegenwärtig in der preußischen Armee dienen.

Christoph Wilhelm von Kalkstein,
Königl. Preuß. Generalfeldmarschall, Ritter des schwarzen Adler- und St. Johanniterordens, Gouverneur der Festung Großglogau, Chef eines Regiments zu Fuß, auf Knauten und Wogau Erbherr.

Seine Eltern waren Christoph Albrecht von Kalkstein, Königlichpolnischer Obrister, auf Knauten und Wogau Erbherr, und Marie Agnes von Lehwald aus dem Hause Ottlau, die ihn 1682 in Preußen gebahr. Er trat anfänglich in hessische Dienste, wohnte als Adjutant des Erbprinzen von Hessenkassel, nachmaligen Könige von Schweden, dem spanischen Erbfolgekriege bei, und befand sich, besonders in der Schlacht bei Malplaquet, wo er Proben seiner Tapferkeit zeigte. 1715 war er bei der Belagerung von Stralsund gegenwärtig, und hatte hier Gelegenheit, dem Könige Friedrich Wilhelm den ersten, seine Talente sehen zu lassen, der ihn in seine Dienste zog, und zu dem von Arnimschen Regiment (jezt von Lengefeld) als Obristlieutenant sezte. 1718 den 17. August, ward er Obrister, und 1719 Unterhofmeister bei dem Kronprinzen, nachmaligen König Friedrich den Zweiten; welches er bis 1729 gewesen ist. 1729 den 27. März erhielt er

das

das von Rutowskysche Regiment, (jetzt von Möllendorf). 1731 sandte ihn der König, an den König von Schweden nach Kassel, um ihn zu der Ankunft in seine deutsche Staaten, Glück zu wünschen und zu bewegen, von den hessischen Truppen, welche in großbrittannischen Solde standen, nun aber zur Hälfte abgedankt werden sollten, eine Anzahl für die preußische Armee zu überlassen. Da nun Kalkstein, ehedem Adjutant des Königs, und mit ihm bei der Belagerung von Toulon gewesen war; so ward er nicht allein sehr gnädig aufgenommen, sondern erreichte auch seinen Zweck. 1733 im April, ward er Generalmajor, und 1741 im Februar Generallieutenant. In der Schlacht bei Molwitz, kommandirte er den linken Flügel und ward verwundet; dirigirte hierauf die Belagerung von Brieg, mit so gutem Erfolge, daß es sich in acht Tagen, den 4. May ergeben muste. Er erbeutete darinnen 61 Kanonen und 8 Mörser. Wegen dieser wichtigen Dienste ward er vom Könige mit dem Gouvernement von Großglogau begnadigt, und erhielt den 9. May den schwarzen Adlerorden. 1742 befand er sich in der Schlacht bei Czaslau, und erhielt 1743 den 14. Februar die Drostey Dinslacken im Herzogthum Cleve. 1744 half er Prag einnehmen. 1745 den 18. März ward er General von der Infanterie, und führte den 4. Junius d. J., in der Schlacht bei Hohenfriedeberg, das zweite Treffen, welches aus 14 Regimenter bestand, an. Den 30. September kommandirte er in der Schlacht bei Soor, das zweite Treffen, so nur fünf Battaillons stark war; und demohnerachtet, muste er sich damit gegen eine große Menge Feinde wehren. Im November

ber war er bei der Armee des Königs, welche um diese Zeit einen Einfall in die Lausitz that, und dadurch den Dresdenschen Frieden beförderte. 1747 den 24. May ward er Generalfeldmarschall. 1752 bekam er eine Zulage von 1900 Thaler, und hielt sich seit dieser Zeit, mehrentheils in Berlin oder auf seine Güther auf, weil der König, der ihn sehr liebte und schäzte, nicht verstatten wollte, daß er seines hohen Alters wegen, den erprobten Diensteifer, weiter zeigen sollte. Er starb 1759 den 2. Junius, im 77. Jahre seines Alters und im 50. seiner Dienste. Mit Christophoren Even Lukretien gebohrnen Brand von Lindau, die vor ihm verstorben, hat er in der Ehe verschiedene Kinder, besonders aber folgenden Generallieutenant gebohren. Sein ältester Sohn, ward von seinem, zum jetzigen von Knobelsdorffschen Regiment, 1746 versezt, und starb als Hauptmann.

Ludwig Karl von Kalkstein,

Königl. Preuß. Generallieutenant, Chef eines Regiments zu Fuß, des St. Johanniterordens Ritter und Domherr am Hochstift zu Magdeburg.

Er ist der jüngste Sohn des vorgedachten General-feldmarschalls, und ward 1725 den 10. März in Berlin gebohren. Seine Erziehung war dem Stande angemessen, welchem er gewidmet war. Kurz vor Er-
öfnung

öfnung des Feldzugs in Böhmen, 1742 ließ ihn sein Vater zur Armee kommen, und stellte ihn dem Könige vor, der ihn als Freikorporal bei einem Regimente setzen wollte, auf Fürbitte aber erlaubte, daß er diesen Feldzug als Freiwilliger beiwohnen durfte. In dem Treffen bei Chotusitz, that er bei seinem Vater Adjutantendienste, und bewieß dabei so viel Eifer, daß er dadurch die Aufmerksamkeit des Generalfeldzeugmeisters Grafen von Schmettau auf sich zog, der ihn dem Könige empfahl, welcher ihn zu Ende der Aktion zum Fähnrich, beim Regimente seines Vaters ernannte, zu dem er nach dem Breslauer Frieden kam. 1744 marschirte er mit der Armee wieder nach Böhmen, wo er der Eroberung von Prag, und im Winter, der Expedition des Fürsten Leopold von Anhalt-Dessau in Oberschlesien beiwohnte. Im folgenden Jahre, befand er sich als Adjutant seines Vaters, in den Schlachten bei Hohenfriedeberg und Soor, und bei der Aktion bei Katholisch-Hennersdorf. Nach dem Dresdner Frieden, marschirte er mit dem Regimente nach Berlin, und ward Sekondelieutenant. 1747 kam er nach Preußen zum Regiment von Flanß, (jetzt von Romberg) und ward 1752 Premierlieutenant. 1757 befand er sich bei der Armee, welche der Generalfeldmarschall von Lehwald in Preußen befehligte, in der Qualität eines Brigademajors, und auch als solcher in der Schlacht bei Großjägerndorf, nach welcher er nach Schwedisch-Pommern ging, und bei der Einnahme von Demmin gegenwärtig war. 1758 ward er dritter Kapitain, bei dem neu errichteten Freibataillon von Hård, und bewieß bei vielen Gelegenheiten seine Bravour, weshalb ihn der Ge-

ne-

neralllieutenant von Manteufel dem Könige empfahl, und zugleich zum Major vorschlug, welches der Monarch bewilligte, und hierauf befand er sich bei der Expedition des gedachten Generallieutenants in Schwedisch-Pommern zugegen. Beim Ueberfall bei Anklam, vertheidigte er mit wenig Leuten die Brücke, ward dabei gefangen, nach vierzehn Tagen aber, wieder ausgewechselt, und muste das Auswechselungsgeschäfte der Gefangen von beiden Armeen übernehmen. Er unterstüzte folgends den General Belling, bei dessen verschiedenen Unternehmungen in Pommern, ward aber nach dem Abzuge dieses Generals, in der Gegend von Taschenberg in der Uckermark, von der schwedischen Kavallerie, mit seiner aus 132 Mann bestehenden Kompagnie überfallen, nach der tapfersten Gegenwehr, und einem Verlust, von 53 Mann, theils Todte theils Verwundete, zu Kriegesgefangene gemacht, und nach Schweden geführet, jedoch nach einigen Monaten wieder ausgewechselt, und von dem Herzog Eugen von Würtemberg, der die preußische Armee in Pommern kommandirte, zum Kommandeur eines, aus allen Feldregimentern formirten Bataillons, von 500 Mann, während der Kampagne von Kolberg ernannt; welches Bataillon sich, unter Anführung des Herrn von Kalkstein, bei vielen wichtigen Vorfällen, sehr thätig bewieß. Nachdem die Kommandierten dieses Bataillons, zu Stargard, Befehl erhielten, zu ihren Regimentern zurückzukehren, ward ihm ein, aus den Kompagnien der Regimentern von Syburg und Linden formirtes Grenadierbattaillon gegeben, mit welchem er, 1761 unter dem Oberbefehle des Herzogs von Würtemberg, in Meklenlenburg vordrang, und sich bei der Berennung von Malchin, gegenwärtig befand. Nach dem mit Rußland und Schweden geschlossenen Frieden, kam er zur Armee des Prinzen Heinrichs in Sachsen, und zwar zu dem Korps, welches der Generallieutenant von Seidlitz anführte, bei dem er sich durch seine Bravour viel Ehre erwarb, und besonders gegen die Reichsarmee, unter dem Kommando des Prinzen von Stolberg, mit seinem Grenadierbattaillon die Avantgarde machte. Beim Einfalle in Böhmen, unter Anführung der Generale von Seidlitz und Kleist, that er den ersten Angrif auf die Töplitzer Anhöhe; das Bataillon von Kalkstein, fochte hier mit ausnehmender Tapferkeit, und verlohr 270 Mann an Todte und Gefangene. Kalkstein verlohr sein Pferd unterm Leibe, gerieth dadurch in die Gefangenschaft, in welcher er zwei Monate blieb, nach deren Verlauf, ihn der Prinz Heinrich, durch seine Vermittelung wieder auslößte, und er begab sich darauf nach Oschatz, wo sein Bataillon, in den Winterquartiren stand, welches er nach erfolgtem Frieden, nach Berlin führte, wo die Kompagnien zu ihren Regimentern abgingen. 1763 im April, ward er Kommandeur vom zweiten Bataillone des Regiments Prinz Heinrich, 1764 den 1. Oktober in den Johanniterorden aufgenommen, 1767 Obristlieutenant, 1771 Obrister, 1772 Kommandeur des Regiments, und erhielt 1778 den 2. April das Jung-Stutterheimsche Regiment (jetzt Jung-Bornstedt) mit Generalmajorscharakter. Im baierschen Erbfolgekriege, führte er bei der Armee des Prinzen Heinrichs die Avantgarde an, welche aus fünf Grenadierbataillons bestand, und befand sich bei verschieschiedenen Vorfällen. 1779 kehrte er wieder in sein Standquartier, zu Magdeburg zurück, und bat, 1784, gleich nach der Revue, um seine Dienstentlassung, die er auch erhielt. König Friedrich Wilhelm der Zweite erwieß ihm bald nach seiner Thronbesteigung die Gnade, ihm, das unter voriger Regierung vergeblich nachgesuchte Beneficium a latere, bei der nach seiner Tour erhaltenen Präbende, am Hochstift zu Magdeburg zu ertheilen, und stellte ihn nach seiner Anciennetät, bei der Armee wieder, als Generallieutenant mit dem Patente vom 6. März 1786, und Chef des erledigten Regiments von Zaremba, in Brieg an. 1764 den 28. May, verehlichte er sich mit Henrietten Augusten, zweiten Tochter des Königl. Preuß. Etatsministers Friedrich Wilhelm von Borck,

Christian Ludwig von Kalkstein,
Churbrandenburgischer Obrister und Chef eines Regiments zu Pferde.

Er stammte aus Preußen, wo sein Vater Albrecht von Kalkstein, als Generallieutenant auf Mühlhausen Erbherr, 1667 den 26. May, verstorben ist, brachte es im Brandenburgischen Kriegesdienst, bis zum Obristen über ein Regiment zu Roß, und ward Amtshauptmann zu Oletzko. 1667 entsetzte man ihn, wegen verschiedener begangenen Verbrechen, dieser Chargen, und er ward überdem, wegen ausgestoßener Drohungen, sich deshalb zu rächen, und mit den Polen in Preußen ein-
zu-

zufallen, zum ewigen Gefängnisse verdammt, davon ihn doch die Churfürstin, da sie ihren ersten Prinzen Philipp Wilhelm gebohren, auf der seinetwegen gethanen Fürbitte, befreiete. Er muste jedoch, von 10000 Thalern, ihm zuerkannten Strafe, 5000 erlegen und eidlich versichern, ohne churfürstliche Erlaubniß, nicht von seinen Güthern zu gehen. Allein, kaum hatte Michael Korribut den polnischen Thron bestiegen, so entwich Kalkstein, und begab sich zu demselben nach Warschau. Der Churfürst ließ ihn zwar, durch seinen dortigen Gesandten, Eusebius von Brand abfordern, aber sein deshalb an den polnischen Hof gethanener Antrag, fand kein Gehör. Indessen hatte sich Kalkstein alle erstnnliche Mühe gegeben, die zwischen Brandenburg und Polen geschloßene Welausche Traktaten, zu vernichten, und wandte deshalb viel Künste und feine Streiche an, um dies Unternehmen auszuführen, welches seiner beschloßenen Rache entsprach, und ihm beinahe glückte; denn der König von Polen, ließ sich von ihm völlig einnehmen, ernannte ihn zu seinen Kammerherrn, zum Obristen und Landboten auf dem Reichstage, versahe ihn auch mit den kräftigsten Schutzbriefen. Dies bewog den brandenburgischen Gesandten, um allen hieraus entstehenden gefährlichen Folgen zuvorzukommen, den von Kalkstein unvermuthet zu überfallen, und gefangen nach Preußen wegzuführen. Der König von Polen, war anfänglich darüber sehr aufgebracht, allein man wiederlegte seine Vorwürfe, durch eine, von dem vom Brand angefertigte Schrift: Ludovici Kalksteini mores & Fata betitelt, (1. B. in 4to) und Kalkstein wurde als ein Landesverräther, 1672

zu

zu Memel enthauptet. In der angeführten Schrift wird von ihm gesagt, der Churfürst habe ihn, als einen jungen Mann zum Obristen über 1000 Mann zu Fuß und 600 Dragoner ernannt. Dies scheint, nach den Histor. polit. milit. Beiträgen, 1. Th. S. 308, ohngefähr im Jahre 1655, geschehen zu sein.

Karl Erhard von Kalnein,

Königl. Preuß. Generallieutenant von der Infanterie, Chef eines Regiments zu Fuß, Ritter des Ordens pour le Merite, Amtshauptmann zu Ortelsburg, Erbherr der Kilgischen, Großparkschen, Sudnifschen und Orjchen Güther in Preußen.

Ward 1687 den 26. Februar gebohren. Seine Eltern waren Hans George von Kalnein, preußischer Landrath, Tribunalsrath, Oberkassenherr und Amtshauptmann zu Rastenburg, Erbherr der Kilgischen und Großparkschen Güther, und Marie Louise Schack von Wittenau aus dem Hause Stangenberg. Nach einer guten Erziehung, kam er 1704 als Kadet auf die Festung Pillau bei der dasigen Garnison. Seiner Mutter Bruder, der Obriste Schack von Wittenau, zog ihn aber nicht lange darnach in königlich-dänische Dienste, in welchen er 1705 als Fähnrich beim seeländischen Infanterieregiment gesezt ward, zu dem er im May dieses Jahres nach Trier kam, wo es Winterquartiere hielt,

hielt, und wohnte hierauf, mit demselben dem spanischen Erbfolgekriege im Brabandschen bei. 1706 den 13. May, befand er sich in den Schlachten bei Rameillies und Judoigne, im August d. J. bei der Eroberung von Meinn, 1708 in der Schlacht bei Oudenarde, bei der Belagerung der Festung Ryssel, und 1709 den 11. September, in der Schlacht bei Malplaquet. Während dieser Zeit, avancirte er zum Sekonde- und Premierlieutenant, als er vom hessen-kasselschen Hofe, vortheilhafte Vorschläge erhielt, weshalb er seinen Abschied nahm und nach Kassel reiste, wo ihm der Landgraf eine Kompagnie, bei seiner Leibgarde zu Fuß, gab. Im April leztgedachten Jahres, ging er wieder nach den Niederlanden, und diente unter Marlborough und Eugen, war noch bei verschiedenen wichtigen Vorfällen, unter andern bei der Belagerung von Landrecy gegenwärtig, und kam nach geschlossenem Utrechter Frieden, 1713 wieder nach Kassel zurück. 1717 rief ihn König Friedrich Wilhelm der Erste von Preußen, in seine Dienste, weshalb er den Abschied nahm, und bei der preußischen Armee, eine Kompagnie beim Arnimschen Regiment (jezt von Lengefeld) erhielt. 1722 ward er Major, 1732 versezte ihn der König zum holsteinschen Regiment, (jezt von Voß), dabei ward er den 8. Julius s. J. Obristlieutenant, den 10. Oktober Amtshauptmann zu Ortelsburg, und 1740 den 30. Julius Obrister. 1741 führte er das holsteinsche Regiment als Kommandeur ins Lager bei Brandenburg, 1742 im Frühjahr aber, nach Böhmen, wo er mit demselben, den 17. May, der Schlacht bei Czaslau beiwohnte. Im zweiten schlesischen Kriege, stand er

1745

1745 unter dem Oberbefehle des General von der Marwitz, und half den 4. Junius den Sieg bei Hohenfriedeberg erfochten. Im leztgedachten Jahre und Monate, erhob ihn der König zum Generalmajor, mit dem Range vom 16. May 1743, und gab ihm eine eigene Brigade, bei der Armee des Fürsten Leopolds von Anhalt-Dessau, welche im Magdeburgischen, an der Grenze, die Sachsen beobachtete. 1745 im November, erhielt er das Dohnasche Regiment (jezt von Egloffstein) und befand sich den 15. December in der Schlacht bei Kesselsdorf, in welcher er eine Brigade in der Mitte des ersten Treffens anführte. 1746 zu Anfange des Jahres marschirte er in seine Standquartiere in Preußen zurück. 1753 den 9. Junius, ward er Generallieutenant, 1756 bezog er mit seinem Regimente, das Lager bei Welau, wohnte aber der Schlacht bei Groß-Jägerndorf nicht mehr bei, weil er einen Zufall an den Füßen bekam, welcher ihn nöthigte sich nach Königsberg bringen zu lassen, und sein Lebensende beschleunigte. Starb 1757 den 5. Oktober, und liegt zu Creutzburg begraben. 1733 hatte er sich mit Charlotten Sophien Fink von Finkenstein verehlicht, die 1756 den 11. September starb, und einen Sohn und eine Tochter gebohren hat.

Christian Ludwig von Kalsow,

Königl. Preuß. Generallieutnant, Chef eines Regiments zu Fuß, Amtshauptmann zu Massow Naugard und Gülzow.

Sein Vaterland war Pommern, und seine Eltern, der 1697 verstorbene Karl Ferdinand von Kalsow, auf Blankenhagen, Suckow, Rutzenow ec. Erbherr und Anne Louise von Dewitz aus dem Hause Daber. Seine erste Erziehung genoß er auf dem adelich-Podewilsschen Guthe Suckow, und bezog 1714 die Ritterschule zu Kolberg. Bis 1716 studirte er zu Halle, als ihn der Fürst von Anhalt-Dessau, wegen seiner ansehnlichen Leibesgrösse, aus dem Collegium holen ließ. Als er weggeführt wurde, rief ihm der bekannte große Rechtslehrer Stryk nach: Ergreifet den Degen, verlasset die Feder! — Er kam hierauf zum Forkadeschen Regiment (jetzt von Lichnowsky), und ward bei demselben, 1716 den 22. November Fähnrich. 1717 den 6. März nahm ihn König Friedrich Wilhelm der Erste, zu seinem Leibregimente in Potsdam, bei welchem er bis zum Kapitain avanzirte, und sich der Gnade des Monarchen würdig machte. 1738 den 8. Oktober, erhielt er das Anwartschaftspatent auf die Amtshauptmannschaften zu Massow, Naugarten und Gülzow, welche er 1739 in Besitz nahm. Sieben Jahre lang hielt er sich der Werbung wegen, in Rußland auf, und schafte eine große Menge schöner und wohlgewachsener Leute zu dem potsdammer Leibregiment; dadurch hatte er sich bei dem Könige so viel Zutrauen und Gnade erworben, daß Kalsow in des Monarchen letzten Krankheit, sehr oft um dessen Person seyn, und mit den Majors, Christian von Salbern, und Asmus Ehrentreich von Bredow, nebst dem Hauptmann Johann Christoph Friedrich von Hack, des Nachts wachen mußten. König Friedrich der Zweite ernannte ihn 1740 zum Obristlieutenant, und gleich darauf zum Obristen des neuerrichteten Jung-Dohnaschen Füselierregiments (jezt von Hager). Im December d. J. erhielt er das Zimmernowsche Füselierregiment (jezt Graf von Anhalt), und ward 1745 den 18. May, mit dem Patente vom 8. May 1743, Generalmajor. Befand sich darauf in der Schlacht bei Hohenfriedeberg, worin ihm ein Pferd unter dem Leibe erschossen wurde. Bei der Belagerung von Kosel, im folgenden Winter, stand er unter dem Oberbefehle des Fürsten Leopold von Anhalt-Dessau, und rückte darauf mit demselben in Oberschlesien vor. 1750 im May ward er Generallieutenant. Als der siebenjährige Krieg ausbrach, wandte er zwar alle Kräfte an, solchem beizuwohnen, allein sie waren zu sehr geschwächt, und ein hinzugekommener Schlagfluß, nöthigte ihn 1757, um seine Dienstentlassung zu bitten, die er auch erhielt, und sich darauf, auf sein Guth Zollen, ohnweit Soldin in der Neumark begab, wo er 1759, bei dem Einfalle der Russen, viel Drangsale erleiden mußte. 1766 den 28. May gab ihm der König ein Gnadengehalt von 600 Thalern; er genoß solches aber nicht lange, denn er starb im selbigen Jahre, den ersten Oktober, auf sein schon erwähntes Landguth Zollen, im 72. Jahre seines Alters und 43. seiner Dienste. Zweimal hat er sich verehlichet, 1) seit den 7. September 1736, mit

Zweyt. Theil.   Q   Ma-

Marie Louise Dorotheen, einer Tochter des Geheimen-finanzraths Christian von Herold, die 1743 den 1. Julius starb, 2) mit R.... von Wedell, die 1780 den 30. May zu Lippehne mit Tode abging, und der der König, das von ihrem verstorbenen Manne genossene Gnadengehalt, bis an ihr Ende ließ. Aus beiden Ehen sind keine Kinder gebohren.

Paul Anton von Kameke,

Königl. Preuß. Grand-Maitre de la Maison-Royale, Ritter des schwarzen Adlerordens, Generalmajor von der Infanterie Obrist über ein Regiment zu Fuß, erster königlicher Kammerherr, Domprobst des hohen Stifts zu Havelberg, Ritter des St. Johanniterordens, Amtshauptmann zu Mühlenhof und Mühlenbeck, Erbherr, auf Strachmin, Strippau, Warnow, Tucheband, Prötzel, Predikow ꝛc.

Er war ein Sohn Paul Antons von Kameke, auf Strachmin, Strippau u. s. w. Erbherr und Dorotheen Hedwig von Kameken aus dem Hause Strippow, die ihn 1674 den 29. May zu Strachmin zur Welt gebohren. Nach einer, dem damals blühenden Geschmacke angemessenen häußlichen Erziehung, schickten ihn seine Eltern 1690 nach Berlin, wo er am churfürstlichen Hofe Edelknabe wurde. 1696 ernannte ihn Churfürst Friedrich der Dritte zu seinem Kammeredelknaben, und zu gleicher Zeit aus besonderer Gnade, zum Hauptmann und Befehlshaber einer Kompagnie von der Leibgarde. 1704 den 11. Junius, ward er Kammerherr, und den 30. September eben dieses Jahres, nahm ihn der St. Johanniterorden, zum Mitgliede auf. 1705 den 6. August, empfing er das Amt eines Grand-Maitre de la Garde-Robe und Generaladjutanten Königs Friedrich des Ersten, dessen Liebling er im genauesten Verstande gewesen, und selbigen Jahres den 19. December, die Amtshauptmannschaften zu Mühlenhof und Mühlenbeck. 1706 den 18. Januar ernannte ihn der König, bei Gelegenheit der eigenen Krönung in Preußen, mit zum ersten Ritter des gestifteten schwarzen Adlerordens, und kurz darauf zum Obristlieutenant, 1709 aber zum Obristen der Leibgarde. 1711 ward er Brigadier und 1712 Grand-Maitre de la Maison-Royale (oder Oberhofmeister des königlichen Hauses). Bei dem Leichenbegängnisse König Friedrich des Ersten, am 2. May 1713, trug er den Reichsapfel. Beim Antritte der Regierung König Friedrich Wilhelm des Ersten, ward er von demselben, 1713 den 16. May zum Generalmajor von der Infanterie ernannt, und muste ein neues Regiment zu Fuß (jetzt von Lichnowsky) errichten. 1715 führte er selbiges gegen die Schweden nach Pommern, ins Feld, und es legte vor Stralsund Proben der Tapferkeit ab. 1716 nöthigte ihn seine schwächliche Gesundheit, die Erlassung der Kriegesdienste nachzusuchen, welche ihm der König, den 1. Februar gedachten Jahres ertheilte. So verließ er auch 1717 den Hof, und begab sich nach Pommern auf seine Güther, wo er den 3. Julius anlangte,

te, und schon den 19. August zu Strachmin, an einen Blutsturz, seines Alters im 44. Jahre verstarb.
Sein ausgeführteres Leben, hat Prof. Pauli, in seinen
bekannten Leben großer Helden, 9. Th. S. 49 bis 62
eingeschaltet. Er hatte sich zweimal verehlicht. 1)
mit Agnes Juliana, Tochter Adams George, Grafen von Schlieben, welche Ehe Friedrich der Erste,
selbst gestiftet hatte, und wodurch die schönen von Schlie-
bensche Güther an das Kamekensche Geschlecht kamen.
Sie starb 1705 den 21. September im 20. Jahre
nachdem sie männliche Zwillinge, die bald nach der
Geburt verstarben, zur Welt gebracht. 2) 1707 den
16. März, mit Ilsa Anna von Brunnow, damaligen
Hofdame der Kronprinzessin, die ihren Gemahl bis 1749
den 27. August überlebte, und welche drei Söhne und
vier Töchter gebohren hat.

Leopold George von Kamecke,

Königl. Preuß. Major und Kommandeur eines Grenadierbattaillons.

Er ward den 23. April 1725 in Pommern gebohren.
Seine Eltern waren, der 1737 den 24. December
verstorbene Obristlieutenant jetzigen Graf Schliebenschen Regiments, Henning George von Kamecke, und
Eleonore Dorothee Juliane von Grape, aus dem Hause
Dörpthagen. 1742 trat er bei dem Jung-Bornstedtschen Regiment in Dienste, ward 1745 Fähnrich, 1749
Sekonde- 1757 Premierlieutenant, 1759 Staabs-
und

und 1760 wirklicher Hauptmann, 1773 den 7. Julius Major und Kommandeur eines Grenadierbattaillons, welches aus den Grenadierkompagnien der jetzigen Regimenter von Jung-Bornstedt und Lengefeld zusammengesezt war, und stand mit demselben 1778 und 79, bei der Armee des Prinzen Heinrichs in Sachsen. Starb zu Magdeburg 1781 im Julius. Von 1744 an, hat er den Feldzügen König Friedrich des Zweiten rühmlich beigewohnet, und ist in der Schlacht bei Lowositz verwundet worden. Mit einer Tochter des königlichpreußen Krieges- und Domainenraths Johann Friedrich Oschütz, hat er verschiedene Kinder erzeuget.

August Adolph von Kamecke,
Königl. Preuß. Major und Kommandeur eines Grenadierbattaillons.

Ward 1725 in Pommern gebohren, aus der Ehe Jakob Adolphs von Kamecke königlich preußischer Hauptmann und N......, eine Schwester des Generallieutenant Grafen von Hack, aus Staßfurth. 1735 kam er unter die königlichen Pagen, und 1740 als Fahnjunker bei das jetzige von Kalksteinsche Regiment. Ward 1745 Fähnrich, 1751 den 30. September Sekonde- und 1757 den 27. Februar Premierlieutenant, 1764 Staabs- und 1768 wirklicher Hauptmann, 1773 aber Major und Kommandeur eines Grenadierbattaillons, welches aus den Grenadierkompagnien der jetzigen Regimenter von Kalkstein und Prinz von Hohenhenlohe, bestand. Starb zu Brieg, 1779 im September, und hat von 1742 an, bei den Belagerungen von Kosel und Schweidnitz, auch in den Aktionen bei Gostin und Kolberg, rühmlich gefochten, und gerieth 1757 in Schweidnitz, so wie 1761 bei Kolberg, in die feindliche Gefangenschaft. 1755 verehlichte er sich, mit Sophien Wilhelminen gebohrnen von Woisky, verwittweten von Friztazki, die ihm verschiedene Kinder gebohren hat.

Ernst Ludwig von Kannacher,

Königl. Preuß. Generalmajor, Chef eines Regiments zu Fuß, Ritter des Ordens pour le Merite, Drost zu Goch und Gennep und Amtshauptmann zu Ruppin und Fehrbellin.

Er war 1695 in Preußen gebohren worden, und trat 1711 bei dem damaligen von Röderschen Regiment (jetzt Graf von Henkel) in Dienste; ward 1721 den 4. August Fähnrich, und 1726 den 17. August Sekondelieutenant. 1730 versezte ihn König Friedrich Wilhelm der Erste, als Premierlieutenant zu dem von Thielenschen Regiment (jetzt von Schönfeld); er avancirte bei demselben zum Kapitain, 1741 zum Major und 1745 zum Obristlieutenant. 1746 den 5. Januar erhielt er die Drostey Goch im Herzogthum Cleve. 1747 den 24. May ward er Obrister, 1757 im Januar Generalmajor, und erhielt das vorgedachte Re=

Regiment selbst. 1759 gab ihm König Friedrich der Zweite auf sein Ansuchen, mit einem Gnadengehalte von 1000 Thaler, die Dienstentlassung. Wegen seiner, bei vielen Gelegenheiten, besonders in der Schlacht bei Kesselsdorf, nach welcher er auch den Orden pour le Merite erhielt, bewiesenen Tapferkeit genoß er besonders des Königs Gnade. 1757 den 7. September, ward er bei der Affaire am Moysberge, ohnweit Görlitz, von den Oesterreichern gefangen genommen, bald aber wieder ausgewechselt. Starb 1760.

Moritz von Kanne,

Chur Brandenburgischer Obrister von der Kavallerie, und Chef einer Freykompagnie zu Pferde.

War von Geburt ein Sachse; stand 1671 in brandenburgische Dienste, als Obristlieutenant des Degenfeldschen Regiments, und befand sich bei der Belagerung von Braunschweig gegenwärtig. Hierauf zog ihn Churfürst Friedrich Wilhelm in seine Dienste, und ernannte ihn 1676 zum Obristen von der Kavallerie. 1675 befand er sich bereits, bei der Unternehmung auf Rathenau, und in der Schlacht bei Fehrbellin. 1678 errichtete er eine Freykompagnie zu Pferde. Mehr ist mir von ihm nicht bekannt geworden. In Königs Adelshistorie, 3. Theil, worin die Genealogie derer von Kanne vorkömmt, wird man seine Person vergeblich aufsuchen.

Chri=

Christoph von Kannenberg,

Churbrandenburgischer Geheimerkriegesrath, Generallieutenant von der Kavallerie, Kammerherr, Obrster zu Roß und Fuß, Gouverneur der Festung Minden, und Erbmarschall des Fürstenthums Minden, Erbherr auf Buschow, Kannenberg und Hlmmelreich.

Aus der Ehe Christophs von Kannenberg, churbrandenburgischen Rittmeisters, auf Buschow und Kannenberg Erbherrn, und Elisabeth von Barsewisch aus dem Hause Scharpenlohe, ist er 1615 den 10. Januar, gebohren worden. Von guten Hauslehrern in nützlichen Wissenschaften erzogen, begab er sich im 16. Jahre seines Alters 1713, in königlich schwedische Dienste, unter des Generalmajor Kurviel Regiment zu Pferde, welches damals mit der schwedischen Armee, in der Altenmark stand, und war drei Jahre lang gemeiner Reuter. Gerieth in feindliche Gefangenschaft, und muste 16 Wochen, zu Regenspurg im Stockhause sitzen, wo er, ob er schon am linken Fuße eine schmerzhafte Wunde hatte, erbärmlich gehalten wurde. Nach geschehener Auswechselung, kam er als Korporal bei des Obristen Gollensteins Regiment, welches er ein Jahr gewesen, und darauf Quartiermeister ward. Bei Torgau bewieß er besondere Tapferkeit, ward aber dabei wiederum durch den Fuß geschossen. Innerhalb Jahresfrist avanzirte er wegen seines bei vielen Gelegenheiten bewiesenen Wohlverhaltens, 1635 zum Kornet, Lieutenant, und nachdem das Gollensteinsche Regiment, der

Obriste

Obriste Wilhelm von Heyking erhalten hatte, und solches bei der Armee kam, welche der General Torstensohn anführte, zum Ritmeister. Nach Verlauf von dreien Jahren, avanzirte er beim Baröschen Regiment, zum Major und Obristlieutenant. Seine Bravour half ihn weiter, und er ward bei den Weimarschen Truppen, unter dem Oberbefehle des Generalfeldmarschall von Königsmark, Obrister eines Regiments zu Roß. Er wohnte hierauf den Schlachten bei Leipzig, Witstock, Janckow, Toepel, und vielen anderen Aktionen in Böhmen, Bayern, Thüringen, Ober- und Nieder-Sachsen, wie auch der Belagerung von Prag, in der er selbst, mit einigen Reutern den Wall erstieg, bei, und hatte allein fünf Paar Pauken erbeutet. Da nun der dreißigjährige Krieg seine Endschaft erreichet hatte, und die schwedische Armee, bei der er 20 Jahre gedienet, größtentheils abgedanket wurde, erhielt er von der Königin Christine, 1649 den 7. May mit 1000 Thaler Wartegeld, seine Dienstentlassung, und dankte seine Reuter, 1650 den 14. September, vor dem Generalissemus Karl Gustav Pfaltzgraf am Rhein, nachmaligen Könige von Schweden, feierlich ab. Seine untergehabte Leute, waren dabei so gerührt, daß sie ihm alle ihre Standarten schenkten, und dabei fest zusagten, wenn die Gelegenheit es wieder so fügen sollte, daß sie unter ihm dienen würden, wolten sie mit ihm in den Tod gehen. Bei den ausgebrochenen Jülichschen Unruhen, zog ihn Churfürst Friedrich Wilhelm in seine Dienste, und ernannte ihn, 1651 den 13. August zum Generalmajor von der Kavallerie, in welcher Charge er 1654, als der Krieg mit Polen anging, aufs neue ſtåttiget wurde. In der Schlacht bei Warſchau, ward er verwundet, indem ihm eine Kugel auf ſeine Geldbörſe, die er um den Leib trug, abprellte. 1656 den 9. März, ernannte ihn der Churfürſt zum Gouverneur von Minden, 1657 den 11. Junius, zum Generallieutenant, und ertheilte ihm im ſelbigen Jahre, den 17. Julius, die Aufſicht über alle Garniſouen in Weſtphalen, während der Abweſenheit des Generalfeldzeugmeiſters von Sparr. 1666 den 10. Februar, ward er Geheimerkriegesrath, und den 7. May ſ. J. Erbmarſchall des Fürſtenthums Minden. 1672 marſchikte er mit den churfürſtlichen Truppen nach dem Rhein, ward aber durch die dabei gehabten Beſchwerlichkeiten, in eine harte Krankheit verſenkt, die ihm den 10. Februar 1673, im 59. Jahre ſeines Alters, und 43. ſeiner Kriegesdienſte, den Tod zuzog. Sein Leichenbegängniß ward zu Minden feierlich mit vieler Pracht vollzogen, und der Churfürſt folgte ſelbſt der Leiche. 1652 den 13. Januar, verehlichte er ſich mit Marien, Güntzel von Bartensleben Erbherrn auf Wulfsburg und Brome Tochter, welche zwei Söhne und zwei Töchter gebohren hat.

Friedrich Wilhelm, Freyherr von Kannenberg,

Königl. Preuß. Obrister von der Kavallerie, Chef eines Regiments Dragoner, nachmals Oberhofmeister der Königin Elisabeth Christinen von Preußen, Ritter des schwarzen Adler, St. Johanniter- und Stephani-Ordens, Kanonikus zu Halberstadt, Probst zu Walbeck, Erbmarschall des Fürstenthums Minden, Erbherr auf Kannenberg, Iben, Krumbke, Berge, Buscho ꝛc.

Er war ein Enkel des vorgedachten Generallieutenants von Kannenberg, und ein Sohn des, 1714 den 9. August, verstorbenen königlich polnischen Kammerherrn Friedrich Wilhelm Freyherrn von Kannenberg, und Barbaren Helenen Freyin von Bibra und Reischt. 1717 trat er beim Blankenseeschen Regiment zu Pferde (jetzt von Mengden) in preußische Dienste, und avancirte dabei, 1720 den 9. März zum Ritmeister; kam nachher zu dem Platenschen Dragonerregiment, ward dabei 1725 den 23. Junius Obristlieutenant, 1728 im Johanniterorden aufgenommen, und 1736 den 6. August Obrister. 1740 ernannte ihn der König Friedrich der Zweite, zum Obristen bei der neuerrichteten Garde du Korps, und er befand sich als solcher, im ersten schlesischen Feldzuge, in der Schlacht bei Molwitz, worin er verwundet ward; that sich auch bei verschiedenen andern Gelegenheiten hervor. 1741

im

im December erhielt er ein eigenes Dragonerregiment, welches vor ihm der Generalmajor von Bissing gehabt, (jezt von Gözen) und welches aus dem vormaligen Schulenburgschen Grenadierregiment zu Pferde, nach der Schlacht bei Molwitz, errichtet worden war. 1742 bekam er seiner Wunden wegen, die gesuchte Dienstentlassung, und nahm 1753 die Oberhofmeisterstelle, bei der damals regierenden Königin Elisabeth Christine an, die ihm zu gleicher Zeit, den schwarzen Adlerorden zu wege brachte. Starb 1762 den 22. May im 69. Jahre seines Alters, und 40. seiner Dienste. 1722 den 19. Junius, verehlichte er sich, mit Charlotten Albertinen gebohrnen Gräfin von Finckenstein, jetzige Oberhofmeisterin der vorerwähnten Königin, davon eine einzige Tochter, die verehlichte und jezt verwittwete Generalin von Kahlden, gebohren worden.

Heinrich Gottlieb von Kannewurf,

Königl. Preuß. Generalmajor von der Infanterie, Vicepräsident, beim Oberkriegeskollegium, Ritter des Ordens pour le Merite.

Er ist aus Thüringen gebürtig, und hat seit dem Jahre 1743 beim jetzigen von Schönfeldschen Regiment, die unteren Offizierchargen durchgedienet, bis er 1769 Major, 1777 den 1. Februar, Obristlieutenant und Kommandeur gedachten Regiments, und 1780 den 10. September Obrister ward. Er hat sich im siebenjährigen Kriege überaus brav gehalten, und ist auch

auch darin verwundet worden. Im baierschen Erbfolgekriege, stand er mit dem Regimente, bei der Armee des Prinzen Heinrichs, im Sachsen. 1783 bei
der Revue in Pommern, gab ihm König Friedrich der
Zweite den Orden pour le Merite. 1787 im Junius
ernannten ihn, des jeztregierenden Königs Majestät zum
Generalmajor von der Infanterie, und Vicepräsidenten
des neuerrichteten Oberkriegeskollegium. Er ist mit einer gebohrnen von Glasenap verehlicht, davon verschiedene Kinder gebohren sind.

Hans Heinrich Graf von Katte,

Königl. Preuß. Generalfeldmarschall, Ritter des
schwarzen Adler- und St. Johanniterordens, Gouverneur zu Kolberg, Obrister über ein Regiment
zu Pferde, Amtshauptmann der Aemter Zehdenick und Liebenwalde, Erbherr auf Wuest,
Mörlitz und Gettin.

Er war ein Sohn Hans von Katte, Fürstl. Sachsen-
Koburgischen Hofmarschalls, auf Wuest, Scharlibbe
und Camern Erbherrn, und Eva Auguste von Stam-
mern, die ihn, 1681 den 16. Oktober zu Wuest zur
Welt gebohren hat. Er trat frühzeitig in churbrandenburgische und nachmalige königliche preußische Kriegesdienste, bei der Kavallerie, und ward 1705 den 28.
Julius Obrister, 1718 den 6. Junius Generalmajor, 1731 den 5. Julius Generallieutenant, 1736
den

den 17. Julius General von der Kavallerie, und 1740 im Junius, Generalfeldmarschall. Seine ersten Kriegesdienste, that er in den Niederlanden, wo er unter andern den Schlachten bei Ramellies und Malplaquet beiwohnte. Im 24. Jahre seines Alters, ward er als Obrister, Chef des Kurassierregiments von Kanstein (jezt von Manstein). 1715 bei der Belagerung von Stralsund, erhielt er den schwarzen Adlerorden, und 1732 das Kommando über das ansehnliche Lager, welches König Friedrich Wilhelm der Erste, aus lauter Kavallerie, zusammenziehen ließ. 1734 als der unglückliche König Stanislaus von Polen, sich aus Danzig gerettet hatte, und in Preußen angelangt war, nahm ihn Katt zu Angerburg, wo er damals im Quartier stand, im Namen des Königs auf, und erwies ihm alle gebührende Ehre. Noch in diesem Jahre, erhielt er das Gouvernement von Kolberg. 1740 den 6. Junius erhob ihn König Friedrich der Zweite nebst seinen Nachkommen beiderlei Geichlechts, in den Grafenstand. Er muste im folgenden Frühjahre, nach dem Lager marschieren, welches sich auf königlichen Befehl bei Brandenburg versammelte, und erhielt über die hier zusammengezogene Reuterei, den Oberbefehl, welchen er aber nicht lange führte, denn er starb zu Nekahn, 1741 den 31. May, im 60. Jahre seines Alters. Er hatte sich zweimal verehlicht, 1) mit Dorotheen Sophien Reichsgräfin von Wartensleben, eine Tochter des Generalfeldmarschals Alexander Herrmann, Reichsgraf von Wartensleben, die 1706 den 5. November zu Brüssel starb, und verschiedene Kinder, unter denen der unglückliche, zu Küstrin enthauptete Lieutenant von Katt war

war, gebohren hat; 2) mit Katharinen Elisabeth von Bredow, die 1736 den 18. Julius zu Berlin starb, und auch Kinder hinterlassen hat. 1748 erlosch nach dem Tode seiner beiden Söhne, der gräflich- von Kattesche Mannsstamm.

Johann Friedrich von Katte,
Königl. Preuß. Generallieutenant und Chef des Leibkuirassierregiments.

Er stammte aus dem Magdeburgischen, und war der älteste Sohn, des Königl. Preuß. Gehelmenraths und magdeburgischen Kammerpräsidenten, Christophs von Katte, und Ursulen Dorotheen von Möllendorf, die ihn 1698 zur Welt gebohren hat. Seines Vaters Bruder, der Feldmarschall Graf von Katte, nahm ihn bei seinem unterhabenden Kuirassierregiment (jezt von Manstein), bei dem er, 1717 den 25. September Lieutenant ward. 1730 war er Rittmeister, und ward den 3. Oktober s. J. Major, 1739 den 31. Julius Obristlieutenant, 1743 den 14. May Obrister, 1747 im April mit dem Range vom 2. December 1743 Generalmajor, 1747 im September Chef des Leibkuirassierregiments, und 1756 den 22. May Generallieutenant. Nachdem er in den ersten schlesischen Feldzügen, bei verschiedenen Gelegenheiten, besonders in den Schlachten bei Hohenfriedeberg, Sorr und Kesselsdorf, mit vorzüglicher Tapferkeit gedienet, befand er sich auch 1756, in der Schlacht bei Lowositz, 1757 in den Schlachten bei Prag und Kollin, und kam nachher mit

sei-

seinem Regimente in der Lausitz und in Schlesien zu stehen. In der Schlacht bei Breßlau, that er sich ebenfalls hervor, und erhielt nach derselben, bis zur Ankunft des General von Lestwitz, das Interimskommando in dieser Stadt, als sie von den Oesterreichern aufgefordert wurde. Da nun Lestwitz eben dazu kam, erfolgte die Uebergabe mit Bedingungen, welches aber den König bewog, dem Generallieutenant von Katte, noch vor Ausgang dieses Jahres, den Abschied zu ertheilen. Starb zu Berlin, 1764 den 29. März im 67. Jahre seines Alters und 50. seiner Dienste. Er hatte sich mit einer gebohrnen Gräfin von Truchseß aus Preußen verehlicht, die ihm einen Sohn und eine Tochter gebohren hat.

Bernd Christian von Katte,

Königl. Preuß. Generalmajor, Chef eines Dragonerregiments, Ritter des Ordens pour le Merite, Erbherr auf Wuest, Lütgen-Mangelsdorf 2c.

Er war des vorerwehnten Generallieutenants von Katte Bruder, und ist 1700 zu Wuest gebohren worden. Er trat ziemlich früh bei dem Marggräflich Albrechtschen Regiment zu Pferde (jezt Leibkarabiniers) von welchem er nachmals zum Möllendorfschen Dragonerregiment (jezt von Rohr) kam, in Dienste, und ward, nachdem er die unteren Offizierstellen durchavanzirt hatte, 1731 Major, 1741 Obristlieutenant, 1742 im May, nach der Schlacht bei Chotusitz Obrister, 1747 im April,

April, Chef des Posadowsky'schen Dragonerregiments (jetzt Graf von Lottum) und Generalmajor. 1751 erhielt er den gesuchten Abschied, mit einem Gnaden-gehalte, und hielt sich nachdem, gröstentheils auf seinem Guthe Lütgen-Mangelsdorf auf, wo er, 1778 den 5. August, im 78. Lebensjahre und 45. seiner Dienste verstarb. 1755 den 15. Julius, verehlichte er sich zu Scharlibbe, mit der hinterlassenen Wittwe, des ehemaligen Präsidenten bei der magdeburgischen Krieges- und Domainen-Kammer, Kaspar Wigands von Platen, Katharine Sophie gebohrne von Kröcher, davon ein Sohn gebohren worden.

Karl Aemilius von Katte,

Königl. Preuß. Generalmajor und Chef eines Dragonerregiments, auf Camere, Scharlibbe, Wuest und Götlin Erbherr.

Er war ebenfalls ein jüngerer Bruder, der vorerwähnten Generale, und ward 1706 im Magdeburgischen gebohren. Er trat aus sächsischen Diensten, in welchen er als Lieutenant bei dem Dragonerregimente von Katte gestanden, in preußische, in welchen er 1741 Major, bei dem Möllendorfschen Dragonerregiment (jetzt von Rohr), 1745 Obristlieutenant, 1750 Obrister, und bald darauf Kommandeur des Regiments ward. 1756 im Oktober, erhielt er das erledigte von Derzensche Dragonerregiment, (jetzt von Götzen) und ward zugleich Generalmajor. Von 1741 an,

Zweyt. Theil. R wohn-

wohnte er den beiden ersten schlesischen Feldzügen, und im dritten, der Aktion bei Reichenberg, 1757 den 21. April aber der Schlacht bei Kollin bei, und hat sich bei verschiedenen Gelegenheiten, rühmlich hervorgethan. 1757 im Oktober, nahm er kränklicher Gesundheitsumstände wegen, seinen Abschied, und starb 1757 den 16. November, zu Berlin, im 51. Jahre seines Alters.

Nikolaus Andreas von Katzler,

Königl. Preuß. Generallieutenant von der Kavallerie, Chef des Regiments Gens d'Armes, Ritter des schwarzen Adlerordens, Amtshauptmann zu Zehdenick und Liebenwalde; auf Grimminghausen in der Graffchaft Mark Erbherr.

Ward 1696 im September zu Mastricht gebohren und war ein Sohn Wilhelm Ludolphs von Katzler, Hauptmanns unter den holländischen Dragonern, und Helenen Christinen von Bersword. Nachdem er eine Zeitlang in holländischen Diensten gestanden hatte, trat er 1715 in preußische, in welchen er gleich Kornet bei dem damaligen Regiment Kronprinz zu Pferde (jetzt von Backhof Kuiraffier) ward. Bei der Belagerung von Stralsund, bewieß er viel Bravour, ward aber dabei verwundet und von den Schweden gefangen genommen. König Karl der Zwölfte, der ein Augenzeuge seiner Tapferkeit gewesen war, sprach mit ihm sehr gnädig, lobte seinen Muth, und befahl für
sei-

seine Verpflegung angelegentlichst zu sorgen; worauf er bald wieder ausgewechselt und wieder hergestellet ward. 1728 den 26. August, ward er Lieutenant, 1730 war er jüngster Rittmeister, ward 1733 den 6. Julius Major, 1741 Obristlieutenant, 1742 im May Obrister, 1745 im Junius Generalmajor, und den 13. Oktober s. J. Amtshauptmann zu Liebenwalde und Zehdenick. 1746 im August, erhielt er als Chef, das Leibkuirassierregiment, und 1747 im September das Regiment Gens d'Armes. 1748 im Junius, schenkte ihm der König, eine Prübende zu Münster-Eyffel. 1753 ward er Generallieutenant, und 1754 Ritter des schwarzen Adlerordens. In den dreien schlesischen Feldzügen, wohnte er den Schlachten bei Chotusitz, Hohenfriedeberg, Sorr, Lowositz, und der Aktion bei Katholisch-Hennersdorf, bei. Krankheit nöthigte ihn, 1757 die Armee zu verlassen; demohnerachtet ließ ihm der König das Gens d'Armes Regiment bis an sein Ende, welches 1760 den 10. November zu Gardelegen, im 64. Jahre seines Lebens- und 46. seiner treugeleisteten Dienste, erfolgte. Seit 1725, war er mit Marien Kunigunden von Barbeleben aus dem Hause Ribbeck verehlicht, welche sieben Kinder gebohren hat, von denen nur noch ein Sohn am Leben ist.

Joseph von Katzler,

Churbrandenburgischer Obrister eines Regiments zu Pferde.

Er stammte aus der Grafschaft Mark, und war ein Sohn, des 1632 verstorbenen kaiserlichen Obristen, Matthias von Katzler, und einer gebohrnen von Voß. Anfänglich stand er in kaiserliche Kriegesdienste, aus welchen ihn Churfürst Friedrich Wilhelm in die seinige zog, und 1655 den 14. Oktober zum Obristen von der Kavallerie ernannte, auch zugleich auftrug, eine Eskadron zu Pferde zu werben. Mit dieser langte er, 1655 im Oktober, nebst dem Obristen von Eller, mit dessen Reutern er sich verstärkte, so daß sie zusammen sechs Eskadrons ausmachten, aus dem Cleveschen, bei Berlin an, und begleiteten die Churfürstin über Küstrin, nach Preußen. Im polnischen Kriege that er sich mit seinen Reutern, bei vielen Gelegenheiten, dermaßen hervor, daß er vom Churfürsten Befehl erhielt, ein ganzes Regiment zu Pferde zu werben, worüber er als Obrister gesezt ward. Da aber bald darauf der Frieden erfolgte, erhielt er seine Entlassung, aber auch gleich darnach, ein Regiment in churpfälzische Dienste. Endlich ward er bei den Holländern Brigadier, und starb zu Kölln am Rhein. Er hatte sich erstens, mit einer gebohrnen von Horn, aus dem holländischen, zweitens mit Christinen Margarethen von Dael verehlicht.

Ja-

Jakob Keith,

Königl. Preuß. Generalfeldmarschall, Gouverneur der Residenz Berlin, Ritter des preußischen schwarzen Adler, des rußischen St. Andreas, und Alexander-Newsky-Ordens.

Er stammte aus einem alten und vornehmen Geschlecht in Schottland ab. Seine Eltern waren, Wilhelm Graf Marschall Lord Keith und Altree, und Lady Marie Drummond, eine Tochter des Grafen Porth, die ihn 1696 zur Welt gebahr. Da er der jüngste Sohn war, hieß er nur schlechthin, Herr Jakob Keith, ward aber im väterlichen Hause, mit vieler Sorgfalt erzogen, in den Wissenschaften und besonders in der lateinischen Sprache unterrichtet, und studirte auf der hohen Schule zu Aberdeen. Die Kriegesunruhen, welche der Prätendent in Schottland erregte, reizten den jungen Keith, im 19. Jahre seines Alters, die Waffen zu dessen Vertheidigung, zu ergreifen, und sich bei vielen damals sich ereignenden Gelegenheiten, bis zum Jahre 1719, da der Madritter Hof die Anhänger des Prätendenten nach Spanien berief, zu zeigen. In spanischen Diensten, erhielt er die Bestellung als Obrister; da man ihm aber die Verwechselung seiner Religion mit der katholischen anmuthete, verließ er solche, und begab sich, nachdem ihn der rußische Hof auf Empfehlung des Königs von Spanien, 1728 die Bestallung eines Generalmajors nach Madrit gesandt, nach Rußland. Kaum war er zu Petersburg angelangt, als er sich die Gnade Kaiser Peter des Zweiten, zu eigen zu machen wuste, der ihn 1729 zum Obristlieutenant seiner neuerrichteten Leibgarde ernannte, welche er nach Abgang des Obristen Grafen von Löwenwolde, selbst erhielt. Als Peter der Zweite 1730 starb, bestättigte dessen Nachfolgerin, die Kaiserin Anna, Keith in seinen Chargen. 1733 diente er unter den Truppen, welche unter dem Oberbefehle des General Peter von Lascy, wegen der Wahl Staniślaus Leseżinsky zum Könige von Polen, in Litthauen einrükten; half mit denselben Danzig einnehmen, und die Polen schlagen. 1734. im November, ward er zum Generaladjutanten erhoben. 1735 sandte ihn die Kaiserin, unter dem Kommando des vorerwehnten General Lascy, nebst 14000 Mann, dem Kaiser in Deutschland zu Hülfe; da aber den 3. Oktober schon der Friede wieder hergestellet worden war, so zogen sich diese Truppen, durch Deutschland nach der Ukraine, wo sie sich mit dem Generalfeldmarschall Münnich vereinigten, der daselbst den Krieg wider die Türken und Tatarn angefangen hatte. 1736 befand er sich bei der Belagerung und Eroberung von Asof, und führte, da Münnich den 19. September s. J. nach Petersburg ging, den Oberbefehl über sämtliche in der Ukraine stehende russische Truppen. 1737 im Julius, ward er bei der Belagerung von Oezakow gefährlich verwundet, muste sich eine Zeitlang der Heilung wegen, von der Armee wegbegeben, und ging nach Frankreich, wo er während den Jahren 1738 und 1739 verblieb. Zu Anfang des Jahres 1740, erhielt er den Auftrag nach London zu gehen, um daselbst wegen der schwedischen Unruhen Unterhandlungen zu pflegen. Indessen erfolgte der Frieden mit den Türken;

ten; die Kaiserin schenkte ihm am Tage dessen Bekanntmachung, zur Belohnung seiner bisher zu ihrem Wohlgefallen geleisteten Dienste, einen goldenen Degen, 6000 Rubel an Werth, und ernannte ihn, im März s. J., zum Gouverneur von der Ukraine; welche Charge er im Junius antrat. Als den 28. Oktober gedachten Jahres, die Kaiserin Anna starb, nahm er die Parthey wieder den Vormund des jungen Kaisers Ivan, den Herzog Biron von Churland, weil er glaubte, daß dadurch der Großfürstin Anna, des Kaisers Mutter, zu Nahe getreten werde. Biron's Vormundschaft dauerte aber nur 22 Tage, und die Großfürstin, welche in ihre Rechte eingesezt worden war, bezeigte sich gegen Keith ausserordentlich gnädig; schenkte ihm im May 1741, einen goldenen stark mit Diamanten besezten Degen, und ernannte ihn zum General en Chef, als welcher er die Truppen anführte, welche gegen die Schweden fochten, und that sich den 3. September bei Wilhelmsstrand, und bei vielen andern hierauf erfolgten kriegerischen Vorfällen, durch seine Tapferkeit besonders hervor. 1742 forderte er seine Dienstentlassung, welche ihm die Kaiserin Elisabeth, im December abschlug, hingegen den Alexander-Newsky-Orden ertheilte, und den Oberbefehl der Armee, welche gegen die Perser fechten sollte, anbot, den er aber ausschlug. 1743 kommandirte er wiederum ein Korps Truppen in Schweden, und befestigte dabei seinen Ruhm, durch verschiedene glücklich ausgeführte Unternehmungen. Als im selbigen Jahre, zwischen Dännemark und Schweden Feindseeligkeiten ausbrachen, und die Kaiserin dem leztern Staate 10000 Mann Hülfstruppen zusandte, er-

R 4 hielt

hielt er darüber das Kommando, ein Geschenk von 3000 Rubel zur Feldequipage, und 600 Rubel monatlich für seine Tafel. Da aber der Friede bald wieder hergestellet ward, führte er, nachdem ihn der schwedische Hof mit prächtigen Geschenken überhäuft hatte, seine Truppen wieder nach Rußland zurück. 1745 beschloß die Kaiserin wiederum, auf Ansuchen des Königs von Polen, in Chur- und Liesland ein Korps zusammenziehen zu laßen, welches Keith kommandiren sollte, allein da auch diesmal, der Frieden, nach der Schlacht Kesselsdorf, bald geschlossen wurde, so war solches wiederum ohne Nutzen; demohnerachtet besoldete die Kaiserin diese Truppen, 1746 im Julius. 1747 nahm Keith seinen Abschied, aus rußischen Diensten, und begab sich nach Berlin, wo ihm der König Friedrich der Zweite von Preußen, seine Dienste anbot, die er annahm, und er ward den 18. September d. J. preußischer Generalfeldmarschall. 1749 erhielt er das Gouvernement von Berlin, und den schwarzen Adlerorden, mit einer Besoldung von 12000 Thaler, ohne dem, was ihm seine Gouverneurstelle und sonstige Geschenke des Königs eintrugen. Auch nahm ihn die Akademie der Wissenschaften zu Berlin, um diese Zeit zu ihrem Mitgliede auf. 1756 führte er eine eigene Kolone bei der Armee des Königs nach Sachsen, und rückte den 19. September d. J., in das preußische Lager bei Außig in Böhmen ein. Den 1. Oktober befand er sich in der Schlacht bei Lowositz, dem Könige zur Seite, und als dieser darauf nach Sachsen aufbrach, erhielt Keith den Oberbefehl über die Truppen in Böhmen. Vereinigte sich sodann wieder mit dem Könige

in

in Sachsen, und nahm das Winterquartier in Dresden, wo er oft, im Namen des Monarchen, an den sächsischen Hof gesandt wurde. 1757 hielt er während der Schlacht bei Prag, einen Theil dieser Stadt eingesperrt, welches die österreichische Flüchtlinge hinderte einen Ausweg durch dieselbe zu nehmen, und dirigirte hierauf die Belagerung von Prag mit, während daß der König nach Kollin marschirte, um hier Daun ein Treffen zu liefern. Nachdem solches aber, nicht den gehofften glücklichen Erfolg auf preußischer Seite hatte, ward der Aufbruch von Prag beschlossen. Keith brach zulezt auf, und deckte den Rückzug des königlichen Heeres. Hierauf folgte der Feldmarschall dem Könige nach Sachsen, und übernahm, indessen derselbe, den Einfall der Oesterreicher in die Mark Brandenburg verhindern wollte, den Oberbefehl über den Rest der zurückgebliebenen preußischen Truppen, mit welchen er sich gegen die Reichs- und Soubisische Armee sezte, und sich besonders in Leipzig sehr brav verhielt. Als der König zurück kam, verfolgte Keith den sich zurückziehenden Feind, mit vieler Würkung, und leistete in der Schlacht bei Roßbach, den 5. November 1757 erhebliche und wichtige Dienste. Da hierauf der König wieder nach Schlesien gegangen war, suchte Keith, das Erzgebürge und die Lausitz von den feindlichen Truppen zu reinigen, und nachdem ihm dies glückte, ging er nach Böhmen, wo er stark Kontributionen eintrieb, ohne einen Mann dabei zu verlieren; und vereinigte sich im December, wieder mit dem Könige. 1758 im April, erhielt er den Befehl, Olmüz einzuschließen und zu belagern, muste aber solches, wegen unerwar-

teter

teter Gegenwehr und Verstärkung des Feindes, im Julius wieder verlassen. Eine Krankheit die dem Feldmarschall zustieß, hinderte ihn, der Schlacht bei Zorndorf beizuwohnen; als er aber wieder hergestellet war, begab er sich zur Armee des Königs, und ward den 14. Oktober, in dem Ueberfalle bei Hochkirch, in der eifrigsten Bemühung, den allenthalben eindringenden Feind abzutreiben, durch zwei Verwundungen in den Unterleib getödtet, und durch eine Stükkugel vom Pferde gestürzet. Der König, die Armee und selbst die Feinde bedauerten seinen Tod. Der österreichische General Lascy ließ seinen Körper feierlich begraben, es wurde aber derselbe bald darauf, nach Berlin gebracht, wo er 1759 den 3. Februar, in der dasigen Garnisonkirche feierlich beigesetzet ward. Rühmlich war sein Charakter, und ehrwürdig seine große Uneigennützigkeit, welche er bei vielen Gelegenheiten zeigte, wo er sich ohne Verantwortung und deshalb zu besorgenden Nachfrage, leicht bereichern konnte. Nach seinem Tode, schrieb der 1778 zu Potsdam verstorbene Milord Marschall, sein Bruder, an die gelehrte Frau von Geoffrin: Mein Bruder hat mir eine schöne Erbschaft hinterlassen; Er hatte ganz Böhmen an der Spitze einer großen Armee, unter Kontribution gesetzt, und ich habe 70 Stück Dukaten bei ihm vorgefunden. Er war unverehlicht. Seinen Thaten, zum unvergeßlichen Denkmale, hat König Friedrich der Zweite, auf dem Wilhelmsplatze zu Berlin, seine Statue, aus weissen Marmor gehauen, aufstellen lassen, und eine Lebensbeschreibung dieses großen Generals, befindet sich in Pauli Leben großer Helden, 4. Th. S. 1. u. f. desgleigleichen im berlinischen-militairischen Taschenkalender, für das Jahr 1788.

Christian Ludwig von Keniß,

Königl. Preuß. Generalmajor, Chef eines Füselierregiments, und Ritter des Ordens pour le Merite.

Er ward in der Uckermark gebohren. Sein Vater der vor dem beim jetzigen von Ebenschen Husarenregiment als Rittmeister gestanden, starb 1757 als Hauptmann des Ingerslebenschen Garnisonregiments. Der Sohn fieng seine Kriegesdienste beim Beverschen Regiment (jetzt von der Goltz) an; bei demselben stand er 1752 als Premierlieutenant, und avanzirte 1762 zum Major. Im letztgenannten Jahre, erhielt er das Kommando eines Grenadierbataillons, welches aus den Grenadierkompagnien der Regimenter von Bevern und Alt-Stutterheim bestand, mit dem er, unter dem General von Hülsen in Sachsen, gegen die Oesterreicher, mit vieler Bravour diente. 1772 den 20. Januar ward er Obristlieutenant, 1776 Obrister, 1784 den 20. May Generalmajor, und erhielt 1783 das Möllendorffsche Füselierregiment, so wie bei der Revue d. J. den Orden pour le Merite.

Felix von Kienitz, (oder Keniß)

Nach dem Patente Churfürst George Wilhelms von Brandenburg, vom 9. März 1583, soll Felix von Kienitz, für einen Landsknecht vnd Gwardj Hauptmann zu Cüstrin, auf fünf Jahr bestellt werden, vnd sol Ime, weil er eine Adelß vnd wol versuchte Person, zu Jahrlichen Vnderhalt gegeben werden: 200 fl. Pommertscher Wehrung, 12 fl. gleicher Wehrung zu Holtz, vff. 2 Persohnen die gewonliche volle Lundische Kleidung, alle 3 Jahr ein Ehrenkleidt, oder an des stadt 30 Thaler, 1½ Wiespel Roggen, 5 Wspl. Habern vf ein Pferdt, 26 Tonnen Bier, 2 Fette Schweine, 3 Hammel, 3 Altte Schafe, 1 vierdt Putter, 10 schock Rinderkese, 1 Schfl. Erbsen, ½ Scheffel Buchweitzen Grütz, 1 Schfl. Saltz, freye Wohnung. Wer die Beschaffenheit der damaligen Zeiten einigermaßen kennet, der wird finden, daß diese Bestallung und die damit verknüpfte Vortheile sehr ansehnlich sind.

Johann George Wilhelm Freyherr von Keller,

Königl. Preuß Generallieutenant, Chef eines Regiments zu Fuß, Gouverneur der Festung Stettin und des Forts Preußen, Ritter des Ordens pour le Merite.

Gebohren 1710 den 11. May, zu Ilmenau in der Graffschaft Henneberg, in welcher Bergstadt sein Vater Direk-

Direktor der dasigen Berg- und Hüttenwerke war, auch im Fürstenthum Schwartzburg die Güther Schönheide und Hariau besaß, und aus Pommern stammte. Im zehnten Jahre seines Alters, besuchte der junge Keller das Gymnasium zu Meinungen, ging von hier, in Begleitung eines Hofmeisters, auf das berühmte Kasimirsche Gymnasium zu Koburg, und 1728 auf die Akademie zu Halle. Hierauf machte er eine Reise durch Niedersachsen, über Hamburg und Bremen nach Holland, wo er die dortigen Festungen genau betrachtete, und den Rückweg längst den Rhein hinunter, nach Frankfurt am Mayn, und von da nach dem Harz nahm, wo er den hiesigen Bergbau und das Forstwesen, zu erlernen sich bemühete. Nach seiner Zurückkunft in Sachsen, trat er in Sachsen-Weimarsche Dienste, in welchen er bis 1741 blieb, und in diesem Jahre, chursächsische, bei dem damals errichtet werden sollenden Regiment, Prinz Christian Wilhelm von Gotha, mit einer Kompagnie, annahm; da aber das Regiment nicht zu Stande kam, nahm er 1742 seinen Abschied, begab sich nach Berlin, und erhielt hier, bei dem neuerrichteten von Dossowschen Füselierregiment (jetzt von Ekartsberg) eine Kompagnie. 1752 ward er Major; 1757 ging er mit dem Regimente zur alliirten Armee, gegen die Franzosen, und darauf nach Magdeburg zur Besatzung. 1758 befand er sich in der Aktion bei Hornburg im Halberstädtschen, beim weißen Hirsch, und bei Tarnow; im September d. J. bei Dresden, und fochte, noch zu Ende dieses Monats, unter dem Kommando des Generallieutenants von Wedell, in der Mittelmark gegen die Schweden, und that
sich

sich hier bei verschiedenen Gelegenheiten hervor. 1759 befand er sich in der Affaire bei Aue, und ward hierauf von den Oesterreichern in Tergau belagert, jedoch von dem General von Wunsch, der ihm zu Hülfe kam, befreiet. Er folgte demselben vor Leipzig, welches sich den 13. September ergab. Der König ernannte den Major von Keller, mit einer hinlänglichen Besatzung zum Kommendanten dieser Stadt, in der er zweimal, im September und Oktober 1760, aufgefordert wurde, die Uebergabe aber jedesmal standhaft abschlug, und blieb hier bis zum geschlossenen Frieden 1763. 1764 ward er Obristlieutenant, 1765 Obrister, erhielt 1770 das Braunsche Füselierregiment (jezt von Wolframsdorf) und ward 1771 Generalmajor. 1778 und 1779, wohnte er dem baierschen Erbfolgekriege, mit seinem Regimente bei der Armee des Königs, in Schlesien und Böhmen bei, und deckte den Rückzug desselben, wobei er sich besonders, in der Gegend von Trautenau, hervorthat, und sich dadurch den Orden pour le Merite und das Lehn Liebenhausen erwarb. 1782 ward er Generallieutenant, 1785 Chef des Hakschen Infanterieregiments (jezt von Scholten) und Gouverneur von Stettin, wo er im selbigen Jahre, den 20. November verstarb, und den Ruhm eines Menschenfreundes und wackern Soldaten, der die Gnade seines Königs in einem sehr hohen Grade besaß, hinterließ. Seine Lebensbeschreibung, nebst dessen von D. Berger in Kupfer gestochenen Bildniß, befinden sich im berlinischen genealogisch-militairischen Kalender für das Jahr 1786. Er ist mit N.... Freyin von Schabe, eine Tochter des Hessen-Darmstädtischen General-
lieute-

lieutenants und Gouverneurs von Gießen, Freiherr von Schade Tochter verehlicht gewesen, die ihm zwei Söhne und sechs Töchter gebohren, davon noch drei Töchter und ein Sohn am Leben sind.

Karl Franz von Redeszegy,

Königl. Preuß. Generalmajor, Chef eines Husarenregiments, und Ritter des Ordens pour le Merite.

Er ward 1721 den 3. August auf dem Schloße Schaumegh in Ungarn, im Saloer Komitat gebohren. Seine Familie ist eine der ältesten dieses Königreichs, und seine Eltern sind der 1744 verstorbene Michael von Redeszegy Landrichter des Tolenner Komitats, und Katharina von Zamory aus dem Hause Schackoray gewesen. 1742 befand er sich als kaiserlicher Unteroffizier in der Schlacht bei Czaslau, diente nach dem Dresdner Frieden, bei der Belagerung von Prag und gegen die Franzosen, bei welcher Gelegenheit eine Hauptaktion vorfiel, in der er sich besonders hervorthat. Im folgenden Jahre, nahm er nebst seinem ältesten Bruder Abschied, traten beide, 1743 den 16. April, in königliche preußische Dienste, bei dem neuerrichteten Husarenregiment von Hallasch, er als Kornet und sein Bruder als Rittmeister, welcher 1760 als Major, in Leipzig starb. 1744 den 20. Junius ward er Sekondelieutenant, und wohnte der Aktion bei Habelschwerdt bei. 1745 den 4. Junius befand er er sich in der Schlacht bei Hohenfriedeberg, und nach derselben, bei der Belagerung von Cosel. 1751 ward er Premierlieutenant, und fochte 1757 den 6. May in der Schlacht bei Prag, bei der Belagerung dieser Stadt, und den 18. Junius in dem Treffen bei Kollin. Als der König nach demselben seine Armee aus Böhmen zog, marschirte er mit einem starken Korps, gegen die Franzosen, bei dem sich Kedsjegy mit 100 Mann vom Seydlitzschen Regiment befand, und mit demselben zum Korps des Herzogs Ferdinand von Braunschweig im Halberstädtschen, stieß. Hier machte er verschiedene glückliche Scharmützel, bei Egeln und Halberstadt, und begab sich darauf, wieder zum Korps des Königs bei Leipzig, mit dem er der Schlacht bei Roßbach beiwohnte, und sich darinnen so brav verhielt, daß ihn der König, 1757 dem 18. Juni, als Rittmeister zum Sezekulyschen Regiment versezte. Den 5. December d. J. befand er sich in der Schlacht bei Leuthen, führte verschiedene glückliche Unternehmungen aus, erwarb sich 1758 den 6. December den Orden pour le Merite, und da in diesem Jahre, ein Detachement unterm Kommando des Obristlieutenants von Kleist in Böhmen eindrang, wobei er die Avantgarde hatte, auch damit einige Kroaten gefangen machte, begegnete ihm das Unglück, daß er mit dem Pferde stürzte, und in die Gefangenschaft gerieh, aus welcher er 1762 wieder befreiet wurde. Den 4. May d. J. ward er Major, und befand sich in der Schlacht bei Freyberg. 1772 den 30. August, ward er Obristlieutenant und Kommandeur des Ejetterizschen Husarenregiments, 1779 den 15. December Obrister,

1785

1785 den 18. September Chef des erledigten Husarenregiments von Rosenbusch, und 1786 den 30.
Junius Generalmajor. 1788 im May, ertheilte ihm
König Friedrich Wilhelm der Zweite die Dienstentlassung, mit einem Gnadengehalte von 1200 Thalern.
1750 den 1. December, verehlichte er sich erstens
mit der verwittweten Frau von Pothocsky gebohrne
Gräfin Beatrix Wurmbrand von Ruswurm, welche
1786 den 15. April starb, nachdem sie vier Söhne
und zwei Töchter gebohren, von welchen aber nur noch
ein Sohn, Lieutenant beim Czettrizschen Husarenregiment, und zwei Töchter am Leben sind; 1787 den 25.
November zweitens, mit Ernestine von Pannewitz, Wittwe des Generalmajors von Rosenbusch.

Johann von Kettler,
Churbrandenburgischer Kriegesobrister.

Churfürst Johann Sigismund, bestellte 1613 den
16. April zu Grimnitz, Johann von Kettler zu Mon-
gowe und Wilrich, wegen seiner bei den schweren Jülichschen Sachen und Angelegenheiten, so wohl in
Schickung an auswärtige Potentaten, als auch sonst
vom Jahre 1604 an, bewiesenen nützlichen Dienste,
zum Krieges-Obristen und Geheimen Kammerrath.
1616, erhielt er in gleicher Qualität eine dergleichen
anderweite Bestallung.

Eitel Heinrich Graf von Kirchberg,
Churbrandenburgischer Obrister.

1589 am Tage Trium Regum, bestellte Churfürst Johann George, Eitel Heinrich von Kirchberg, vor einen Reutter Obersten, of Ein tausend Reisigen guter wolgerüster Schützen Pferde, von Hauß aus.

Karl Friedrich von Kitscher,
Königl. Preuß. Obrister, Chef des zweiten Artillerieregiments, und Ritter des Ordens pour le Merite.

Er ist in der Neumark, wo sein Vater Levin Dyonisius von Kitscher, der erst in holländischen, zulezt aber in preußischen Diensten als Hauptmann gestanden hatte, das Guth Briesen bei Schievelbein besaß, ihn, mit Dorothea Agnesa von Weber, erzeugte, gebohren. 1737 kam er als Bombardier zur Artillerie, ward 1741 den 19. November Sekondelieutenant, 1742 den 24. December Premierlieutenant, 1750 den 21. August Staabs- und 1757 im Julius wirklicher Hauptmann, 1760 den 7. November Major, 1761 den 27. December Obristlieutenant, 1763 den 3. April Obrister und Chef des zweiten Artillerieregiments. Starb zu Berlin 1770 den 1. März, unverehlicht. Er hat sich von 1740 an, in allen Feldzügen gegenwärtig befunden, erwarb sich der Affaire bei Strehla den Orden pour le Merite, und durch seinen unausgesezten Dienst-

eifer, den allgemeinen Ruf eines vortreflichen und
brauchbaren Offiziers.

Henning Alexander von Kleist,

Königl. Preuß. Generalfeldmarschall, Gouverneur
zu Kolberg, Obrister über ein Regiment zu Fuß,
Ritter des schwarzen Adlerordens, Amtshauptmann zu Gröningen.

Gebohren 1676 in Pommern. Ward bei dem Alt-
Anhaltischen Regiment (jezt von Thadden) bei dem er
seit 1698 stand, und damit im spanischen Erbfolgekriege, bis zum Utrechter Frieden, den hier in diesem
Werke schon oft erwähnten Schlachten und Belagerungen, beigewohnet hatte, 1709 den 12. September
Major, 1710 den 1. Julius Obristlieutenant, und
1718 Obrister. 1721, versezte ihn König Friedrich
Wilhelm der Erste, zu dem Regiment von Stille, und
gab ihm 1730 im Februar das Löbensche Regiment
(jezt von Alt-Woldeck). 1733 den 2. May ward
er Generalmajor; erhielt im September d. J. die
Drostey Bislich im Clevschen, und 1734, nach Absterben des Generallieutenants von Arnim, die von
Gröningen im Halberstädtischen. 1740 im December, führte er sein Regiment nach Schlesien, eroberte
1741 die Städte Ohlau und Oppeln, half Brieg einschliessen, da sich aber die ungarische und österreichische
Truppen zu sehr verstärkten, vereinigte er sich mit der
Armee des Königs, und wohnte den 10. April der

Schlacht

Schlacht bei Molwitz bei, in welcher er auf dem rechten Flügel stand, und den Angrif der österreichischen Kavallerie aushalten muste, auch selbst dabei am Arme gefährlich verwundet ward. Der König erklärte ihn gleich nach der Schlacht, den 14. April, zum Generallieutenant, und gab ihm im Junius den schwarzen Adlerorden, nebst dem Gouvernement der Festung Kolberg. 1744 wohnte er der Belagerung von Prag bei, nach dessen Uebergabe 16000 Oesterreicher gefangen wurden. 1745 den 17. Januar, ward er General von der Infanterie, und erhielt die königliche Erlaubniß, hohen Alters wegen, sich nach seinem Gut vernemtnt zu Kolberg begeben zu können; demohnerachtet aber, befand er sich sehr oft zu Berlin, wo er viele Merkmale von der Schätzung des Königs empfing. 1747 den 24. März erhob ihn der Monarch zum Generalfeldmarschall, worauf er 1749 den 22. August zu Berlin, im 76. Jahre seines ruhmvollen Alters verstarb; nachdem ihn der König, den 23. May gedachten Jahres, auf seinem Krankenbette, in eigner Person besucht hatte. Er ist verehlicht gewesen und hat Kinder hinterlassen.

Franz

Franz Ulrich von Kleist,

Königl. Preuß. Generallieutenant, Chef eines Regiments zu Fuß, Ritter des schwarzen Adlerordens, Erbherr auf Proßen und Krenzlin ꝛc.

Seine Eltern waren George von Kleist, Erbherr auf Kowalk im belgardschen Kreise, der 1720 starb, und Anne Ernestine von Jastrow aus dem Hause Wusterhausen, welche 1725 dies zeitliche verließ, und unsern Franz Ulrich von Kleist, 1688 den 2. Februar, zu Kowalk zur Welt brachte. Im 14. Jahre seines Alters, trat er bei dem damaligen vom Grumbkowschen Regiment in Dienste, machte den spanischen Erbfolgekrieg mit, in welchem er 1703 der Schlacht bei Höchstädt, 1704 dem Treffen am Schellenberge, 1708 der Belagerung von Ryssel, wo er in dem Laufgraben durch eine Falkonetkugel, am Fuße so gefährlich verwundet ward, daß er in Gefahr gerieth, solchen zu verlieren; 1709 der Schlacht bei Malplaquet, und 1710 der Belagerung von Douay, wobei er in der Schulter verwundet ward, mit vielem Muthe beiwohnte, und avancirte während dieser Zeit bis zum Lieutenant. Mit Erlaubniß seines Landesherren, nahm er hierauf churpfälzische Dienste, beim Zobelschen Regiment an, ward Generaladjutant des General von Zobel, und 1712, im 24. Jahre seines Alters Major. Nachdem der Utrechter Frieden erfolgte, dankte der pfälzische Hof einen großen Theil seiner Truppen ab, und da der Herr von Kleist ohnehin keine Neigung zu der ihm angemutheten Religionsänderung bezeigte, ward auch er

mit

mit verabschiedet, und ging darauf auf sein väterliches Guth Kowalk. 1716 rief ihn aber König Friedrich Wilhelm der Erste, wieder in seine Dienste, gab ihm eine Kompagnie beim neuerrichteten von Schwendischen Regiment (jezt von Beville), ernannte ihn 1724 zum Major beim Marggraf Ludwigschen Regiment (jezt von der Golz) und ertheilte ihm, in eben diesem Jahre; den Orden de la Generositee. 1729 befand er sich mit unter diejenige Offiziere, welche der König aus seiner Armee gewählet hatte, um als Freywillige den Feldzug in Korsika beizuwohnen, und Kleist stattete nach seiner Rückkunft, dem Monarchen davon einen bündigen Bericht, zu dessen grösten Wohlgefallen ab. 1733 ward er Obristlieutenant, und 1739 Kommandeur des Röderschen Regiments (jezt Graf von Henkel). Im ersten schlesischen Feldzuge, führte er dies Regiment nach Schlesien, und wohnte 1742 den 17. May, der Schlacht bei Czaslau bei, nachdem er zuvor, den 13. May Obrister geworden war. 1745 half er unter dem Oberbefehle des Generallieutenants von Lehwald, die Oesterreicher aus der Grafschaft Glatz vertreiben, und befand sich in der Aktion bei Habelschwerd, ferner den 4. Junius, in der Schlacht bei Hohenfriedeberg, und den 30. September, im Treffen bei Sorr. 1745 den 1. December, erhob ihn der König zum Generalmajor, gab ihm 1747 den 1sten May, das jetzige von Knobelsdorffsche Regiment, und ernannte ihn, 1756 zu Anfang des Maymonats, zum Generallieutenant. In der Schlacht bei Lowositz, den 1. Oktober 1756, führte er eine Brigade von vier Regimenter an; sein Pferd ward dabei verwundet, und

er

er selbst durch die Wade des rechten Fusses geschossen,
demohnerachtet blieb er bis zu Ende der Schlacht gegenwärtig. Der König belohnte seinen hier bewiesenen Eifer, mit dem schwarzen Adlerorden. Indessen
begab er sich nach Dresden, um seine Wunde heilen
zu lassen, ein Zufall aber, der den Schaden sehr ver-
schlimmerte, legte ihn, 1757 den 13. Januar, ins
Grab. Der Körper ward nach seinem Guth Protzen,
eine Meile von Ruppin abgeführet, und daselbst beigesetzet. Sein Leben hat auch der Professor Pauli, in
den oft erwähnten Leben großer Helden, 1. Theil S.
191 u. f. beschrieben, und dessen Bildniß von Gründ-
ler nach einer Mahlerei von Lambert gestochen, diesem
Theile vorgesetzet. 1720 verehlichte er sich zuerst, mit
Louisen Eleonoren Freyin von Putlitz, die ihm vier
Söhne und fünf Töchter gebahr; zum zweiten, 1738
den 11. Januar mit Dorotheen Margarethen, eine
Tochter des preußischen Generalmajors Otto Gustav
von Lepel; Wittwe des Obristlieutenant von Kleist vom
Leibregiment, aus welcher Ehe auch ein Sohn und
eine Tochter entsprossen sind.

S 4 Hen-

Henning Alexander von Kleist,

Königl. Preuß. Generallieutenant, Chef eines Füselierregiments, Ritter des Ordens pour le Merite, Erbherr der Güther Juchow, Zamenz und Falkenhagen.

Er ist aus der Ehe des 1743 den 30. May verstorbenen Johann Daniel von Kleist, auf Rabbas Erbherrn, mit Marien Katharinen gebohrnen von Kleist, die 1753 den 26. März starb, entsprossen, und 1707 den 4. Junius, zu Rabbas in Hinterpommern gebohren worden. Seiner Mutter Bruder, der damalige Obriste alt-anhaltschen Regiments und nachmalige Generalfeldmarschall Alexander Henning von Kleist, nahm ihn 1721 den 24. Februar, als Kadet bei seiner Kompagnie, und da selbiger noch in diesem Jahre seine Entlassung erhielt, brachte er den jungen von Kleist, den 7. November bei den Kadets zu Berlin, wo er bis zum 6. September 1724 verblieb, und an diesem Tage Fahnjunker beim Glasenapschen Regiment (jetzt von Alt-Bornstedt) ward. 1726 den 24. Januar, nahm ihn König Friedrich Wilhelm der Erste zu seinem Regimente in Potsdam, an die Stelle eines Herrn von Heyden, der dagegen wieder zum Glasenappschen Regiment kam, als Freykorporal. 1730 den 24. Januar, ward er Fähnrich, und 1735 Sekondelieutenant. König Friedrich der Zweite, setzte ihn gleich nach Antritt seiner Regierung, bei dem neuerrichteten dritten Bataillon Garde, und ernannte ihn zum ältesten Premierlieutenant, und 1741 den 24. May zum
Stabs

Stabshauptmann, als welcher er dem erſten ſchleſiſchen Feldzuge beiwohnte. 1743 den 30. März erhielt er eine Kompagnie beim Gröbenſchen Regiment; ward 1756 den 7. Julius Major, 1758 Kommandeur des Regiments, 1760 den 16. Februar Obriſtlieutenant, 1761 den 6. Februar Obriſter, und erhielt 1766 den 15. Junius, das von Münchowſche Füſelierregiment (jetzt von Raumer). 1767 den 9. Julius, ward er Generalmajor, und 1778 den 6. April, Generallieutenant. 1780 den 9. Junius, erhielt er die gebetene Dienſtentlaſſung, Alters wegen, und zur Verſorgung die Gouverneurſtelle zu Spandau, wo er 1784 im Januar ſtarb. Im zweiten ſchleſiſchen Feldzuge, wohnte er 1744 der Belagerung von Prag, 1745 den Aktionen bei Habelſchwerdt und Katholiſch-Hennersdorf, den Schlachten bei Hohenfriedeberg und Sorr, im ſiebenjährigen Kriege aber, 1757 der Schlacht bei groß Jägerndorf in Preußen, 1758 der Schlacht bei Zorndorf, 1759 den Unternehmungen der preußiſchen Truppen in Pommern und Meklenburg, 1761 in Sachſen, und 1761 und 1762 in Schleſien, mit ausgezeichnetem Muthe bei. In den Angriffen bei Adelsbach und Böhmiſch-Friedland, im letztgedachten Jahre erwarb er ſich vorzüglich die Gnade des Königs, und bei Beſtürmung der Leutmannsdorfer Anhöhen, den Orden pour le Merite. Er hatte ſich mit Hedwig Charlotten Chriſtinen, zweiten Tochter des Generallieutenants Franz Ulrich von Kleiſt, verehlicht, die 1765 mit Hinterlaſſung zweier Töchter verſtarb.

Ewald

Ewald George von Kleist,

Königl. Preuß. Generalmajor, und Kommendant des Forts Preußen bei Neisse.

Er war aus Pommern gebürtig, und stand im zweiten schlesischen Kriege, als Obristlieutenant bei dem Regiment Jung-Schwerin. In der Schlacht bei Hohenfriedeberg, kommandirte er ein Grenadierbataillon, welches aus den Grenadierkompagnien der Regimenter von Flanß und l'Hospital bestand, an dessen Spitze er sich vielfältig hervorthat, auch verwundet ward. Ein anderes Grenadierbataillon, welches aus den Grenadierkompagnien der Regimenter Erbprinz Leopold und von Leps zusammengesezt war, führte er in der Schlacht bei Kesselsdorf an. 1754 im September, ward er als Obrister und Kommandeur des Hautcharmoyschen Regiments Generalmajor, erhielt die Amtshauptmannschaften, zu Oletzko im Litthauischen und zu Freyenwalde und Neuenhagen in der Mark Brandenburg, und ward im Oktober d. J., mit einer besonderen Pension, Kommendant des Forts Preußen bei Neisse. Er starb vor einigen Jahren, auf sein Guth Groß-Tychow in Pommern.

Friedrich Ludwig von Kleist,

Königl. Preuß. Generalmajor und Chef eines Infanterieregiments.

Er war ebenfals ein gebohrner Pommer, trat 1707 bei der weißen Füseliergarde (jezt Alt-Bornstedt) in Dienste, und ward bei derselben, 1714 den 18. August Fähnrich; avanzirte die übrigen Offizierstellen durch, bis er 1731 wirklicher Hauptmann ward, und 1743 den 6. November, als Major zu dem herzoglich-würtembergischen neuerrichteten Füselierregimente (jezt von Pfuhl) versezt ward, und 1745 den Obristlieutenantscharakter erhielt. Im zweiten schlesischen Feldzuge kommandirte er ein Grenadierbattaillon, welches aus den Grenadierkompagnien der Regimenter von la Motte und von Schlichting zusammengesezt war. 1747 ward er Obrister. 1750 im Junius, versezte ihn der König zum Kalneinschen Regimente, und gab ihm, den 24. Junius s. J. die Amtshauptmannschaft zu Egeln in Ostpreußen. 1756 ward er Generalmajor, und erhielt im Oktober d. J. das Quadtsche Regiment, (jezt von Budberg). Er that sich in den Feldzügen König Friedrich des Zweiten mit vieler Bravour hervor, und blieb, 1757 den 22. November, in der Schlacht bei Breßlau.

George Friedrich von Kleist,

Königl. Preuß. Generalmajor, und Chef eines Infanterieregiments.

Er ward 1707 in Preußen gebohren; diente drei Jahre lang bei den Kadets, funfzehn Jahre eilf Monate beim Glasenappschen Regiment (jezt von Alt-Bornstedt) bei dem er Premierlieutenant und Adjutant war, als er 1740 den 24. Junius, eine Kompagnie bei dem von Münchowschen Füselierregiment (jezt von Raumer) erhielt. 1745 den 7. Januar, ward er Major, und 1753 den 28. May, bei dem Borkschen Regiment (jezt von Jung-Bornstedt) versezt, bei dem er im selbigen Jahre, im September, zum Obristlieutenant, und 1757 zum Obristen ernannt wurde. 1758 im September, erhob ihn der König zum Generalmajor, und gab ihm das von Rautersche Regiment (jezt von Egloffstein). 1761 im Januar erhielt er auf sein Ansuchen, kränklicher Gesundheitsumstände wegen, den Abschied. Er hat von 1741 an bis 1760 sämtlichen Feldzügen beigewohnet, und ist unter andern in der Schlacht bei Kollin, schwer verwundet worden. 1753 ehlichte er die Wittwe des Majors Ewald Wedig von Massow, vom Regiment Graf Hack. Sein Todesjahr ist mir bis jezt unbekannt geblieben.

Friedrich Wilhelm Gottfried Arnd von Kleist,

Königl. Preuß. Generalmajor, Chef eines Husarenregiments, und Ritter des Ordens pour le Merite.

Er war ein Sohn des 1738. zu Heiligenbeil verstorbenen, königlichen preußischen Obristen und Chefs eines Regiments zu Fuß, Andreas Joachim von Kleist, begab sich, nachdem er eine Zeitlang den Wissenschaften obgelegen, im 20. Jahre seines Alters, bei dem Genb d'Armes Regiment in Kriegesdienste, und ward 1755 Lieutenant. 1756 ernannte ihn König Friedrich der Zweite, zum Major des von Szekulyschen Husarenregiments (jetzt von Czettritz), mit dem er sich, 1757 im September so wohl verhielt, daß er sich den Orden pour le Merite erwarb. 1758 im September, ward er Obristlieutenant, 1759 den 11. May Obrister, und Chef vorgedachten Regiments, welches er nachgehends mit einigen Eskadrons, unter den Namen von Freyhusaren vermehrte, welche unter ihm, ein ungarischer Ueberläufer, Namens Kowatsch, und der Rittmeister Dentsch, anführten. In der Schlacht bei Kunersdorf, 1759 den 12. August, ward er verwundet, und diente nach seiner Wiederherstellung in Sachsen, wo er den Oesterreichern großen Schaden zufügte, welches besonders im November d. J. geschahe, da er mit einem Detachement in Böhmen einrückte, und allenthalben Furcht und Schrecken verbreitete. 1760 errichtete er auf Befehl des Königs, noch ein Kroa-

tenbataillen, und ein Jägerkorps, mit welchem** den
Feinde der Preußen, viel zu schaffen machte, und den
3. November, den Sieg bey Torgau erfechten half.
1761 diente er wieder gegen die Oesterreicher in Sachsen, und nachher wider die Russen in Pommern. 1762
ward er Generalmajor, und führte sehr glückliche Unternehmungen, so wohl gegen die Reichstruppen **
Oesterreicher aus. Merkwürdig sind seine Einfälle **
Franken, und seine Kontributionsbetreibungen ** **
berg, Nürnberg, und in vielen anderen Städten, **
auch in Böhmen, wodurch er alles in Schrecken sezte.
Da 1763 der Frieden erfolgte, wurden seine Frey-
korps abgedankt. Er starb 1767 den 28. ****
zu Zeschkendorf in Schlesien, in einem Alter von un-
gefehr 42 Jahren.

Heinrich Werner von Kleist,

Königl. Preuß. Generalmajor, und ehemaliger
Kommandeur des Füselierregiments Markgraf Heinrich.

Er war 1703 in Pommern gebohren, und diente
von seinem 18. Jahre an, bei dem Regimente von
Sydow (jezt von Lichnowsky). Als Lieutenant, that
er sich in der Schlacht bei Molwitz dermaßen hervor,
daß er den Orden pour le Merite erhielt. 1741 den
30. Oktober, ward er als Lieutenant, zu dem in Brieg
neuerrichteten Füselierregimente, welches der Markgraf Heinrich als Chef erhielt, gesezt, und bekam zugleich

gleich eine Kompagnie. 1750 den 13. September, ward er Major, 1758 im September Obristlieutenant, und 1759 den 1. März Obrister und Kommandeur der Regiments. 1764 den 11. April, erhielt er die gesuchte Dienstentlassung als Generalmajor, mit einem Gnadengehalte, und begab sich darauf auf seine Güther in Pommern, wo er 17 — verstarb. Er hat sämtlichen Feldzügen König Friedrich des Zweiten, mit vieler Tapferkeit beigewohnet, und ward von diesem Monarchen, dem er sehr oft seine Talente sehen ließ, sehr hoch geschäzt.

Primislaus Ulrich von Kleist,

Königl. Preuß. Generalmajor von der Infanterie, Kommendant zu Kolberg, Amtshauptmann zu Alten-Stettin und Jasenitz, Ritter des Ordens pour le Merite, und auf Ballenberg, Zwitnitz und Drehnow Erbherr.

Sein Vaterland war Pommern, wo er 1711 zu Drehnow gebohren worden, und sein Vater, Kurt Ulrich von Kleist, königlicher dähnischer Major. 1703 trat er bei dem Kronprinzlichen Regimente zu Fuß (jezt Prinz Ferdinand vom Hause) in Dienste, und hatte es im Jahre 1740 bis zum Fähnrich gebracht. König Friedrich der Zweite sezte ihn bei seiner neuerrichteten Garde, bei der er bis 1754 stand, und darauf zum Flügeladjutanten ernannt wurde. 1756 im September,

ber, erhielt er als Major, das Kommando eines Grenadierbataillons, welches aus den dritten Grenadierkompagnien des jetzigen Regiments von Thadden, und einer, vom Rohdigschen Grenadiergardebataillon bestand. In der Schlacht bei Lowositz, den 1. Oktober, stand er mit demselben auf dem linken Flügel, wo der Angrif am hitzigsten war; im folgenden Jahre aber befand er sich bei der Belagerung von Prag und in der Aktion bei Welmina, wo er sich besonders hervor that. 1757 und 1758 führte er ein anderes Grenadierbataillon, welches aus den zwei Grenadierkompagnien der Garde, und zwei von Prinz von Preußen zusammengesezt war, an, von 1758 bis 1762 aber, kommandirte er noch ein anderes, welches aus den Grenadierkompagnien der Regimenter von Kreytzen und von Braun bestand. 1758 erhielt er wegen seiner, in der Schlacht bei Zorndorf bewiesenen Bravour, den Orden pour le Merite. 1760 befand er sich als Obrister und Flügeladjutant bei der Belagerung der chursächsischen Residenz Dresden, die er auf königlichen Befehl den 13. Julius, bei dem Generalfeldzeugmeister Grafen von Maquira aufforderte. Nach dem Frieden hielt er sich in Potsdam auf, und begleitete dem Könige, auf seinen jährlichen Reisen, die er wegen der Musterung seiner Armee anstellte. 1765 den 22. März, erhielt er die Bestallung als Amtshauptmann von Alten-Stettin, und 1765, da der Kommendant von Kolberg, der Obriste von der Heiden starb, dessen Stelle. 1766 ernannte ihn der König zum Generalmajor. Er starb 1781 den 21. April, zu Kolberg, im 69. Lebensjahre, nachdem er überhaupt

haupt 55 Jahre gedienet hatte, und 16 Jahr Kommendant von Kolberg gewesen war.

Reimar von Kleist,

Königl. Preuß. Generalmajor, und Chef des Leibkarabinierregiments.

Er war aus Pommern gebürtig, und ein Sohn Lorenz Christian von Kleist, gewesenen königl. dänischen Lieutenants, auf Klein Voldeckow und Schwellin Erbherrn. 1730 stand er im 22. Jahre als Unteroffizier bei dem Leibkarabinierregiment, avanzirte die unteren Offizierstellen durch, und ward 1754 den 6. December, Rittmeister; 1764 ward er Major; ward 1767 im August Obristlieutenant, und 1769 im May, Obrister. 1770, erhielt er als Kommandeur, das Leibkarabinierregiment als Chef, und ward 1771 im May Generalmajor. 1775 den 23. Junius, gab ihm der König auf sein, kränklicher Gesundheitsumstände wegen gethanenes Gesuch, den Abschied, mit einem Gnadengehalte von 1500 Thaler. Starb 1782 im September, zu Rathenow. Er hat sämtlichen schlesischen Feldzügen, von 1740 bis 1763 beigewohnet, und hinterließ eine gebohrne von der Hagen, als Wittwe.

Andreas Jochen von Kleist,

Königl. Preuß. Obrister, Chef eines Infanterieregiments, Amtshauptmann zu Trebbin und Zossen, Erbherr der Güther Stavenow ꝛc.

Er war aus Pommern, ein Sohn Reimars von Kleist, auf Schmenzin Erbherrn, und Herrath von Kleist aus dem Hause Dinkulen, welche ihn, 1678 den 16. Julius zu Schmenzin zur Welt brachte. Im 15. Jahre ward er Page bei dem General Grafen von Dohna; im spanischen Erbfolgekriege, dem er beiwohnte, 1702 Fähnrich, im folgenden Jahre Lieutenant, bei des Kronprinzen Friedrich Wilhelm des Ersten Regiment. Er befand sich ferner in dem Feldzuge am Rheinstrohm, und ward 1713 zu des Königs Friedrich Wilhelm des Ersten Leibregiment gesezt, bei dem er bis zum Obristen avanzirte. 1735 erhielt er das erledigte von Finkensteinsche Regiment (jezt von Wildau) und starb, 1738 den 26. Julius, zu Heiligenbeil, im 61. Lebensjahre. 1715 wohnte er als Obristlieutenant bei den großen Grenadiers, der Belagerung von Stralsund bei, und stand bei König Friedrich Wilhelm dem Ersten in großen Gnaden, der ihm auch die in der Prigniz belegene für kaduk erklärte von Quizowsche Lehne zu Stavenow schenkte. 1716 verehlichte er sich mit Marien Elisabeth von Hacken, und mit der er zehn Söhne und fünf Töchter erzeugte.

Franz

Franz Kasimir von Kleist,

Königl. Preuß. Generalmajor, und Chef eines Infanterieregiments.

Er ist der jüngste Sohn des obenerwehnten General-lieutenants Franz Ulrichs von Kleist, aus erster Ehe, und 1736 den 25. Januar gebohren worden. Im 20. Jahre trat er bei seines Vaters Regiment (jezt von Knobelsdorf) in Dienste; ward 1756 Fähnrich, 1758 Sekonde- und 1760 Premierlieutenant. In der Belagerung von Schweidnitz, ward er wegen seiner Geschicklichkeit, als Ingenieur gebraucht, aber auch dabei verwundet. Kurz nach derselben, nahm ihn der König als Flügeladjutant, mit Kapitainscharakter, in seine Suite. 1769 ward er Adjutant des Prinzen von Preußen, jetzigen Königs Friedrich Wilhelm des Zweiten, mit Majorscharakter. 1777 ward er zu dem jetzigen Jung-Bornstedtschen Regiment gesezt, 1780 den 8. September Obrister, bald darauf Kommandeur des Regiments, und 1788 den 1. Junius Generalmajor von der Infanterie. Im leztgedachten Jahre, erhielt er das durch Absterben des General von Wunsch erledigt gewordene Regiment. Im bayerschen Erbfolgekriege stand er bei der Armee des Prinzen Heinrichs in Sachsen, und kommandirte 1778 im Julius ein Bataillon Freywillige.

Hans

Hans Kaspar von Kleist,

Königl. Preuß. Obristlieutenant, und Kommandeur eines Grenadierbataillons.

Er ward 1698 in Pommern gebohren, und trat 1714 bei dem Glasenappschen Regiment (jetzt von Alt-Bornstedt) in Dienste; ward 1740 im August Major, und erhielt in diesem Jahre, das Kommando eines Grenadierbataillons, welches aus den Grenadierkompagnien der Regimenter von Glasenapp und von Kalkstein, bestand. 1745 im März ward er Obristlieutenant, und blieb in diesem Jahre, den 4. Junius, in der Schlacht bei Hohenfriedeberg.

Zabel George von Kleist,

Königl. Preuß. Major und Chef eines Landbataillons.

Er war ein Sohn Franz Johann von Kleist, auf Dallentin in Pommern Erbherrn, und Dorotheen Marien von Schweder. Er machte den Feldzug, von 1741 bis 1742 unter dem von Sydowschen Regiment, als Hauptmann mit, und nahm 1742, als Major den Abschied. Bei Errichtung der Landbataillons in Pommern, 1757 nahm er aus patriotischen Eifer wieder Dienste, und ward besonders bei der Belagerung von Kolberg, mit vielem Nutzen gebraucht. Starb, 1762 im Januar, zu Cößlin, plötzlich.

Joachim Erdmann von Kleist,

Königl. Preuß. Major und Kommandeur eines
Grenadierbataillons.

Er stammte aus Pommern, und diente bei dem
Prinz-Leopoldschen Regiment, (jezt von Knobelsdorf),
bis zum Major. 1745 erhielt er das Kommando
eines Grenadierbataillons, welches aus den Grenadierkompagnien der Regimenter Würtemberg (jezt von
Pfuhl) und Prinz George von Hessen-Darmstadt (jezt
von Wangenheim) zusammengesezt war. Dieses Battaillon führte er 1745 den 15. December in der Schlacht
bei Kesselsdorf an, in der er so schwer verwundet
ward, daß er bald darauf starb. Seine Dienstzeit
belief sich auf 36 Jahr, und er hat den Feldzügen
von 1740 bis 1745 rühmlich beigewohnet. In der
Schlacht bei Molwitz, ward ihm der eine Fuß verwundet.

Ernst Gottlieb von Kleist,

Königl. Preuß. Major und Kommandeur eines
Grenadierbataillons.

Er war ebenfalls ein Pommer von Geburt, und hatte
bei dem Regiment von Kalnein (jezt Graf von Eglof-
stein), bis zum Major gedienet. 1757 erhielt er das
Kommando eines Grenadierbataillons, welches aus
den Grenadierkompagnien der jezigen Regimenter Graf

von

von Egloffstein und von Romberg, bestand. In der Schlacht bei Zorndorf, 1758 den 25. August ward er tödtlich verwundet, und starb gleich darauf zu Frankfurt an der Oder.

Johann von Klingsporn,
Churbrandenburgischer Obrister, auf groß Blaustein Erbherr.

Er war ein gebohrner Preuße; ward 1655 den 18. May von Churfürst Friedrich Wilhelm, zum Obristen von der Infanterie bestellt, wohnte der berühmten Schlacht bei Warschau bei, und starb 1685 mit Hinterlassung verschiedener Kinder.

Julius Rudolph von Klingsporn,
Königl. Preuß. Obrister und Kommandeur des von Götzenschen Füselierregiments, ehemaliger Chef eines stehenden Grenadierbataillons.

Er ist aus dem Hause Blaukenstein in Preußen gebohren. Trat 1750, bei dem Kanitzschen Regiment (jezt Graf v. Henkel) in Dienste, und ward 1754 im Julius, Fähnrich. Mit demselben machte er den siebenjährigen Feldzug mit, nach dessen Beendigung er 1763 als Premierlieutenant in die Garnison zu Königs-

nigsberg in Preußen einrückte. 1770 im April, ward
er Kapitain, 1776 im April Major, erhielt 1780
das Hackſche Grenadierbataillon (jezt Füſelierbatail-
lon Herzog von Holſtein-Beck), ward 1785 den 24.
May Obriſtlieutenant, 1786 aber den 30. December Obriſter und Kommandeur des von Götzenſchen
Füſelierregiments in Glatz.

Hans Kaſpar von Klitzing,

Churſächſiſcher, brandenburgiſcher, und fürſtlich-
braunſchweig-lüneburgiſcher Generallieutenant,
auf Walsleben, Brieſen, Brahme und
Glinicke im cotbußſchen, Erbherr.

Er ſtammte aus der Churmark Brandenburg, und
und war ein Sohn Hans von Klitzing auf Golnitz
Erbherrn, und Margarethen von Sparr aus dem Hauſe
Trampe. In ſächſiſchen Dienſten, machte er ſich im
dreißigjährigen Kriege ſehr berühmt, und brachte es bis
zum Generalmajor und Obriſten über ein Regiment
zu Fuß. 1637 nahm er von Churfürſt George Wilhelm von Brandenburg, die Beſtallung als General,
mit dem Generalkommando über alle brandenburgiſche
Feſtungen, dem darin liegenden, und ſämtlichen übrigen churfürſtlichen Kriegsvolk, an. 1638 kommand-
dirte er die Truppen, welche vorgedachter Churfürſt,
bei Neuſtadt-Eberswalde zuſammenzog und muſterte.
Klitzings dabei befindliches Regiment zu Fuß, war 850

T 4 Köpfe

Köpfe stark. Man kann ihn als den ersten General ansehen, den das Churhaus Brandenburg in Diensten gehabt hat. 1642 begab er sich in fürstlichbraunschweig-lüneburgische Dienste, in welchen er, 1644 den 24. Junius, als Generallieutenant starb, und den 7. November d. J. zu Cölln an der Spree, mit feierlichem Leichengepränge zur Erden bestattet wurde. Mit Annen Margarethen, einer Tochter des churbrandenburgischen Obristen und Landrath, auf Briesen und Brahme Erbherrn, Wigand von Hacken, Tochter, welche sich nach seinem Tode wieder mit Johann Siegmund Grafen von Lynar, Herrn der Herrschaft Lübbenau, chursächsisch- und brandenburgischen Geheimenrath, bereilichte und 1664 den 13. April starb, hat er zwei Söhne und fünf Töchter erzeuget.

George Ernst von Klitzing,

Königl. Preuß. Generalmajor von der Infanterie und Kommandeur des lestwitzschen Regiments, auf Tornow Erbherr.

Er war 1698 in Preußen gebohren, und diente anfänglich bei dem Regiment Marggraf Albrecht (jetzt Herzog Friedrich von Braunschweig), von dem er 1729 als ältester Premierlieutenant, zu dem neuerrichteten von Dossowschen Füselierregiment, versezt und Stabskapitain ward. 1743 ward er Major, 1751 im Junius Obristlieutenant, 1754 im September Obrist und Kommandeur des Regiments, und 1758 im December Generalmajor. Er hat überhaupt 45 Jahre lang gedient, und in der Schlacht bei Prag, Kay und Kunersdorf, besondere Beweise seiner Tapferkeit gegeben. Zum Beispiel seiner großen Kaltblütigkeit, kann ich anführen, daß als er 1757 in der Schlacht bei Breßlau, mit dem ersten Bataillon des Lestwitz= schen Regiments, den Feind aus dem Dorfe Kleinburg vertrieb, er mit solcher Kontenance feuern ließ, daß er, wie auf dem Exercierplatze, die Pelotons benannte, welche feuern sollten. In der Schlacht bei Kuners= dorf, 1759 den 12. August, ward ihm der Arm durch= schossen, er mußte sich deshalb nach Stettin bringen lassen, wo er den 28. Oktober d. J., im 61. Jahre seines Alters verstarb. Er war mit N... von Mör= ner aus dem Hause Klössow verehlicht, davon ein Sohn und zwei Töchter gebohren worden.

Karl Kuno Friedrich von Klitzing,

Königl. Preuß. Generalmajor, Chef eines Füselier= regiments, Ritter des Ordens pour le Merite.

Er ward 1728 den 28. März zu Schorbus in der Lausnitz gebohren, und war der dritte Sohn zweiter Ehe, Gottlob Leopolds von Klitzing, der als königli= cher preußscher Vicelandeshauptmann der Aemter Kotbus und Peitz, 1748 den 16. May verstarb, und ihn mit seiner zweiten Gattin, Christianen Louisen von Thielau, aus dem Hause Kroitsch in Schlesien erzeuget hat. Nachdem er von 1739 bis 1740 bei der Königin von

Preußen Page gewesen, sezte ihn König Friedrich der Zweite 1743 als Fahnenjunker zu dem dritten Bataillon Garde, und 1746 zu dem ersten Bataillon. 1747 ward er Fähnrich, 1755 Sekonde- und 1758 Premierlieutenant, 1763 erhielt er eine Kompagnie, ward 1765 als Major, mit dem Range von 1760, und bei dem Regiment von Nassau-Usingen (jezt von Wangenheim) gesezt. Bei diesem ward er 1767 Kommandeur, 1772 Obristlieutenant, und 1776 Obrister. 1784 den 23. May ernannte ihn der König zum Generalmajor, und gab ihm das erledigte von Rohrsche Füselierregiment (jezt von Bonin). Während seinen rühmlichen Kriegsdiensten, hat er 1744 und 1757 den Belagerungen von Prag, 1760 der von Breßlau, und den Schlachten bei Prag, Kesselsdorf, Hohenfriedeberg, Sorr und Kollin, in welchen lezteren dreien, er verwundet worden, auch dem baierschen Erbfolgekriege, 1778 und 1779 beigewohnet, und sich jederzeit brav erwiesen. 1744 gab ihm der König den Orden pour le Merite. Er war von ansehnlicher Leibesgröße, anhaltend, genau und eifrig im Dienst. Starb 1785 im Januar zu Graudenz.

1771 den 2. Julius verehlichte er sich, mit Johannen Charlotten Wilhelminen Reginen, einer Tochter des königl. preußischen Landraths Luckenwaldschen Kreises, Karl Moritz von Wangelin, die ihm verschiedene Kinder gebohren hat.

Au-

August Wilhelm Ferdinand von Knesewitz,
Königl. Preuß. Hauptmann und Chef einer Freykompagnie.

Er war ein gebohrner Ungar, und kam 1758, mit dem Herzoge von Bevern nach Stettin, wo er eine Freykompagnie errichtete, und sich mit derselben, bei Pasewalk, Löknitz, wo er gefangen wurde, bei Klempenow, wo er eine Wunde bekam, und bei mehreren Vorfällen hervorgethan hat. Nach erfolgtem Frieden, ward er nebst seiner Kompagnie reduzirt, und wandte sich gleich darauf nach dem Holsteinischen, wo er Dienste suchen wollte. Auf der Reise dahin aber starb. Er war mit Annen Louisen von Wenkstern verehlicht, die zuvor einen Rittmeister vom Bellingschen Husarenregiment, Namens von Scharossy, zum Manne gehabt.

Alexander Friedrich von Knobelsdorf,
Königl. Preuß. Generallieutenant, Chef eines Infanterieregiments, des St. Johanniterordens Ritter und designirter Komthur auf Wintersheim.

Er ward 1723 den 18. May zu Cuno im Krossenschen gebohren, und war ein Sohn, des 1760 verstorbenen Oberforstmeisters der Churmark Brandenburg und Erbherrn auf Cuno und Bobersberg, Hans Friedrich

drich von Knobelsdorfs, und Wilhelminen Charlotten
von Kalkreuth aus dem Hause Ogerschitz. Nach dem
er eine Zeitlang auf dem joachimsthalschen Gymnasium
zu Berlin studirt hatte, ward er 1737 im 14. Jahre
seines Alters, als Page bei dem damaligen Kronprinzen und nachherigen König Friedrich den Zweiten, gegeben, der ihn darauf als solchen an die Kronprinzessin gab, und da er die Regierung antrat, mit sich
nach Preußen als Leibpagen, zur dortigen Huldigung
nahm. 1741 ward er Fähnrich bei Alt-Möllendorf
Dragoner, (jezt von Rohr), 1743 im März Sekonde-
und 1750 Premierlieutenant, 1758 Staabshauptmann
und in eben diesem Jahre Major beim Hårdschen Freiregiment. Nachdem dies Regiment 1763 reduzirt wurde,
kam der Major von Knobelsdorf zum Queisschen und bald
darauf zum Beverschen Regiment (jezt von der Goltz).
Ward 1765 Obristlieutenant, 1767 Obrister, 1773
Kommandeur des Regiments von Schwartz, 1776
Chef des erledigten von Stojentinschen Regiments,
1777 den 15. Januar Generalmajor und 1785 den
20. May Generallieutenant. Von 1741 bis 1787,
hat er allen Feldzügen bei der preußischen Armee, mit
dem Glücke beigewohnet, daß er nie weder gefangen
noch verwundet worden. 1742 war er bei den Aktionen bei Austerlitz und Troppau; 1745 in dem Gefechte
bei Landshut und in der Schlacht bei Hohenfriedeberg,
1757 in der Schlacht bei Groß-Jägerndorf, wo er
eine Schwadron anführte, 1758 in dem Feldzuge in
Schwedischpommern, in dem Scharmützel bei Driesen,
in der Aktion bei Güstebiese, 1759 bei der Bemei-
rung der russischen Magazine, und bis 1762 bei allen

len Vorfällen, wo das Regiment von Hård gebraucht ward; und er zeigte bei diesen sämtlichen Begebenheiten, viel Klugheit und Gegenwart des Geistes, wodurch er dem Feinde großen Abbruch that. 1762 entwarf und schloß er, die bekaunte Winterkonvention mit den Oesterreichern in Schlesien. Im baierschen Erbfolgekriege kommandirte er, ein detachirtes Korps, auf dem Chiskauer Gebürge, und in der Folge ein noch stärkeres, bei Bauzen. 1762 den 14. September, ward er zum S. Johanniterordensritter geschlagen, und auf die Komthurey Wintersheim designiret. Nach dem Teschener Frieden, hat er sich besonders um sein Regiment, dadurch sehr verdient und nachahmungswürdig gemacht, daß er vortrefliche Anstalten für die Junker und Soldatenkinder desselben errichtete, wo ihnen dieselben zweckmäßigen Unterricht, für ihre künftige Bestimmung und richtige Bildung des Herzens erhalten. 1787 im August marschirte er mit seinem Regimente, der holländischen Unruhen wegen, nach dem Herzogthum Cleve, und führte die dritte Kolonne der daselbst versammleten preußischen Truppen, den 13. September durch die Grafschaft Züfphen nach dem Hang. Zu Ende dieses Jahres rückte er, nachdem die Ruhe in Holland wieder hergestellet war, mit dem Regimente wieder in seine Standquartiere ein. Sein ausführlich beschriebenes Leben, und sein Bildniß, befinden sich in dem berlinischen militairischen Taschenkalender auf das Jahr 1788. 1771 verehlichte er sich mit einer Tochter des Stettinschen Regierungspräsidenten von ....., davon aber keine Kinder gebohren worden.

Karl

Karl Ludwig von Knobelsdorf,

Königl. Preuß. Generalmajor, Chef eines Dragonerregiments, auf Schönow Erbherr.

Ward 1724 den 19. December im Dorfe Culm in der Neumark gebohren, und seine Eltern sind Karl Ludwig von Knobelsdorf auf Tauchell Erbherr, der 1758 verstarb, und Eleonore Charlotte von Schenkendorf aus dem Hause Riffen gewesen. Er kam auf die Schule zu Sorau, und von da, 1740 den 20. Julius, bei die Kadets zu Berlin. Gegen das Ende des Jahres 1741 ward er Fahnjunker beim Alt-Platenschen Dragonerregiment, mit dem er nach Preußen marschirte. 1743 den 25. November ward er Kornet bei dem jetzigen Prinz Louis von Würtembergschen Kürassierregiment, 1750 den 29. September Lieutenant, 1758 den 12. Januar Staabs- den 21. Julius s. J. wirklicher Rittmeister, 1762 den 18. Junius Major, 1773 den 28. May Obristlieutenant, 1778 im September, Kommandeur des Regiments 1780 den 3. August Obrister, und erhielt 1782 den 27. September das erledigte von Wulffensche Dragonerregiment, mit Generalmajorscharakter. 1744 wohnte er dem Feldzuge in Böhmen, und der Belagerung von Prag, 1745 den Schlachten bei Strigau, Sorr und K[ess]eldorf bei. 1756 ging er mit dem Heere des K[önigs] nach Sachsen, und befand sich, als Generala[djutant] des Generalmajors von Lüberitz, in der Schlach[t bei] Lowositz. 1757 war er als Adjutant des Ge[nerals] von Krosegk, in den Schlachten bei Prag und Kollin

gegenwärtig. In der letztern blieb sein Chef neben
ihm, ihm selbst ward das Pferd unterm Leibe erschossen,
und dadurch gerieth er in die feindliche Gefangenschaft.
Gegen Ende des Decembermonots, ward er wieder
ausgelöset, und kehrte zu dem Regimente zurück, welches eben mit der Blokade von Schweidnitz beschäftiget
war, der er bis zur erfolgten Uebergabe beiwohnte.
In den Jahren 1758, 1759, 1761 und 1762, war
er stets bei dem Regimente gegenwärtig, und befand
sich mit in den Treffen bei Zorndorf, Kay, Kunersdorf, und der starken Aktion bei Meissen, desgleichen
in den Schlachten bei Torgau, wo das Regiment sich
dermaßen hervorthat, daß jeder Staabsoffizier den Orden pour le Merite und 500 Thaler zum Geschenk erhielt, und bei Lignitz. 1761 zu Anfange des Feldzuges detachirte ihn der Prinz Heinrich, mit 100 Pferde
und zwei Freykompagnien, nach Strehlen an der Elbe,
um diesen Fluß und die Bewegungen der Feinde zu beo-
bachten, wobei er sich überaus gut nahm. 1762 ging
er mit der Armee des Prinzen, bei Döbeln über die
Mulda, überfiel den Feind in seinen Kantonnirungsquartieren, half denselben hinter Freyberg, bis Dip-
poldiswalda zurücktreiben, und machte dabei viel Gefangene. Im Herbst dieses Jahres ward er in der
Aktion bei Freyberg, durch einen Schuß am Kopfe
verwundet. 1778 befand er sich bei der Armee des
Prinzen Heinrichs in Sachsen. Starb 1786 im April,
zu Landsberg an der Warte, plötzlich. Sein Lebenslauf befindet sich auch, in dem Journale von und für
Teutschland. Jahrgang. 1786. 2. B. S. 188, beschrieben. 1765 den 7. März, ehlichte er Ulriken

Beaten Julianen von Schöning, aus dem Hause
Jahnsfelde die ihm vier Söhne und sechs Töchter gebohren hat.

Kaspar Friedrich von Knobelsdorf,

Königl. Preuß. Obrister und Chef eines Garnisonregiments Ritter des Ordens pour le Merite.

Er war der älteste Sohn Christoph Siegmunds von
Knobelsdorf auf Heinersdorf Erbherrn, und Ursulen
Susannen von Waldau. Von Jugend auf stand er
in preußische Kriegesdienste. Nach Seifferts Leben
König Friedrich des Zweiten, 2. Th. S. 79, soll er schon
im Brabandschen Feldzuge schwer verwundet worden,
und in der Schlacht bei Malplaquet der einzige Offizier seiner Kompagnie gewesen sein, der mit einigen
Gemeinen übrig geblieben war. Dies scheinet aber
nicht richtig zu sein, denn, Knobelsdorf ward erst 1714
den 10. May Fähnrich beim Schlabberndorfschen Regiment (jezt von Möllendorf) 1716 den 18. März
Lieutenant, 1725 den 27. May Staabs- und 1728
wirklicher Hauptmann. 1730 erhielt er seine Entlassung, kam aber 1741 wieder bei das Krenzsche Regiment im Dienst, und ward 1743 im Oktober, Obrister und Kommandeur desselben, und darauf bei dem
neuerrichteten Garnisonbattaillon, (nachmaligen Garnisonregimente von Heuking); 1746 im December Obrister und Chef. Starb 1748 im November, zu Brieg
in Schlesien, in einem hohen Alter.

Dietrich Ehrhard von Knobloch,

Königl. Preuß. Generalmajor, Chef eines Regiments zu Fuß, Ritter des Ordens pour le Merite, Erbherr auf Glittehnen, Wanguhten und Neufrost oder Tettawicken.

Er war ein Sohn Johann Ehrhards von Knobloch, auf Glittehnen, Wanguthen ꝛc. Erbherr und Euphemien Euphrosinen von Tettau, die ihn 1693 zur Welt brachte. 1709 im 16. Jahre seines Alters, trat er bei dem herzoglich holsteinschen Infanterieregiment (jezt von Voß) in Dienste. Er wohnte die lezten Jahre des spanischen Erbfolgekrieges bei, und war 1715 als Lieutenant bei der Belagerung von Stralsund. Sein Chef der Herzog Ludwig Friedrich von Holstein-Beck, hatte auf ihn ein großes Vertrauen gesezt, und übertrug ihm auch die Aufsicht seines Prinzen Philipp Wilhelms, der aber bald darauf zu Wien starb. Knobloch avanzirte indessen von einer Offizierstelle zur anderen fort; stand 1735 unter dem Oberbefehle des Generals von Röder, am Rheinstrohm, und ward 1736 Major. 1741 rückte er mit dem Regimente nach Schlesien, da dasselbe aber zu spät ankam, befand es sich nicht mit in der Schlacht bei Molwitz, half aber die Eroberung von Schlesien befördern, und die preußische Armee in Winter decken. 1742 den 13. May ward er Obristlieutenant, und befand sich den 17. selbigen Monats, in der Schlacht bei Czaslau, wo er schwer verwundet wurde. 1744 war er mit bei den Truppen, welche die in Schlesien eingefallene Oester-

Zweyt. Theil.　　　　U　　　　rei-

reicher zurücktreiben mußten. 1745 den 20. Januar, ward er Obrister und Kommandeur des Regiments, und führte dasselbe 1745 den 4. Junius in das Treffen bei Hohenfriedeberg an. Hierauf stand er bei dem Korps des General du Moulin, indessen die Schlachten bei Sorr und Kesselsdorf vorfielen. 1750 den 31. December, erhob ihn der König zum Generalmajor, und gab ihm gleich darauf das erledigte Prinz Dietrich von Anhaltsche Regiment (jezt von Jung-Römberg). 1756 rückte er mit diesem Regimente in Sachsen ein, und befand sich in der Schlacht bei Lowositz und bei der Einschließung des sächsischen Lagers bei Pirna. Starb plötzlich zu Chemnitz in Sachsen, 1757 den 12. April. Sein Leben befindet sich in Pauli Leben großer Helden, 2 Th. S. 175 — 186 beschrieben. Er hat sich zweimal verehlicht, 1) mit Henrietten Louisen, einer Tochter des Geheimenraths Cupner, von der ein Sohn gebohren worden, 2) mit Louisen einer Tochter des Königlich Preußischen Obristlieutenants von der Kavallerie von Pape, die einen Sohn und eine Tochter zur Welt gebracht hat.

Karl Gottfried von Knobloch,

Königl. Preuß. Generalmajor, Chef eines Regiments zu Fuß, Kommendant der Festung Schweidnitz, Ritter des Ordens pour le Merite, Erbherr auf Thieresdorf, Schubkeimen und Wanghusen.

Er war des vorigen Bruder, und 1697 den 12. Oktober zu Glittehnen in Ostpreußen gebohren worden. Bei den Jesuiten in Rössel ward er erzogen, und trat 1713 im Junius, bei dem Anhalt-Zerbstschen Regiment (jetzt von Schollen) welches damals in Bartenstein garnisonirte, seine Kriegesdienste an. Drei Monat lang war er Gemeiner, ehe er Jnnker wurde, als welcher er der Belagerung von Stralsund beiwohnte. 1717 den 2. September ward er Fähnrich, 1720 den 27. December Sekonde- 1723 den 13. August Premierlieutenant, und 1724 im Holsteinschen zu Werbegeschäften, mit vielen Nutzen gebraucht. 1728 den 13. Julius, ernannte ihn der König zum Staabshauptmann, und sandte ihn ins Reich auf Werbung, wo er 1733 das Unglück hatte den Fuß zu brechen, und da solcher schlecht geheilt worden war, entschloß er sich ihn nach fünf Wochen noch einmal brechen und sodann gerade heilen zu lassen, welches auch glücklich geschähe. 1735 im May, erhielt er eine Kompagnie, und im folgenden Jahre begab er sich nach der Schweiz, aus der er eine große Anzahl brauchbarer Rekruten, für die preußische Armee lieferte. 1741 stand er mit dem Regimente in das Lager, welches unter dem Oberbefehle des Fürsten Leopold von Anhalt-Dessau, bei Brandenburg zusammengezogen wurde. 1742 ging er zur Armee des Königs in Schlesien, und wohnte, den 17. May der Schlacht bei Czaslau bei. Im letztgedachten Jahre ward er, den 2. Junius Major, und befand sich, 1745 den 2. Junius in dem Treffen bei Hohenfriedeberg. 1750 den 31. December ernannte ihn der König zum Obristlieutenant, 1757 den 13. September zum Obristen, und als solcher führte er 1757 den 31. August, eine Brigade, in der Schlacht bei Groß-Jägerndorf an. 1758 den 3. April, erhielt er das Schultzsche Regimnnt, (jetzt von Wendessen) mit Generalmajorscharakter, und diente darauf bei der Armee des Prinzen Heinrichs, bei der er sich vielfältig hervorthat. Im Junius d. J. besetzte er Freyberg, und erhielt ein eigenes Korps, mit welchem er sich gegen die Oesterreicher aufs beste vertheidigte. 1759 im Februar, nahm er den Feinden Erfurt weg, und drang bis Bamberg vor. Im Julius zog ihn der König an sich, um die Schlacht bei Kunersdorf zu wagen, die den 12. August erfolgte, und in der Knoblach eine Brigade anführte, welche aus den zwei Bataillons Prinz Heinrich und zwei Bataillons von Golz, bestand. Eine Kartätschenkugel schlug ihn ins rechte Auge, weshalb er sich nach Stettin bringen lassen muste, und die Kugel ward ihm neben der rechten Kinnbacke ausgeschnitten. Ohnerachtet der großen Schmerzen, welche er bei dieser Operation erlitten hatte, und der davon noch zurückgebliebenen großen Schwäche, wollte er im Frühjahr 1760 doch wieder zur Armee gehen, allein der König befahl ihm,

noch

noch länger für seine Gesundheit zu sorgen, und er mußte, da die Wunde ohnedem aufs neue aufbrach, nach Berlin zurückkehren. Als die Russen und Oesterreicher, in diesem Jahre im Oktober, vor Berlin kamen, und solches aufforderten, half er es nebst dem Generalfeldmarschall von Lehwald und General von Seydlitz, mit vielem Eifer vertheidigen, sie mußten sich aber, da der Gegenstand welchen man dem Feinde thun konnte zu schwach war, nach Spandau zurückziehen. 1761 kam er wieder zur Armee des Königs bei Breßlau an, und erhielt von demselben ein eigenes Korps, von einigen Regimentern zu kommandiren, mit dem er sich in Schlesien umher zog, und die Oesterreicher hinderte, etwas auf Breßlau zu unternehmen, auch die Russen, welche unter Anführung des General Czernichef diese Stadt angreifen wollten, glücklich davon abhielt. Hierauf vereinigte er sich mit der königlichen Armee, und stand mit in das bekannte Lager bei Bunzelwitz, gegen das vereinigte rußische und österreichische Heer. Als sich solches trennete, ging auch Knoblach mit einigen Truppen vom Könige ab, und zeigte sich in Polen und in Pommern, gegen die große Menge der herumschwärmenden Feinde, mit vieler Tapferkeit. Besonders ward er mit dazugebraucht, im September, unter dem Generallieutenant von Platen, die rußischen Magazine bei Koblin und Gostin zu zernichten; befand sich folgends in Pommern, bei der Eroberung von Körlin, der Aktion bei Spie; vereinigte sich sodann mit dem Korps, welches der Prinz von Würtemberg, bei Kolberg befehlichte, und wohnte dem harten Feldzuge dieses Jahres, der hier zu beschreiben zu weit-

läuf-

läuftig ist, bei. Im Oktober, wurd er mit einer kleinen Besatzung in Treptow an der Rega eingeschlossen, muste sich den 25. ergeben, und gerieth dadurch in die russische Gefangenschaft, aus welcher er, 1762 im April, wieder befreiet wurde. Hierauf begab er sich sogleich zur Armee des Königs in Schlesien, bei der er im Julius, die Anführung einiger Truppen erhielt. Den 14. Oktober d. J. bestellte ihn der König zum Kommendanten der Festung Schweidnitz. 1764 im Januar hatte er das Unglück mit dem Pferde zu stürzen, da er sich eben beschäftigte die Arbeiten an der Festung zu besichtigen, und bekam einige Quetschungen, die anfänglich unerheblich zu sein schienen, da aber andere Zufälle hinzuschlugen, so gefährlich wurden, daß er das Bette hüten muste, während welcher Zeit er die Gnade hatte, von seinem Könige, den 24. May besucht zu werden, der befahl, daß man alles zu seiner Erhaltung anwenden sollte. Knobloch starb aber in der folgenden Nacht, den 25. März 1764. Sein Leben hat auch der Professor Pauli, in seinen Denkmalen berühmter Feldherren, S. 195 bis 236 sehr ausführlich beschrieben. 1738 den 10. Junius, verehlichte er sich, mit Sophien Louisen Konstantien von Droß, die drei Söhne und zwei Töchter zur Welt geboren hat.

Hieronimus von Köckritz,

Churbrandenburgischer Rittmeister über die Lehnpferde.

1625 den 10. Julius, bestellte Churfürst George Wilhelm, Hieronimus von Köckritz, zum Rittmeister über die Lehnpferde des trossenschen und kotbußschen auch züllichauschen Kreises. 1626 kömmt er als Obristlieutenant vor, und 1627 im May, ward er zum Obristen des neumärkschen Landvolks bestellt.

George Ludwig Egidius von Köhler,

Königl. Preuß. Obrister, Chef eines Husarenregiments, Amtshauptmann zu Schacken, Ritter des Ordens pour le Merite.

Er ward 1735 zu Berlin gebohren, wo sein Vater gewesener kaiserlicher Salzfaktor, als Hofrath in preußische Dienste stand, und den Adelstand auf sich und seine Nachkommen brachte. Die Mutter war eine gebohrne Casarotti aus Braunschweig. Nachdem er auf dem Karolinum zu Braunschweig studirt hatte, trat er im 17. Jahre seines Alters, bei dem jetzigen von Ebenschen Husarenregiment in Kriegesdienste, und ward 1757 Sekonde- 1760 Premierlieutenant, 1763 Rittmeister, 1769 Major, 1780 den 3. September Kommandeur des Rosenbuschen Husarenregiments, 1784 Obristlieutenant, 1785 den 23 September Obrister und 1788 im May Chef des Kebszegyschen Husarenregiments.

In der Schlacht bei Torgau ward er verwundet, und im Gefechte bei Tharand, 1761, erwarb er sich den Orden pour le Merite. Im baierschen Erbfolgekriege bewieß er in dem Gefechte bei Keile viel Bravour. König Friedrich der Zweite erzeigte ihm viel Gnade, schenkte ihm ein Kanonikat, 1774 den 5. Julius die Amtshauptmannschaft zu Schacken, und 1778 die beim Domkapitul zu Minden durch Absterben des Freyherrn von Dalwigk erledigte Dompräbende, Scholasterey und Oblegium Sanctae Crucis cum beneficio a latere dergestalt, daß er solches ohne Consequenz an einem evangelischen stiftsmäßig qualificirten Abnehmer übertreten konnte.

Heinrich Albrecht von Köller,

Königl. Preuß. Major, Kommandeur eines Grenadierbataillons und Ritter des Ordens pour le Merite.

Er war aus einem alt adelichen Geschlecht, zu Rackow im Pommern, 1704 gebohren. Ging 1722 in preußische Kriegesdienste; war ein halb Jahr Kadet; ward 1728 beim altanhaltschen Regiment (jetzt von Thadden) Fähnrich, 1731 Sekonde- 1736 Premierlieutenant, 1741 Staabs- und den 24. Oktober s. J. wirklicher Hauptmann. 1756 den 18. Oktober kam er als Major, zu dem Regiment von Loen, welches aus denen bei Pirna gefangenen Sachsen errichtet worden war, und erhielt das Kommando eines Grenadier-

bat-

Bataillons, welches aus den Grenadierkompagnien der Regimenter von Horn und von Plothow, zusammengeſezt war, mit dem er ſich beſonders in Pommern, gegen die Schweden, bei dem Scharmützel von Greiffenhagen und der Einnahme von Cößlin, ſehr wohl verhalten, und 1760 den Orden pour le Merite erworben hat. Starb 1761 den 14. Februar zu Cößlin, war mit einer gebohrnen von Köller aus dem Hauſe Rackow verehlicht, und hat eine Tochter hinterlaßen.

Friedrich Wilhelm von Koenen (oder Coenen), Freyherr zu Segenwerph, Königl. Preuß. Obriſter und Chef eines Regiments zu Fuß.

Er war aus einem uralten cleveſchen Geſchlechte gebohren, und diente ſchon im vorigen Jahrhunderte bei den brandenburgiſchen Truppen. Im ſpaniſchen Erbfolgekriege, hat er mit dem Lottumſchen Regiment zu Fuß, bei allen vorgefallenen Schlachten und Belagerungen gefochten. 1692 und 1694 finde ich ihn, in den Liſten vorgedachten Regiments als Kapitain, und 1703 als Major. 1705 den 27. Oktober, ward er wegen ſeines beſonderen Wohlverhaltens, Obriſtlieutenant, und 1709 den 6. December Obriſter. 1718 erhielt er das Lottumſche Regiment (jezt Garde zu Fuß) als Chef. Starb 1720 den 25. Auguſt, und iſt verehlicht geweſen, mit Katharinen Friederiken Charlotten, gebohrnen Reichsgräfin von Byland-Halt, die sich nach seinem Tode 1731, wieder mit den 1750 verstorbenen königlich preußischen Generallieutenant George Christoph von Krenzen verehlicht hat. Aus dieser erstgedachten Ehe, sind ein Sohn und drei Töchter gebohren worden.

Hans Christoph von Königsmark,

Königl. Preuß. Generalmajor, Kommandeur des Regiments von Forkade, Ritter des Ordens pour le Merite, Amtshauptmann auf Preuß. Eylau, Erbherr auf Kötzlin, Rodam, Wöhlin, Bendelin, Netzband ꝛc.

Er ward 1701 in der Prignitz, aus einem alt-adelichen Geschlechte gebohren, welches wie bekannt große Männer hervorgebracht hat. Sein Vater war Jochim Siegfried von Königsmark Erbherr auf Kötzlin, Rodan ꝛc. der als preußischer Rittmeister gedienet hat. 1720 kam er zu dem alt-anhaltschen Regiment (jetzt von Thadden) bei dem er bis zum Staabshauptmann avancirte, und erhielt, 1740 den 7. August, bei dem neuerrichteten Regiment von Camas eine Kompagnie. Nicht lange darnach, ward er Major, 1749 im Julius Obristlieutenant, 1751 im Februar Kommandeur des Regiments Forkade, 1753 im September Obrister, 1754 den 28. April Amtshauptmann zu preuß. Eylau, und 1757 im May Generalmajor. 1759 bat er um seine Dienstentlassung, welche er den 19. Decemcember erhielt, und sich darauf auf seine Güther begab, wo er 1779 den 8. Oktober, zu Kößlin bei Kyriß, in einem Alter von 78 Jahr und 9 Monate verstarb. Er hat sich zweimal verehlicht, 1) mit Sophien Albertinen, Tochter des Generallieutenants Friedrich Wilhelms Grafen von Hack, die 1755 den 16. December, im Kindbette starb, davon ein Sohn; 2) 1761 im September, mit Dorotheen Charlotten Aemilien, ältesten Tochter des Generalmajors Wilhelm von Saldern, die ihm überlebte.

Heinrich Gottlieb von Köniß,

Königl. Preuß. Obrister, Chef eines Regiments zu Fuß.

Er ward im Manßfeldschen 1739 gebohren. Sein Vater war Heinrich Johann von Köniß Erbherr auf Frießeburg. Schon 1740 stand er als Freykorporal beim Wedelschen Regiment (jetzt von Lengefeld), wohnte den ersten und zweiten schlesischen Feldzügen bei, während welchen er zum Fähnrich und Sekondelieutenant avancirte. 1756 im Julius ward er Premierlieutenant, 1757 im März, Staabshauptmann, erhielt bald darauf eine Kompagnie, und 1774 im Junius als Major, den Orden pour le Merite. 1775 den 12. Junius, ward er Obristlieutenant, und 1778 den 22. April zum Kalksteinschen Regiment (jetzt von Jung-Bornstedt) versetzt. 1780 gab ihm der König das Mülbensche Garnisonregiment (jetzt von Oven), und er-

nannte

nannte ihn, 1781 den 26. Junius zum Obristen. 1786 den 1. März, erhielt er das Billerbeckſche Regiment (jezt von Brüning) und 1786 im November, mit 1000 Thaler Gehalt, den geſuchten Abſchied.

Ernſt Julius von Koſchenbahr,

Königl. Preuß. Generalmajor, Chef eines Infanterieregiments, Amtshauptmann zu Sommerſcheburg und Dreyleben im Magdeburgiſchen, und Johannisburg in Preußen.

Er iſt 1714 in Schleſien, aus einem bekanntem adelichen Geſchlechte gebohren worden. Seine Eltern waren Chriſtian Wilhelm von Koſchenbahr, und Helena Sophie von Saffron aus dem Hauſe Groß Schottgau. Zuerſt ſtand er in churſächſiſche Dienſte, und ward bei Pirna von den Preußen gefangen. Kam darauf als Major in die königliche Suite, und als das ſächſiſche Regiment Prinz Maximilian, bei dem er geſtanden hatte, den Obriſt von Plothow gegeben wurde, ward er zu demſelben, in vorgedachter Qualität geſezt, und kam, 1756 den 3. Oktober, nach Wittenberg ins Quartier. 1761 den 6. Februar, ward er Obriſtlieutenant, 1764 im May Obriſter und Kommandeur des Regiments von Thiele (jezt von Kalkſtein), 1767 den 9. September, Amtshauptmann zu Johannisburg in Preußen, und 1766 den 11. September, zu Sommerſcheburg und Dreyleben im Herzogthum Magdeburg. 1768

im

im Januar, erhielt er das Zeunersche Regiment (jetzt
Alt-Bornstedt) und ward, 1770 den 26. May Generalmajor. Starb 1776 den 17. Oktober im 62.
Jahre seines Lebens, und hat in seinem preußischen
Dienste besonders die vorzüglichste Gnade König Friedrich des Zweiten genoßen, welcher ihn für einen der
sächsischen Offiziere ansahe, die er bei seiner Armee,
zu brauchbare Leute gezogen hatte. 1745 den 7.
März, verehlichte er sich als sächsischer Hauptmann,
mit Johannen Wilhelminen von Seidlitz, verwittwete
Hauptmannin von Hackeborn, die 1773 den 1. Januar starb, und einen Sohn und eine Tochter gebohren
hat.

Melchior Sylvius von Koschenbahr,

Königl. Preuß. Generalmajor und Chef eines Fü-selierregiments.

Er ist aus Schlesien gebürtig, und ohngefähr 1724
gebohren. Kam bei dem neuerrichteten Prinz Heinrichschen Füselierregiment, 1741 in Dienste; war bei
demselben 1750 Sekonde- 1757 Premierlieutenant,
ward 1759, als Hauptmann in der Schlacht bei Kunersdorf verwundet. Kam 1775 den 2. Junius als
Obristlieutenant, wozu er 1773 den 2. Junius ernannt worden, an des verstorbenen Obristen von
Wasmer Stelle, als Kommandeur bei das Hessen-
Philippsthalsche Füselierregiment, ward 1777 den 11.
Januar Obrister, und erhielt 1784 den 23. September,

ber, nach Absterben des Generalmajors von Blumenthal, dies Regiment selbst, und den Generalmajorscharakter, mit dem Patente vom 27. selbigen Monats. Er hat sich in den Feldzügen von 1741 bis 1779 jederzeit sehr brav verhalten.

Hans Siegismund von Koschenbahr,

Königl. Preuß. Major und Kommandeur eines Grenadierbataillons.

Er war ein älterer Bruder des vorerwähnten Generalmajors Ernst Julius von Koschenbahr, und ist zu Sabraschine in Schlesien gebohren worden. Nachdem er 30 Jahre lang in chursächsische Dienste bei dem Regiment Prinz Friedrich gestanden, und in Polen, in der Schlacht bei Kesselsdorf, und bei den Belagerungen von Danzig und von Prag, gegenwärtig gewesen, kam er 1756, als die sächsische Armee bei Pirna von den Preußen gefangen wurde, in preußische Dienste, und erhielt in denselben 1759 das Kommando eines Grenadierbataillons, welches aus den Grenadierkompagnien der Garnisonregimenter von Mitschephal und von Blankensee bestand, und that sich bei vielen Gelegenheiten hervor. Blieb 1760 den 23. Julius, in der Aktion bei Landshut.

Ernst

Ernst Christian von Kospoth,

Königl. Preuß. Generalmajor, Chef des Leibregiments und Ritter des Ordens pour le Merite.

Er ist 1724 zu Krukow im Meklenburgischen gebohren. Trat 1742 bei dem Kuirassierregiment von Waldow (jetzt von Dalwig), in preußische Dienste, und ward den 22. März 1744 Kornet. 1756 ging er als Lieutenant in's Feld, erhielt 1758 im April eine Kompagnie, ward 1760 den 6. May Major, 1771 Obristlieutenant, 1773 Obrister, 1782 Chef des Leibregiments, und den 21. September selbigen Jahres Generalmajor. Von 1742 bis 1779 hat er sämtlichen Feldzügen beigewohnet und durch sein Wohlverhalten sich die Gnade König Friedrich des Zweiten, so wie 1760 den Orden pour le Merite bei Torgau erworben.

Karl Wilhelm von Kottwitz,

Königl. Preuß. Obrister, Chef des magdeburgischen Landregiments, Ritter des Ordens pour le Merite.

Er ist aus der Niederlaußnitz gebürtig, und 1718 gebohren worden. 1738 trat er bei dem Kalksteinschen Regiment (jetzt von Möllendorf) in Dienste; ward 1756 im Julius Staabskapitain, 1757 nach der Schlacht von Kollin, Kompagniechef, 1760 im December Major, 1769 im May, Obristlieutenant, und 1772 den 9. Junius Obrister. 1774 im Januar, erhielt er den Orden pour le Merite und 1780 im April seine Entlassung, bald darauf aber, im f. J. das magdeburgische Landregiment. Er hat von 1746 bis 1779, mit vieler Distinktion bei der Armee gedienet. Starb zu Magdeburg, 1788 den 4. November, im 73. Jahre seines Alters, und hinterließ eine Wittwe, Juliane Louise geborne von Löben.

George Lorenz von Kowalsky,

Königl. Preuß. Generallieutenant, Brigadier von der leichten Infanterie, und ehemaliger Chef eines Garnisonregiments, des Ordens pour le Merite Ritter.

Er stammt aus einem alt-adelichen Geschlechte in Hinterpommern. Sein Vater Joachim von Kowalsky, wohnte zuletzt zu Elsanow in Polen. Beim Bevernschen Regiment (jezt von der Golz), diente er, die unteren Offizierstellen durch, und ward 1747 im Oktober Stabskapitain, erhielt 1752 im Junius eine Kompagnie, ward 1757 im März Major, und hat sich 1760 im Februar, auf der Insel Usedom, gegen die Schweden, durch seine gute Dispositionen und herzhafte Gegenwehr, viel Ruhm erworben. 1762 im April, ward er Obristlieutenant, 1768 den 30. May Obrister, und bekam 1771 im Februar das Putkammersche Garnisonfonregiment. 1776 den 20. May erhielt er den Generalmajorscharakter, 1787 den 20. May, erhob ihn König Friedrich Wilhelm der Zweite, wegen seiner treuen und vieljährigen Dienste, zum Generallieutenant und Brigadier von der leichten Infanterie. Sein Regiment ward in Depotbataillons, zur Ergänzung der Feldregimenter eingetheilt, wodurch er solches verlohr. 1788 im May, erhielt er ein Gnadengehalt von 1500 Thaler, und ließ sich zu Berlin wohnhaft nieder. 1756 den 1. Oktober in der Schlacht bei Lowositz, erwarb er sich den Orden pour le Merite. Er ist mit Annen Elisabeth von Unruh, aus dem Hause Steunewitz in der Neumark, einer Tochter des churfächsischen Obristlieutenants von Unruh, verehlicht, die ihm vier Töchter gebohren hat.

Otto Alexander von Kowalsky,

Königl. Preuß. Obrister, ehemaliger Kommandeur eines Grenadierbataillons.

Er ward 1728 in Preußen gebohren. 1743 kam er bei die berlinische Kadets, und 1746, als Fahnjunker bei das jetzige von Tauenzienſche Regiment, ward 1748 Fähnrich, 1752 Sekonde- und 1759 im September Premierlieutenant; ferner, 1763 im April Staabs- und 1764 im April wirklicher Hauptmann, 1773 im Julius Major und Kommandeur eines Grenadierbataillons, welches aus den Grenadierkompagnien der Regimenter von Tauenzien und vom Hagen zusammengesetzt war,

war, mit dem er sich 1778 und 1779 bei der Armee des Königs in Schlesien befand. 1782 ward er Obristlieutenant und 1784 den 7. Oktober, Obrister und Kommandeur des Tauenzienschen Regiments. Im siebenjährigen Feldzuge ist er in den Schlachten bei Prag, Kay wo er verwundet worden, Torgau und Lignitz, auch in der Aktion bei Adelsbach gegenwärtig gewesen.

Isaac von Kracht,

Churbrandenburgischer Obrister über 2000 Reuter, Marschall, Direktor des Calauischen Kreises in der Niederlausitz, Hauptmann der Aemter Zechlin, Witstock und Lindow, auf Lindenberg und Mallenichen Erbherr.

Seine Eltern waren Bartholomeus von Kracht auf groß Rietz und Lindenberg Erbherr, und Sophie von Schlieben, die ihn 1547 im December gebohren hat. Im siebenden Jahre seines Alters, ward er nebst seinen Brüdern Albrecht und Abraham nach Wittenberg, wo sie in Gegenwart Melanchthons deporirten im 11. Jahre aber, nach Frankfurt an der Oder geschickt, wo sie sechs Jahre lang blieben. 1566 im 18. Jahre, ritte er mit sieben Pferden, unter Rittmeister Wolf Ernst von Putlitz nach Ungern, und befand sich darauf nebst seinem Bruder Albrecht, bei dem großen Zuge nach Frankreich, unter des Rheingrafen Friedrichs Regiment. 1576 ließ er sich von dem Rittmeister Heine Pfuel

Pfuel, zum Lieutenant bestellen, und wohnte unter dem Obristen Hans von Buch, der damals 3000 Pferde nach Frankreich führte, dem ganzen Feldzuge, bis zur Abdankung dieser Truppen, bei. Hierauf nahm ihn Churfürst Johann George von Brandenburg, als Rittmeister in seine Dienste, und er muste auf dessen Befehl, eine Fahne, oder Kompagnie Reuter werben und im Wartegelde erhalten. Sodann diente er dem Churfürsten Christian dem Ersten von Sachsen ein Jahr lang als Rittmeister, verwaltete von 1586 bis 1591, die Hauptmannschaft zu Beltzig, warb auch während dieser Zeit, bei dem Obristen Wolf von Schöneberg eine Fahne Reuter, und hielt solche im Wartegeld. Herzog Friedrich Wilhelm, Administrator des Churfürstenthums, bestellte ihn nach diesem zum Rittmeister, und überließ ihm das Guth Ravenstein, gegen eine gewisse Pension. 1592 bestellte ihn Herr Melchior von Redern, für seinen Obristlieutrnant über 1000 Pferde, mit denen er nach Ober-Ungarn gesandt wurde, und in einem Zeitraum von zweien Jahren, während welchen er gegen die Türken fochte, denselben großen Abbruch that. 1594 zog er wieder unter dem Obristen Heine Pfuel, mit 1000 Pferden nach Ungarn, wo er siebendehalb Monate blieb, und nach geendetem Zuge, von den Ober-Creiß-Ständen bezahlt wurde. 1589 bestellte ihn Churfürst Joachim Friedrich zum Obristen, und er bekleidete zugleich im Solde des obersächsischen Kreises, in Ungarn, das Kriegeskommissariat, bei einem Regimente von 1000 Pferden. Als der Prinz Johann George, bei der Belagerung von Ofen, gegenwärtig war, ward Kracht demselben zum Hofmeister gegeben, der ihn

auch,

auch, nachdem er von dem was hier vorfiel das Merkwürdigste gesehen hatte, glücklich wieder zurück brachte, und ihn nach Nees begleitete, wo sich die Reichstruppen versammlet hatten, bei denen Kracht von Marggraf George Friedrich, über 1000 Reuter und 3000 Fußknechte, die der Graf George von Hohenlohe anführte, zum Kriegeszahlmeister und Musterkommissarius bestellt wurde. 1601 verordnete ihn Churfürst Johann Sigismund, zum Hauptmann der Aemter Zechlin, Wittstock und Lindow, und ein Jahr hernach zum Marschall, welches Amt er sechs Jahr vorgestanden hat. 1607 nahm ihn Churfürst Christian der Zweite von Sachsen, in seine Dienste, in welchen er auch bis an sein Lebensende geblieben ist; ob er gleich zu ebendieser Zeit auch dem Hause Brandenburg diente. 1610 Freitags nach Michaelis Archangeli, bestellte ihn Churfürst Johann Sigismund von Brandenburg, zum Obristen über 2000 Pferde, davon er auch 1000 warb, und dafür ein Wartegeld erhielt. Als der Churfürst, nach der Belehnung mit Preußen, wieder in die Churmark anlangte, führte ihm Kracht, seines hohen Alters ohnerachtet, die Lehnsfahne vor, und half sie nach Cölln an der Spree ins Hoflager begleiten. Auch wählten ihn die Stände des Marggrafthums Niederlaußnitz zum Direktor des Calauischen Kreises, welchem Amte er einige Jahre verstand. Starb 1617 den 2. Oktober im 70. Jahre, und liegt auf sein Guth Lindenberg begraben. Mit Even von List aus dem Hause Komtendorf, hat er zehn Söhne und zwei Töchter gezeuget.

Hil-

Hildebrand von Kracht,

Churbrandenburgischer Krieges-Obrister und Oberhauptmann der Festung Küstrin, auf Lindenberg und Mallenichen Erbherr.

Er war ein Sohn des vorgedachten Isaac von Kracht, und Even von List aus dem Hause Komtendorf, die ihn 1573 den 20. December zu Lindenberg gebohren hat. 1585 im eilften Jahre seines Alters, ward er bei Churfürst Christian den Ersten von Sachsen Hofpage, welches er sechs Jahr bis 1590 da der Churfürst starb, gewesen ist. 1592 ging er mit seinem Vater nach Ungarn, wo er sich tapfer bewieß, und ward 1593, als ein türkischer Entsatz, die von dem Obristen von Tieffenbach eroberte Festung Villek, entsetzen wollte, und es mit den Feinden, die 18000 Mann stark waren, zum Gefechte kam, in welchem sie geschlagen wurden, am Schenkel hart verwundet. 1594 ward das Neversche Regiment, und auch sein Vater abgedankt. Da lezterer mit ihm nach Deutschland zurückkehren wollte, bat er ihn um die Erlaubniß, in Ungarn bleiben zu können, und nachdem er solche erhalten, begab er sich mit sechs Pferden, unter dem sogenannten Moldauschen Fähnlein. 1595 zog er mit dem Vater der als Obristlieutenant bei dem Pfuelschen Regiment diente, wieder nach Ungarn, und als solches gegen den Winter damaliger Gewohnheit nach, wieder abgedanket wurde, nahm er den Sohn mit sich nach Hause. 1596 nahm Hildebrand von Kracht, unter des Rittmeisters Franz Conrad von Kirchheim geworbenen Kompagnie von 250 Pferden, als Wachtmeister Dienste, zog mit nach Ungarn wider die Türken, half den 3. September, die Festung Hatwan erobern, und die türkische Besatzung, die an 4000 Mann stark war, niederhauen. Nach Entlassung dieser Kompagnie, ging er wieder in sein Vaterland zurück; begleitete aber 1597 den König Sigismund den Dritten von Polen, nach Schweden, theils um dies Reich zu sehen, theils ritterliche Dienste zu suchen, da ihn dann Graf Hildebrand Kreuzen zum Aufwärter (vermuthlich Pagen) annahm. 1598 kehrte er nach Deutschland zurück, ging 1599 nach den Niederlanden, wo er bald nach seiner Ankunft als Fähnrich, bei des Grafen Friedrich von Hollach Leibkompagnie bestellt wurde. Da aber der Krieg nicht ausbrach, und er nicht länger daselbst bleiben wollte, begab er sich mit seinen Leuten 1600 nach Oesterreich, wo er lange Zeit auf eigene Kosten lebte, bis der Kaiser 1601 eine starke Werbung wider die Türken, vornahm, und der Obriste Freyherr von Altheim, ein Regiment von 3000 Mann errichtete, und Krachten eine Fahne bei der Leibkompagnie gab. Hierauf half er Stuhl-Weissenburg belagern und erobern; dabei er sich dermassen tapfer bewieß, daß ihn der Obriste Altheim eine Kompagnie von 300 Mann, als Hauptmann gab; mit der er bei der Eroberung von Pest 1602, und dem Sturme vor Ofen gegenwärtig war, und darnach nebst dem Regimente seine Entlassung erhielt. Als die Türken 1603 die Festung Gran, in welcher vorerwehnter Freyherr von Altheim Gouverneur war, hart belagerten, wagte sich Kracht zu ihm hinein, und diente als Freiwilliger (avanturirer) bis zur Uebergabe, nach einer

lan=

langen Gegenwehr. 1605 in einem anderweit unternommenen Feldzuge, gab ihm der Obriste Altheim, ein Patent als Hauptmann, eine Kompagnie von 300 Mann zu werben. 1606 bestellte ihn der Obriste Freyherr von Biesenberg, bei seinem Regimente von 3000 Mann, zum Obristwachtmeister und Kompagniechef, welche Charge er, bis zum 9. November d. J., da der Friede mit den Türken erfolgte, und 1607 das Regiment entlassen wurde, bekleidete. 1608 geriethen Kaiser Rudolph und Erzherzog Matthias von Oesterreich in Mißhelligkeiten, die zum Kriege ausbrechen wollten, und damals wurde Kracht bei des Obristen von Lichtenstein Regiment von 3000 Mann, als Obristwachtmeister und Kompagniechef angestellt; da aber die Uneinigkeiten zwischen beiden vorerwähnten Herren beigelegt, und das Regiment wieder abgedanket wurde, zog er nach Hause. Im selbigen Jahre bestellte ihn Churfürst Johann Sigismund von Brandenburg, zum Kriegesrath, und brauchte ihn 1609 bei der Einnahme der cleveschen Erbländer, ernannte ihn auch zum Obristen, mit dem Auftrage, ein Regiment von 1000 Knechten zu werben. Dies Regiment brachte er bald zusammen, und führte es mit vieler Bravour an. 1611, begleitete er den Churfürsten nach Preußen, wo ihm bald nach seiner Ankunft eine langwierige Krankheit angrif, weshalb er um Erlaubniß bat, zu Hause gehen zu können, welche er auch erhielt. Als er wieder hergestellt war, gab ihm der Churfürst, nach Resignation des Oberhauptmanns der Festung Küstrin, Wedigo Reimar Gans Edlen von Putlitz, dessen Posten, welchen er 1612 antrat. Churfürst George Wilhelm, bestätigte ihm bei

Antritt seiner Regierung 1620, in seinen Chargen, und trug ihm den 1. May d. J. auf, ein Regiment von 1000 Mann zu werben, um damit die Päße und Festungen, wider die zu besorgende Einfälle der Kosacken zu besetzen. Jede Kompagnie sollte, ohne die Offizier 200 Mann stark sein, und das ganze Regiment aus 600 Musquetier und 400 Pikenier bestehen. In eben diesem Jahre kömmt er in archivischen Nachrichten, nebst den Obristen Wigand von Halle und Joachim von Lossow, als Musterherren und Kriegeskommissarien vor. 1623 den 5. May, erging an den Obristen von Kracht ein Befehl, worin ihm, da nach dem Schluß der zu Jüterbock gehaltenen Kreißversammlung, zur Vertheidigung des Obersächsischen Kreises, eine Anzahl Volks, als 6000 Mann zu Fuß, und 2000 zu Roß geworben werden sollten, bei diesen Truppen das Generalquartiermeisteramt, die Charge als Obrister über ein Regiment zu Fuß, und ausserdem eine Kompagnie angetragen wird. 1626 erhielt er den Befehl, zur Landesdefension, ein Regiment von 15 Kompagnien, 3000 Mann stark, zu werben. Da solches geschehen war, und das Regiment 9 Monate hindurch, in die Mark gestanden hatte, nahm es der Churfürst nach Preußen, und Kracht führte es, bis auf einige Kompagnien, als Obrister selbst dahin. Inzwischen ließen sich die Umstände des Landes gefährlich an, und da der Churfürst seine Truppen in Preußen noch nöthig hatte, schickte er Krachten nach der Mark, um daselbst ein anderes Regiment zu werben, welches auch geschahe, und blieb dies Regiment, 12 Kompagnien stark, in Diensten, (1638 waren 8 Kompagnien, wider die Türken im Felde, und 4 Kom-

Kompagnien bei dem Leichenbegängnisse des Obristen Kracht zu Küstrin). Er starb 1638 den 19. August, zu Küstrin, in einem Alter von 64 Jahren und 8 Monat, nachdem er 29 Jahr churfürstlicher Rath und Obrister, und 26 Jahr Oberhauptmann zu Küstrin gewesen, und sich während dieser Zeit nützlich gebrauchen laßen. 1613 verehlichte er sich zu Berlin, in Gegenwart des churfürstlichen Hofes, mit Annen Marien von Rintorf, mit der er in einer siebenjährigen Ehe lebte, und einen Sohn und zwei Töchter erzeugte. Nachdem sie, 1630 den 30. Junius, zu Küstrin verstorben war, ehlichte er zum zweiten, Elisabeth Sophie, Klaus von Rohr auf Schönberg Tochter, die nur eine Tochter zur Welt gebohren hat.

Dietrich Freyherr von Kracht,

Römisch Kayserl. Königl. ungarischer und böhmischer Obrister zu Fuß, churfächsischer Kammerherr, des H. R. R. Freyherr und Ritter; Herr auf Mellänichen, Lindenberg und Milkerstorff.

Er war ein Sohn Balthasars von Kracht, auf Milkerstorff Erbherrn, und Marien von Buxdorf aus dem Hause Schlabendorf; und ward 1603 Mitwochs nach Ostern, zu Brahme im kotbußschen Weichbilde gebohren. Er besuchte die Schule zu Kotbus, war nachher bei Bernd von Pannewitz auf Babo, und sodann bei

Joachim von Lestwitz, einem schlesischen Edelmann, Page. Der letztere nahm ihn auf Reisen mit, ließ ihn in den nöthigsten Kriegeswissenschaften unterrichten, machte ihn darauf wehrhaft, und versahe ihn, zu einem Kriegeszuge mit Pferden. Hierauf begab er sich zu dem Obristen von Plato, welcher damals unter Marggraf Johann Georgen von Jägerndorf diente. Als Plato aber bald des Marggrafen Dienste verließ, und unter Herzog Christian von Braunschweig, eine Eskadron von fünf Kompagnien Dragonern errichtete, folgte ihm Kracht, und ward dabei Fähnrich. Der Herzog ward von dem General Tilly geschlagen, verlohr alles Geschütz und Gepäcke; Kracht allein war so glücklich seine Fahne zu retten. Die Retirade geschahe nach den Niederlanden, wo der Prinz Moritz von Nassau die Eskadron auf zwei Monate in Dienst nahm, wohl bezahlte, und darauf entließ. Krachten befiel damals eine Krankheit, weshalb er sich nach Hause begab, und nach seiner Wiederherstellung, bei seines Vettern Isaac von Kracht Regiment, als Fähnrich, brandenburgische Dienste annahm. Bald darauf stellte ihn, Adam George Herr von Putlitz, bei seinem Regimente als Lieutenant an, welches er aber auch nicht lange blieb, denn der Churfürst bestellte ihn, bei seiner neuerrichteten Garde von 100 Dragoner, zum Kapitainlieutenant oder Staabskapitain. Als König Gustav Adolph nach Pommern kam, um nach Deutschland zu gehen, begab er sich in dessen Dienste, und erhielt unter dem Obristen von Dargitz, eine Kompagnie von 150 Mann, bei deren Musterung ihm der Kanzler Ochsenstiern großes Lob beilegte. Hierauf befand er sich in Pommern,

half

half daselbst die kaiserlichen Truppen vertreiben, und bewieß sich folgends in der Schlacht bei Leipzig, nach welcher er zum Major ernannt wurde sehr brav. Da das Regiment in diesem Treffen stark gelitten hatte, und davon nur noch 150 Mann übrig waren, legte ihn der König mit demselben nach Erfurt, um sich daselbst wieder zu erholen, und gab ihm den Obristen Grafen von Löwenstein zum Chef, der Krachten zum Obristlieutenant erhob. Bei der Bestürmung von Heiligenstadt im Eichsfelde, ward er am rechten Schenkel gefährlich verwundet, und muste beinahe anderthalb Jahre, mit der Heilung zubringen, wodurch er im Avanzement sehr gehindert wurde. Hierauf war er bei der Armee, welche der Herzog Wilhelm von Weimar besonders kommandirte, Obristlieutenant bei der Artillerie. Der Feldmarschall Banner nahm ihn von hier weg, und setzte ihn bei des Grafen von Hodiz zwei Regimentern, zu Roß und Fuß. Da nun, bei der schwedischen Armee, der ernstliche Befehl erging, daß kein Obrister zwei Regimenter haben sollte, verlohr Hodiz eines, welches Kracht erhielt. Krankheit wegen, konnte er der Schlacht bei Lützen, nicht beiwohnen, sein Regiment aber ward darin fast völlig vernichtet. Indessen ließ Churfürst George Wilhelm von Brandenburg Avokatorien, an seine in auswärtigen Diensten stehende Vasallen ergehen, und dies bewog Krachten, die schwedische Armee zu verlassen, und bei des General von Klitzing Regiment brandenburgische anzunehmen. Er half hierauf die Festung Dömitz belagern, und war, nach deren Uebergabe darinnen Kommendant. Zu gleicher Zeit, erhielt er auch ein Patent, ein Regiment

werben, welches in kurzer Zeit zu Stande gebracht
wurde. Hierauf bekam er ein eigenes Regiment,
und ward Kommendant von Berlin, welches er bis zu
Absterben Churfürst George Wilhelms gewesen ist; da
dann die Landstände auf die Entlassung des Krachtschen
Regiments drangen. Es wurden damals, auch wider
ihn eine Menge Beschwerden erhoben; besonders deshalb, weil er während seiner Kommendantenschaft, ohne
Noth die Vorstädte von Berlin wegbrennen lassen, weshalb auch eine Untersuchung angestellet werden sollte,
aus der aber nichts geworden ist. Daß er würklich
kaiserlich gesinnet gewesen sei, ist aus verschiedenen vor-
handenen Nachrichten, sehr deutlich zu erweisen; wie
er dem auch sein Regiment anfänglich nicht abdanken
wollen, sondern kaiserliche Befehle, die solches nicht
verstatteten, vorschützte. Die Gnadenbezeugungen die
er nachher vom Kayser empfing, sind Merkmale, daß
Kracht demselben sehr ergeben gewesen sei. Als dies
geschehen war, und Kracht die Brandenburgische Dienste verlassen hatte, wandte er sich an Herzog Franz Albrecht von Sachsen Lauenburg, nach Schlesien, der
ihn zum Obristen von der Artillerie bestellte, als welcher
er sich besonders in der Schlacht bei Schweidnitz sehr
tapfer erwieß, und bei der Retirade das Geschütz glücklich rettete, weshalb er zum kaiserlichen Obristen erhoben wurde, und nach der Schlacht bei Leipzig, auf
Empfehlung Herzogs Leopold Wilhelm, wegen seines
Wohlverhaltens, vom Kaiser, mit einer goldenen Kette
mit dessen Bildniß, und dem Freyherrenstande begnadigt wurde, welchen lezteren er aber diesmal verbat.
Hierauf begab er sich am kaiserlichen Hof, bat um

Dienst-

Dienſterlaſſung die er aber nicht erhalten konnte, indem die Stadt Breßlau und der daſige Dohm, einen Abgeordneten an ihn ſandten, der mit ihm handelte, daß er ihr Kriegsrath und Kommendant ward, welches er acht Jahre lang geweſen iſt, und ein Regiment von 1500 Köpfe gehabt hat. Nach dieſem Zeitverlauf wiederholte er am kaiſerlichen Hof ſeine Bitte um Dienſtentlaſſung, welche aber ohne Wirkung war. Der Kaiſer ließ ihn befragen, warum er denn ſeine Gnade ausgeſchlagen, den Freyherrlichen Stand anzunehmen? — dagegen Kracht erwiederte: daß, wenn er von Sr. Majeſtät ſo viel erhalten könnte, denſelben anſtändig zu führen, wollte er ihn annehmen; worauf er denn auf Lebenszeit eine anſehnliche Penſion erhielt, und in den Freyherrenſtand mit Vermehrung ſeines Wappens, erhoben wurde. 1656 reiſte er in wichtigen Geſchäften nach Wien, hatte beim Kaiſer viermal Audienz, und zog von da mit den kaiſerlichen Hofſtaat nach Prag, um daſelbſt die Krönung des Königs von Ungarn beizuwohnen; nun ward er von dem neugekrönten Könige, nebſt noch acht anderen vornehmen Kavalieren, zum Ritter geſchlagen. Kurz darauf befiel ihm eine Krankheit, die ihn nöthigte nach der Churmark Brandenburg zu reiſen, um daſelbſt ſeine Wiederherſtellung abzuwarten. Er ſtarb aber zu Schlabendorf, 1657 den 6. Julius im 54. Jahre ſeines Alters. 1644 den 7. März, hatte er ſich mit Dorotheen Magdalenen gebohrnen Marſchalkin von Herrengoſſerſtädt verehlicht, mit der er 13 Jahr ohne Erben lebte.

Karl

Karl Wilhelm von Kreckwitz,

Königl. Preuß. Obrister, Kommandeur des Steinkellerschen Regiments, ehemaliger Anführer eines Grenadierbataillons, des Ordens pour le Merite Ritter.

Er war aus Niederschlesien gebürtig; kam 1737 den 12. Oktober unter die Kadets zu Berlin, ward 1740 den 28. November Fahnjunker des von Kleistschen Regiments (jezt von Alt-Woldeck), 1743 den 1. Februar Fähnrich, 1747 Seconde- 1752 Premierlieutenant, 1757 Staabs- und 1758 den 16. Januar wirklicher Hauptmann, 1761 den 10. December Major, 1772 den 13. Junius Obristlieutenant, 1773 den 6. Junius Obrister und Kommandeur des Regiments. Bis 1759 da er bei Maxen gefangen wurde, hat er allen Feldzügen in Schlesien beigewohnet, und erwarb sich bei Leuthen den Orden pour le Merite. Nach der Schlacht bei Kunersdorf, waren die Grenadierbataillons von Heyden und Bornstedt, so geschwächt, daß sie zusammenstoßen mußten, um eines auszumachen. Kreckwitz als der älteste Grenadierhauptmann, übernahm dessen Kommando, und unter ihm fochte es in der Aktion bei Korbitz. In den Schlachten bei Leuthen und Prag ist er verwundet worden. Starb 1774 den 4. September zu Berlin, im 53. Jahre seines Alters, und hatte sich 1767 den 5. März, mit Christinen Karolinen gebohrnen Reichsgräfin von Flemming aus dem Hause Buckow verehlicht, die ihm einen Sohn und eine Tochter gebohren hat.

Jo-

Johann Bernhard von Kremzow,

Königl. Preuß. Major und Kommandeur eines Grenadierbataillons.

Er war aus einem alten pommerschen Geschlechte, 1715 gebohren worden. Diente bei dem Fürst-Moritzschen Regimente (jezt Graf von Schlieben) bis zum Major, und erhielt nach der Schlacht bei Prag, welcher er ebenfalls beiwohnte, und dabei schwer verwundet wurde, das Grenadierbataillon, welches aus den Grenadierkompagnien der jetzigen Regimenter Graf von Schlieben und von Brüning zusammengesezt war. 1759 nöthigte ihn die vorgedachte Verwundung, seine Dienstentlassung zu suchen, welche er erhielt, sich auf sein Guth Sandow in Pommern begab, und daselbst nach 26jährigen Diensten, bald darauf verstarb.

George Christoph von Kreytzen,

Königl. Preuß. Generallieutenant, Amtshauptmann zu Egeln, und Ritter des Ordens pour le Merite.

Ward 1683 den 24. Junius zu Polkitten im Königreich Preußen gebohren, aus der Ehe Ernst Albrechts von Kreytzen und Annen Dorotheen von Kalnein. Bald nach seiner Geburt, gerieth sein väterliches Haus in Brand, und er in Gefahr zu verbrennen, ward aber glücklicherweise durch einen Fremden gerettet, der bei

die-

dieser Noth Hülfe leisten wollte. Nach einer genossenen guten Erziehung, nahm er im 16. Jahre seines
Alters holländische Dienste, bei dem Regiment von Holstein-Beck an, worinnen er zwei Jahr verblieb, und sodann bei dem preußischen Regiment von Lottum (nachmaligen Kronprinzlichen und jetziges Prinz Ferdinandsches Regiment) Fähnrich ward. Im spanischen Erbfolgekriege, wohnte er 1702, der Belagerung von Kayserswerth, 1704 der Schlacht bei Höchstädt, und der
Eroberung von Landau bei. 1706 half er die Franzosen aus den Niederlanden treiben; fochte den 11. Julius d. J. in der Schlacht bei Oudenarde, 1709 den
11. September, in dem Treffen bei Malplaquet, und
befand sich bei denen noch übrigen Vorfällen dieses
blutigen Krieges, worinnen er Beifall und Erfahrungen
sammlete. 1715 war er bei der Belagerung von
Stralsund gegenwärtig, und erhielt 1716 eine Kompagnie. 1720 den 4. Julius ward er Major, und
bekam bald darauf die Amtshauptmannschaft zu Egeln.
Da er auch wesentliche Kenntnisse von der Staatswissenschaft besaß; so bediente sich König Friedrich Wilhelm der Erste, seiner in wichtigen Angelegenheiten, und
sandte ihn sowohl an den französischen Hof, als nach
dem Haag, mit geheimen Aufträgen; brauchte ihn auch
überdem, bei den neuen Einrichtungen des Mondirungs-
und Bewafnungswesens der Armee und der dazu gehörigen Manufakturen und Gewehrfabriken, wobei er sich
durch seinen stetsbewiesenen Diensteifer, die Gnade des
Monarchen in einem hohen Grade zu eigen machte,
davon er sehr oft ansehnliche Beweise erhielt. 1725
den 11. Februar ward er Obristlieutenant, und 1729

das

dazu gebraucht, um die Stadt Essen wieder zur Ruhe und Ordnung zu bringen. Den 27. April rückte er mit 700 Mann auf diese Stadt los, in der die Aebtissin drei Kompagnien Pfälzer gerufen hatte, welche sich aber bei seiner Annäherung zurückzogen; worauf der Streit beigelegt wurde. 1738 den 23. May ernannte ihn der König zum Obristen, beim Jung-Borkschen Regiment (jezt von Wendessen. 1740 sandte ihn der König an den Bischof von Lüttich, um mit demselben die entstandene Heerstallsche Irrungen beizulegen; da aber lezterer dazu nicht geneigt war, und der Monarch darüber starb, so sandte sein Nachfolger König Friedrich der Zweite, Kreyzen nebst dem General Bork, und einer Anzahl Truppen, in das bischöfliche Gebiet, wodurch der Bischof bald gezwungen ward, sich zum Ziele zu legen. 1741 führte Kreyzen das Borksche Regiment ins Lager bei Brandenburg, und er erhielt um diese Zeit den Orden pour le Merite. 1742 befand er sich in dem Treffen bei Czaslau. 1743 den 26. April ward er Generalmajor, und bekam bald darauf das Grävenitzsche Füselierregiment, (jezt von Erlach). 1744 führte er eine eigene Brigade nach Böhmen, und befand sich bei der Eroberung von Prag, und den Einnahmen von Budweiß, Tabor und Frauenberg. In Budweiß, welches er besezt hatte, wurde er von dem bekannten Partheygänger Trenk, mit einer überlegenen Anzahl Truppen eingeschloßen, und muste sich an demselben, nach einer tapfern Gegenwehr, und da kein Entsaz zu hoffen war, den 22. Ottober, mit der bei sich habenden Besazung ergeben. 1747 den 25. May erhob ihn der König zum Generallieutenant. Starb

Zweyt. Theil.   Y   1750

1750 den 21. April zu Breßlau, in einem Alter von 66 Jahren und 10 Monaten, und im 51. Jahre seiner Dienste. Sein Lebenslauf findet sich in Pauli Leben großer Helden, 8 Th. S. 75-102, ausführlicher beschrieben. 1731 ehlichte er die Wittwe, des 1720 verstorbenen Friedrich Wilhelms von Könen zu Seegenwerph, königlich preußischen Obristen und Chef eines Regiments zu Fuß, Louisen Katharinen Friderken Charlotten, gebohrne Reichsgräfin zu Byland-Reyd, welche leztere Ehe aber unfruchtbar gewesen ist.

Johann Friedrich von Kreytzen,

Königl. Preuß. Generalmajor, Chef eines Regiments zu Fuß, des St. Johanniterordens-Ritter und designirter Komthur zu Werben.

Er war ein Bruder des vorgedachten Generallieutenants, und ward 1693 in Preußen gebohren. Trat 1707 in königliche Dienste, und ward 1715 den 20. März, bei dem Löbenschen Regiment (jezt Alt-Woldeck) Fähnrich; bei demselben avanzirte er bis zum Major, und ward 1734, als solcher zu dem Golzschen Regiment versezt. 1741 den 10. April, ward er Obristlieutenant, und 1745 den 18. Januar Obrister und Kommandeur des Bonischen Regiments (jezt von Lengefeld). 1747 im Junius, erhielt er den Orden pour le Merite, und 1750 den 19. May, als Generalmajor, das Regiment seines verstorbenen Bruders, des Generallieutenants George Christoph von Kreytzen.

Er

Er hat sich in den Kriegen König Friedrich des Zweiten, der als Kronprinz sein Chef gewesen war, vielfältig als ein braver Offizier bewiesen, und starb 1759 den 17. May, im Lager bei Deutsch-Kamnitz ohnweit Neisse an einen Steckfluß, im 54. Jahre seines Alters.

Friedrich von Kreytzen,
Königl. Preuß. Generalmajor, und Chef eines Regiments zu Fuß.

Er war ein Sohn Ernst Albrechts von Kreytzen, auf Schreitlack in Preußen Erbherrn, und Louisen Charlotten von Ebbel, die ihn 1703 zur Welt gebohren hat. 1724 nahm er bei dem Glasenapschen Regiment (jetzt von Alt-Bornstedt) Dienste an, und ward 1724 im August Fähnrich, 1730 im Junius Sekonde- 1739 im März Premierlieutenant, und erhielt 1740 im September eine Kompagnie. 1744 nahm ihn der König, als Major von der Armee in sein Gefolge. 1752 ward er Obristlieutenant, und 1756 Obrister. Zu Anfang des siebenjährigen Feldzuges erhielt er ein Grenadierbataillon, welches aus den Grenadierkompagnien der jetzigen Regimenter von Kalkstein und Erbprinz von Hohenlohe, bestand. 1759 bekam er das Münchowsche Regiment (jetzt von Kalkstein); bat aber bald darauf kränklicher Gesundheitsumstände wegen, um seine Dienstentlassung, die er mit einem jährlichen Gnadengehalte erhielt. Starb 1765 den 12. März zu Berlin. 1734 und 1735 hat er den Feldzug am Rheinstrohm mitge-

Y 2　　　　　　　　macht,

macht, und ward nachher zum Hofmeister des Prinzen Ferdinands von Preußen ernannt. Durch seinen edlen Charakter und ausgezeichneten Betragen, erwarb er sich die vorzügliche Gnade seines Königs.

Wolf von Kreyßen.

1621 war er churbrandenburgischer Kriegesobrister, Hauptmann zu Tilsit, und dirigirte damals das Defensionswerk in Preußen.

George Volrath von Kröcher,

Königl. Preuß. Generallieutenant von der Infanterie, Gouverneur des königlichen preußischen Antheils des Herzogthums, und der Festung Gelbern, Obrister eines Bataillons, Chef der königlichen Kriegs- und Domainenkommißion zu Gelbern, Amtshauptmann der Aemter Stettin und Jasenitz, und Erbherr auf Löhme und Metzelthin.

Ward 1678 den 23. April zu Dreetz im ruppinschen, aus der Ehe Melcher Joachims von Kröcher auf Dreetz und Löhme Erbherrn und Marien Elisabeth von Seelstrang aus dem Hause Kijow gebohren. 1694 im 16. Jahre seines Alters, begab er sich in Kriegesdienste, bei das damalige Infanterieregiment des Churprinzen
Frie-

Friedrich Wilhelms, nachmaligen Königs von Preußen, und wohnte in den Niederlanden, den siegreichen Schlachten bei Oudenarde, Malplaquet und den Belagerungen von Venlo, Ruremonde, Rheinberg, Bouchain, Ryssel, Bonn u. a. m. mit vielem Ruhme bei, ohne verwundet zu werden. 1708 den 1. May ward er Kapitain, 1712 den 8. Januar Major, 1715 den 20. December Obristlieutenant, und befand sich in diesem Jahre mit vor Stralsund; avanzirte ferner, 1717 den 14. April, zum Generaladjutanten des Königs, 1724 den 28. Julius zum Obristen, und erhielt 1731 den 31. November, das Gersdorfsche Regiment (jetzt Preussen). 1738 den 15. Junius, ernannte ihn der König zum Generalmajor, Gouverneur der Festung Geldern, und Chef der dortigen Kommission. 1742 den 22. May ward er Generallieutenant. König Friedrich Wilhelm der Erste, hatte ihm wegen seines Wohlverhaltens im Dienste, die Amtshauptmannschaften zu Stettin und Jasenitz, nebst dem Orden pour le Merite gegeben, gegen welchen lezteren, ihn König Friedrich der Zweite, den Orden pour le Merite, gleich nach Antritt seiner Regierung ertheilte. Starb zu Geldern, 1748 den 28. Oktober, in einem Alter von siebenzig und einem halben Jahre. 1717 den 22. Januar, hatte er sich mit Sophien Charlotten, Joachim Detlofs von Winterfeld auf Freyenstein und Neuendorf Erbherrn und Hedwig Elisabeth von Alvensleben Tochter, verehlicht und mit derselben zwei Söhne und sieben Töchter erzeuget.

Anton von Krockow,

Königl. Preuß. Generallieutenant, Chef eines Dragonerregiments, Ritter des schwarzen Adlerordens, Amtshauptmann zu Neuenstettin, Freyenwalde und Neuenhagen, Erbherr auf Polzin Althütten und Sanskow.

Philipp Reinhold von Krockow, kaiserlicher Hauptmann bei dem Prinz-Würtembergischen Dragonerregiment, auf Palzin in Pommern Erbherr, erzeugte ihn mit Annen Marien von Borck, aus dem Hause Grünhof, die ihn 1713 zur Welt brachte. Nachdem er in französischen Diensten 23 Jahre lang gestanden, und es bei dem Regiment von Nassau-Saarbrück, bis zum Obristen gebracht hatte, rief ihn König Friedrich der Zweite, zu seiner Armee, und ernannte ihn zum Obristen und Flügeladjutanten. 1757 den 19. Februar, bekam er die Amtshauptmannschaft zu Neuen-Stettin, ward im December Generalmajor, und erhielt das Blankenseesche Dragonerregiment (jetzt von Mahlen). 1761 ward er Generallieutenant, 1769 den 14. Junius Amtshauptmann zu Neuenhagen und Freyenwalde, und 1773 Ritter des schwarzen Adlerordens. Im siebenjährigen Feldzuge, hat er sich bei vielen Gelegenheiten gezeigt, und stand bei dem Könige in großen Gnaden, befand sich auch sehr oft um dessen Person, und begleitete ihn auf seinen Reisen. Er war nicht allein Soldat; sondern auch Hofmann, und hat in der Armee verschiedene ökonomische Einrichtungen eingeführet, wozu besonders die nunmehr wieder aufgehobene Naturalverpflegung der

Kaval-

Kavallerie, oder die sogenannte Grasung gehöret. 1778 im August, befiel ihm, da er sich bei der Armee des Königs in Schlesien befand, ein heftiger Schwindel, weshalb er sich nach Landshut bringen ließ, wohin der König sogleich seinen ersten Pensionairchirurgus schickte, mit dem Befehl, alles mögliche zur Wiederherstellung des Generals von Krockow anzuwenden; allein diese Sorgfalt war vergeblich; er starb den 4. Oktober im 65. Lebensjahre, nachdem er 51 Jahr in Kriegesdienste gestanden. Er war mit einer gebohrnen von Lüders aus Straßburg verehlicht, mit der er vier Töchter und zwei Söhne, welche in der preußischen Armee dienen, erzeuget hat.

Döring Wilhelm Graf von Krockow,

Königl. Preuß. Generallieutenant, Chef eines Füselierregiments, Ritter des schwarzen Adlerordens.

Er war der jüngere Bruder des vorerwähnten Generallieutenants Anton von Krockow, und ward 1719 auf dem Schlosse Polzin gebohren. Sein Vater ließ ihn bis ins 16. Jahr, von geschickten Hauslehrern unterrichten, und schickte ihn 1735 auf das Kollegium zu Stargard. Da er aber mehr Neigung zum Kriegesdienst, als zum Studiren hatte, begab er sich 1736, als Fahnjunker bei das Borksche Regiment (jetzt Graf von Schlieben). 1739 befand er sich in der Schweiz auf Werbung, und ward in diesem Jahre als Fähnrich zurückberufen. 1740 kurz vor Ausbruch des ersten schlesischen Feldzuges, ward er Sekondelieutenant, und befand sich im Jahre 1741, in der Schlacht bei Molwitz, bei den Eroberungen von Brieg und Neisse. 1744 half er Prag erobern, und eskortirte die Gefangene nach Glatz. In den Winterquartieren zu Silberberg, stand er bei dem Grenadierbataillon von Sydow; zu dem die beiden Grenadierkompagnien des nunmehrigen Graf-Schliebenschen Regiments gehörten; befand sich mit demselben, 1745 im Februar, unter dem Generallieutenant von Lehwald, in dem Gefechte bei Habelschwerd, und noch im selbigen Jahre, in der Schlacht bei Hohenfriedeberg, im December aber, im Treffen bei Kesselsdorf, wo ihm ein Finger von der linken Hand abgeschossen, und der linke Fuß verwundet wurde. 1746 ward er Premierlieutenant, 1754 Stabs- und 1756 wirklicher Hauptmann. Zu Anfang des siebenjährigen Krieges, diente er bei Einschliessung des sächsischen Lagers bei Pirna; focht 1757 den 18. Junius, in der Schlacht bei Kollin, nach welcher das Regiment, weil es ausserordentlich gelitten hatte, nach Stettin gehen muste, um sich daselbst wieder vollzählig zu machen. Als nun hierauf der Generalfeldmarschall Lehwald, nach der Schlacht bei Groß-Jägerndorf, Preußen verließ, und sich nach Pommern, gegen die Schweden wandte, muste der damalige Hauptmann von Krockow, da alle Staabsoffiziere des Regiments krank oder verwundet waren, mit 500 Mann von den Regimentern Fürst Moritz und Herzog von Bevern, zu dessen Armee stossen, bei der er zur Unterstützung der Avantgarde des Prinzen von Holstein-Gottorp gebraucht wur-

wurde, mit derselben an die Peene, und von da ins
Meklenburgschwerinsche marschirte. Zu Malchin deck#
te er ein großes Magazin, bis er unter dem Grafen
von Dohna, zur Armee des Königs stoßen muste, wel#
che bei Zorndorf 1758 den 25. August, den Russen ei#
ne Schlacht liefern muste. In derselben hielt er sich
so brav, daß er zwei Tage darauf zum Major ernannt
wurde. 1760 befand er sich bei dem Korps des Ge#
neral Hülsen in Sachsen. In der Aktion bei Strehlen,
am 20. August, machte er mit dem zweiten Bataillon
des Regiments, die Arriergarde; welches auch geschahe,
als darauf der Herzog von Würtemberg, mit der Reichs#
armee, das Hülsensche Korps bei Torgau angrif, und
letzteres, den 26. September, über die dortige Elb#
brücke paßiren muste. Die Brücke war schon halb in
Brand, demohnerachtet wagte sich Krockow mit seinem
Bataillon herüber, und kam auch glücklich bei dem ge#
dachten Korps an; welches nachher noch bei Witten#
berg eine heftige Kanonade aushalten muste, dabei das
Bataillon viel Leute verlohr. In der Schlacht bei
Torgau, den 3. November, that er sich dermaßen her#
vor, daß er dafür vom Könige den Orden pour le Me#
rite, ein Geschenk von 500 Thaler, und mit dem Vor#
zuge vor 42 Majors, den Obristlieutenantscharakter
erhielt. 1764 ward er Obrister, bekam 1767 das
erledigte von Ziethensche Regiment (jetzt Graf von An=
halt) und ward im selbigen Jahre Generalmajor. Als
der König 1772 nach der Besitznahme von Westpreus#
sen, einige Füselierregimenter errichtete, ward ihm eins
davon zu Theil, welches zu Marienburg sein Stand#
quartier erhielt. 1781 den 24. May, ward er Ge#

nexalsieutenant, und 1782 Ritter des schwarzen Adlerordens. 1786 im September, bei der Huldigung zu Königsberg in Preußen, erhob ihn, König Friedrich Wilhelm der Zweite, in den Grafenstand. Sein Bildniß, von D. Berger in Kupfer gestochen, findet sich im genealogisch-militairischen Kalender, für das Jahr 1785, nebst der demselben beigefügten Lebensbeschreibung.

Hans Kaspar von Krockow,

Königl. Preuß. Generalmajor, Chef eines Kuirassierregiments, Amtshauptmann zu Giebichenstein und Moritzburg, Erbherr auf Peest, Palow, Frantzen, Thien und Mitzlin.

Seine Eltern waren Kaspar von Krockow, königlicher dänischer Hauptmann, auf Peest ꝛc. Erbherr, der 1731 den 11. Januar starb, und Sylvie Juliane von Hanold, die zu vor einen Herren von Britz zur Ehe gehabt, und 1734 starb. Hans Kaspar von Krockow, ward 1700 den 23. August, zu Peest gebohren, und besuchte, nachdem er in seiner Eltern Hause, einen guten Privatunterricht genossen, die Universität zu Halle. Da aber seine Neigung zu den Waffen überwiegender war, verließ er die Wissenschaften, und trat bei dem Regiment Prinz Gustav von Anhalt, (jetzt Herzog von Sachsen Weimar) als Freiwilliger in Kriegesdienste; avanzirte die unteren Offizierstellen durch, und war 1738 bereits Major. 1741 befand er sich in den
Lägern

Lägern bei Brandenburg und bei Gröningen, und ward den 18. November Obristlieutenant. 1743 ging er als Freywilliger bei der österreichischen Armee, welche gegen die Franzosen fochte, und avanzirte, 1745 den 23. Julius, zum Obristen. Im leztgedachten Jahre, diente er unter dem Fürsten Leopold von Anhalt, und befand sich in den verschiedenen Lägern, welche die Absichten der Feinde vereiteln sollten. Im Oktober d. J. ernannte ihn der König zum Kommandeur des Buddenbrockschen Kürassierregiments, zum Amtshauptmann zu Giebichenstein und Moritzburg, 1750 den 8. December aber zum Generalmajor, mit einer Pension von 2000 Thaler jährlich, wozu er ihm nicht lange darnach, einen Anteil des erledigten Guths Mahlendorf in Schlesien schenkte. 1756 rückte er mit der Schwerinschen Armee in Böhmen ein, und bezog darauf in Schlesien die Winterquartiere. 1757 im März, starb der Generalfeldmarschall von Buddenbrock, und Krockow erhielt dessen gehabtes Regiment; befand sich auch den 6. May d. J. in der Schlacht bei Prag, und den 18. Junius in der bei Kollin. Hierauf ging er mit des Königs Armee nach der Lausitz, nachher nach Schlesien, und that alles mögliche, bei dem mißlungenen Treffen des Herzogs von Bevern mit den Oesterreichern, um den eindringenden Feind zurückzutreiben. Das Pferd ward ihm unter dem Leibe erschossen, und ein Stück Bombe, beschädigte ihm den Fuß, welches ihm nachher große Schmerzen verursachte. Demohnerachtet befand er sich an der Spitze seines Regiments in der Schlacht bei Leuthen, auf dem linken Flügel, und trug vieles zum Siege, an diesem unvergeßlichen

Tage

Tage bei. Bei dem Hochkircher Ueberfall, wandte er alle seine Kräfte an, um den allenthalben einbrechenden Feind abzuhalten. Da seine Brigade aus dem Schönaichschen Kuirassierregiment (jezt Herzog von Sachsen-Weimar) bestand, so hieb er mit demselben, so bald er nur zum Aufsitzen kommen konnte, in die österreichische Grenadier ein, und richte unter ihnen eine große Niederlage an. Gleich zu Anfang, ward er dabei in die rechte Schulter verwundet, welches er aber nicht achtete; indessen verblutete er sich stark, und hatte noch dazu das Unglück, mit dem Pferde zu stürzen, daher blieb er unter den Todten liegen, und nur seine Leute, retteten ihn mit Mühe und brachten ihn nach Baußen. Von hier ließ er sich nach Schweidniß bringen, wo ein Wundfieber, 1759 den 25. Februar seinem Leben ein Ende machte. 1730 hatte er sich als Rittmeister mit Sophien Lukretien von Wulffen, aus dem Hause Neudorf im Halberstädtischen verehlicht, die 1758 den 19. November vor ihm starb, und drei Söhne und eine Tochter zur Welt gebohren hat. Man sehe auch von diesem Generalmajor von Krockow, Pauli Leben großer Helden, 4. Th. S. 189 — 204, nach.

Christian Siegfried von Krosegk,

Königl. Preuß. Generalmajor, Chef eines Regiments zu Pferde, Ritter des Ordens pour le Merite, auf Hohendorf Erbherr.

Aribert Siegfried von Krosegk, fürstlich anhältscher Landrath, auf Hohendorf, Sandeesleben und Besedau Erbherr, zeugte ihn mit Susannen Katharinen von Bodenhausen, aus dem Hause Gorzig, die ihn 1700 den 4. Januar zur Welt brachte. Er genoß auf dem reformirten Gymnasium zu Halle, und nachgehends auf dem Gymnasium zu Zerbst, einen gründlichen Unterricht, vertheidigte an dem lezteren Orte, 1716 unter dem Dr. von Baschhusen, eine gelehrte Abhandlung: de fictis in quatuor Monarchiis, und besuchte darauf eine Zeitlang die Universität zu Frankfurt an der Oder. 1717 im Oktober, kam er als Fahnjunker bei das alt-anhaltische Regiment (jezt von Thadden) wo er aber nur eine kurze Zeit blieb; denn der Prinz Gustav von Anhalt, bat sich ihn bei seinem Regimente aus. (jezt Herzog von Sachsen Weimar). Bei diesem ward er 1718 den 7. September Kornet, 1724 den 7. Oktober Lieutenant, 1729 den 30. Junius Stabsrittmeister, und erhielt 1734 den 21ten Junius eine Kompagnie. Hierauf ging er einige Zeit auf Werbung, und wohnte sodann als Freywilliger, dem Feldzuge am Rheinstrohm bei. 1737 kam er wieder zum Regiment zurück. 1741 stand er mit demselben ins Lager bei Brandenburg nach dessen Aufhebung er, den 4. December s. J. Major ward. 1745 den 5. August,

er

erhob ihn der König zum Obristlieutenant; als welcher er bei der Armee diente, die unter dem Oberbefehle des Fürsten von Anhalt-Dessau stand; befand sich, den 15. December d. J. in der Schlacht bei Kesselsdorf, und führte das ganze Regiment, welches auf dem rechten Flügel des ersten Treffens, unter dem General von Kyau, war, da der Chef und Kommandeur abwesend und krank waren, an. Er verlohr dabei ein Pferd unter dem Leibe, und war der grösten Gefahr, sein Leben zu verliehren ausgesezt. Der König belohnte ihn für diese Bravour, mit dem Orden pour le Merite. 1749 den 13. Julius ward er Obrister. 1756 den 1. Oktober wohnte er der Schlacht bei Lowositz bei, und erhielt den zweiten Tag darauf, den 3. Oktober, das Marggraf Friedrichsche Kürassierregiment als Chef. Während der Schlacht bei Prag, den 6. May 1757 stand er bei dem Korps, welches der Fürst Moriz anführte, das über die Moldau gehen, und dem Feinde in den Rücken fallen sollte. In der Schlacht bei Kollin, den 18. Junius leztgedachten Jahres, führte er eine Brigade von drey Regimentern an, mit denen er in die feindliche Kavallerie einbrach, und solche glücklich über den Haufen warf. Er empfing dabei durch Säbelhiebe, zwei schwere Wunden am Kopfe, und eine Kartätschenkugel fuhr ihm in den Unterleib. Er sank mit den Worten: Kinder! ich kann nicht mehr, ihr müßt das übrige thun, todt vom Pferde, und ward in der Gegend von Kollin begraben. Die treflichen Eigenschaften, dieses braven und gelehrten Generals, hat Pauli in seinen Leben großer Helden, 2. Th. S. 110 u. f. näher geschildert.

Klaus

Klaus von Krosegk.

1587 am Tage Purificat. Mariä, bestellte Markgraf Joachim Friedrich von Brandenburg, zu Halle, Klaus von Krosegk zum Rittmeister und Diener von Hause aus, mit vier reisigen Pferden und Knechten, mit 300 Thaler jährlich.

Joachim Ernst von Krummensee,
Königl. Preuß. Generalmajor von der Kavallerie.

Er stammte aus einem alten churmärkischen Geschlecht. Was ich von ihm habe auffinden können, ist folgendes: 1692 war er Lieutenant bei dem Anhaltischen Regiment zu Pferde (jetzt von Dolfs,) 1694 stand er als jüngster Rittmeister desselben im Cöllnischen. Ward in der Folge, 1706 den 9. März Obristlieutenant, 1712 den 1. Januar Obrister, und 1720 den 1. Februar Generalmajor von der Kavallerie. Sein Todesjahr ist mir nicht bekannt.

Hans

Hans Friedrich von Krusemark,

Königl. Preuß. Generallieutenant von der Kavallerie, Chef des Gens d'Armes Regiments, Generalinspeckteur der in der Mark, in Magdeburg und Halberstädt liegenden Kavallerie, Ritter des schwarzen Adlerordens, Domherr zu Havelberg, Amtshauptmann zu Zossen und Stolpe, Erbherr zu Hohenberg, Krusemark und Ellingen.

Er war aus einem alten adelichen Geschlechte in der Altmark entsprossen, und ein Sohn des königlichen Landraths der Altenmark, Adam Andreas von Krusemark. 1738 kam er zu dem Gensd'armesregiment, bei dem er 1740 Kornet, und 1747 im August Lieutenant und Adjutant war, da ihn der König als Flügeladjutanten in sein Gefolge nahm. 1748 den 3. September, ward er Rittmeister, 1754 den 9. Julius Major, 1757 im May Obristlieutenant, 1758 im Januar Obrister, 1760 den 5. Februar Generalmajor, 1768 im Junius, Chef des Gensd'armesregiments, 1771 den 20. May Generallieutenant, und 1773 im Januar, Ritter des schwarzen Adlerordens. Er war ein thätiger Mann, der in den dreien schlesischen Feldzügen, eine Menge Erfahrungen gesammlet hatte, und daher dem Könige sehr nützlich und beinahe unentbehrlich war. Der Monarch schäzte ihn deshalb auch sehr, wie solches die nur bekannt gewordene Gnadenbezeigungen beweisen; denn, 1751 den 6. November, erhielt er die Amtshauptmannschaft zu Zossen, 1753

im

im May eine Präbende im Herzogthum Jülich, 1773 im May die Amtshauptmannschaft zu Stolpe, und der König besuchte ihn auf seinem Sterbebette, mit vielen Aeußerungen seines Mitleidens und seiner Gnade. Seine Wittwe, Christiane Johanne Wilhelmine, älteste Tochter des Generalmajors Johann Ludwig von Ingersleben, mit der er sich im December 1765 verehelichte, und einen Sohn und eine Tochter gezeuget hat, erhielt ein königliches Gnadengeschenk von 10000 Thalern, und ein jährliches Gnadengehalt von 500 Thaler. Sie lebt noch jezt zu Berlin, als Oberhofmeisterin der Prinzeßin Friderike K. H.

Johann Gabriel von Kühlen,

Königl. Preuß. Generalmajor und Chef von der Artillerie.

Er kam 1682 bei der Artillerie, befand sich 1689 im September, als ein großer Theil der brandenburgischen Truppen, im Lager vor Bonn stand, daselbst als Zeugwärter. Ward 1690 den 1. May Premierlieutenant, 1701 den 19. Oktober Major, 1704 den 1. Januar Obristlieutenant, und ward beordert, mit 6000 Mann brandenburgischer Hülfstruppen an die Donau zu marschiren. 1709 den 15. Januar, ward er Obrister, und 1713 den 1. December Generalmajor. Blieb 1715 den 9. December vor Stralsund. Er ist verehlicht gewesen, und hat Söhne hinterlassen; auch ist sein Bildniß 1717 von Busch, nach einem Gemälde von Lisiewsky, in Kupfer gestochen vorhanden. Von dem feierlichen Leichenbegängniße, welches Kühlen vor Stralsund gehalten worden, will ich folgende, bisher unbekannte Nachricht mittheilen. Es waren bei der Parade 500 Mann mit verkehrtem Gewehre und drei Kanons, welche der Obriste von Lüderitz anführte. Nach diesen kam die Leiche, hinter welcher der Sohn des Verstorbenen, welcher als Lieutenant bei der Artillerie stand, in Begleitung Sr. Durchl. des Fürsten Leopold von Dessau und Prinzen von Würtenberg Durchl. ging, ihnen folgten der sächsische General Graf von Wackerbarth, der General Fink von Finkenstein und viele andere Generäle und Obristen. Hierauf kamen die Offiziere von der Artillerie, die übrige Bombardierer und Kanoniere, welche den Schluß machten. Als die Leiche eingesenkt wurde, gab man nach Kriegesmanier drei Salven.

Kaspar Ernst von Küssow,

Churbrandenburgischer Obrister von der Kavallerie.

Er war ein gebohrner Pommer, und Richards von Küssow auf Klötzin und Leeste Erbherrn, Sohn. Diente unter Churfürst Friedrich Wilhelm, in dessen berühmten Feldzügen in Pommern, Preußen und am Rheinstrohm. 1676 war er Obristlieutenant und Generaladjutant; warb den 7. August d. J. Obrister, und erhielt den 3. selbigen Monats, wegen seiner treuen Dienste, das bisher dem schwedischen Vicepräsidenten von

Stern-

Sternbach, eigen*gewesene adeliche Guth Schöning in Pommern. Nach denen zu Breßlau 1787 herausgekommenen Nachrichten von dem Zustande der königl. preußischen Armee, S. 122 findet sich, bei dem von Backhoffschen Kuirassierregiment, die Nachricht, daß solches 1666, von dem Obristen Kaspar Ernst von Küssow, errichtet worden; welches aber wohl nicht füglich sein kann. Denn, Kaspar Ernst von Küssow, hatte damals noch einen geringen Militaircharakter. Eher kann es von seinem älteren Bruder, dem Obristen und Generaladjutanten Balzer von Küssow geschehen sein, der schon 1661 Obristlieutenant von der Kavallerie war.

Heinrich Adolph von Kurssel,

Königl. Preuß. Generalmajor, Chef eines Regiments zu Fuß, Ritter des Ordens pour le Merite.

Christoph Heinrich von Kurssel, königlicher schwedischer Obristlieutenant, aus einem uralten liefländischen Geschlechte, erzeugte ihn, mit Anna Gertrud von Tiesenhausen aus dem Hause Schmes, die ihn, 1693 den 15. May zur Welt gebahr. Nachdem er von geschickten Hauslehrern, in nützlichen Wissenschaften unterrichtet worden, spürte er eine große Neigung zum brandenburgischen Kriegesdienst. Er reiste deshalb 1710 nach Berlin, und ward bei der Füsellergarde (jetzt Alt-Bornstedt) angestellet. Mit derselben, als den Namen ihres neuen Chefs des Grafen von Wartensleben, dem sie als ein Feldregiment gegeben worden, erhalten hatte, wohnte er 1715, dem Feldzuge in Pommern bei. Ward 1716 den 16. Januar Fähnrich, 1718 den 26. September Sekonde= und 1721 den 21. May Premierlieutenant. König Friedrich Wilhelm der Erste, versezte ihn darauf, bei dem neuerrichteten von Moselschen Regiment (jezt von Kalkstein) als Stabskapitain. 1734 ward er zu Werbungen im Reiche gebraucht, dabei er sich so geschickt bewies, daß er den Orden pour la Generositee erhielt, den er gleich nach angetretener Regierung König Friedrich der Zweite mit den Orden pour le Merite vertauschte. 1737 den 15. Junius ward er Major; 1742 Obristlieutenant, und muste im selbigen Jahre das Regiment, welches nun der Generalmajor von Hautcharmoy erhalten, und zu einem Musketierregiment gemacht worden war, nach Schlesien, in seine neue Standquartiere führen. Im zweiten schlesischen Feldzuge, verhielt er sich mit demselben brav, und stand bei dem Korps des Generals von der Marwitz in Oberschlesien. 1745 den 27. Januar, ward er Obrister, und befand sich den 4. Junius in der Schlacht bei Hohenfriedeberg, und nachher unter dem General Nassau in Oberschlesien; half auch den 5. September, Kosel einnehmen. 1748 im Oktober: versezte ihn der König zum Kalsowschen Regiment (jezt Graf von Anhalt), und ernannte ihn, 1749 im Julius, zum Kommandeur desselben. 1753 den 11. September, ward er Generalmajor, und erhielt nach der Verabschiedung des General du Moulin, dessen gehabtes Regiment, (jezt von Wolframs=

ramsdorf). 1756 den 16. August, verfügte er sich mit demselben, zur Armee des Generalfeldmarschalls von Schwerin, und bekam Neustadt in Oberschlesien zum Winterquartiere. 1757 den 6. May befand er sich in der Schlacht bei Prag, wo ihm ein Pferd unterm Leibe erschossen ward, eine Kugel den Arm, und ein Prellschuß die Wade des linken Fusses verwundete; demohnerachtet blieb er gegenwärtig, und ließ sich erst nach Beendigung des Treffens, in das Margarethenkloster vor Prag bringen, wo er bis zum 27. Julius, mit seiner Heilung beschäftiget war. Hierauf verfügte er sich wieder zur königlichen Armee im Lager bei Pirna, von da ihn der König mit einigen Truppen detachirte. Da er aber noch nicht völlig wiederhergestellet, und eine ganze Nacht hindurch, unter freien Himmel, einem anhaltenden Regen ausgesezt war, überfiel ihn ein so heftiges hiziges Fieber, daß er sich den 2. September nach Görliz, und von da nach Glogau bringen lassen muste. Hiezu kam noch, daß sein Fuß wieder aufbrach. Das Fieber hatte sich kaum verlohren, so schrieb er, obgleich die Wunde am Fusse noch offen war, an den Herzog von Bevern, der damals bei Breßlau im Lager stand, und bot seine Dienste an. Im November reise er auch dahin ab, da aber Glogau in Gefahr stand, von den Feinden angegriffen zu werden, und seine Gegenwart daselbst von mehrerem Nutzen sein konnte, kehrte er dahin wieder zurück, und traf die besten Vertheidigungsanstalten. Nach der Schlacht bei Breßlau, machte auch der General Beck wirklich Mine, die Festung anzugreifen, welches aber die Unkunft des Königs verhinderte. Kursel wünschte nun zur Armee seines

Z 3 Mo-

und ein halbes Jahr blieb, und von da nach Halle ging, wo er während den Zeitraume eines halben Jahres, die damals berühmten Männer, Gundling, Ludwig und Böhmer hörte. Hierauf that er einige Reisen nach Wien, Ungarn, den Niederlanden, und nach Frankreich, von wo er 1731 wieder zu Hause ankam, und bei dem Absterben seines Vaters gegenwärtig war. Der König von Polen, ernannte ihn um diese ●, bei den reitenden Trabanten zum Lieutenant, und gab ihm die Erlaubniß, seine Reisen weiter fortzusetzen. Er ging nach Breßlau, wo er den prächtigen Hof des Churfürsten von Mainz, der sich damals hier aufhielte, besuchte, und sich darauf nach Italien begab, um die dasigen Merkwürdigkeiten zu betrachten, und endlich nach Neapolis, um den Vesuv zu sehen. 1733 kam er wieder nach Sachsen zurück und ward Rittmeister, 1734 Major, erhielt eine Kompagnie bei den Trabanten, und diente bei den Truppen, welche unter dem Oberbefehle Johann Adolphs, Herzogs von Sachsen-Weissenfels, Danzig belagern halfen. 1736 nach erfolgtem Frieden, kam er mit seiner Kompagnie nach Sachsen zurück, und bezog zu Pirna, die ihr angewiesene Standquartiere. 1737 ging er mit den Hülfstruppen, welche Chur-Sachsen dem Kaiser wider die Türken zu Hülfe sandte, nach Ungarn, und diente unter den Grafen von Seckendorf, bei denen hier vielfältig vorgefallenen Belagerungen und Gefechten; verfiel aber zu Orsova, in eine Krankheit, von der er sich kaum erholet hatte, als er nach Sachsen gesandt wurde, um daselbst den Truppenabgang zu ersetzen, und die Rekruten der Armee zuzuführen. Bei dieser Gelegenheit, trat

trat er mit Erlaubniß des Königs, seine Kompagnie Trabanten ab, und übernahm dagegen das Kommando des Bestenbostelschen Kuirassierregiments, welches er schon angeführet hatte, und während dem, wegen seines dabei bewiesenen Wohlverhaltens zum Obristlieutenant erkläret worden war. 1738 befand er sich in dem blutigen Gefechte, bei Cornea und Mehadia, 1739 den 22. Julius, im Treffen bei Grotzka, und bis zum Belgrader Frieden, bei den vornehmsten kriegerischen Auftritten, deren Hererzählung meiner Absicht entgegen läuft, und weshalb ich den Leser auf Pauli Leben großer Helden, 4. Th. S. 13 u. f. verweisen muß, wo sich Knau's Leben und Thaten genau beschrieben finden. Er führte hierauf das Regiment nach seine Garnisonen in der Oberlausitz zurück. Da sich 1740 König Friedrich der Zweite von Preußen, zum Feldzuge rüstete, und den in sächsischen Diensten gestandenen General von Nassau; in die seinigen genommen, und ihm aufgetragen hatte, ein neues Dragonerregiment zu errichten, so schlug dieser Herr von Nassau, Knau mit unter diejenigen Offiziere vor, welche der König bei dem neuen Regimente anstellen wollte. Er ward daher Obrister und Kommandeur des Nassauschen Dragonerregiments, welches zu Breßlau errichtet wurde, und und führte dem Könige die ersten drey Schwadronen, 1741 bei Strehlen im Lager vor. Hierauf diente er, bei der Einnahme von Breßlau, bei der Belagerung von Neisse, und bezog sodann die Winterquartiere in Oberschlesien. Unter Schwerin's Oberbefehl, rückte er in Mähren ein, trieb den Feind bei Nappagedel in die Flucht, und erhielt dafür den Orden pour le Merite,

Z 5   wel-

welchen ihm, der Fürst Leopold von Anhalt-Dessau selbst umhing. 1742 ward er, unter dem General Derschau, nach Böhmen abgeschickt, und langte zwar am Tage der Czaslauer Schlacht, den 17. May, auf dem Schlachtfelde an, der Feind war aber bereits in die Flucht getrieben. Nach erfolgtem Frieden, erhielt er seine Garnison, mit dem Regimente, in Niederschlesien. 1743 den 3. April, gab ihm der König das erledigte von Waldausche Regiment (jezt von Dalwig), und ernannte ihn den 25. May, im Lager bei Hundsfeld zum Generalmajor, mit dem Patente vom 22. May d. J. Im zweiten schlesischen Kriege, half er 1744, unter dem Oberbefehle des Generalfeldmarschalls von Schwerin, Prag erobern; führte 1745 in der Schlacht bei Hohenfriedeberg, eine Brigade Kavallerie, welche aus den Kuirassierregimentern von Rochow und von Bornstedt bestand, an, und bewieß sich mit derselben so brav, daß der König, den mehresten Kompagniechefs dieser Regimenter den Orden pour le Merite ertheilte. Ihn selbst umringten im Treffen die Feinde, stachen seinem Pferde beide Augen aus, zerhieben ihn den Hut und Rock, und den Zopf vom Kopfe, ohne daß er Hauptwunden bekam. Im Treffen bei Sorr, kommandirte er die Kavallerie des linken Flügels, unter dem Generallieutenant von Rochow, und ward darauf unter dem Generallieutenant von Lehwald, dem Fürsten Leopold von Anhalt-Dessau, zur Verstärkung, nach Sachsen gesandt, wo er, den 15. December, den Sieg bei Kesselsdorf erfechten half. Er hatte dabei zu seiner Brigade, die vier Reuterregimenter des rechten Flügels, nemlich: von Stille, von Bredow, von

Möhl

Röhl und von Bonin, und unterſtützte damit die Infanterie ſo glücklich, daß die Feinde geſchlagen wurden, welche er mit 1000 Pferde die ganze Nacht hindurch, verfolgte. 1746 nach geſchloſſenen Frieden, kam er nach Schweidnitz, noch vor Ablauf des Jahres nach Neuſtadt in Oberſchleſien, und 1747 in Ratibor, Leobſchütz und Pleſſe, in Garniſon. 1750 den 30. May ernannte ihn der König zum Amtshauptmann von Potsdam, 1752 den 5. Januar, zum Generallieutenant, und gab ihm im September ſ. J., bei der Revue bei Reiſſe, den ſchwarzen Adlerorden. 1756 den 1. Oktober, war er in dem Treffen bei Lowoſitz gegenwärtig, und machte mit den Regimentern Gens d'Armes und Prinz von Preußen, den erſten Angrif, warf zwei kaiſerliche Regimenter über den Haufen, eroberte drei Standarten, und machte viel Gefangene. Auf dem Rückzuge des Königs aus Böhmen nach Sachſen, deckte er das Gepäcke, und befand ſich während dem Winter, zu Dresden und um die Perſon des Monarchen. 1757 den 6. May, fiel die Schlacht bei Prag vor, Khau kommandirte während derſelben, die Kavallerie beim Keithſchen Korps, welches Prag einſchlieſſen muſte, deſſen Belagerung er zu der Zeit beiwohnte, da der König nach Kollin ging, um Daun ein Treffen zu liefern. Da aber die daſelbſt vorgefallene Schlacht und deren Folgen, dem Könige nöthigten Böhmen zu verlaſſen, und ſein Heer in zwei Theile abzuſondern, befand ſich Khau bei dem, welches der Monarch ſelbſt anführte. Im Auguſt befiel ihm ein hitziges Gallenfieber, weshalb er ſich nach Bautzen bringen laſſen muſte. Kaum war er aber hergeſtellet, ſo diente er wieder bei

der

der Armee, welche der Herzog von Bevern kommandirte, und welche bei Breßlau, den 22. November mit der überlegenen Oesterreichischen Macht, zum Treffen kam. In demselben führte er, als ältester Generallieutenant, die Kavallerie des rechten Flügels an, und wagte sich dabei in die größten Gefahren. Eine Kartätschenkugel verwundete sein Pferd am Schulterblatte und Hinterfuß, und eine andere quetschte ihm selbst die Hüfte. Da der Herzog von Bevern nach der Schlacht das Unglück hatte, den Feinden als Gefangener in die Hände zu gerathen, fiel ihm als ältesten Generallieutenant das Kommando der sehr geschwächten Armee desselben zu. Mit derselben verließ er Breßlau, welches der Feind darauf einnahm, den König aber dermaßen gegen Kyau aufbrachte, daß er ihn zu Glogau arretiren, Kriegsrecht über ihn halten ließ, und sechs monatlichen Arrest zuerkannte. Diesen hatte er theils zu Glogau, theils zu Schweidnitz, an welchem leztern Orte ihn, 1758 den 27. December, Anfälle vom Schlage betrafen. Kaum hatte solches der König erfahren, so ließ er sich täglich nach Kyaus Befinden erkundigen, besuchte ihn auch selbst einige Tage vor seinem Ende, und äußerte gegen ihn viel Gnade und Mitleid. Er starb 1759 den 30. März, und es wurde ihm ein feierliches Leichenbegängniß, seinem Stande gemäß gehalten.

Das

. . . . . Baron von Labadie (eigentlich de la Badie),

Königl. Preuß. Obrister und Chef eines Freybataillons.

Er war ein gebohrner Franzose; stand als Obrister in französischen Diensten, wohnte verschiedenen Feldzügen bei der russischen Armee als Freiwilliger bei, und trat darauf in preußische Dienste, als Obrister und Chef eines von ihm zu errichtenden Freibataillons. Dieses ward 1761 im Mindenschen, aus französischen Kriegesgefangenen und Deserteurs, 790 Mann stark, errichtet. Es führte auch den Namen Volontairs Etrangers. Alles war französisch bei demselben; die Hüte waren auf französische Art gestuzt, es wurde französisch kommandiret, und auch das Gewehr war französisch. Die königliche Kapitulation, war durch den Flügeladjutanten von Cocceji, 1761 den 19. Februar unterzeichnet. Das Bataillons desertirte jedoch schon in diesem Jahre auf einmal, nachdem es, da es eben zur Armee des Prinzen Heinrichs abgehen sollte, revoltirte, den Major tödtete, und verschiedene Offizier hart verwundete, ohne etwas gethan zu haben, und ging mit samt denen Kanonen zu der Reichsarmee ins Altenburgische über. Der Obriste Labadie kam zwar wieder nach Leipzig, wo sich auch viele von seinem zerstreueten Korps wieder einfanden, allein er erhielt seine Entlassung.

Ortrau von Landsberg.

1530, Donnerstags nach Palmarum, bestellte Churfürst Joachim der Zweite von Brandenburg, Ortrauen von Landsberg, Hauptmann der Stadt Lüneburg, zu seinem Diener, mit vier gerüsteten Pferden, von Haus aus. Nach dieser Bestallung, erhielt er jährlich 100 Goldgulden, Mal (freie Speisung), und Pferdeschaden. (Der Churfürst ersezte nemlich die Pferde welche starben, oder im Dienst umkamen, gab auch freien Beschlag und die Kur).

Christian Henning von Lange,
Königl. Preuß. Obrister und Chef eines Garnisonregiments.

Er war aus Preußen gebürtig, und stand von Anfang seiner Dienste, bei dem Fürst Moritz von Anhaltschen Regiment (jezt Graf von Schlieben); 1754 den 13. April ward er Obrister und Komnandeur desselben, erhielt aber Alters wegen im selbigen Jahre das Jeetsche Garnisonregiment (nachmals von Kowalsky). Starb 1760 den 16. Februar zu Großglogau, in einem Alter von 72 Jahren, und im 55. Jahre seiner treugeleisteten Dienste. Er befand sich schon in den Feldzügen in den Niederlanden und in Pommern, zu Anfang dieses Jahrhunderts, und hat sich in den Kriegen König Friedrich des Zweiten, bei vielen Gelegen-

legenheiten hervorgethan. War verehlicht und hat
Kinder hinterlassen.

Ernst Heinrich von Langenau,
Königl. Preuß. Obrister und Chef des Stettin-
schen Landregiments.

Er war aus Schlesien gebürtig. Im zweiten schle‑
sischen Feldzuge, kommandirte er als Major, des
Jung-Schwerinschen Regiments (jetzt Prinz von Ho‑
henlohe), ein Grenadierbataillon, welches aus den
Grenadierkompagnien der Garnisonregimenter von Pirch
und von Berrenhauer zusammengesetzt war. 1751
im Junius, ward er Obristlieutenant. 1759 erhielt
er als Obrister das Stettinsche Landregiment, und
ward in der Nacht vom 24. zum 25. Julius 1764,
auf dem von Rochowschen Guthe Golzow, zwei Mei‑
len von Brandenburg, durch seinen Bedienten Stauf‑
fenbeil, meuchelmörderischer Weise, mit einem Beile
ums Leben gebracht, im 64. Jahre seines Alters und
48. seiner Militairdienste.

Adolph Friedrich von Langermann,

Königl. Preuß. Generalmajor, Chef eines Dragonerregiments, Ritter des Ordens pour le Merite, auf Dambrowken, Rosenau, Rosochen ꝛc. Erbherr.

Er war ein Sohn des 1721 den 22. März, verstorbenen königlichen preußischen Obristen Kaspar Christoph von Langermann, und fing seine Dienste, 1711 als gemeiner Reuter, bei dem du Portailschen Regiment (jezt von Dalwig) an. Im 20. Jahre seines Alters, 1714 den 25. May, ward er Cornet, 1721 ward er Lieutenant, 1730 Rittmeister beim Marggraf-Albrechtschen Regiment (jezt Leibcarabiniers), ward 1736 Major, 1741 im November, beim Sousfeldschen Dragonerregiment (jezt von Mahlen) Obristlieutenant, 1745 den 20. Julius Obrister, 1750 im December Generalmajor, und erhielt 1752, das Stoschche Dragonerregiment, (jezt von Brausen). Starb zu Insterburg in Preußen, 1757 den 6. März, im 64. Jahre seines Alters, und hat in seinen 49jährigen Diensten, den beiden ersten schlesischen Feldzügen, rühmlichst beigewohnet. In der Schlacht bei Hohenfriedeberg, erwarb er sich den Orden pour le Merite. Mit Christianen Julianen von Rieben aus dem Meklenburgischen hat er verschiedene Kinder erzeuget.

Chri-

Christoph Friedrich von Lattorf,

Königl. Preuß. Generallieutenant, Ritter des schwarzen Adlerordens, Chef eines Regiments zu Fuß, Kommendant der Festung Cosel, Amtshauptmann der Aemter Altenstettin und Jasenitz, auf Grossen-Saltza Erbherr.

Hans Wilhelm von Lattorf, auf Groß-Saltza und Klein Ottersleben, zeugte ihn mit seiner dritten Ehegattin Katharine Sophie von Hänichen, welche ihn, 1696 den 7. September zur Welt brachte. Zu Grossen-Saltza legte er den Grund zum studiren, und bezog darauf die Universität zu Halle, die er aber auf Verlangen des Fürsten Leopold von Anhalt-Dessau verließ, und 1713 bei dessen Regiment Dienste annahm. 1715 befand er sich als Fahnjunker in der pommerschen Kampagne, ward 1717 den 20. Junius Fähnrich, 1719 den 27. Oktober Sekondelieutenant, 1725 Premierlieutenant, 1731 den 13. Junius Staabs- und 1734 den 10. März wirklicher Hauptmann. 1740 den 20. Junius, sezte ihn König Friedrich der Zweite, als Major, zum Persodeschen Regiment (jezt von Götzen), mit dem er 1741 in des Lager bei Brandenburg einrückte, und ein eigenes Grenadierbattaillon, welches aus den Grenadierkompagnien dieses und des Holsteinschen Regiments bestand, kommandirte. 1742 ging er nach Oberschlesien, wo erwähntes Regiment das Standquartier bekam; ward 1743 den 10. May Obristlieutenant, 1745 den 8. November Obrister, und 1746 Kommandeur des Regiments. 1748 den 5.

November, bekam er die Amtshauptmannschaft von Stetin und Jasenitz, 1753 den 7. December, die Vicekommendantenschaft der Festung Kosel, und ward zugleich Kommandeur des Bo Teschen Garnisonregiments, mit einem ausserordentlichen Gehalte von 1200 Thaler. Den 11. December, eben dieses Jahres, ward er wirklicher Kommendant von Kasel, und Chef des leztgedachten Garnisonregiments mit Generalmajorscharakter. 1757 besorgte er die Vermehruug seines Regiments mit zwei neuen Battaillonen. 1758 ward er in Kosel, von den Oesterreichern vier Monat lang eingeschlossen, durch die Ankunft des Königs aber im November, glücklich befreiet. Kaum war der König fort, so versuchte der Feind einen neuen Angriff auf die Festung, gegen welchen sich Lattorf, durch genommene kluge Maaßregeln, so brav verhielt, daß er nichts ausrichten konnte, und abziehen muste. Der König ernannte ihn zur Belohnung seiner dabei bewiesenen Wachsamkeit, 1758 den 24. November zum Generallieutenant und ertheilte ihm den schwarzen Adlerorden. 1760 gab sich der General Lauden mit 30000 Mann alle Mühe Kosel wegzunehmen, schloß solches vom 21. bis zum 24. Oktober von allen Seiten ein, bestürmte es in der Nacht vom 24. bis zum 25. welches nachher wiederholet wurde; Lattorf aber leistete dagegen so guten Widerstand, daß der Feind endlich mit großem Verlust sein Vorhaben die Festung zu erobern fahren lassen, und abziehen muste. Der König war mit Lattorf's Vertheidigung dermaßen zufrieden, daß er ihm, 1760 im November, eine jährliche Pension von 500 Gulden schenkte. Er genoß aber solche nicht lange,

denn

denn er starb, den 3. April 1762 zu Kosel, im 67. Jahre seines Alters und 50. seiner Dienste. Wer mehr von diesem würdigen General zu wissen wünschet, wird solches in Pauli Leben großer Helden 9. Th. S. 231 u. f. und in Sinceri Genealogie derer von Lattorf, aufgezeichnet finden. Er hatte sich zweimal verehlicht, 1) 1740 im August, mit Louisen Wilhelminen, Christian Friedrichs von der Schulenburg und Annen Dorotheen Stösser Edlen von Lilienfeld Tochter gebohren, 2) 1747 den 5. May, mit Albertinen Wilhelminen, Tochter des Generallieutenants, Heinrich Karl Ludwig Herault von Hautcharmoy, die ihm, 1786 den 31. May zu Oels im Tode folgte, ohne Kinder gehabt zu haben.

Johann Sigismund von Lattorf.

Königl. Preuß. Generalmajor von der Infanterie, Chef eines Regiments zu Fuß, Amtshauptmann zu Rhein und Erbherr auf Grossen-Salza.

Er war des vorgedachten Generallieutenants Bruder, und ward 1699 den 23. Junius zu Grossen-Salza gebohren. Nachdem er in seiner Eltern Hause eine Zeitlang gute Erziehung erhalten, und einige Jahre Page am fürstlich zerbstschen Hofe gewesen, trat er im 15. Jahre seines Alters, bei dem Regiment Varenne (jetzt von Braun) in preußische Kriegesdienste, und befand sich als Fahnjunker, 1715 bei der Belagerung von Stralsund. 1718 den 7. Oktober ward er Fähnrich, und bat nicht lange darnach, aus unbekannten Ursachen, um seinen Abschied, den er 1719 den 30. May erhielt; nahm aber bald wieder bei gedachtem Regimente Dienste an, und ward 1721 den 7. Oktober Sekonde- 1730 den 11. May Premierlieutenant, und erhielt 1737 den 25. Februar eine Kompagnie. 1741 den 10. April wohnte er der Schlacht bei Molwitz bei, und hielt sich mit dem ersten Battaillon des Regiments Graf von Truchseß, welches der österreichische Obriste Tercy, in dem Flecken Lesch in Mähren, mit 4000 Mann aufzuheben suchte, ausserordentlich brav, verlohr aber dabei, wie das ganze Battaillon die Bagage. 1742 den 1. Junius, ward er Major, und wohnte den Schlachten bei Hohenfriedeberg, Sorr und Kesselsdorf bei. 1750 den 24. May ernannte ihn der König zum Obristlieutenant, und 1754 den 11. September, zum Obristen und Kommandeur des Itzenplitzschen Regiments. 1756 den 30. May erhielt er die Amtshauptmannschaft zu Rhein in Preußen. Den 23. August leztgedachten Jahres, führte er das Regiment nach Sachsen ins Feld; befand sich mit selbigem in den Schlachten bei Lowositz, Prag und Roßbach, und ward den 2. December 1757 Generalmajor. Da er sich in diesem Jahre bei der Avantgarde des Königs befand, erhielt er einen Streiffschuß an der Lende, und verlohr durch einen anderen Schuß das linke Auge.

Nach Winterfelds Tode, bekam er 1758 den 5. Januar dessen gehabtes Regiment, und half mit demselben Schlesien decken, während daß der König den Russen das Treffen bei Zorndorf lieferte. Der Verlust seines Auges nöthigte ihn, 1760 den 2. Februar, die

Dienst-

Dienstentlassung zu fordern, welche er auch den 4. Februar, mit einer jährlichen Pension von 1000 Thaler, erhielt. Starb 1761 den 3. September zu Grossen-Salza, wo sein Leichnam auf dem dasigen Kirchhofe, in sein Erbbegräbniß beigesezt wurde, unverehlicht. Sein Leben habe ich auch in meinen Alten und Neuen Denkwürdigkeiten der Königl. Preuß. Armee S. 198 — 200, beschrieben.

Rudolph Friedrich von Lattorf,
Königl. Preuß. Obrister, und Chef eines Regiments zu Fuß.

Er war ein Sohn des 1684 verstorbenen churbrandenburgischen Hauptmanns Rudolph von Lattorf, auf Holzbeck Erbherrn, und Erdmuth von Wulffen aus dem Hause Lohburg. Man findet sehr wenig Nachrichten von ihm, und folgende sind mit größter Mühe ausgemittelt worden. 1703 den 11. August, ward er als Obristlieutenant Schlabberndorffschen Regiments Obrister, 1705 den 15. Julius, erhielt er des am Schellenberge gebliebenen Obristen von Wulffen Regiment zu Fuß (jezt von Budberg). Sein Todesjahr wird, nach allgemeinen Nachrichten, im Jahre 1708 angesezt, und man hat Ursach zu muthmaßen, daß er in der in demselben vorgefallenen Schlacht bei Oudenarde sein Leben geendet habe, da das Regiment in selbiger gegenwärtig war, und großen Verlust erlitte. Er hatte sich mit Margarethen, einer Tochter des churbrandenburgischen Obristlieutenants Jean de Bruce und Sophien Louisen von Ritter verehlicht, die ihm zwei Söhne und drei Töchter gebohren hat.

Otto Heinrich von Laxdehn,

Königl. Preuß. Generalmajor von der Infanterie, Chef eines Füselierregiments, Amtshauptmann zu Zinna und Rügenwalde.

Er war in Preußen aus einer Familie gebohren, welche König Friedrich Wilhelm der Erste, in den Adelstand erhoben hat. Otto Heinrich von Laxdehn, stand bei dem Leibregiment dieses Monarchen, als ihn König Friedrich der Zweite, 1740 den 4. August, bei dem neuerrichteten ersten Bataillon Leibgarde als Fähnrich, mit Premierlieutenantsrang sezte. 1745 den 27. Oktober, ward er Sekondelieutenant, 1754 im Oktober Staabskapitain, 1756 im Julius Kompagniechef, bald darauf Major, 1761 Obristlieutenant, 1765 im May Obrister, und 1770 im May Generalmajor. 1773 erhielt er das neuerrichtete Füselierregiment, welches jezt von Krockow heißt, das er aber im selbigen Jahre wieder verlohr. Er hatte sich durch vielfältige Dienste, in den dreien schlesischen Feldzügen, die Gnade Friedrich des Zweiten erworben, der ihn auch dafür belohnte, und außer verschiedenen ansehnlichen Geschenken, ihm 1765 den 6. May, die Amtshauptmannschaft zu Zinna, und 1769 den 14. December, die Amtshauptmannschaft zu Rügenwalde gab. 1773 den 10.
Ja-

Januar erhielt er seine Dimission, und soll auch in diesem Jahre gestorben sein, davon ich aber bis jetzt nicht überzeugt bin. S. Zustand der preußischen Armee für d. J. 1787, S. 76.

Joachim Friedrich von Leckow,
Königl. Preuß. Generalmajor von der Infanterie und Kommandeur des Stutterheimschen Regiments.

War George Adrians von Leckow, und Eleonoren von Weber aus dem Hause Gröbin in der Neumark, Sohn, und ist 1703 gebohren worden. Ward 1726 den 19. Januar, beim Röderschen Regiment (jetzt Graf von Henkel) Fähnrich, 1733 den 26. May Secondelieutenant, 1741 den 9. December Staabs- und 1744 wirklicher Hauptmann. 1756 rückte er als Major zum siebenjährigen Feldzuge aus, ward 1757 im Oktober Obristlieutenant, 1758 im December Obrister, und 1760 im Februar Generalmajor. Er hat den ersten, zweiten und dritten schlesischen Feldzügen, rühmlichst beigewohnet. In der Schlacht bei Zorndorf, 1758 den 25. August, ward er tödtlich verwundet, und gerieth 1759 den 21. November, bei Meissen, mit dem Dierickeschen Korps in die österreichische Gefangenschaft, darinnen er bis zum Frieden, 1763 verblieb. 1765 ward er auf sein eigen Ansuchen, schwächlicher Gesundheitsumstände wegen, mit einer jährlichen Pension von 1000 Thaler entlassen, welche er auf dem Stammguthe

guthe Leckow verzehrte und allda, 1774 den 31. Oktober, verstarb.

Johann George von Lehmann,

Königl. Preuß. Generalmajor, Chef eines Garnisonregiments, und Kommendant zu Kosel.

Er ward 1688 aus einer bürgerlichen Familie im anhältschen gebohren, und trat 1706 bei dem Stillenschen Regiment (jezt von Jung-Bornstedt) in preußische Dienste; ward bei demselben, 1713 den 23. März Sekunde- 1718 den 19. Oktober Premierlieutenant, 1721 Staabskapitain, und erhielt 1723 den 23. December eine Kompagnie; avancirte ferner, 1729 den 2. Julius zum Major, und 1740 zum Obristlieutenaut. 1743 den 27. May, ward er Obrister und Kommandeur des Regiments, 1745 den 30. Oktober Generalmajor und erhielt das Saldernsche Garnisonregiment (nachmals von Saß). Er hat im spanischen Erbfolgekriege, 1715 in Pommern, und in den ersten und zweiten schlesischen Feldzügen, rühmlich gedienet, und starb, 1750 den 9. December zu Kosel. Seine ohne Kinder hinterlassene Wittwe war Margarethe Elisabeth von Pfuel, die zuvor den Obristlieutenant Hans Martin von Bosse zur Ehe gehabt. Der König begnadigte sie mit einem Gnadengehalte, als sie Wittwe ward.

Friedrich Wilhelm von Lehndorf.

Lebte zu Churfürst Friedrich Wilhelms Zeiten, und ward 1655 zum Obristen über ein Regiment zu Roß bestellet. Siehe histor. polit. Beiträge 1. Th. S. 308.

Hans von Lehwald,

Königl. Preuß. Generalfeldmarschall, Gouverneur zu Königsberg, Pillau und Memel, Ritter des schwarzen Adlerordens, Chef eines Regiments zu Fuß, Amtshauptmann zu Tangermünde, auf Regitten und Klein-Legden Erbherr.

Er stammte aus einem uralten Geschlechte in Preußen, und war 1685 im Junius daselbst gebohren worden. 1700 trat er in churbrandenburgische Dienste, ward 1713 den 11. Junius, Major bei dem neuerrichteten von Kameckenschen Regiment (jezt von Lichnowsky), wohnte dem pommerschen Feldzuge bei, und ward 1717 den 1. Junius zu dem Regiment Prinz George von Darmstadt (jezt von Jung-Romberg) versezt. 1728 den 30. Junius, ward er Obrister. 1739 erhielt er das Jung-Kleistsche Regiment (jezt von Wilbau), und ward 1740 den 30. Junius Generalmajor. 1741 stand er mit in dem Lager, welches der Fürst Leopold von Anhalt-Dessau bei Brandenburg zusammenzog, und welches im Oktober d. J. wieder auseinander ging. 1742 war er bei der Armee des Königs, und befand sich den 17. May in der Schlacht bei Chotusitz. 1743 den 22. Oktober, ward er Generallieutenant, und erhielt 1744 den schwarzen Adlerorden, und das Gouvernement von Pillau und Memel. Im letztgedachten Jahre stand er unter dem General von der Marwitz in Oberschlesien, und führte in dem darauf folgenden Winter, das Kommando in der Graffschaft Glatz. 1745 den 4. Junius, half er in der Schlacht bei Hohenfriedeberg mit den Sieg erfechten; kommandirte darauf ein besonderes Korps an den Grenzen der Graffschaft Glatz, und befand sich den 30. September in dem Treffen bei Sorr. Hierauf war er bei dem Einfalle des Königs in die Oberlausitz, und muste mit 10000 Mann vorausgehen, um den Fürsten Leopold von Dessau entgegen zu kommen. Er vereinigte sich mit demselben den 13. December bei Meissen, und kommandirte den 15. selbigen Monats in der Schlacht bei Kesselsdorf, den rechten Infanterieflügel, trug auch nicht wenig zu dem erhaltenen Siege bei. 1747 den 29. May ward er General von der Infanterie, 1751 den 22. December, Generalfeldmarschall, auch bald darauf Gouverneur zu Königsberg in Preußen. 1757 kommandirte er in Preussen eine besondere Armée, welche aus denen daselbst stehenden Regimentern bestand, gegen die ganze russische äußerst überlegene Macht, und lieferte ihr, den 30. August, bei Groß-Jägerndorf ein Treffen, in dem er zwar genöthiget wurde, sich zurück zuziehen, aber doch hinderte, daß der Feind davon Vortheile ziehen konnte, sondern vielmehr das Königreich Preußen verlassen muste. Inzwischen waren die Schweden in Pommern eingefallen, gegen die der Feldmarschall

schall sich mit seinem Korps wandte, den 27. November zu Stettin das Kommando derselben übernahm, damit Demmin und Anklam eroberte, und sich von der Peene Meister machte. 1758 im Januar, rückte er in Schwedisch-Pommern ein, nahm Greifswalde, welches er zum Hauptquartier wählte, weg, und ließ seine Truppen bis vor Stralsund die Winterquartiere beziehen, welche aber sehr unruhig waren. Im April löste ihn der Graf von Dohna im Komando ab, welches er geschwächter Gesundheit wegen, niederlegte, und begab sich mit Beybehaltung aller gehabten Prärogativen, nach Berlin, von welcher Residenz er 1759 das Gouvernement erhielt, und 1760 im Oktober, den feindlichen Angriff der Russen und Oesterreicher auf dieselbe, mit vieler Gegenwart des Geistes so lange widerstand, bis er sich genöthiget sahe, der Uebermacht zu weichen, und sich mit dem Hülsenschen Korps in der Nacht nach Spandau zu retiriren. 1762 den 1. Julius, begab er sich wieder nach Preußen, um sein Gouvernement daselbst in Besitz zu nehmen, und starb daselbst 1768 den 16. November zu Königsberg, mit dem Ruhme eines erfahrnen Feldherren, dem aber das Glück nicht günstig war. Zweimal hatte er sich verehlicht, 1) mit Elisabeth Charlotte von Runckel, davon verschiedene Töchter gebohren worden, 2) mit der Wittwe des 1743 verstorbenen Feldmarschalls von Röder, Anne Sophie Agnes, Tochter des Generalfeldmarschalls Wilhelm Dietrich von Buddenbrock, von der keine Kinder entsprossen sind.

Wen-

Wenzeslaus Christoph von Lehwald,

Königl. Preuß. Generallieutenant und Chef eines Füselierregiments.*

Sein Vater George von Lehwald, Erbherr der Ublickschen Güther, nahm als Hauptmann bei den Grand-Mousquetairs, schwacher Gesundheit wegen den Abschied, erhielt zur Versorgung eine Kompagnie bei der Landmiliz, starb 1719 und hatte mit einem Fräulein von Elben, die lezte ihres Geschlechts, den Generallieutenant erzeuget, der 1717 den 18. Februar, zu Ublick gebohren worden. 1732 im 15. Jahre seines Alters, trat er als Fahnjunker beim Röderschen Regiment (jezt Graf von Henkel) in Dienste, und machte den Feldzug am Rheinstrohm, in den Jahren 1734 und 1735 mit. 1735 ernannte ihn König Friedrich Wilhelm der Erste, bei Halberstadt zum Fähnrich. König Friedrich der Zweite, sandte ihn gleich nach Antritt seiner Regierung, ins Reich auf Werbung für die neuerrichteten Regimenter, und ernannte ihn 1740 zum Sekondelieutenant; als solcher machte er den ersten schlesischen Feldzug mit, und befand sich 1742, in der Schlacht bei Czaslau. Nach dem Breslauer Frieden, blieb er mit dem Regimente in der Grafschaft Glatz stehen. 1744 wohnte er der Belagerung von Prag bei, und war im folgenden Jahre, in dem Gefechte bei Habelschwerd, desgleichen in den Schlachten bei Hohenfriedeberg und Sorr. Nach erfolgtem Frieden marschirte er mit dem Regimente, in die demselben in Preußen angewiesene Standquartiere. Indeß war

er

er 1743 zum Premierlieutenant avanziret, und ward 1756 Staabskapitain. Zu Anfange des dritten schlesischen Krieges, blieb er bei der Armee in Preußen, erhielt 1757 eine Kompagnie, und fochte in der Schlacht bei Jägerndorf, in der das Regiment bei dem erbiense, am weitesten vordrang und die feindlichen Batterien wegnahm, mit vielem Muthe. Hierauf war er in Pommern, bei der Belagerung uud Einnahme von Demmin, zugegen, und befand sich 1758 in der Schlacht bei Zorndorf, wo er im Unterleibe verwundet wurde, dem ohnerachtet aber noch im selbigen Jahre gegen die Schweden kämpfte, und solche aus Anklam, Demmin und Peenamünde vertreiben half. 1759 den 7. Junius, ward er Major, und wohnte den Schlachten bei Kay und Kunersdorf, wie auch der Aktion bei Meissen unter dem Generallieutenant von Fink bei. Da das Regiment bei diesen Vorfällen viel gelitten hatte, und die meisten Staabsoffiziere desselben, todt oder gefangen waren, so ward er Kommandeur, und muste auf Befehl die Elbe decken. Bald darauf ward er mit dem Rest des Haufenschen Regiments verstärkt, und nach dem Schlosse Rehsn detachirt, um den zu besorgenden Uebergang der Oesterreicher über die Elbe zu verhindern. Als er aus diesem Posten durch ein anderes Regiment abgelöset worden war, muste er nach Scharffenberg in Meissen marschiren, und solches mit seinen Leuten besetzen. Kaum hatten die Oesterreicher die Winterquartiere bezogen, so muste er mit dem Regimente über Berlin nach Stettin gehen, wo er 500 Rekruten erhielt, und solches völlig wiederherstellte, worauf er damit zu dem Korps des Generalmajors von

Jung-

Jung-Stutterheim stieß, welches damals an der Peene stand, und worüber im folgenden Jahre 1760 der Herzog von Würtemberg das Kommando erhielt, der es im Herbst nach Berlin gegen die Russen führte, um solche abzutreiben. Da sich aber die Oesterreicher mit demselben verbanden, und daher äusserst überlegen wurden, so zog sich dies Korps nach Sachsen, wo es sich mit dem General von Hülsen vereinigte, und den Sieg bei Torgau, den 3. November erfechten half. Im Jahre 1761 diente Lehwald unter dem Herzoge von Würtemberg in der schweren Kampagne bei Kolberg, und war mit bei der Vertreibung der Schweden auf Malchin gegenwärtig; worauf die Preußen die Winterquartiere im Meklenburgischen bezogen. 1762 marschirte er mit dem Korps nach Oberschlesien, ins Lager bei Troppau, und befand sich in dem Treffen bei Reichenbach, und bei der Belagerung von Schweidnitz. 1765 ward er Obristlieutenant, 1770 Obrister, 1775 Kommandeur des Regiments und 1778 den 22. März Generalmajor. Im baierschen Erbfolgekriege, kommandirte er bei der Armee des Königs in Schlesien eine Brigade, welche aus den Regimentern von Lengefeld und von Krockow bestand, mit der er erst unter dem Generallieutenant von Krockow und hernach bei dem Wunschschen Korps im Glatzschen stand. Im selbigen Jahre, erhielt er das erledigte Füselierregiment Prinz von Nassau-Usingen, welches bei der Armee des Prinzen Heinrichs in Sachsen stand, zu dem er nach Zittau abging, und es nach erfolgtem Frieden in seine Garnison zu Burg führte. 1786 den 5. März ward er Generallieutenant, und verwechselte, auf

Be-

Befehl König Friedrich Wilhelms des Zweiten, seine bisheriges Standquartier mit Crossen, um den Kantons des Regiments in Oberschlesien näher zu sein. 1788 im May, erhielt er mit einem Gnadengehalte von 1200 Thalern, seine Dienstentlassung. Er hat sich dreimal verehlicht, 1) mit einer von Zepplin aus dem Meklenburgischen, davon ein Sohn und zwei Töchter gebohren worden 2) mit einer von Kunheim aus Preußen, und 3) mit Katharinen Eleonoren Charlotten einer Baronesse von Eulenburg aus dem Hause Gallingen in Preußen, aus welchen beiden lezteren Ehen aber keine Kinder erfolgt sind. Sein Leben und Bildniß, befinden sich im militair. Kalender für das Jahr 1788.

Heinrich Ernst von Leipziger,

Königl. Preuß. Generalmajor, Chef eines Infanterieregiments und Ritter des Ordens pour le Merite.

Er ist ein gebohrner Sachse, und kam 1740 bei das neuerrichtete Regiment du Moulin (jezt von Wolframsdorf) in preußische Dienste. War 1750 Premierlieutenant, 1756 Grenadierkapitain, und kommandirte als solcher von 1759 an, ein Grenadierbataillon, welches den Namen von Manteufel führte, und aus den Grenadierkompagnien der Regimenter von Erlach und von Wolframsdorf zusammengesezt war. Mit demselben befand er sich in der Schlacht bei Leuthen, und beim

beim Ueberfall von Hochkirchen. 1762 ward er Major, 1772 Obristlieutenant, 1776 Obrister, und 1784 den 20. May Generalmajor. 1778 erhielt er im bayerschen Erbfolgekriege, bei Schatzlar, den Orden pour le Merite, 1784 das erledigte Anhalt-Bernburgsche Regiment zu Halle, und 1788 im May, mit einem Gnadengehalte von 1200 Thalern seine Dienstentlassung, und begab sich nach Glogau. Seine Frau war eine gebohrne Hartmann davon ein Sohn in der preußischen Armee dienet. Sie starb 1788 zu Glogau.

Mich. Lembke.

Er ward 1633 den 9. November zum Obristlieutenant über den Ausschuß des aufgebotenen Landvolks, welches die sämtlichen altmärkischen Städte, der havelländische- mit denen in korporirten- wie auch die ober- und nieder- barnim- und teltowsche- Kreise, aus Städten, Dörfern und Flecken, vermöge churfürstlichen an dieselben ergangenen Mandats aufzubringen schuldig gemacht waren, bestellt.

Christian Ernst Emanuel von Lembke,

Königl. Preuß. Major und Chef des berlinischen Landregiments.

Soll 1763 im Oktober als Major vom Alt-Stutterheimschen Regiment, das berlinische- nach andern

das

das königsbergsche Landregiment erhalten haben. Starb 1766. Siehe Zustand der preußischen Armee für das Jahr 1787, S. 119. Er war ein Pommer von Geburt.

Christian August von Lengefeld,

Königl. Preuß. Generallieutenant, Chef eines Regiments zu Fuß, Gouverneur der Festung Magdeburg und des schwarzen Adlerordens Ritter.

Ward 1728 den 11. May zu Laasen im Fürstenthum Schwarzburg-Rudolstadt gebohren. Seine Eltern waren August Alexander von Lengefeld, Erbherr auf Laasen, Döhlen, Arnsbach ꝛc. und Magdalene Friederike von Dobeneck aus dem Hause Kaulsdorf. Im 13. Jahre seines Alters ward er Page am Schwarzburg-Rudolstädtschen Hofe, und trat 1745 im 17. Jahre, in chursächsische Dienste, als Gefreiter Korporal bei dem Prinz Xaverschen Regiment. Der Prinz hielte diesem Regimente einen Lehrmeister in der Kriegesbaukunst und einen besonderen Stallmeister, welche sich der Herr von Lengefeld auf das fleißigste zu Nutze machte, und hier den Grund zu seiner Bildung und den nach und nach gesammleten Kenntnissen in der Kriegeskunst, legte. 1746 ward er Fähnrich; da er aber in sächsischen Diensten, nicht die erwünschte Aussichten fand, nahm er 1748 den Abschied, und trat in schwarzburgburgsche Dienste, als Premierlieutenant eines Regiments, welches die Fürsten von Schwarzburg-Sondershausen und Rudolstadt gemeinschaftlich errichtet, und den Holländern im Solde überlassen hatten. Mit demselben marschirte er in die angewiesenen Garnisonen zu Herzogenbusch, bald darauf in die Linien von Breda, und sodann ins Lager bei Loo. Es fanden sich in diesem Feldzuge zwar keine Gelegenheiten zu ausgezeichneten kriegerischen Thaten; demohnerachtet aber, hatte der Herr von Lengefeld manches Nützliche, und besonders die Verschiedenheit der Reichstruppen, die hier versammlet waren, kennen gelernet. 1748 den 18. Oktober, bezog er zu Deventer die darinnen angewiesene Winterquartiere. 1749 half er die ausgebrochenen Unruhen in der Provinz Overyssel stillen, und kehrte im Herbst dieses Jahres mit dem Regiment ins schwarzburgische zurück, wo es in verschiedene Garnisonen verlegt, und eine jede Kompagnie auf wenig Mannschaften heruntergesezt wurde. Während der Zeit, daß er hier unthätig bleiben sollte, nahm er Urlaub, und erwarb sich durch verschiedene Reisen in die deutsche Staaten, eine Menge nüzlicher Kenntnisse. 1754 ward er Staabskapitain, und sezte seine Reisen weiter fort. Als ihm hierauf der Herzog von Würtemberg seine Dienste antrug, nahm er solche, nachdem er aus schwarzburgschen Diensten den Abschied genommen, 1755 an, und erhielt eine Grenadierkompagnie. Im siebenjährigen Kriege befand er sich bei dem Korps von 6000 Mann, welches der Herzog in französischen Sold überließ, und diente mit demselben bei der österreichischen Armee, während dem Feldzuge vom Jahre 1757, ge-

gen

gen die Preußen, bei der Belagerung von Schweidnitz, in den Schlachten bei Breßlau und Leuthen. 1758 ward er Major und Kommandeur eines Grenadierbataillons, und befand sich unter dem Oberbefehle des Prinzen von Soubise und Herzogs von Broglio bei der französischen Armee. Als solche von Kassel aus in das Hannöversche marschirte, machte er mit seinem Grenadierbataillon die Arriergarde, und fochte nachher, den 10. Oktober, in der Aktion bei Lutterberg, worinnen der Hannöverische General Oberg in die Flucht geschlagen wurde. 1759 ward er Obristlieutenant bei der würtembergischen Leibgarde; da aber diese Leibgarde nicht im Felde diente, erhielt er indessen das Kommando des zweiten Bataillons vom Prinz-Louisschen Regiment, und befand sich mit demselben, unter dem Oberbefehle des Herzogs von Würtemberg, in den Kompagnen im Hessischen und Fuldaschen. Nach der Aktion bei Fulda, in welcher der Herzog mit Verlust, vom damaligen Erbprinzen, jetzt regierenden Herzoge Karl von Braunschweig geschlagen wurde, bekam er das Kommando über sämtliche würtembergische Grenadiers, mit denen er bis zu Ausgang des Januars 1760, auf dem Vogelsberg in der Wetterau die Postirung machte. 1760 führte der Herzog von Weimar dem Reiche ein Korps von 12000 Mann zu Hülfe, bei dem der Obristlieutenant von Lengefeld ein Grenadierbataillon hatte, und sich unter andern in der Aktion bei Wittenberg befand. 1761 erhielt er den Auftrag ein Leibgrenadierregiment zu errichten, und ward bei demselben zum Obristen und Kommandeur ernannt. 1765 bekam er den von ihm gesuchten

Abschied, und nahm 1766 preußische Dienste, als Obrister und Kommandeur des Roßierschen Bataillons in Silberberg (jezt von Troschke) an. 1770 befand er sich mit des Königes Erlaubniß, als Freywilliger bei der russischen Armee, die in der Moldau am Pruth, unter dem Oberbefehle des Generalfeldmarschalls Grafen von Romanzöw, gegen die Türken fochte, und wohnte den 28. Junius, der Schlacht bei Lapuschna, den 28. Julius der Schlacht bei Larga, und den 1. August, dem Treffen bei Cahul, auch den 3. August, der Affaire an der Donau, in welcher die Türken völlig aus der Moldau geschlagen wurden, bei. Hierauf begab er sich zu der Armee des Generals Grafen von Panin, und war bei der Belagerung, und den 26. September erfolgten Bestürmung und Eroberung der Festung Bender zugegen. Nachdem hierauf die russische Armee die Winterquartiere bezogen hatte, verließ er solche auf königlichen Befehl, nahm seinen Weg der Pest wegen, nicht durch Polen, sondern durch Siebenbürgen, wo er beim Paß Ditos Quarantaine halten muste; ferner durch Ungarn, und langte 1771 im März beim Könige zu Potsdam an; dem er von allem was er bis dahin erfahren, einen deutlichen Rapport, zu dessen großen Wohlgefallen abstattete. Den 22. May d. J. ward er Generalmajor, und erhielt 1773 ein neuerrichtetes Regiment in Westpreußen, welches seine Standquartire zu Preuß. Holland, und jezt den Grafen von Schwerin zum Chef hat. Im baierschen Erbfolgekriege, befand er sich bei der Armee des Königs, und kommandirte eine Grenadierbrigade, bei dem Korps des Generallieutenants von Wunsch. Besonders

hers that er sich, 1779 den 14. Januar, bei der
Affaire von Zukmantel in Oberschlesien hervor, in der
er sein Regiment und das Grenadierbataillon von
Osterwsky, zum erstenmale ins Feuer führte, und damit die Oesterreicher, aus ihren Hauptverschanzungen
und Redouten, unter einem zweistündigen Kanonen-
und Kartätschenfeuer zu vertreiben das Glück hatte.
1779 übertrug ihm der König das Auswechslungsge-
schäfte bei seiner Armee. 1782 im May ward er Generallieutenant, erhielt im Julius d. J. den schwarzen
Adlerorden, und 1785 den 5. April, das erledigte von
Salbernsche Regiment, mit dem Gouvernement von
Magdeburg. Er ist ein vortreflicher General, den der
große Friedrich besonders schäzte, und ihm zum öfteren die Aufwartung bei fremden Herrschaften übertrug,
dabei er sich stets auf die feinste Art genommen, und
bewiesen hat, daß ein Soldat auch den Hofmann machen könne. Sein Bildniß von D. Berger in Kupfer
gestochen, nebst einer beigefügten Lebensbeschreibung,
finden sich im berlinischen miliairischen Taschenkalender für das Jahr 1786.

Friedrich Wilhelm von Lengefeld,

Königl. Preuß. Genralmajor von der Infanterie.

Er ist aus dem Schwarzburgschen gebürtig, und
1734 gebohren worden. 1762 kam er aus fremden,
in preußische Dienste, und ward den 22. März d. J.
Major bei dem Lehwaldschen Regimente (jezt von Wil-
tau.)

tau), 1772 Obristlieutenant, 1776 den 23. May Obrister, und erhielt 1783 mit einem Gnadengehalte von 800 Thaler, und der Hofnung, das nächst-vakant-werdende Garnisonregiment zu bekommen, (woraus aber nichts geworden ist) seine Entlassung. König Friedrich Wilhelm der Zweite erhob ihn 1787 im Februar zum Generalmajor von der Armee. Er hat dem baierschen Erbfolgekriege, 1778 und 1779, bei der Armee des Königs in Schlesien beigewohnet.

Johann Christian Karl von Lengefeld,
Königl. Preuß. Major von der Armee, Staabs-hauptmann des ersten Battaillons Garde, und Kommandeur eines Grenadierbattaillons.

Er war aus dem Hause Schweinbach im voigtländischen gebohren, und hatte schon als Fahnjunker bei dem Regimente gestanden, welches König Friedrich der Zweite als Kronprinz gehabt hatte. 1740 sezte ihn dieser als Freykorporal zu dem neuerrichteten ersten Battaillon Garde; bei diesem ward er, 1740 im November Fähnrich, und dem Fähnrich von Kamecke vorgezogen. 1741 den 10. April, ward er in der Schlacht bei Molwitz verwundet; den 14. May d. J. ward er Premierlieutenant von der Armee, 1754 im August als Premierlieutenant von der Garde und Kapitain von der Armee, Major von der Armee. 1756 befand er sich in der Suite des Königs, und erhielt das Kommando eines Grenadierbattaillons, welches aus den
Gre-

Grenabierkompagnien der jetzigen Regimenter von Knobelsdorf und Herzog von Braunschweig bestand. Starb 1757 den 27. Januar zu Dresden, im 36. Jahre seines Alters.

Rupert Scipio Freyherr von Lentulus,

Königl. Preuß. Generallieutenant von der Kavallerie, desgleichen der Völker des Kanton Bern, Chef des Leibregiments, Ritter des schwarzen Adlerordens, Gouverneur des Fürstenthums Neufchatel, Mitglied des großen Raths zu Bern 2c.

Er ward aus der Ehe des 1744 verstorbenen Cäsar Joseph von Lentulus kaiserlichen Generalfeldmarschallieutenants und Kommendanten zu Cronstadt in Siebenbürgen, und Marien Elisabeth verwittwete von Lodisani gebohrnen von Wangenheim, 1714 den 18. April zu Wien gebohren, wurde daselbst, so wie zu Prag, unter der Aufsicht eines Hofmeisters, von den Jesuiten in nützlichen Wissenschaften unterrichtet, und erlernte besonders die französische und lateinische Sprache. 1728 ward er Fähnrich bei dem kaiserlichen Dragonerregiment Philippi, mit dem er nach Italien gieng, wo er Urlaub nahm, und Parma, Piacenza, Florenz, Rom, Neapel und Venedig besahe, auch bei dieser Gelegenheit sich die italiänische Sprache zu eigen machte. Als 1733 der Krieg ausbrach, ward er Generaladjutant des in der Schlacht bei Parma erschossenen

Bb 4 Feld-

Feldmarschalls Grafen von Percy, wobei er sich auch gegenwärtig befand und nach derselben nach Deutschland, zu dem daselbst, gegen die Franzosen am Rhein stehenden vorgedachten Dragonerregimente begab, bei dem er 1734 als Hauptmann eine Kompagnie erhielt. 1735 war er bei der Affaire bey Clausen, und regulirte nach geschlossenem Waffenstillestande, auf Befehl des Generalfeldmarschalls Grafen von Seckendorf, mit dem Grafen von Chatelux die Quartierlinie. Hierauf wohnte er in Ungarn, 1737 und 1738 der Belagerung von Orsowa den Schlachten bei Corina, Grozka, Panczkowa und Meadia bei. In der lezteren that er sich besonders dadurch hervor, daß er mit zwei Schwadronen in einem Janitscharenhaufen eindrang, solchen gänzlich zerstreuete und dadurch den Sieg sehr beförderte. Nach wiederhergestelltem Frieden, ward er zum kaiserlichen Kommissarius ernannt, um die Grenzen von Servien und dem Bannat mit den Tyrken zu reguliren, und darauf zur Ratifikation des über diese Angelegenheiten errichteten Traktats nach Konstantinopel gesandt, wo er bei dem Sultan Audienz hatte, und viel Ehre genoß. Er benutzte die sechs Wochen, während welcher er sich im türkischen Gebiete, wegen der Schwierigkeiten welche man seinen Aufträgen entgegensezte befand, dadurch, daß er den Archipelagus und dessen vornehmste Inseln besahe, auch sich von der Landesverfassung und den Einwohnern wesentliche Kenntnisse zu verschaffen suchte, ja sogar eine Reise nach Egypten unternahm. 1741 befand er sich bei der Krönung der Königin von Ungarn zu Presburg, und machte mit dem Regimente, 1742 den Krieg in Böhmen und Bayern mit.

Ju

In den Jahren 1743 und 1744 wohnte er den Feld‐
zügen in Böhmen und Bayern, besonders aber der
Schlacht bei Braunau mit vieler Distinction bei. Als
die Preußen Prag belagerten, machte er auf dieselben
verschiedene Ausfälle, und als die Stadt überging, woll‐
te er um mit der Besatzung nicht Kriegesgefangener
zu werden, weder die Kapitulation unterschreiben, noch
mit seinem Kommando das Gewehr strecken, sondern
sagte zum preußischen General von Einsiedel; er sei
nicht nach Prag kommandiret worden, um hier das
Gewehr zu strecken, sondern zu fechten, befahl darauf
seinem Dragonern ihm nachzuthun was er machen wür‐
de, und zerbrach sobald er zwischen die preußische Bat‐
taillons geführet wurde, mit ihnen die Degen. Diese
ausgezeichnete Handlung bewog dem General Einsiedel,
davon dem Könige Nachricht zu geben, der solche lobte,
Lentulus an seine Tafel zog, und mit ihm viel sprach,
auch gegen ihn äußerte, daß er wünsche ihn in seine
Dienste zu haben; worauf er ihn auf sein Ehrenwort
entließ. Lentulus, von der Behandlung des Königs
ganz eingenommen, beschloß seine Dienste anzunehmen,
und schrieb, nachdem er 1745 den Abschied genom‐
men, vorher eine Reise nach der Schweiz zu seinen
Verwandten gemacht hatte, und zum Mitgliede des
großen Raths zu Bern aufgenommen worden, zu An‐
fang des folgenden Jahres, in französischer Sprache
an denselben, und bot ihm seinen Arm und Degen an,
worauf er im Februar, mit dem Patente vom 16.
September 1744 als Major und Flügeladjutant im
königlichen Gefolge angenommen wurde. Er befand
sich hierauf 1746 bis 47 und den folgenden Jahren,

Bb 5 bei

bei den Kompements bei Carpzow, Spandau, Pitzpuhl
2c. und bemühete sich bei der Kavallerie nützliche Ver-
besserungen einzuführen, wodurch er sich der königlichen
Gnade noch mehr versicherte. 1752 im September,
ward er Obristlieutenant, und in eben diesem Jahre
nach Kassel gesandt, um die Vermählung des Prinzen
Heinrichs von Preußen mit der Prinzessin von Hes-
sen-Kassel zu Stande zu bringen, die Vermälungsacte
zu unterzeichnen und der Trauung im Namen des Prinzen beizuwohnen. Alles dieses besorgte er mit vieler
Geschicklichkeit, und erhielt vom kasselschen Hofe, einen
prächtigen goldenen Degen und eine kostbare Dase von
gleichem Metalle, zum Geschenk, so wie vom König,
der mit seinen ausgerichteten Geschäften sehr zufrieden
war, noch im selbigen Jahre, die Belehnung mit den
Baronien Travers und Colombiers im Fürstenthum
Neufchatel. 1755 im Junius ward er Obrister,
1756 folgte Lentulus dem Könige nach Sachsen, befand sich bei der Einschliessung des sächsischen Lagers
bei Pirna, ging hierauf nach Dresden, wo er im Namen seines Herrn, der Gemalin Königs August von
Polen, die Versicherung zubrachte, daß ihr mit aller
ihrem Stande gemäßen Achtung, begegnet werden
sollte. In der Schlacht bei Lowositz, den 1. Oktober
war er ebenfalls gegenwärtig, und ward nach derselben an den König George den Zweiten von Engelland
abgesandt, um ihn die Nachricht von dem erfochtenen
Siege zu überbringen; bei welcher Gelegenheit er ansehnliche Geschenke erhielt. Hierauf befand er sich in
den Schlachten bei Prag, Kollin und Roßbach. In
der leztern war er bei der Kavallerie, welche der General

neral Seidlitz mit bewundernswürdiger Tapferkeit anführte, und muste den flüchtigen Feind, mit denen Szekulischen Husaren, einigen Eskadrons von den Katte- und Meineckenschen Dragonern und dem Meyerschen Freybataillon, bis hinter Erfurt verfolgen, wobei er fünf Kanonen, verschiedene Fahnen und 800 Gefangene erhielt. Hierauf ernannte ihn der König zum Generalmajor, und übergab ihm die Anführung derer Garde du Corps und des Gens d'Armes Regiments, mit denen er in der Schlacht bei Leuthen, sich ansehnlich tapfer bewieß, dabei ein Pferd unterm Leibe verlohr, und nach erhaltenem Siege, den Feind bis Lissa verfolgte, und 15 Kanonen, Fahnen, Standarten und einige 100 Gefangene zurückbrachte. Der König gab ihm zum Zeichen seiner Zufriedenheit nach der Schlacht, ein Geschenk von einigen 1000 Thalern. Im Winter half er Breßlau und Lignitz erobern, und im Frühjahr 1758 schloß er Schweidnitz mit sieben Kuirassierregimenter ein. Im Januar d. J. hatte er das Leibregiment als Chef erhalten, welches damals in Sachsen stand, und kommandirte auf den rechten Flügel des ersten Treffens der Armee, mit welcher der König den 1. May in Mähren einrückte, eine Brigade, welche aus den Garde du Corps und dem Regiment Gens d'Armes bestand. Er diente hier unter dem Feldmarschall Keith, ferner unter dem Generallieutenant von Forkade, ward detachirt um die Magazine in der Gegend von Kremsier zu vernichten, und befand sich nach Aufhebung der Belagerung von Olmüz bei dem Korps des Fürsten Moritz von Anhalt-Dessau. Hierauf folgte er dem Könige nach der Mark, um gegen die Russen zu fech-

fechten, und kommandirte in der Schlacht bei Zorndorf, auf den rechten Flügel, die Garde du Corps, Gens d'armes und das jetzige von Götzensche Dragonerregiment, mit denen er auf die sich hartnäckig wehrende russische Grenadier einhieb, sie über den Haufen warf und sieben Fahnen und vierzehn Kanonen eroberte. Der König sagte ihm am folgenden Tage bei der Tafel, indem er ihm zutrank, auf die gnädigste Weise; daß er ihm für den vielen Antheil den er zum Siege beigetragen, ewig Dank wissen werde. Bei dem Ueberfalle bei Hochkirch, wandte er alle seine Kräfte an, den allenthalben eindringenden Feind, mit seiner Brigade, aufzuhalten, welches aber unmöglich war, und hierauf begleitete er dem Könige zum Entsatz von Neisse. 1759 den 27. April brach er aus den Kantonnirungsquartieren auf, und vereinigte sich, nebst den Garde du Korps, Gens d'Armes, dem Karabinierregiments ersten und zweiten Battaillons von Ferdinand Braunschweig, welche zehn schwere Zwölfpfünder bei sich hatten, mit dem General Feuque, und deckte mit demselben gemeinschaftlich Schlesien gegen die Oesterreicher. Indeß der König zur Schlacht bei Kunersdorf marschirte, vereinigte sich Lentulus mit dem Prinzen Heinrich in Sachsen, und ward bei wichtigen Gelegenheiten mit Nutzen gebraucht. Er folgte hierauf dem Prinzen, als sich solcher mit dem Heere des Königs verband, kam bald darnach zum Hülsenschen Korps, und mit diesem wieder zur Armee des Königs, welche darauf Dresden belagerte. Im August hielt er unter dem Prinzen Heinrich und Generallieutenant von der Goltz, die sich Schlesien nähernde Russen ab. 1761 befand er sich wieder bei der Armee des Königs, führte die Dragonerregimenter von Czettritz und Finkenstein an, und zeichnete sich, den 15. August, in der Aktion bei Kloster Wahlstadt besonders aus. Während den Winterquartieren hatte er den Oberbefehl über sämtliche ausgestellte preußische Postirungen. 1762 that er sich in dem Treffen bei Reichenbach sehr hervor. 1763 den 30. März, begleitete er den König nebst dem Herzog Ferdinand von Braunschweig im Wagen, als er nach geschlossenen Frieden seinen Einzug zu Berlin hielt, und begab sich sodann auf kurze Zeit, nach Schönebek zu seinem Regimente, nach deren Verlauf er Befehl erhielt nach Potsdam zu kommen, wo er nebst dem General von Seidlitz und d'Alembert, ein Mitgesellschafter des Monarchen war, begleitete auch denselben in den folgenden Jahren auf seinen Reisen und bei den Musterungen der Armee, so wie er bei den mehresten feierlichen Begebenheiten bei Hofe gegenwärtig war. 1767 machte er eine Reise nach der Schweiz, wo er von dem Kanton Bern vielfältige Ehrenbezeugungen empfing, und zum Generallieutenant über dessen sämtliche Truppen erhoben wurde. In eben diesem Jahre, nach der schlesischen Revue, ernannte ihn auch der König zum Generallieutenant. 1768 stillte er den bekannten Aufruhr zu Neufchatel, und führte die Hülfstruppen, welche der Kanton Bern dazu hergab gegen diese Stadt an. Da er dieses Geschäft so geschickt zu seines Monarchen Zufriedenheit ausführte, machte ihn solcher zum Gouverneur von Neufchatel, wozu er feierlich eingeführt wurde. 1769 begleitete er den Könige nach Schlesien, und war bei dessen Unterredung mit dem Kaiser

Jo-

Joseph den II. zu Neiſſe gegenwärtig. 1770 im Jänuar, erhielt er den ſchwarzen Adlerorden. 1773 befehlichte er den, wegen der polniſchen Unruhen, gezogenen preußiſchen Norden. 1776 im Junius, ward er dem Großfürſten von Rußland Paul Petrowitſch, bis auf die Grenzen entgegengeſandt, um ihn im Namen des Königs daſelbſt zu empfangen und nach Berlin zu begleiten. Er folgte demſelben auch nach ſeiner gehaltenen Vermählung bis auf die preußiſche Grenze, und empfing auſſer anderen anſehnlichen Geſchenken, auch den ruſſiſchen reichverzierten St. Andreasorden, nebſt einem ſehr gnädigen eigenhändigen Dankſagungsſchreiben, von der Kaiſerin. Im baierſchen Erbfolgekriege diente er bei der Armee des Prinzen Heinrichs in Sachſen, und befehlichte bei derſelben die Reſerve. Zu Anfang des Jahres 1779 bat er den König wegen ſeines zunehmenden Alters und der Abnahme ſeiner körperlichen Kräfte um den Abſchied, den er erhielt. Hierauf begab er ſich nach Bern, und kommandirte die Truppen des Kantons, bei denen 1781 in der Schweiz entſtandenen Unruhen, wegen der Stadt Genf. Er genoß hier in den lezten Jahren ſeines Lebens, noch viel Ehre, und ſtarb auf ſeinem Gute Mon-repos, 1787 den 26. December in einem Alter von beinahe 73 Jahren; nachdem er noch den Tod Friedrichs und Ziethen erlebt hatte, weshalb er auf dem Krankenbette zu ſeinem Arzte ſcherzend ſagte: er ſolle ihn ganz militairiſch ohne Umſtände behandeln, denn alſo ginge es auch beim Sterben her, Ziethen hätte die Avantgarde gemacht, der König folge, und er müſte nun die Arriergarde machen. Er war ein Mann von vortreflicher

cher körperlicher Bildung, und ward daher in seiner Jugend, nur der schöne Lentulus genannt, besaß einen ausgezeichneten Verstand, kannte und sprach verschiedene Sprachen, und war eben so ein feiner Hofmann, als Soldat. 1748 den 14. Januar, hatte er sich mit Maria Anna, einer Schwester des Oberstallmeisters und Etatsministers Grafen von Schwerin verehlicht, welche Verbindung, der König in seinen Schriften verewigt hat. Sie starb 1754 den 6. August zu Berlin, nachdem sie vier Söhne zur Welt gebracht hatte. Sein Leben hat der Hauptmann F. L. Haller beschrieben, und ist solches 1787 zu Bern in 8. gedruckt erschienen; worinnen viel merkwürdige Nachrichten befindlich sind, welche hier aus Mängel des Raums nicht haben angebracht werden können. Eine andere Biographie, findet sich im histor. Portefeuille, Jahrg. 1787, 5. St. S. 536 u. f. und noch eine dritte im militairisch-berlinischen Taschenkalender; für das Jahr 1789 nebst seinem Bildnisse.

George Ludwig von Lenzke,

Königl. Preuß. Obristlieutenant und Kommandeur eines Grenadierbataillons.

Er stammet aus einem alten mittelmärkischen Geschlechte. Seine Eltern waren, Werner von Lenzke auf Lenzke bei Fehrbellin Erbherr, und Eve Elisabeth von Bredow aus dem Hause Frisack, die ihn 1716 den 27. May zu Berlin zur Welt brachte. 1729 kam er bei die

Kadets, und 1721 als Page bei dem Fürsten Leopold von Anhalt-Dessau; ward 1734 Fähnrich des als Reichskontingent von den anhaltschen Fürsten an den Rhein gesandten Bataillons, und machte bis 1735 die Kampagne am Rheinstrohm mit. 1736 ward dies Bataillon (jezt von Gözensche Regiment zu Glatz) in preußische Dienste überlassen, und er erhielt dabei die Charge eines Sekondelieutenants, mit dem Patent vom 1. August dieses Jahres. 1743 ward er zu dem Grenadierbatallion von Rath versezt, bei demselben 1749 den 28. Oktober Premierlieutenant, 1760 Staabs- und 1763 wirklicher Hauptmann, 1776 Major und Kommandeur dieses Bataillons, welches aus den Grenadierkompagnien der bisherigen Garnisonregimenter von Natalis und von Oven bestehet, und erhielt 1789 im August mit Obristlieutenantscharakter und einem Gnadengehalte, den wegen sein 64jähriges Alter und der damit verknüpften Schwächlichkeit gesuchten Abschied. Außer den vorerwähnten Feldzügen am Rheinstrohm in den Jahren 1734 und 1735 hat er 1742, 1744 und 1745 den Kompagnen in Böhmen, Mähren und Schlesien, und von 1756 bis 1760, da er mit dem Fouquetschen Körps bei Landshut gefangen wurde, den siebenjährigen Kriege, rühmlichst beigewohnt. Während dem baierschen Erbfolgekriege, stand er bei der Armee des Königs.

Otto

Otto Gustav von Lepel,

Königl. Preuß. Generalmajor, Chef eines Kuirassierregiments, Gouverneur der Festung Küstrin, auf Böck Erbherr.

Er ward in Pommern aus der Ehe Jochims von Lepel auf Parpart Erbherrn, und Dorotheen von Manteufel gebohren. Er fing seine Kriegesdienste, unter der Regierung Churfürst Friedrich Wilhelms, bei dessen Armee an, und war 1686 Lieutenant beim Straußschen Regiment zu Pferde. 1690 den 5. Oktober, ward er Rittmeister bei dem Regiment Churprinz zu Pferde, mit dem er auch im spanischen Erbfolgekriege diente, 1705 Major, 1709 den 12. May Obristlieutenant, 1714 den 14. Junius Obrister, und 1721 den 8. August Generalmajor. 1730 ward er Gouverneur von Küstrin, und erhielt 1731 das Grotensche oder vielmehr Kronprinzliche Kuirassierregiment (jezt von Backhof). Er starb 1736 mit dem Ruhme eines alten und erfahrnen Generals. Besonders ist von ihm zu merken, daß während seines Gouvernements von Küstrin, der Kronprinz Friedrich, nachmaliger König von Preußen, daselbst in Arrest saß, und von Lepel'n verschiedene wesentliche Ehrfurchtsbezeugungen empfing, weshalb der Prinz auch eine besondere Achtung für ihn hatte. Mit Scholastika Louise von Blankensee aus dem Hause Schönwerder, hat er einen Sohn, der den Grafenstand auf sich gebracht hat, und drei Töchter erzeuget.

Karl Matthias von Lepel,

Königl. Preuß. Major, Flügeladjutant, Kommandeur eines Grenadierbattaillons und Ritter des Ordens pour le Merite.

Kaspar Matthias von Lepel, königlicher preußischer Landrath, auf Netzelkow Erbherr und N.... von Lepel, erzeugten ihn in ihrer Ehe. Er stieg im königlichen Dienste bis zum Major, und erhielt 1745 das Kommando eines Grenadierbattaillons, welches aus den Grenadierkompagnien der jetzigen Regimenter Alt-Woldeck und Jung-Bornstedt bestand. 1747. nahm er seinen Abschied, und stand 1766, wegen Verwirrungen des Gemüths, unter Kuratel. Er hat sich zweimal verehlichet, 1) mit N.... einer Tochter des Generallieutenants Franz Ulrich von Kleist, von der er sich bald wieder scheiden ließ, 2) mit Eve Sophie von Rammin. Er hat einen Sohn der in der Armee gedient hat.

Otto Friedrich von Leps,

Königl. Preuß. General von der Infanterie, Chef eines Regiments zu Fuß und Ritter des schwarzen Adlerordens.

Er war in Preußen gebohren, und kam 1692 bei dem Regiment des Fürsten Leopold von Anhalt-Dessau (jezt von Thadden) der sein Lehrmeister in der Kriegsgekunſt ward, und ihm ſtets beſonders zugethan geweſen iſt. 1702 den 2. September ward er Lieutenant, und während dem ſpaniſchen Erbfolgekriege, verſahe er die Adjutantendienſte beim Fürſten, 1706 ward er Kapitain und 1710 den 2. April Major, als welcher er 1711 im December, dem Könige Friedrich den Erſten, die Nachricht von der Einnahme von Moers zu Berlin überbrachte, und dafür ein Geſchenk von 100 Dukaten erhielt. 1716 verſezte ihn König Friedrich Wilhelm der Erſte, zu dem neuerrichteten Regiment Prinz Leopold (jezt von Knobelsdorf), ernannte ihn zum Obriſtlieutenant, mit dem Patente vom 6. September 1713, 1722 den 10. Junius zum Obriſten, gab ihm 1734 das Waldowſche Regiment (jezt von Budverg) und erhob ihn 1738 zum Generalmajor. König Friedrich der Zweite machte ihn, 1742 im September, als er bei ihm zu Lipſtadt wo er Kommendant war ſpeiſte, zum Generallieutenant. 1745 wohnte er der Schlacht von Keſſelsdorf bei, in welcher er ſich beſonders hervorthat. 1746 erhielt er den ſchwarzen Adlerorden, und 1747 den 24. May die Würde eines Generals von der Infanterie. Starb 1747 den 9. Oktober zu Soeſt, im 68. Jahre ſeines Alters, und 52. ſeiner rühmlichen Kriegesdienſte.

Dietrich von Lesgewang,

Churbrandenburgischer Obrister zu Roß.

Er ward 1655 von Churfürst Friedrich Wilhelm zum Obristen zu Roß bestellt, und befand sich im folgenden Jahre in der Schlacht bei Warschau. Er war auch Hauptmann zu Johannisburg, und hat aus einer zweifachen Ehe, Kinder hinterlassen.

Johann George von Lestwitz,

Königl. Preuß. Generallieutenant, Ritter des schwarzen Adlerordens, Chef eines Regiments zu Fuß, Amtshauptmann zu Johannisburg und Lyck.

Er ward in Schlesien aus einer daselbst einländischen alten Familie 1688 gebohren, und trat 1704 bei dem Regiment Marggr. Albrecht (jetzt Herzog Friedrich von Braunschweig) in Dienste; avancirte 1714 den 21. März zum Staabskapitain, und ward im Junius selbigen Jahres, in gleicher Qualität zum Grotenschen Bataillon, aus welchem bald darauf das jetzige von Bevillesche Regiment errichtet wurde, versetzt. Von 1707 an, hatte er in Italien und von 1708 bis 1711 in Braband gedienet, 1715 wohnte er den pommerschen Feldzuge bei, und ward im Sturm auf die Kontrescarpe vor Stralsund gefährlich verwundet. 1716 erhielt er eine Kompagnie, 1723 den 26. May ward er er Major, 1738 Obristlieutenant, 1739 den 5. Julius Amtshauptmann zu Johannisburg, und 1740 den 1. August Obrister. Der König Friedrich der Zweite sezte ihn hierauf zum Jeetzischen Regiment (jezt von Schönfeld), erhob ihn 1745 im Julius zum General-major, und gab ihm 1746 im Februar das Schwartz-Schwerinsche Regiment. Der König welcher ihm sehr gnädig war, ertheilte ihm 1751 im November eine Präbende zu Waffenberg im Jülichschen, und 1752 im Februar die Amtshauptmannschaft zu Lyck in Ostpreußen. 1754 im September, ward er General-lieutenant, und Ritter des schwarzen Adlerordens. 1745 befand er sich bei dem Korps des General von Lehwald, welches sich mit der Armee des Fürsten von Anhalt-Dessau vereinigte, und half den Sieg bei Kessels-dorf erfechten. 1756 im Oktober, kommandirte er die Truppen, welche das sächsische Lager bei Pirna einschlossen. 1757 befand er sich in den Schlachten bei Prag, Kollin, Reichenberg und Breßlau. Nach dem Treffen bei Reichenberg, muste er das Kommando in Breßlau, auf königlichen Befehl übernehmen; er konnte sich aber in dieser weitläuftigen und schlecht besezten Stadt, mit einer schwachen Garnison, gegen eine starke Armee nicht halten, und übergab sie daher den Oesterreichern, nach einer den 24. November geschlossenen Kapitulation, vermöge welcher er nebst seiner Besatzung freyen Abzug erhielt, sich aber verbinden muste im damaligen Kriege, wider die Kaiserin Königin nicht weiter zu dienen. Der König war mit dieser Uebergabe sehr unzufrieden, gab Lestwitz auf einige Zeit Arrest und nach dessen Entledigung hat er nicht weiter gedienet. Sein Regiment behielt er bis zum September 1763, da es der Generallieutenant von Tauenzin, nebst dem Gouvernement von Breßlau erhielt, er bekam dagegen das Treskowsche Regiment (jezt Erbprinz von Hohenlohe). Starb zu Berlin 1767 den 27. Julius, im 80. Jahre seines Alters, nachdem er während 63 Jahren, dreien Königen von Preußen rühmlich gedienet. Mit Annen Helenen Freyin von Kottwitz, welche 1740 starb, erzeugte er folgenden Sohn und verschiedene Töchter.

Johann Sigismund von Lestwitz,

Königl. Preuß. Generalmajor, Chef des Grenadiergardebataillons, Ritter des Ordens pour le Merite, auf Friedland und Cunersdorf Erbherr.

Ward 1718 den 19. Junius zu Kontop im glogauischen gebohren, und war ein Sohn des vorgedachten Generallieutenants. Nachdem er auf der Universität zu Frankfurt an der Oder studiret hatte, ward er 1734 Fahnjunker des Schwerinschen Regiments, (jezt von Beville) 1737 Fähnrich, 1739 Sekondelieutenant, und in eben diesem Jahre zum jetzigen von Schönfeldschen Regiment versetzt; bei demselben ward er, 1742 Premierlieutenant. 1746 gab ihm König Friedrich der Zweite, bei dem jetzigen von Lengefeldschen Regiment eine Grenadierkompagnie, erhob ihn 1757 zum

Ma-

Major, und 1762 zum Obristlieutenant. Im letztgedachtem Jahre, ward er Kommandeur des gegenwärtigen von Braunschen Regiments, 1765 Obrister, 1766 Chef des nunmehrigen von Rohdigschen Leibgrenadierbataillons, und 1767 Generalmajor. 1779 erhielt er die gesuchte Dienstentlassung. Er hat den Belagerungen von Brieg, Reisse, Glatz, Prag, Breßlau und Dresden, den Schlachten bei Molwitz, Chotusitz, Hohenfriedeberg, Sorr, Lowositz, in der er sich den Orden pour le Merite erwarb, bei Roßbach, Leuthen, Hochkirch, Lignitz, Torgau, Reichenbach, und zusammengenommen, den Feldzügen von 1740 bis 1779 rühmlichst beigewohnet. 1763 schenkte ihm der König, welcher ihm besonders gnädig war und ihn sehr oft in seine Gesellschaft zog, das aus acht Dörfern bestehende Amt Friedland, aus der Verlassenschaft des Marggrafen Karls zu Mannlehen. Er starb 1788 den 16. Februar, im 70. Lebensjahre. Seit 1753 den 20. September, war er mit Katharinen Charlotten, ältesten Tochter des königlichen preußischen Kammerherrn von Treskow auf Schlagenthin verehlicht, die ihm eine einzige Tochter gebohren. Beiden, Wittwe und Tochter erlaubte König Friedrich Wilhelm der Zweite zu Anfang des Jahres 1788 den Namen von Friedland und das Lestwitzsche Wappen zu führen. Die erstere starb 1789 den 14. Januar zu Berlin, im 55sten Lebensjahre.

Cc 4 Kaš-

Kaspar Friedrich Reichsfreyherr von Lethmate,

Königl. Preuß. Generalmajor, Obrister eines Regiments zu Pferde, Erbherr auf Schaffee und Stedten.

Seine Eltern waren Kaspar von Lethmate, königlicher schwedischer Kriegsrath, Pfandsinnhaber des Amts Alt-Staßfurth, der 1678 den 21. Junius zu Staßfurth starb, und Johanne Gerbrecht von Baumgarten aus dem Hause Bernburg in der Grafschaft Hoya, die 1672 starb, und unsern Kaspar Friedrich von Lethmate, 1652 den 23. Julius zu Kloster Gerbstädt in der Grafschaft Mansfeld zur Welt gebohren hat. Schon 1692 war er Obrister bei dem Regiment Bayreuth zu Pferde (jezt Graf von Görz), welches er 1693 in Ungarn kommandirte. 1698 erhob ihn Kaiser Leopold, wegen seiner mit den brandenburgischen Hülfstruppen in Ungarn, während verschiedenen Kampagnen geleisteten Dienste, und besonders in der Schlacht bei Zenta, worinnen er mit seinem unterhabenden Regimente, zuerst die türkischen Retranchements erstiegen, bewiesenen Tapferkeit und vorzüglichen Muths, in den Reichsfreyherrenstand; worüber Churfürst Friedrich der Dritte von Brandenburg, den 15. Oktober gedachten Jahres, die Bestättigung ertheilte. 1704 den 9. Februar, beschloß König Friedrich der Erste, daß der Obriste von Lethmate das Lostangische Regiment haben sollte, worauf dieser im März bat, ihm zu erlauben, daß er bei dem bayreuthschen Regiment bleiben könne, wel-

welches ihm bewilligt wurde. 1705 den 7. Januar
ward er Generalmajor, und erhielt 1714 das gedachte
Bayreuthsche Reuterregiment als Chef. Starb 1714
im August, im 63. Jahre seines Alters. 1679 den
3. April, ehlichte er Sabinen Christophoren, Jobst
Christophs Brand von Lindau, Chursächsischen Kammerherrn, Obristen und Stiftshauptmanns zu Qued-
linburg Tochter, die sieben Söhne und fünf Töchter
zur Welt gebohren hat.

Heinrich Wilhelm von Lettow,

Königl. Preuß. Generalmajor, Chef eines Füselierregiments und Ritter des Ordens pour le
Merite.

Er ist 1714 den 22. December zu Klein-Karzenburg
in Pommern gebohren worden. Seine Eltern sind
Adam Christoph von Lettow auf klein Karzenburg Erbherr, und N . . . . von Borne gewesen. In Thoren
genoß er bei den Jesuiten Unterricht in den nützlichsten
Wissenschaften, und kam 1728 bei der polnischen Kron-
garde in Warschau, bei der er während zwölf Jahren,
dreien Königen von Polen diente. Als König Friedrich der Zweite den Thron bestieg, und seine Basal-
len aus fremde Dienste zurückberief, fand er sich auch
wieder in die preußischen Staaten ein, und ward bei
dem Kleistschen Regiment (jetzt von Alt-Woldeck) als
Lieutenant angestellet. Als das Marggraf Heinrich-
sche Füselierregiment errichtet wurde, ward er zu dem-

selben versetzt, 1744 den 24. März Staabs, 1745 den 8. December wirklicher Hauptmann, 1758 den 6. April Major, 1763 Obristlieutenant und 1767 den 12 August Obrister. 1772 erhielt er den Orden pour le Merite, und 1776 im November, das Bülowsche Füselierregiment (jezt von Pfuhl). 1777 den 14. Januar ward er Generalmajor. 1779 bat er wegen kränklicher Gesundheitsumstände um seine Dienstentlassung, die ihm der König ungern gab, da er seinen Diensteifer hatte kennen lernen. Der Monarch befahl seinem Leibmedikus Kothenius, die Wiederherstellung des Generals zu bewürken, da aber solches unmöglich war, so ertheilte er ihm den Abschied, mit einem Gnadengehalte von 1000 Thaler, und der Erlaubniß die Uniform seines gehabten Regiments zu tragen; schenkte ihm auch, nebst seinem Bruder, dem Landjäger von Lettow im Hohensteinschen und dessen Söhnen, die Anwartschaft auf die zu eröfnende Eblingsche Lehne in Pommern. Im zweiten und dritten schlesischen Kriege, hat er sich besonders ausgezeichnet, und ist bei der Belagerung von Olmütz, durch den Leib geschossen worden. In der Affaire bei Reichenbach, kommandirte er die Haupt-Redoute. Gegenwärtig hält er sich zu Berlin auf, und ist noch von ihm zu merken, daß er vortrefliche Welt- und litterarische Kenntnisse mancherlei Art besitzt, seinen Verstand auf eine ausgezeichnete Art ausgebildet hat, und daß er unverehlicht ist.

Ewald

Ewald George von Lettow,

Königl. Preuß. Obrister und Chef eines Garnisonregiments.

Claus Heinrich von Lettow königlicher preußischer Landrath, Erbherr auf Dammen in Hinterpommern, erzeugte ihn in der Ehe mit Barbaren Hedwig von Hynden-
burg, die ihn 1698 zur Welt brachte. Im zwanzig-
sten Jahre seines Alters trat er in Dienste, und stand
seit 1745 als Major bei dem Hessen-Darmstädtschen
Regiment, (jetzt von Kleist), zu dem er von einem
anderen Regimente versezt worden war. 1756 ward
er Obristlieutenant, und 1757 im Februar Obrister.
Er hat sämtlichen Feldzügen, von 1740 bis 1759, da
er mit dem Finkschen Regiment, welches er kommandirte, bei Maxen, in die österreichische Gefangenschaft
gerieth, beigewohnet, und ist in den Schlachten bei
Reichenberg, Prag und Kunersdorf schwer verwundet
worden. Da er nach seiner Auslösung zum Felddienst
unfähig war, gab ihm der König 1760 das erledigte
Garnisonregiment von Jungken, und 1763 mit einem
Gnadengehalte seinen Abschied, nachdem er 45 Jahr
gedienet hatte. Begab sich sodann auf sein Guth
Klenzin in Pommern, wo er 1777 im Januar verstarb.
Er ist verehlicht gewesen, und hat Kinder hinterlassen.

Sigmund von Lichtenhain.

Er war 1686 churbrandenburgischer Obrister, und hatte eine Freykompagnie, die zu Magdeburg, wo er auch Kommendant war, in Garnison lag, und nachmals zu den jetzigen Regimentern Jung-Bornstedt und Lengefeld, den Stamm hergab. Diese Kompagnie war 150 Mann stark; 1688 hatte sie Lichtenhain nicht mehr, sondern der Obriste Adam von Krusemark.

Stephan von Lichnowsky,

Königl. Preuß. Generalmajor, Chef eines Infanterieregiments, und des Ordens pour le Merite Ritter.

Er ist aus Polen gebürtig, und $172\frac{3}{4}$ gebohren worden. Trat 1741 bei dem jetzigen von Tauenzinschen Regiment in Dienste, und avanzirte bei demselben bis zum Kapitain. 1767 im September, versezte ihn König Friedrich der Zweite zum Marggraf-Heinrichschen Regiment, und ernannte ihn zum Major, 1775 den 6. Julius zum Obristlieutenant, 1779 den 30. Januar zum Obristen und Kommandeur des Regiments, und 1786 den 10 März zum Generalmajor. Im letztgedachten Jahre, erhielt er das erledigte von Thünasche Infanterieregiment. Er hat von 1741 bis 1779 allen Feldzügen rühmlichst beigewohnet, und 1767 bei der Revue in Schlesien den Orden pour le Merite erhalten. Ist unverehlicht.

George von Lilien,
Königl. Preuß. Generallieutenant, Chef eines Bataillons zu Fuß und Gouverneur von Geldern, auf Saatzke Erbherr.

Er war ein Sohn George Lilien, Probst an der St. Nikolaikirche zu Berlin, und Emerentien Lehmann, die ihn 1652 den 17. Oktober zu Berlin gebohren hat. Sein Vater der ihn sorgfältig zum Studiren angehalten, starb ihm früh ab, und die Mutter sezte seine Erziehung fort, widersezte sich aber dem Vorhaben des Sohnes, bei der churfürstlichen Garde Dienste zu nehmen, da ihm die Freyherren von Pölnitz, von welchen einer als Kapitain bei dieser Garde stand, alles Avanzement versprachen. Daher besuchte er die Universitäten zu Frankfurt und Jena. Als er wieder zurückkam, ward die Neigung zum Militairstand noch grösser, und er nahm bei der Garde, die damals der Generalmajor Freyherr von Pöllnitz kommandirte, Dienste. Er avanzirte die unteren Offizierstellen nach und nach durch, und ward 1688 von dem Feldmarschall von Schöning zum Kapitain erkläret. Da zu eben dieser Zeit die Garde mit sechs Kompagnien vermehret werden sollte, muste Lilien auch eine werben. Dies geschahe zu Halle, wo er innerhalb sechs Wochen eine Kompagnie von 125 Mann zusammengebracht hatte, die er nachgehends dermaßen verschönerte, daß der Kronprinz Friedrich Wilhelm, welcher damals schon ein vorzügliches Augenmerk auf die Schönheit der Mannschaften bei den Regimentern gerichtet hatte, 1709 da er sich bei der Belagerung von Tournay nan gegenwärtig befand, an der Tafel des Feldmarschalls von Lottum, öffentlich sagte: er habe Liliens Kompagnie von der Wiege an gekannt, und allemal gehöret, daß sie die beste in der Armee sey. 1691 war er Regimentsquartiermeister bei der Leibgarde, welches zu der Zeit gewöhnlich ein Offizier bei den Regimentern war. Ob er nun gleich damals der vierundzwanzigste Kapitain von der Garde war, und sich in langer Zeit keine Hofnung zum Avanzement machen konnte, so fügte es sich doch, daß er in einem Zeitraum von vier bis fünf Jahren, einer der ältesten Kapitains war, und Majors Dienste thun muste, auch 1693 den 1. Junius wirklich dazu ernannt wurde. 1702 den 2. September, ward er Obristlieutenant, 1705 Obrister, 1710 den 21. Januar Generalmajor, und 1720 den 18. September Generallieutenant und Gouverneur von Geldern, wie auch Chef der Gelderschen Kommission, welche das jetzige Landesadministrationskollegium ist. Er hatte auch ein eigenes Garnisonbataillon, welches in Geldern lag, und woraus nachmals das jetzige Erbprinz von Hohenlohesche Füselierregiment errichtet worden ist. 1724 fiel er in Ungnade, wegen eigenmächtiger Verabschiedung eines von dem Bardelebenschen Regiment mit Gewalt weggenommenen Bauernknechts, und erhielt seine Dimission mit 500 Thaler Gnadengehalt, auf Lebenslang; worauf er sich nach Berlin begab, und daselbst 1726 den 22. Junius starb. Seine Dienstzeit belief sich auf 54 Jahr. 1692 hatte er sich mit Louisen, Tochter eines Licentiaten Gericke zu Berlin verehlicht, mit ihr

aber

aber keine Kinder erzeuget. Sie folgte ihm, 1749 im März, im Tode nach.

George Eberhard, Erbschenk des H. R. R. Ritter, Semper Frey Graf und Herr zu Limpurg,

Königl. Preuß. Generalmajor von der Kavallerie und Chef eines Regiments zu Fuß.

In den geheimen Krieges-Raths-Protokollen, vom Jahre 1701, welche im Königlichen geheimen Archiv zu Berlin vorhanden sind, findet sich folgendes aufgezeichnet. Den 19. November 1701. Der Graf von Limpurg verlanget wohl Emploi als Generalmajor bei der königlichen Armee akkommodiret zu werden, und Se. Majestät wollen ihm den Titel als Generalmajor geben. Den 18. Februar 1702 entschied der König auf die Anfrage: ob er von der Kavallerie oder Infanterie Generalmajor sein sollte? — von der Kavallerie. 1702 den 31. Oktober, erhielt er das Heidensche Regiment zu Pferde; wie lange er solches gehabt, und überhaupt in preußische Dienste gewesen, ist mir unbekannt.

Er war 1643 den 3. Oktober zu Speckfeld gebohren, und ein Sohn George Friedrichs, Erbschenken des H. R. R. Semper-Frey- und Herr zu Limpurg, kaiserlicher Obristlieutenant und Magdalenen Elisabeth Gräfin von Hanau, und Bruder des lezten Erben der Limpurgschen Lande, Vollraths Grafen und Herrn zu Lim-

Limpurg, nach deſſen 1713 den 19. Auguſt erfolgten Abſterben, deſſen Güther an den König Friedrich Wilhelm den Erſten von Preußen fielen, der ſie verkaufte. Starb 1705 den 15. April. Mit ſeiner Gemahlin, Johanna Polixena gebohrnen Gräfin von Leiningen Dachsburg, hat er acht Kinder erzeuget. Siehe Biedermanns Genealogien der hohen Grafenhäuſer im fränkiſchen Kreiſe. Tab. XCVII.

Johann Jakob von Linckensdorf,

Königl. Preuß. Generalmajor von der Infanterie, das würtembergiſchen militairiſchen Karl-Ordens, Ritter.

Er war aus dem Würtembergiſchen gebürtig, und hat dem Herzoge von Würtemberg, als Obriſtlieutenant beim Regiment Prinz Louis, und zuletzt als Obriſter des zweiten Bataillons Garde, bis 1766, da er als Obriſter von der Armee in preußiſche Dienſte kam, gedienet, und 1759 den Karl-Orden erhalten. 1779 im Januar ward er Generalmajor, und wohnte mit Erlaubniß des Königs von 1769 an, den Feldzügen der Ruſſen gegen die Türken als Freiwilliger bei. 1778 und 1779 befand er ſich in der Suite des Prinzen Heinrichs in Sachſen, und kommandirte eine eigene Brigade. Starb 1783, und hat mit einer gebohrnen Kühn, eine Tochter eines Kommerzienraths Kühn aus Rußland, verſchiedene Kinder erzeugt, davon Söhne in der preußiſchen Armee dienen.

Chri-

Christian Bogislav von Linden,
Königl. Preuß. Generalmajor und Chef eines Infanterieregiments.

Sein Vaterland war Pommern, wo er aus der Ehe Karls von Linden auf Broock und Sydenbusch-Erbherrn, und N.... von Schwerin, eine Schwester des Generalfeldmarschalls Graf von Schwerin, gebohren worden. Er trat bei dem jetzigen von Bevilleschen Regiment, welches damals seiner Mutter Bruder zum Chef hatte, in Dienste, avanzirte die unteren Offizierstellen durch, bis er 1756 im May Major wurde. Nach der Schlacht bei Kunersdrf, 1759 im Oktober, in welcher er sich ganz besonders hervorgethan hatte, erhob ihn der König gleich zum Obristen, 1760 führte er vier Grenadierbattaillons an, und wohnte mit ihnen der Belagerung von Dresden bei, nach welcher er der königlichen Armee in Schlesien folgte. 1761 im Januar, erhielt er als Generalmajor, das Wedellsche Regiment (jetzt Alt-Woldeck), nahm aber schon 1764 im December seinen Abschied, und begab sich auf sein Guth Broock in Vorpommern, wo er 1779 den 7. Februar, in einem Alter von 72 Jahren starb, nachdem er dem Königlichen preußischen Hause 44 Jahr rühmlich gedienet hatte. Er ist mit Henrietten Sophien von Rohr verehlicht gewesen.

Daniel George von Lindstedt,

Königl. Preuß. Generalmajor und Chef eines Infanterieregiments.

Er war aus einem alten adelichen Geschlechte in der Altenmark, 1705 den 22. Januar zu Lindstedt gebohren, und ein Sohn Joachim Andreas von Lindstedt auf Lindstedt Erbherrn. Er soll zuvor bei dem kronprinzlichen Regiment zu Fuß, seit seinem 24. Jahre gedienet haben, davon ich aber in meinen Nachrichten keine Spur finde. 1724 war er Reitpage König Friedrich Wilhelms des ersten. Seitdem stand er als Offizier bei einem mir nicht bekannten Regimente. 1740 ward er Grenadierkapitain beim Dossowschen Füselierregiment, (jezt von Tauenzien) 1745 den 18. Julius Major, 1755 den 13. Junius Obristlieutenant, 1757 Obrister und 1758 den 11. December Generalmajor. 1759 erhielt er das erledigte von der Asseburgsche Regiment (jezt von Knobelsdorf), und starb zu Stendal 1764 den 6. Julius, im 59. Lebensjahre, nachdem er 39 Jahr gedienet hatte. 1745 kommandirte er im zweiten schlesischen Feldzuge ein Grenadierbattaillon, welches aus den Grenadierkompagnien der jetzigen Regimenter von Tauenzien und von Erlach, bestand. In den Schlachten bei Prag und Kollin, worinnen er verwundet worden, hat er sich besonders hervorgethan. In der Schlacht bei Kunersdorf, führte er einige Grenadierbattaillons, im ersten Treffen, beim Hauptangriffe an, half damit die vorliegende Verschanzungen erobern, und erlitte dabei einen starken

Verlust an Leuten. 1759 im März, da er bei der Armee des General Hülsen stand, trieb er den österreichischen General Kampitelli auf Hof zurück. Den 20. November d. J. befand er sich in der unglücklichen Aktion bei Maxen, und gerieth in die österreichische Gefangenschaft, aus der er erst 1763, nachgeschlossenem Frieden, zurückkam. Er hinterließ eine Wittwe, N... gebohrne von Pieverling, welche vom Könige ein Gnadengehalt auf Lebenszeit erhielt, und 1777 im Februar starb.

Christoph Ludwig Graf von der Lippe-Detmold,

Königl. Preuß. Brigadier von der Infanterie.

Gebohren 1679 den 3. April, ward 1698 den 12. December Kapitain bei der Leibgarde zu Fuß. 1711 war er Obrister, und erhielt den 23. Januar d. J. als Brigadier seine Dimission. Starb 1747 den 19. May.

Christian von Linger,

Königl. Preuß. General von der Infanterie, Ritter des schwarzen Adlerordens, Chef des gesammten Artilleriekorps und Amtshauptmann zu Rosenburg.

Er war 1669 aus einer Familie gebohren worden, in der verdiente Männer gelebt haben. Sein Uhrgroßvater Wilhelm Heinrich Linger, war Kaiser Ferdinand des Dritten Obristlieutenant, und hat 24 Jahr im Kriege gedienet. Sein Großvater Martin Ferdinand, war bei der Armee Churfürst Friedrich Wilhelms, Kapitain und Zeugmeister bei der Artillerie, zwanzig Jahre lang, und sein Vater Salomon Linger diente eben diesem Churfürsten 36 Jahr, als Zeugmeister, wohnte 21 Kampagnen und allen Belagerungen damaliger Zeit bei. Sein Sohn kam 1688, bei der Artillerie, ward dabei 1696 Sekonde- im selbigen Jahre Premierlieutenant, 1701 den 19. Oktober Staabs- und noch im selbigen Jahre wirklicher Hauptmann, 1705 Major, als welcher er im spanischen Erbfolgekriege einige Kampagnen mitgemacht hat, 1709 Obristlieutenant, und 1713 den 13. May dimittiret. 1714 kam er wieder in Dienste, und erhielt die Bredowsche Kompagnie. 1715 that er sich bei der Belagerung von Stralsund dermaßen hervor, daß, als der Generalmajor von Kühl erschossen worden, er 1716 den 19. Februar mit Obristencharakter, das Artilleriekorps, welches damals aus einer Kompagnie Bombardier und neun Kompagnien Kanonier bestand, als Chef erhielt.

1724

1724 den 10. Januar, bekam er die Amtshauptmann, schaft zu Rosenburg. 1728 ward er Generalmajor, und 1741 im Februar, Generallieutenant, da er eben beschäftiget war, das zweite Bataillon des Artillerie, regiments zu errichten. Im May d. J. kommandirte er die Artillerie bei der Belagerung von Brieg. 1742 richtete er das Feldartilleriregiment, welches er innerhalb zwei Jahren von 600 auf 1570 Mann gebracht hatte, gehörig ein, und verwandte unermüdeten Fleiß, solches so geschickt als möglich zu machen. 1743 den 25. May erhob ihn der König zum General von der Infanterie, und ertheilte ihm 1744 im Februar, den schwarzen Adlerorden. Im August des letztgedachten Jahres, begleitete er dem Könige, auf dem Feldzuge nach Böhmen, wo er das Geschütz bei der vorgenommenen Belagerung von Prag dirigirte, und nachdem den 10. September die Laufgraben eröfnet worden, den 13. die Stadt dermaßen beschoß, daß sie an verschiedenen Orten in Brand gerieth, auch in die Wälle verschiedene Brechen gelegt wurden, daher der Kommendant Graf von Harsch, sich den 16. mit der Besatzung zu Kriegesgefangenen ergeben muste. Der König bewieß dem General von Linger, für diese wohl geführte Unternehmung seine Erkentlichkeit durch mancherlei Gnadenbezeigungen, die er bis an sein Lebensende fortwährend genoß. Hohes Alter nöthigte ihn, damals sich dem Dienste zu entziehen, demohnerachtet blieb er Chef der sämtlichen Artillerie, die 1745 aus 4123 Mann bestand. Starb zu Berlin 1755 den 17. April im 86. Lebensjahre. 1705 den 12. März hatte ihn König Friedrich der Erste, nebst seiner Ehegatgattin, in den Adelstand erhoben; diese war Katharine Elisabeth Gräfen aus Stargard, welche er 1698 ehlichte, und mit ihr zehn Kinder erzeugte, von denen drei Söhne und zwei Töchter jung starben. Sie starb 1711 zu Berlin.

Kurt Hildebrand Freyherr von Löben,

Königl. Preuß. Generallieutenant, Gouverneur von Kolberg, Chef eines Regiments zu Fuß, Domherr des hohen Stifts zu Madeburg, Amtshauptmann von Suckow und Sulzhorst, Erbherr von Schönefeld, Schiblo, Siebenbeuthen ꝛc.

Adolph Maximilian Frh. von Löben, des S. Joh. Ord. Ritter und Komthur auf Lagow, erzeugte ihn mit Louisen Hedwig von Burgsdorf, die ihn 1661 den 11. August zu Hohenzieten zur Welt brachte. Nach einer genossenen sehr guten und zweckmäßigen Erziehung durch geschickte Hauslehrer, besuchte er die hohe Schule zu Frankfurt an der Oder, wo er drei Jahre blieb, und sich sodann auf Reisen gab, besonders nach dem Haag, wo ihn der Prinz Wilhelm von Oranien, als Kadet bei seiner blauen Leibwache, aufnahm, dabei er anderthalb Jahr diente. Der Prinz machte ihm auch Hofnung zur Fähnrichsstelle, allein er verbat solche, und begab sich dem Verlangen seiner Anverwandten gemäß, wieder nach Berlin. Hier machte ihn Churprinz Friedrich, zu seinem

Kam-

Kammerjunker und schickte ihn nach Hannover, um bei seiner Braut der Prinzessin Sophie Charlotte, die Honneurs zu machen, welches von ihm mit vielem Anstande geschahe. Da er nun mehr Neigung für den Kriegsdienst als das Hofleben zeigte, ernannte ihn Churfürst Friedrich Wilhelm, auf sein Gesuch, zum Generaladjutanten des General von Schöning, der eben damals im Begrif war, die brandenburgische Hülfstruppen, gegen die Türken nach Ungarn zu führen. Er folgte demselben dahin, und ward von ihm zum Generalquartiermeister bestellt, welches wichtige und mühsame Amt er so gut versahe, daß ihm Kaiser Leopold deshalb mit einem ansehnlichen Geschenke beehrte. Er befand sich hierauf 1686 bei dem berühmten Sturm auf Ofen, und da die brandenburgische Truppen noch gegen das Ende dieses Jahres, nach ihrem Vaterlande zurückkehrten, so begleitete er Schöning nach Wien, wo er dem Kaiser bei der Beurlaubung mit aufwartete, und kam glücklich wieder in Berlin an. Hier legte er seine Kammerherrenstelle nieder, und übernahm dagegen eine Kompagnie, bei dem vierten Battaillon der churmärkschen Leibgarde. Churfürst Friedrich der Dritte, bestättigte ihn bei Antritt der Regierung, in seiner Würde, und sandte ihn mit nach dem Rheinstrohm, wo er 1689 der Belagerung von Bonn und vielen anderen Begebenheiten damaliger Zeit beiwohnte. 1689 ward er Major, 1705 den 12. März Obristlieutenant bei der Grenadiergarde, und einen Tag darauf Obrister bei der Füseliergarde, (jetzt Alt-Bornstedt). Im spanischen Erbfolgekriege, befand er sich 1705 bei Hagenau, 1707 im Brabandschen, 1708 bei der Eroberung von Ryssel, und legte dabei mancherlei Proben seines Muths ab. 1709 ward er von der Armee zurückberufen, und 1710 den 21. Januar Brigadier, als welchen ihn der König aufs neue nach Braband schickte, wo er während den Jahren 1710 und 1711 diente, und nach erfolgtem Utrechter Frieden, fünf Battaillons Preußen, bis nach Magdeburg zurückführte. 1713 den 16. May, erhob ihn König Friedrich Wilhelm der Erste zum Generalmajor, ertheilte ihm eine Domherrenstelle beim hohen Stift zu Magdeburg, und 1714 ein eigenes neuerrichtetes Regiment (jetzt Alt-Woldeck), welches er 1715 nach Pommern ins Feld führte, und damit der Belagerung von Stralsund, dabei er selbst, in der Nacht vom vierten bis zum fünften November, zur Bestürmung des Hornwerks, 1000 Mann anführte, beiwohnte. 1721 den 6. May, ward er Generallieutenant und 1724 Gouverneur von Kolberg. Starb 1730 den 3. Februar zu Berlin, im 69. Jahre seines Alters, und ward den 10. selbigen Monats, feierlich beerdigt. Er hatte sich zweimal verehlichet; erstens 1686 mit Dorotheen Julianen von Krosek aus dem Hause Hohenerxleben, die vierundzwanzig Kinder zur Welt gebohren, davon sechszehn vor dem Vater starben, und vier Söhne und vier Töchter, bei dessen Absterben am Leben waren. Nach dem 1711 den 20. April erfolgten Tode, dieser ersten Gattin, ehlichte er zum zweiten 1714 Theodoren Hedwig von Burgsdorf, die eine Tochter, welche gleich nach der Geburt starb, zur Welt gebracht hat, und ihrem Gemahl überlebte. Man hat von dem Generallieutenant von Löben, ein sehr gutes Bildniß, von Wolfgang in Kupfer gestochen. Wenn

es

es wahr ist, was Büsching in seinen Beiträgen zur Lebensgeschichte denckwürdiger Personen, 1. Th. S. 8. erzählet, so war Löben die mitwirkende Ursache, daß der Professor Wolf zu Halle, von Könige Friedrich Wilhelm dem Ersten, 1723 vertrieben ward.

Rudolph Kurt Leberecht Freyherr von Löben,

Königl. Preuß. Generalmajor, und Chef eines Garnisonregiments, auf Falkenberg, Matzdorf, Schildtow ꝛc. Erbherr.

Er war ein Sohn erster Ehe, des vorgedachten Generallieutenants von Löben, und trat 1712 in preußische Kriegesdienste; ward 1717 den 16. August Fähnrich, war 1720 Lieutenant, avanzirte, 1723 den 13. Junius zum Kapitain beim Rutowskyschen Regiment (jetzt von Möllendorf), ward 1730 den 3. May Major, 1738 Obristlieutenant, 1743 den 25. May Obrister, und 1745 im November Generalmajor und Chef des von Reckschen Garnisonregiments (jetzt von Heyking). Starb 1746 den 22. November zu Habelswerdt in der Grafschaft Glatz, im 55. Jahre seines Alters. Er hatte sich mit Sophien Friderifen, eine Tochter des Generalfeldmarschalls von Arnim verehlichet.

Karl Friederich Albrecht von Löben,

Königl. Preuß. Major, Chef des berlinischen Landregiments, des Ordens pour le Merite Ritter.

Seine Eltern waren der 1734 im März verstorbene Major, Marggraf Albrechtschen Regiments (jetzt Herzog Friedrich von Braunschw.) und des St. Johanniterordens Ritter, Heinrich Otto von Löben, und Christine von Hagen, welche ihn 1730 den 30. April zu Königsberg in der Neumark gebohren hat. Er ward 1743 den 4. May Page des Marggrafen Karl, und als Leibpage desselben, 1750 den 14. April Fähnrich bei dessen Regiment. 1752 den 30. November ward er Sekonde- 1758 den 8. Januar Premierlieutenant, 1760 den 11. November Staabs- und 1762 den 22. Februar wirklicher Hauptmann. 1767 bekam er den Orden pour le Merite. 1773 ward er Major und Kommandeur eines Grenadierbataillons, welches aus den Grenadierkompagnien der jetzigen Regimenter von Möllendorf und Herzog Friedrich bestand. 1782 erhielt er zur Versorgung das berlinische Garnisonregiment. Von 1756 an, hat er der Einschliessung des sächsischen Lagers bei Pirna, den Belagerungen von Prag und Breslau, den Schlachten bei Prag, Rosbach, Leuthen, wo er verwundet worden, Hochkirch, wo er ebenfalls schwere Verwundungen erhielt, und Kunersdorf, wie auch den Gefechten bei Meissen, Strehlen, Grätz, Lauban, wo er auch eine Wunde bekam, Maxen, wo er in die österreichische Gefangenschaft gerieth, mit

auf-

außerordentlicher Bravour beigewohnet. Seit 1761
ist er mit Philippinen von Wollmirath verehlicht.

Kaspar von Löben,

1597 den 1. August, bestellte Churfürst Johann
George, Kaspar von Löben zum Diener und Rittmeister
auf fünf Reisige Pferden, aus welchen die damalige
Leibwache des Churfürsten bestand.

Friedrich Wilhelm Lölhöfel von Löwensprung,

Königl. Preuß. Generallieutenant von der Kavallerie, Chef eines Kuirassierregiments, Generalinspekteur der Kavallerie in Pommern, Ritter des
Ordens pour le Merite, und Amtshauptmann
zu Johannisburg in Preußen.

Seine Eltern sind George Albrecht von Lölhöfel, königlicher preußischer Kriegs- und Domainenrath, und
Anne Regine von Schrötern gewesen, die ihn 1717 den
16. May zu Königsberg in Preußen zur Welt brachte.
1731 trat er als Estandartenjunker bei dem Egelschen
Kuirassierregiment (jetzt Graf von Görtz) in Dienste;
ward 1736 Kornet, 1743 Lieutenant, 1749 Staabs-
und 1750 würklicher Rittmeister, 1757 Major, 1758
Obristlieutenant und Kommandeur, 1760 Obrister,

erhielt 1761 bei Langensalza den Orden pour le Merite, und 1763 das Marggraf-Friedrichsche Kuirassierregiment (jezt Prinz Louis von Würtemberg) welches, da der Marggraf 1771 starb, seinen Namen empfing. 1764 im September, ward er Generalmajor und Generalinspekteur der pommerschen Kavallerie, 1776 den 2. December Amtshauptmann zu Johannisburg, und 1777 im August Generallieutenant. Seine Tapferkeit bewies er während seinen langjährigen Diensten, vorzüglich in den Schlachten bei Chotusitz, Hohenfriedebern, wo er leicht verwundet worden, Sorr, Kesselsdorf, Lowositz, Prag, Kollin, Roßbach, Leuthen, Zorndorf, Hochkirch, Lignitz, Torgau, Reichenbach, und in den Aktionen bei Katholisch Hennersdorf und Langensalza. Starb 1780 im Februar zu Belgard, in einem Alter von 62 Jahren und einigen Monaten, nachdem er dem königlichen preußischen Hause 49 Jahr lang treu gedienet. 1763 den 15. May verehlichte er sich mit Louisen von Brösicke, von der aber keine Kinder vorhanden sind.

Otto Friedrich von Löllhöfel,

Königl. Preuß. Obristlieutenant und Kommandeur eines Grenadierbattaillons.

Er ward 1728 in Preußen gebohren, wo sein Vater Otto von Löllhöfel als königlicher Krieges- und Domainenrath, bei der Gumbinnenschen Kammer in Dienste stand. 1743 kam er bei die Kadets, und 1746 als Fähn-

Fähnjunker beim jetzigen von Erlachschen Regiment in Dienste; ward 1748 den 12. September Fähnrich, 1753 den 5. May Sekonde- und 1759 Premierlieutenant, 1762 Staabs- und 1764 den 2. April wirklicher Hauptmann, 1773 den 15. Julius Major und Kommandeur eines Grenadierbattaillons, welches aus den Grenadierkompagnien der jetzigen Regimenter Graf von Anhalt und von Erlach bestand, und 1782 im May Obristlieutenant. Er hat den Schlachten bei Prag, Kollin, Zorndorf, wo er verwundet und gefangen worden, Kay und Lignitz, den Belagerungen von Schweidnitz, wo er 1757 mit dem Regimente in österreichische Gefangenschaft gerieth, Dresden, und der zweiten Belagerung von Schweidnitz, desgleichen dem baierschen Erbfolgekriege, bei der Armee des Königs, von 1778 bis 1779 rühmlichst beigewohnet. Er starb 1783 den 10. Februar unverehlicht.

Johann Bernhard von Loen,

Königl. Preuß. Generalmajor von der Infanterie, Ritter des Ordens pour le Merite.

Er ist aus einem in der Grafschaft Mark blühenden altadelichen Geschlechte, 1700 gebohren worden, und kam 1718 bei dem Göltzschen Regimente zu Wesel als Freykorporal; war 1732 Premierlieutenant beim Regiment Kronprinz zu Fuß, 1740 Stabskapitain, und ward den 2. Oktober d. J. Major beim Kreytzenschen Füselierregiment (jetzt von Erlach), 1745 im Julius,

nach

nach der Schlacht bei Hohenfriedeberg Obristlieutenant, und 1747 den 12. Junius Obrister. 1757 im Februar erhielt er mit Generalmajorscharakter ein Regiment, welches aus denen bei Pirna gefangenen Sachsen errichtet worden war, welches aber bei der Hadickschen Invasion zu Berlin auseinander lief und zu sein aufhörte. 1758 erhielt er die erbetene Dienstentlassung mit einem Gnadengehalte, und starb 1766 im December im 70. Jahre seines Alters, und 43. seiner Kriegsdienste, nachdem er sich besonders im zweiten schlesischen Kriege, bei allen Vorfällen desselben sehr eifrig bewiesen.

Matthias Ludwig von Lossow,

Königl. Preuß. Generallieutenant, Chef eines Regiments zu Fuß, des Ordens pour le Merite Ritter.

Seine Eltern sind der 1746 den 26. Februar, verstorbene pölnische Obristlieutenant und preußische Verweser des Amts Oletzko, Johann George von Lossow, und Johanne Konstantie von Zastrow aus dem Hause Banskau gewesen, welche ihn 1717 den 7. Oktober in Pommern zur Welt brachte. 1731 den 1. August, kam er bei die Kadets, ward 1734 den 4. May Junker beim Glasenapschen Regiment (jetzt Alt-Bornstedt), 1738 den 24. Junius Fähnrich, 1740 den 26. April Sekonde- und noch in selbigen Jahre Premierlieutenant bei der Garde, bei dieser ward er 1743 den 3. November der Stabshauptmann, und erhielt 1744 den 1. Februar, eine Grenadierkompagnie bei dem Regiment l'Hospital (jetzt Garnisonregiment von Bose). 1753 den 5. Junius ward er Major, und 1755 Kommandeur eines Grenadierbataillons, welches aus sechs Grenadierkompagnien bestand, und zu Königsberg in Preußen sein Standquartier hatte (jetzt Füselierbataillon von Holstein-Beck). 1758 den 16. December ernannte ihn der König zum Obristlieutenant, und 1759 den 14. May zum Obristen. Nach der Aktion bei Strehlen, 1760, in welcher er den weitüberlegenen Feind, welcher sein Bataillon en Front und in der linken Flanke angrif, und ihn mit vielem Verluste zurücktrieb, erhielt er den Orden pour le Merite, und 1765 den 24. Oktober das Neuwiedsche Regiment (jetzt Jung-Woldeck). 1766 den 19. May ward er Generalmajor und 1777 Generallieutenant. Er hat in allen Feldzügen König Friedrich des Zweiten seinen Muth gezeigt, und den Schlachten bei Chotusitz, Strigau, Sorr, Jägerndorf, Torgau und Strehlen, wie auch den Gefechten bei Böhmisch-Einsiedel, Töplitz und andern Gelegenheiten, mit vorzüglicher Tapferkeit beigewohnet. Bei Jägerndorf, ward er am Fuß, und bei Torgau am Kopfe verwundet. Bei Töplitz, nahm ihn eine Stükkugel den Degen aus der Hand weg. 1778 und 1779 befand er sich bei der Armee des Prinzen Heinrichs in Sachsen. 1782 erhielt er mit einer ansehnlichen Gnadenpension, die Alterswegen nachgesuchte Dienstentlassung, und starb 1783 unverehlicht.

Da-

Daniel Friedrich von Lossow,

Königl. Preuß. Generallieutenant, Chef des schwarzen Husarenregiments, und des Bosniakenkorps, Ritter des Ordens pour le Merite, und Amtshauptmann zu Preuß. Mark.

Er stammte aus dem Hause Niedewitz im Fürstenthum Glogau, und seine Eltern waren, Friedrich Wilhelm von Lossow Erbherr auf Niedewitz, und Katharine Louise von Luck aus dem Hause Malzow in der Neumark. Er ist 1722 in der Neumark gebohren, und trat im 20. Jahre seines Alters in Kriegesdienste. 1745 ward er Kornet und 1748 den 28. Februar Lieutenant bei dem Nazmerschen Husarenregimente (jetzt Prinz Eugen von Würtemberg). 1756 ging er als Premierlieutenant zu Felde; erhielt 1757 eine Eskadron und ward 1759 im März, beim Rueschschen Husarenregimente (jetzt von Göcking) Major, nach der Aktion bei Pretzsch, den 29. Oktober s. J. Obristlieutenant, 1760 Kommandeur, 1761 im May Obrister, 1762 Chef des Regiments, 1766 im May Generalmajor, den 13. Junius s. J. Amtshauptmann zu Preußischmark, und 1781 den 21. May Generallieutenant. Er hat den Feldzügen von 1744 bis 1779 mit vorzüglicher Bravour beigewohnet, und sich besonders in der Aktion bei Pretsch, den 29. Oktober 1759, worinnen er leicht verwundet ward, und sich den Orden pour le Merite erwarb, wie auch im Gefechte bei Peuke, 1762 wo ihm der König ein Geschenk von 1000 Thaler machte, hervorgethan. In den Jahren 1774 und

und 1776 war er erster königlicher Kommissarius, zur Berichtigung der Grenzen mit Polen. Der König schätzte ihn sehr, und gab ihm davon wesentliche Beweise, wie er ihm denn 1774, ein Porcellainservice, nebst einer prächtigen mit Brillanten besezten Tabatiere zum Geschenk machte. Er starb 1783 den 12. Oktober zu Goldap in Preußen, im 63. Lebensjahre. Da er von seiner Ehegattin Sophie Eleonore von Zedmar keine Kinder am Leben hatte, so adoptirte er den Premierlieutenant vom Bosniakenkorps, Johann Christoph Köhler, an Sohnes statt, welches der König nicht allein gnädig bewilligte, sondern auch denselben unter dem Namen Köhler von Lossow, 1777 den 6. May in den Adelstand erhob und das von Lossowsche Wappen, mit einer geringen Veränderung ertheilte. Noch ist zu merken, daß der Generallieutenant von Lossow, das Bosniakenkorps 1765, auf zehn Eskadrons bringen mußte.

Karl Graf von Lostange,

Königl. Preuß. Obrister und Chef eines Kuiraßierregiments.

Er war einer von den französischen Flüchtlingen, welche im vorigen Jahrhunderte der Religion wegen, ihr Vaterland verließen, und sich in die brandenburgische Staaten begaben. Es ist auch höchst wahrscheinlich daß er bereits bei der französischen Armee gedienet hatte, als ihn Churfürst Friedrich der Dritte zum Obristen ernannte, und ihm ein eigenes Regiment zu Pferde gab

Zweyt. Theil.   E e   (jezt

(jezt Herzog von Sachsen-Weimar). Starb 1703;
nachdem er sein Geschlecht in Preußen fortgepflanzet
hatte.

Philipp Karl, des H. R. R. Graf von Wilich und Lottum,

Königl. Preuß. Generalfeldmarschall, Ritter des
schwarzen Adlerordens, würklicher Geheimerkriegesrath, Oberpräsident der Cleve-Märkschen Regierung auch übrigen Kollegien, Gouverneur zu Wesel,
Obrister eines Regiments zu Fuß, Drost der Aemter Rees, Hetter und Iserlohn, Kurator der Universität Duisburg, Bannerherr des Herzogthums
Geldern und der Graffschaft Zütphen, Erbkämmerer des Herzogthums Cleve, Herr zu
Huet, Gronstein, Gribbenvoorst, Wahl,
Offenberg ꝛc.

War 1650 den 27. August gebohren, und ein Sohn,
Johann Sigismunds Wilich Freyherrn von Lottum,
Herrn zu Huet, Gronstein ꝛc., und dessen zweiten Ehegattin Josina von Wittenhorst-Sonßfeld. Von seiner
Erziehung, Studiren und ersten Kriegesdienste, fehlen
mir die Nachrichten; was ich von diesem großen Manne
seiner Zeit weiß, ist folgendes. Seit 1670 bis 1695
hat er sich in denen wider Frankreich, am Rhein und
in den spanischen Niederlanden geführten Kriegen, vielen

len Ruhm erworben. 1688 den 1. August ward er Obrister, 1690 Generalmajor, 1694 Generallieutenant, Chef eines Regiments zu Fuß, welches nachher der Stamm der jetzigen Leibgarde geworden, und Gouverneur und Oberhauptmann der Festung Spandau, 1695 den 15. Februar aber Oberhofmarschall. Nach beendigter Präliminar-Untersuchungen des churfürstlich-brandenburgischen Domainen- Hof- und Kammerstaats, ward Lottum, 1698 den $\frac{17}{27}$ May zum Oberdirektor der Domainen, in allen churfürstlichen Provinzen mit angeordnet. 1701 den 20. Januar erhob ihn Kaiser Leopold, nebst seiner Descendenz, in des H. R. R. Grafenstand, worüber König Friedrich der Erste, den 14. Junius s. J., die Bestättigung ertheilte. 1702 im November, erhielt er das Kommando über die preußischen Truppen in holländischen Diensten; schloß in selbigen Monate Rheinbergen, und 1703 Geldern ein, welches er eroberte. 1704 ward er General von der Infanterie, und befand sich im spanischen Erbfolgekriege bei den wichtigsten Vorfällen. 1705 den 18. April, ward ihm das Obergouvernement der westphälischen Festungen gegeben. 1708 den 11. Junius, befand er sich in der berühmten Schlacht bei Oudenarde, und der Belagerung von Ryssel, half 1709 Tournay erobern, auch den 11. September s. J. in dem Treffen bei Malplaquet siegen. Bei der lezteren Gelegenheit, war der Kronprinz Friedrich Wilhelm, nachmaliger König von Preußen, ein Zeuge der Tapferkeit der preußischen Truppen unter Lottums Anführung. Er sahe, daß solche dreimal zum Weichen gebrachte Reuterei unterstützte, und die für unüberwindlich gehal-

Ee 2 tene

tene Verschanzungen erstieg; daher feierte er auch diesen Tag nach dem er den Thron bestiegen jährlich, und gab der Infanterie vor der Reuterei den Vorzug. 1712 ward ihm der Fürst Leopold von Anhalt-Dessau, als Generalfeldmarschall im Avanzement vorgezogen, worüber er sich heftig, aber fruchtlos beklagte. 1713 den 27. Februar, erhob ihn König Friedrich Wilhelm der Erste zum Generalfeldmarschall. Er starb 1719 den 14. Februar, und hatte sich zweimal verehlicht, erstens 1679 mit Marien Dorotheen Freyin von Schwerin aus dem Hause Alten-Landsberg, davon fünf Söhne und drei Töchter gebohren worden; zweitens, mit Albertinen Charlotten Freyin von Quadt-Wickerade zu Zoppenbruch, Friedrichs Graf von Siland-Palsterkamp Wittwe, davon ein Sohn und vier Töchter zur Welt gebracht worden.

Friedrich Albrecht Karl Herrmann des H. R. R. Graf von Wilich und Lottum,

Königl. Preuß. Generallieutenant, Chef eines Dragonerregiments, Ritter des Ordens pour le Merite, Domherr zu Halberstadt.

Er ist der zweite Sohn des Generals Johann Christophs Grafen von Lottum, (dessen unten gedacht werden wird) und 1720 den 20. April, zu Anklam gebohren worden. Nachdem er einen guten Unterricht, den König Friedrich Wilhelm der Erste, in Ansehung sei-

seines Vaters und Großvaters, welche derselbe seh'
schäzte, auf seine Kosten besorgen ließ, genossen hatte,
trat er 1737 als Kornet bei dem jetzigen gräflich, von
Gd=Ffchen Kuirassierregiment in Dienste, ward 1745
Lieutenant, 1755 im August Stanbs- und 1756 im
September wirklicher Rittmeister, 1758 Major, 1763
Kommandeur des Regiments, 1769 Obristlieutenant,
1772 Obrister, 1774 im Junius Chef des erledigten
Dragonerregiments von Zastrow, 1777 den 17. August Generalmajor, und 1787 den 20. May Generallieutenant. Von 1740 an, hat er allen Feldzügen
Friedrich des Zweiten, besonders aber den Schlachten
bei Chotusitz, Hohenfriedeberg, Sorr, Kesselsdorf, Lo-
wositz, Prag, Kollin, Roßbach, Leuthen, Zorndorf,
Hochkirchen, Lignitz und Torgau, den Belagerungen
von Prag, Olmütz, Dresden und Schweidnitz, wie auch
den Aktionen bei Jägerndorf, Katholisch-Hennersdorf,
Hoyerswerde, Troppau, Schweidnitz, Langensalza,
Kloster-Wahlstadt, Leutmannsdorf und Reichenbach,
endlich aber dem baierschen Erbfolgekriege, bei der
Armee des Prinzen Heinrichs in Sachsen, rühmlichst
beigewohnet. 1757 gerieth er in der Schlacht bei
Breslau in die österreichische Kriegesgefangenschaft,
ward aber 1758 wieder ausgewechselt. König Friedrich der Zweite, schäzte seine militairische Verdienste
besonders, schenkte ihm unter andern, 1753 eine Domherrenstelle zu Halberstadt, und gab ihm, wegen der in
der Schlacht bei Zorndorf, 1758 bewiesenen Bravour
den Orden pour le Merite. 1787 im August, rückte er mit seinem Regimente durch Berlin über Magdeburg nach Wesel, zu denen der holländischen Unruhen

wegen, sich daselbst versammleten preußischen Truppen, kommandirte beim Einmarsch in das holländische Gebiet, den 13. September, die zweite Kolonne der Armee unter dem Oberbefehle des regierenden Herzogs von Braunschweig, bei welcher sich der gröste Theil der Artillerie und Kavallerie befand, und ging zu Waterford bei Arnheim über den Rhein. Er trug hierauf vieles dazu bei, daß die Unruhen, welche diesen Marsch veranlasset hatten, eher als man vermuthete gestillet wurden, und blieb nachher, da sich die preußischen Völker bereits in ihre Standquartiere zurückbegeben hatten, noch bis zu Anfang des Jahres 1788 mit dem zurückgebliebenen Kommandos, ins Holländische stehen. Er wird in der preußischen Armee als einer der grösten Kavalleristen geschäzt, und ist mit der Tochter des Landraths Alexander von Schlichting verehlichet, und hat mit ihr verschiedene Kinder, beiderlei Geschlechts erzeuget.

Ludwig, des H. R. R. Graf von Wilich und Lottum,

Königl. Preuß. Generalmajor von der Kavallerie, Chef eines Regiments zu Pferde, clevescher Landdrost, Herr zu Lottum, Kaldenburg, Gribbenvoorst; Kervendonck ꝛc.

Er war ein Sohn erster Ehe, des vorgedachten Feldmarschalls Philipp Karl Grafen von Lottum, unter dessen

sen Anführung er, in den Feldzügen zu Ende des vorigen und Anfang des gegenwärtigen Jahrhunderts, bei den brandenburgischen Truppen diente. 1708 den 10. Julius ward er Obristlieutenant, 1714 den 17. Junius, Obrister, und hatte seit 1717 ein eigenes Regiment zu Pferde (jetzt von Jlow Kuirassier). 1721 den 16. Junius, avanzirte er zum Generalmajor, und starb 1729 den 11. Julius. Er ist mit Franzellinen Louisen von Wilich aus dem Hause Kervendouck, Wittwe des königlichen preußischen ravensbergischen Oberappellationsgerichtsraths Johann Paul Freyherrn von Fuchs verehlicht gewesen, ohne mit ihr Kinder erzeugt zu haben.

Johann Christoph des H. R. R. Graf von Wilich und Lottum,

Königl. Preuß. Generalmajor, Chef eines Infanterieregiments, Drost zu Petershagen, Herr zu Huet, Wehl, Offenberg rc.

Er war ebenfalls ein Sohn erster Ehe, des vorerwehnten Generalfeldmarschalls Reichsgrafen von Lottum, und ist 1681 den 9. May gebohren worden. Von ihm kann ich nur folgendes anführen: 1708 den 10. Julius, ward er bei seines Vaters Regiment Obristlieutenant, 1714 den 26. Julius Obrister beim Schlabberndorfschen Bataillon (jetzt von Möllendorf), 1718 Chef dieses Regiments, und 1721 Generalmajor. Starb 1727 den 16. Oktober, und liegt zu Huet begragraben. Mit Herminen Alexandrinen Friderifen Wilhelminen Freyin von Wittenhorst-Sonsfeld, zeugte er den vorgedachten Generallieutenant Friedrich Wilhelm Karl Hermann Reichsgraf von Lottum, und den folgenden Generalmajor Friedrich Wilhelm Reichsgrafen von Lottum, denen König Friedrich Wilhelm der Erste, 1733 den 5. September ein ansehnliches jährliches Gnadengehalt zu ihrer Erziehung aussezte. Zu merken ist noch, daß nach Lottums Tode der König das Mondirungswesen sämtlicher Regimenter seiner Armee, das bis dahin denen Chefs derselben überlassen gewesen, selbst übernahm.

Friedrich Wilhelm, des H. R. R. Graf von Wilich und Lottum,

Königl. Preuß. Generalmajor und Chef eines Regiments zu Fuß, Kommendant der Residenz Berlin, Domherr des hohen Stifts zu Magdeburg, des St. Johanniterordens Rittter, Herr zu Lottum und Kaldenbroeck.

War des vorigen Sohn, und 1716 den 18. März gebohren. Im sechszehnten Jahre, nachdem er das Joachimsthalsche Gymnasium nebst seinem vorgedachten Bruder, einige Zeit besucht hatte, trat er bei dem Kröcherschen Regiment, (jezt Preußen) in Dienste, ward 1733 Fähnrich, 1736 Lieutenant, und wohnte als solcher den beiden ersten schlesischen Feldzügen bei. 1746
den

den 2. September, ward er Staabshauptmann, und
erhielt 1747 im Oktober eine Kompagnie. 1753
schenkte ihm der König eine Präbende zu Magdeburg.
1756 befand er sich in der Schlacht bei Lowositz, ward
ferner 1757 Major, 1758 Obristlieutenant und noch
im selbigen Jahre Obrister. Wegen seiner bei Bestürmung der Leutmannsdorfer Anhöhen bewiesenen ausgezeichneten Tapferkeit, ward er mit dem Range vom 2.
Julius 1762, Generalmajor. 1763 den 7. April, erhielt er das Regiment, welches sich der unglückliche russische Kaiser Peter der Dritte, in der preußischen Armee
gewählt hatte, (jezt von Braun). 1765 im Julius,
ward er zum Amtshauptmann von Spandau bestellt,
und 1766 im December, schenkte ihm der König das
Lehn Gotteswyckersham im Cleveschen. 1764 ward er
Kommendant von Berlin, und empfing den Ritter-
schlag beim St. Johanniterorden. Er starb zu Berlin,
den 17. December 1774, hat sich den Ruhm eines
braven Soldaten erworben, und ist stark verwundet
worden. Sein Charakter war äußerst liebenswürdig,
weshalb er vom Könige geschäzt, und von der Armee
und dem Hofe hochgeachtet wurde. Er besaß auch
vortrefliche Kenntnisse von verschiedenen nüzlichen und
angenehmen Wissenschaften; besonders aber, verstand
er die französische Sprache so vollkommen wohl, daß
man ihn bei Hofe stets einladete, wenn Fremde ange-
kommen waren, um solche gehörig in derselben zu un-
terhalten, welches damals Wenige so gut als er konnten. Er hatte sich mit einer Person bürgerlichen Standes, aus Spandau gebürtig verehlichet, welche ebenfalls durch ihr kluges und tugendhaftes Betragen,

sich allgemeine Liebe und Zuneigung, wie auch den Zutritt bei Hofe erwarb. Ihr Gemahl hatte sie, nebst denen mit ihr erzeugten Kindern in geringe Vermögensumstände hinterlassen; daher erhielt sie nicht allein vom Könige ein Gnadengehalt, sondern der Monarch übernahm auch die Berichtigung der Regimentskasse, welche an ihr starke Forderungen machte, und eine Menge hoher Standespersonen, wetteiferten darum, diese Familie durch Geschenke und Pensionen zu unterstützen.

Karl Aemilius von Lubath,
Königl. Preuß. Obristlieutenant und Kommandeur eines Grenadierbattaillons.

Er war ein Sohn des Obristlieutenants Wartenslebenschen Regiments, Johann von Lubath, welchen König Friedrich Wilhelm der Erste, 1716 den 13. Januar, wegen seiner Verdienste in den Adelstand erhoben hat, und ist 1712 gebohren worden. 1727 trat er bei dem Thieleschen Regiment (jetzt von Schönfeld) in Dienste, war 1740 Premierlieutenant, 1751 Kapitain, ward 1757 Major und Kommandeur eines Grenadierbattvillons, welches aus den Grenadierkompagnien der jetzigen Regimenter von Golz und von Schönfeld bestand. 1762 im April, ward er Obristlieutenant, starb aber im selbigen Jahre, 59 Jahr alt, nachdem er 38 Jahr gedient, und sich besonders an der Spitze seines Grenadierbattaillons, in den Schlachten

ten bei Roßbach, Kay, Kunersdorf- und Torgau, rühmlich hervorgethan hat.

Kaspar Fabian Gottlieb von Luck,

Königl. Preuß. Generalmajor, Chef eines Füselier-
rngiments, Ritter des Ordens pour le Merite,
und Amtshauptmann zu Ruppin.

Er ist 1723 aus der Ehe Friedrich Wilhelms von
Luck, königlichen preußischen Lieutenants jetzigen von
Wildauschen Regiments, mit Ursulen Braten von Ans-
belsdorf aus dem Hause Topper, gebohren worden.
1740 kam er als Page bei dem Könige Friedrich den
Zweiten, der ihn 1743 gleich als Premierlieutenant
bei dem jetzigen von-Hagerschen Regiment setzte; bei diesem ward er ferner 1745 Staabshauptmann, und erhielt 1750 den 2. Februar eine Grenadierkompagnie,
ward 1757 Major, 1764 Obristlieutenant und Kommandeur des Götzenschen Regiments, 1767 Obrister,
1774 Generalmajor, und bekam ein neuerrichtetes
Füselierregiment in Westpreußen (jetzt von Favrat).
Von 1744 an, hat er allen Feldzügen Friedrich des
Zweiten, und besonders den Schlachten bei Hohenfrie-
berg, Prag, Breslau, Kunersdorf, wo er verwundet
worden, und der Belagerung von Schweidnitz, bei der
er durch einen Flintenschuß getroffen wurde, beigewohnet. Bei der Affaire am Basberge, 1760 kommandirte er ein Bataillon Freiwilliger, und erhielt wegen

sei-

seines dabei bewiesenen Wohlverhaltens, den Orden pour le Merite, und 1765 die Amtshauptmannschaft Ruppin. 1780 gab ihm der König den gesuchten Abschied, mit einem Gnadengehalte von 500 Thaler, und Beibehaltung der gedachten Amtshauptmannschaft. Mit Ernestinen gebohrnen von Luck, hat er zwei Söhne erzeuget.

Christoph George von Luck,
Königl. Preuß. Obrister und Chef eines Garnisonregiments.

Er war im Crossenschen gebohren, stand zuerst bei dem Regiment Prinz Dietrich von Anhalt (jezt von Jung-Romberg), avanzirte die unteren Offizierstellen durch, und kommandirte 1744 als Major, wozu er 1743 ernannt worden war, ein Grenadierbataillon, welches aus den Grenadierkompagnien der jetzigen Regimenter von Kleist und von Wendessen bestand. 1754 im September ward er Obrister, und erhielt das erledigte l'Hospitalsche Garnisonbataillon (nachmaliges Garnisonregiment von Bose). 1757 im April, bekam er auf sein Gesuch den Abschied, mit einem Gnadengehalte. Starb 1766 in einem hohen Alter.

Hans Erdmann von Lüderitz,

Königl Preuß. Generalmajor von der Kavallerie, auf Wittenmohr und Einwinkel Erbherr.

Er war ein Sohn Andreas von Lüderitz, auf Wittenmohr Erbherrn, und Marien Elisabeth von Schwarzenholz. Stand schon 1692 als Major bei den Gens d'Armes. 1708 war er Obrister, und muß nicht lange darnach seine Dimission als Generalmajor, erhalten haben. Starb 1732 in Februar, und hat mit Annen Sophien von der Gröben, verschiedene Kinder erzeuget.

Sein Bruder Andreas von Lüderitz, wird in glaubhaften Nachrichten vom Jahre 1713 königlicher Preußischer Brigadier und Landrath in der Altenmark genannt. Mir ist aber von ihm nichts näheres bekannt geworden.

Friedrich Wilhelm von Lüderitz,

Königl. Preuß. Generalmajor von der Infanterie.

Er war 1690 Kommendant zu Küstrin, und hatte 1685 als Obrister, das Besatzungsbattaillon, woraus in der Folge, das jetzige von Möllendorffsche Infanterieregiment errichtet worden ist. 1689 den 21. April, ward er Generalmajor von der Infanterie.

David Hans Christoph von Lüderitz,

Königl. Preuß. Generalmajor, Chef des Markgraf-Friedrichschen Kuirassierregiments, Ritter des St. Johanniterordens, und designirter Komthur auf Lagow, Ritter des Ordens pour le Merite, Domherr zu Brandenburg und Havelberg, auf Nackel Erbherr.

Er ist Lübecke Christophs von Lüderitz auf Nackel im ruppinschen Erbherrn, und Elisabeth Margarethen von Quast, die ihn 1699 den 16. November zu Nackel gebohren, Sohn gewesen. 1715 kam er bei die großen Grenadier zu Potsdam als Unteroffizier. 1717 den 3. December, ward er bei dem Regiment Kronprinz zu Pferde (jezt von Backhof) Kornet, 1720 Lieutenant, 1725 Ritimeister und 1723 den 26. Februar in den St. Johanniterorden aufgenommen, und auf die Komthurei Lagow designiret, 1740 Major, und zum Markgraf Friedrichschen Kuirassierregiment versezt. 1741 den 10. April befand er sich in der Schlacht bei Molwitz. 1743 ward er Obristlieutenant, und im selbigen Jahre zum Spiegelschen Dragonerregiment (jezt von Gözen) versezt. 1745 den 4. Junius, wohnte er dem Treffen bei Hohenfriedeberg, und den 30. September der Schlacht bei Sorr bei. Im November d. J. ward er Obrister und Kommandeur des Boninschen Dragonerregiments, welches er in der Schlacht bei Kesselsdorf, den 15. December mit größter Bravour anführte, und in die sächsische Grenadiergarde mit solchem Nachdrucke einhieb, daß solche beinahe völlig zu

Grun-

Grunde geschickt wurde. 1752 ward er Generalmajor und Chef des Marggraf Friedrichschen Kuirassierregiments (jezt Prinz Louis von Würtemberg) und rückte mit demselben, 1756 in Sachsen ein. Den 1. Oktober d. J. fochte er in der Schlacht bei Lowositz, wo die preußische Kavallerie, ein starkes feindliches Kanonenfeuer aushalten, und auf die österreichische Infanterie einen dreifachen Angrif wagen muste. Lüderitz ward hier durch eine Kartätschenkugel getödtet, und nach erhaltenem Siege, in den Weinbergen des Schlachtfeldes begraben. Pauli hat dessen Leben, in seinem oftangeführten Werke 1. Th. S. 203 u. f. geliefert.

Karl Friedrich von Lüderitz,

Königl. Preuß. Obrister und Chef des berlinischen Garnisonregiments, auf Nackel Erbherr.

Er war aus dem Guthe Nackel im ruppinischen gebürtig, und hat bei dem Leibregiment König Friedrich Wilhelms des Ersten gestanden, bei dem er 1738 Kapitain war. 1740 ward er Obristlieutenant bei dem Weyherrschen Garnisonbataillon, welches aus den alten Leuten des Leibregiments errichtet worden war, und erhielt 1747 im Oktober mit Obristencharakter, das berlinische Landregiment, welches vor ihm der Generalmajor von Kratz gehabt hatte. Starb 1762 den 29. Januar auf seinem Gute Nackel im 61. Jahre seines Alters.

Karl Ludwig von Lüderitz,

Königl. Preuß. Obrister und Chef des zweiten Artillerieregiments.

Er war ein Sohn, des 1751 verstorbenen königlichen preußischen Oberforstmeisters des Herzogthums Magdeburg und Fürstenthums Halberstadt. Kam 1730 im August als Bombardier bei der Artillerie; ward 1739 den 11. November Sekonde- 1742 den 24. Oktober Premierlieutenant, 1750 den 15. August Staabs- und 1756 den 23. Junius wirklicher Hauptmann, 1759 den 11. May Major, 1761 den 27. December Obristlieutenant, 1765 den 20. May Obrister, und 1770 den 4. März, Chef des zweiten Artillerieregiments. Starb zu Berlin 1778 den 11. Februar im angetretenen 64. Jahre, nachdem er bei der Armee 48 Jahr und einige Monate auf das rühmlichste gedienet hatte, unverehlicht.

Wilhelm Adolph von Lüderitz,

Königl. Preuß. Obristlieutenant und Chef eines Freybataillons.

Er war aus dem Holsteinschen gebürtig, und hatte 30 Jahr in österreichischen Diensten, zuletzt bei den Kroaten gestanden. 1759 ward er in preußischen Diensten Obristlieutenant und Chef des Freybataillons, welches zuvor von Rapin geheissen, bald darauf aber

im

im Julius bei Friedland, wo er mit 300 Mann vom
Freybataillon und 100 Husaren, sich im Hinterhalte
gesezt hatte, vom Feinde überfallen und gefangen genommen wurde. Erst nach geschlossenem Frieden, ward er
wieder entlassen, erhielt aber auch zugleich seinen Abschied aus preußischen Diensten.

Markus von der Lütke,

Röm. Kaiserl. und Churbrandenburgischer General-
wachtmeister von der Kavallerie, Erbherr auf Krem-
men, Vehlefanz, Groß- und Klein-Ziethen.

Seine Eltern waren Jakob Lütke und Ilsabe von Möllendorf aus dem Hause Lindenberg, welche ihn 1603 den
25. Julius zu Kumlosen an der Elbe zur Welt brachte.
Er hatte sich im dreißigjährigen Kriege viel versucht, war
1641 Obristlieutenant beim Burgsdorfschen Regiment
zu Pferde, welches Churfürst Friedrich Wilhelm, in diesem Jahre, dem Kaiser zum Dienst überließ, und führte
solches nach dem Orte seiner Bestimmung. 1672 den
1. Julius ward er Generalmajor. In den Feldzügen
des Churfürsten hat er sich rühmlich hervorgethan, befand sich in den Schlachten bei Warschau und Fehrbellin, imgleichem bei den wichtigsten Kriegesbegebenheiten
in Pommern, Holstein, Preußen und dem Reiche. Kaiser Ferdinand der Dritte erhob ihn, wegen seiner Verdienste in den Adelstand. Starb 1684. Er hat sich
erstens verehlicht, mit Appollonien, einer Tochter des
Obristen George Volkmanns, von der zwei Söhne und
zwei Töchter gebohren worden; zweitens, 1661 den 28.
April mit Florentinen, Christophs von Houwald, kön.
schwedischen, polnischen, chursächsisch- und brandenburgischen Generalmajor. Die vier Söhne und fünf Töchter zur Welt brachte.

Zweyt. Theil.   F f   Geor-

George Wilhelm von Lüttwitz,
Churbrandenburgischer Generalmajor von der Kavallerie.

Er stammte aus Preußen, und war ein Sohn Christophs von Lüttwitz. 1677 befand er sich bei der Belagerung von Stettin, und kommandirte das Hessen-Homburgsche Regiment zu Pferde. Ward 1679 den 20. Februar Obrister bei der churbrandenburgischen Kavallerie, und kommandirte als solcher das Marggraf-Ludwigsche Dragonerregiment; ferner avancirte er 1689 zum Generalmajor, und hatte 1692 ein eigenes Regiment zu Pferde, welches das zuletztgedachte ist, das er nach dem Tode des Marggrafen 1687, vermuthlich erhalten hat. Starb 1693.

Franz Baron von Lübiere.
Ward 1715 Brigadier und Gouverneur von Neufchatel.

Rochus Quirinus Graf zu Lynar,
Churbrandenburgischer General, Oberster Artlärey-Zeugk- und Baumeister, wie auch Oberaufseher des Salzwesens, Salpetersiedens und der Rüdersdorfschen Kalkberge.

Gebohren 1525 den 25. December zu Marabi im florentinischen, aus dem gräflichen Geschlechte Guerini zu Lynar. Seine Eltern waren Johann Baptista Graf Guerini zu Lynar und Lukretia von Banderelli. Studirte anfänglich in Gesellschaf des berühmten Cosmus de Medici, nachmaligen Großherzogs von Florenz,

renz, und lernte die Kriegeswissenschaft bei dem Herzog Alphons von Ferrara. Nach dessen Tode ging er im 14. Jahre seines Alters nach Afrika, wo sein Vater als Obrister Kaiser Karl des Fünften, der bekannten Expedition auf Tunis beiwohnte. Nach seiner Zurückkunft, ward er Kammerjunker bei dem Herzoge Alexander von Florenz. Da sein Vater das Unglück hatte, einen Marchese de Malaspina zu entleiben, und bald darauf 1540 starb, die Familie des entleibten aber anfingen auch ihn zu verfolgen, hielt er sich in Florenz nicht länger sicher, und begab sich nach Frankreich, wo ihn das Haus Medicis an den König Franz empfohlen hatte, der ihn zum Kammerjunker, bei dem Dauphin, machte. Er diente darauf den Königen Heinrich dem Zweiten, Franz dem Zweiten, und Karl dem Neunten im Felde, am Hofe und in Gesandschaften. 1552 vertheidigte er Metz, gegen die Kaiserlichen, welche solches belagerten, befestigte es nachher, und ward Generalkommissarius über alle französische Festungen. In den Schlachten bei St. Quintin und Dreeu war er zugegen, und half dem Herzoge von Guise, Havre de Grace einnehmen. 1558 verlohr er bei der Einnahme von Didenhofen, durch einen Büchsenschuß ein Auge. 1560 nahm er die protestantische Religion an, behielt dennoch deshalb seine Bedienung, und ward zu verschiedenen wichtigen Geschäften, besonders 1563 zu einer Gesandtschaft, an den König Karl den Eilften nach Deutschland, an die sächsische, brandenburgische (wo er auch schon 1554, als Gesandter gewesen) und hessische Höfe nützlich gebraucht. Als 1567 die Religionsunruhen in Frankreich angingen, machte ihn der Prinz von Konde, bei der Armee, welche Pfalzgraf Kasimir zur Hülfe nach Frankreich gebracht hatte, zum Marchal de Camp, und lezterer nahm ihn 1568 mit nach Heidelberg. Hierauf erhielt er vom Könige von Frankreich, von dem Herzoge von Zweibrücken, und Prinzen von Oranien, ver‍schiedene vortheilhafte Vorschläge, um in ihre Dienste zu treten, die er aber sämtlich ausschlug, um in chur‍pfälzischer Bestallung zu bleiben, in der er Obrister und Kriegsrath ward, auch Bellikheim ohnweit Heidelberg befestigte. 1569 ward er mit Beibehaltung pfälzischer Dienste, in sächsischer Bestallung, Oberartilleriemeister und Befehlshaber sämtlicher Festungen. 1570 zog er nach Dresden, ward 1572 an verschiedene italiänische Fürsten, und unter andern auch an den Großherzog von Florenz gesandt, der ihm die Einsetzung in seine Dienste, Güther und Gehalt anbot, doch mit der Be‍dingung, daß er nebst seinen Söhnen wieder ins Vater‍land zurückkehren sollte; welches er aber, der Religion wegen ausschlug. 1577 ward er mit Bewilligung des sächsischen Hofes, fürstlich anhaltischer Geheimerrath, und reiste zum öftern zu dem Churfürsten Johann George von Brandenburg, der ihn 1578 im Ausgang der Osterfeiertage, zu Spandau, zum General und Obri‍sten Artillerie- Zeug- und Baumeister bestellte. Da diese Bestallung merkwürdig ist, so habe solche hier ein‍schalten wollen.

Wir Johans George von Gotts gnaden Marggraff zw Brandenburgk, des heiligen Romi‍schen Reichs Ertz Cämmerer vnnd Churfürst, In Preussen, zu Stettin, Pommern, der Cassuben, Wen‍den vndt in Schlesien zw Crossen Hertzogk, Burggraff zu Nurmbergk vnd Fürst zu Rugen, Bekennen iz vnd mit diesem vnserm offnen Brieffe kegen Jedermenniglich, Das wir den Edlen vnsern lieben getrewen Rochum Quirinum Grafen zw Lynar ꝛc. mit Vorwissen vnd freundlicher bewilligung des Hochgebornen Fürsten Herrn Augusty Hertzogen zw Sachssen, Chur‍fürsten ꝛc. vnsers freundtlichen lieben Oheimen, Schwa‍gers, Bruders vnd Geuatters, weil ehr albereitt Sr. k.

glei-

gleichergestalt mit Diensten verwandt, vor vnsern Generall vnndt Obersten Artlärey, Zeugk vnd Bawmeister gnediglich bestalt vnd angenohmen haben, Also vnd Derogestalt: Das ehr vnser Oberster Artlarey-Zeugk- vnd Bawmeister vnnd vns Jederßeitt getrew, gehorsams vnd gewerttigk sein, vnd insonderheit vnser Artlarey, Munition, Zeugkheuser vnd gebeude in allen vnsern Vehsten vnndt ganßem Lande in gueter vleisiger vfachtunge vnd verwaltung haben soll vnd wiell, damit dieselben in Wirden vnd gueter besserung erhalten, vnnd vnsere ißige vnd kunfftige gebeude schleunigk vortgeseßt vnndt bestenßigt, wehrhafftigk vnnd sonsten also geferttiget werden, Sonderlich was vnsere Vehsten anlanget, Das wir vns derselben wieder des Feindes gewalt vnd List, (welches doch der Almechtige Gott gnedigk vorhueten wolte), vfe notsfall sovuil mehr zu gebrauchen haben mügen, Wie ehr vns dan in deme allem zw Jederßeit seinen getrewen rath, bedenken vnd wissenschafft eröffnen vnd vndterthenig erinnern vnd sonderlich auch das darneben in acht haben soll vnd wiell, das beyfertigung vnserer gebeude, so viel Immer müglich, vnnötiger vncosten vnd geldtspildung abgeschnitten vnd vorhuetet, auch mit der Zuthatt alß Kalck, Steinen, Holß, Diehlen, Eisen vnd wie das sonsten nahmen haben magk sparsam, rathsam vnd getrewlich vmbgangen auch vnsere Dienste, Fuhren vnd belohnungk, so of vnsern gebeude verordnet, nicht miß braucht werden,

Ehr soll aber gleich woll ohne vnser vorwissen keinen baw anfahen oder denselben vorendern, Sondern in deme allemahll sich vnsers beuehls vnnd anordnungk verhalten, Jedoch solches dahin gemeinet, Do ehr etwas zu bawen notigk vnd nußlich zu sein erachtet, das ehr vns dasselbe iedesmals vndertenigk erinnere oder erinnern lasse, vnd vns in deme nichts verhalte, damit wir verordnung darauf zuthun,

Ff 3 Da-

Damit ehr auch bey denen Personen, denen ehr vnserntwegen zu beuehlen desto mehr volge habe, Wollen wir ober Jme vnd seinem beuehlige ernstlich halten, vnd Ihre sonsten allenthalben zur gebuhr vnd billigkeit in vnsern gnedigen schutz beuohlen sein lassen, Wie wir dan, do vns irgendt von einen oder mehr clagen oder andere vorweißliche berichte wieder seine Person an vns gelangen, Ihn iederzeitt zu gnediger verhör vnnd verantworttunge kommen lassen, vnd gestadten wollen, Ehr soll vnnd wiel auch hiemit schuldigt vnd verbunden sein, ohne vnser vorwissen vnd bewilligung die gelegenheiten vnsern Vehsten, Zeugkheuser, Vorr:ths vnd Munition vnd andere vnsere geheimbe sachen vnndt rathschlege, so die an ihn gelangeten vnd ehr dartzu gezogen wurde, niemals zu eröffnen, sondern solliches biß in seine grüben vorschwiegen bey sich bleiben zu lassen, Vnnd in allem durch aus vnsern nutz, frommen vnd bestes zu bedenken, zu wissen, vnd fortzusetzen, Hergegen schimpf, schaden, nachteill vnd genahr zu warnen, zu wenden vnd zuvorkommen, nach seinem eussersten vnnd höchsten vermögen, vnnd sonsten alles das zu thun vnd zu leisten, Das einer Ehrlichen Grefelichen Standes Person gezichnet, vnnd wie einem getrewen Diener vnd Obersten Artlaren, Zeugk vnd Bawmeister kegen seinem Herrn zu thun, zu stehet, eigent vnd gebüret, Innmassen ehr vns solliches auch mit handt gebenden trewen an Eines stadt angelobt vnd zu gesagt, Auch diesen insonderheit seinenen Dieners gegeben hatt,

Hinwiederumb vnd darkegen haben wir Jme zu Jerlicher besoldung auß vnser Hof Reuthey Ein tausent Tahler an gelde, vnnd vf acht Personen die gewonliche Hofkleidungk, wen vnnd so offte wir vher hoff kleiden vnd wie wir dieselbe andern vnsern Rathen Jetemals geben lassen, Auch vf acht Pferde Futter vnd sonsten seine Grefeliche vndt — erhaltunge an lieferung,

vf

of Jhnen, sein Gemahll, Kinder vnd etliche Personen, laut eines sondern vndterschriebenen vnd besiegelten Deputat vorzeichnuß voreichen, volgen vnd geben zu lassen, gnediglich versprochen vnnd zugesagt,

So wollen wir Ihme auch, wen ehr vf vnser Vehsten vnd heuser in vnsern gescheffien ab vnd zu zeuchet, oder sonsten zu vns erfordert wirdt, notturfftige lieferungt vorreichen lassen,

Do wir Jhne auch ausserhalb Landes in Vorschikungen gebrauchen wurden, wollen wir Jme Jedesmals mit zimblicher notturfftiger zehrung vorsehen,

Es hatt sich aber gedachter Graff von Lynar rc. in dieser seiner angenohmmenen Bestallung vorbehalten, die dinst Pflicht, damit ehr dem Churfürsten zu Sachssen rc. verwant, das ehr vermuge derselben J. L. vor vns wan erfordert wirdt, diest gewertigk sein soll vnd wiell, welches wir dan auch also beliebet vnd Jhme diese vnsere Bestellunge daran nicht hinderlich sein soll

Wan ehr auch bißweilen zu deme von Anhalt rc. Hessen vnd Pfalz rc. zureisen hat, wollen wir Jme dartzu vnd vf sein ansuchen der gelegenheit nach, gnediglich vorleuben,

Vnnd wir bestellen vnd nehmen also gemelten Rochum Quirinum Grafen zw Lynar vor vnsern Generall vnd Obersten Artlarey, Zeugk vnd Bawmeister vf vnd ahn, Zusagen vnd vorsprechen auch Jhme besoldung vnd alles anders, wie obstehet, hiemit vnd in Crafft diß vnsern brieffs rc. Getrewlich vndt vngeuehrlich, Bekundtlich mit vnsern hieunten vfgedruckten Daumb Secret besiegelt vnd eignen Handen vndterschrieben, Geschehen vnd gegeben vf vnser vehsten Spandow Dornstags im Außgange der heyligen Oster Feyertage nach Christj vhsers Herrn geburtt im Ein Tausent Funfhunderten vnd acht vnd siebenzigsten Jahre rc.

(S. Electoris)

Manup-

Manuppria

Deputat so von Churfl. S. zu Brandenb. M. gnedigst. Herren meinem auch gnedigl. Herrn dem Graffen zu Lynar ꝛc. Jerlichen vorreicht wirdt

2 wl. Weitzen.	100 thlr zu frischen fischen
12 wl. Roggen.	Gewurtz vnd Zucker.
250 Tonnen Bier.	4 Tonnen Putter.
2 Fuder Reinischwein.	6 Tonnen keese.
3 Fuder Blanken Landt-	4 schll Habergrutz.
wein.	2 schl. Hirsch.
1 Fuder Rotten Landt-	8 schl. Buchweitzen.
wein.	8 schl. Erbssen.
6 Fette Ochssen.	6 Tonnen saltz.
50 Fette Hammell.	1½ schock Geuse.
25 Schnibtschaff.	8 schock huner.
20 Seuger.	8 stl. Talch.
30 Kelber.	50 wl. Habern.
30 Fetteschwein.	Hew.
2 Tonnen Heringk.	Strow.
2 Tonnen Rotscher.	Holtz.
20 schock Schollen.	Kleidung off acht
8 Zentner Hecht.	Personen.
8 Zentner Karpffen	

Actum Cüstrin den 21. May Anno 79 ꝛc.

Bei dieser Bestallung behielt er vom Churfürsten zu Sachsen 300 Thaler, vom Landgrafen zu Hessen 300 Thaler, vom Fürsten von Anhalt 300 Thaler, und vom Herzog Kasimir von der Pfaltz auch 300 Thaler jährlich, mit der Bedingung, bei vorkommenden Nothfall zu ihnen zu kommen und Rath zu erteilen, wo bei ihm die Reisekosten zu vergütigen besonders vorbehalten wurden; daß also seine Einkünfte sehr ansehnlich waren. 1580 ward ihm sein Gehalt auf 1200 Thaler erhöhet, und er erhielt noch überdem, den 13. Januar s. J. vom Churfürsten ein Geschenk von 30000 Thaler, welche

www.ingramcontent.com/pod-product-compliance
Lightning Source LLC
Chambersburg PA
CBHW031959300426
44117CB00008B/835